JUSTIFICATION DU TIRAGE

Cet ouvrage, sous le titre,

« 1905-2005 : 100 ans de progrès automobile »

par Joëlle de Syon et Brigitte Sion

a été réalisé à Genève, Suisse,
et achevé d'imprimer le 15 novembre 2004
pour le compte du Salon international de l'automobile de Genève
par les Éditions Slatkine.

Il en a été tiré :

10 000 exemplaires

dont

350 exemplaires

LUXE

numérotés de 1 à 350

exécutés sur papier 150 g/m² Zanders Mega demi-mat,
reliés demi-cuir, signet.

80 exemplaires

VIP

numérotés de I à LXXX

exécutés sur papier 150 g/m² Zanders Mega demi-mat,
reliés plein cuir, tête dorée, signet.

CET EXEMPLAIRE PORTE LE NUMÉRO

1905
100 JAHRE
2005
AUTOMOBILE FORTSCHRITTE

© 2004 Verlag Slatkine, Genf.
www.slatkine.com
Die Vervielfältigung und Übersetzung – auch auszusweise –ist nicht gestattet.
Alle Rechte für alle Länder vorbehalten.
ISBN 2-8321-0156-9

Joëlle de Syon
Brigitte Sion

Unter Mitarbeit von
Guillaume de Syon
(Albright College, USA)

1905
100 JAHRE
2005

AUTOMOBILE FORTSCHRITTE

INTERNATIONALER AUTOMOBIL-SALON GENF

Verlag Slatkine
GENF
2004

Vorwort
von Pr Bernd Gottschalk

Der Internationale Genfer Autosalon feiert 2005 mit seiner 75. Ausgabe sein 100jähriges Bestehen. Das zeigt, wie sehr Genf seit den Pioniertagen mit der Automobilentwicklung verbunden ist.

Genf ist seit 1924 als anerkannte Internationale Autoausstellung auf dem Kalender des Herstellerverbandes OICA (International Organisation of Motor Vehicle Manufacturers). Mit den Jahren hat sich der Genfer Salon zu einem der weltweit wichtigsten Autoanlässe entwickelt. Fahrzeughersteller zeigen in Genf regelmässig ihre neuesten Produkte und Concept cars und verwenden den Salon als aussergewöhnliche Plattform ihrer Talente.

Genf ist entsprechend eng mit der Entwicklung des Automobils und unserer modernen mobilen Gesellschaft verknüpft.

Die Bedeutung der Autoausstellungen wie der in Genf geht über die simple Präsentation attraktiver neuer Modelle hinaus. Die Salons dienen auch als Wegweiser und zeigen auf, welche Rolle das Automobil in der Gesellschaft spielen kann, oder ebnen den Weg zur umweltverträglichen Mobilität.

Die Motorisierung ist zu einem festen Bestandteil des täglichen Lebens geworden, und die Hersteller sind fest entschlossen, ihren gerechten Anteil zur weiteren Abgasreduktionen und zur Sicherheitsverbesserung zu leisten.

Die jüngsten Trends zeigen deutlich die enormen Fortschritte, die in den Industriestaaten erreicht werden konnten, mit Abgasemissionen, die 80 bis 90 % niedriger ausfallen als noch vor 15 Jahren. Zusammen mit den nötigen Verbesserungen der Treibstoffqualität belegen diese eindrücklichen Zahlen, dass die Luftverschmutzungsprobleme einer Lösung zugeführt werden. Die Luft, die wir heute atmen, ist sauberer als sie vor wenigen Jahren war und die Fortschritte gehen weiter voran. Während die Hersteller die Leistung der heutigen Verbrennungsmotoren kontinuierlich verbessern, zeigen sich bereits neue Antriebstechnologien. Die Dieselmotoren haben unheimliche Fortschritte gemacht und helfen bei der Reduktion von CO_2-Emissionen.

Die Zahl der Strassenverkehrsopfer in den Industriestaaten zeigt einen erfreulichen Abwärtstrend während der vergangenen Jahre, trotz mehr Fahrzeugzulassungen und grösserer zurückgelegter Distanzen. Das beweist, wie die modernen Automobile ein bisher unbekanntes Sicherheitsniveau erreicht haben. Die Verbesserungen stammen von der aktiven (dem Potential eines Fahrzeugs, einen Unfall zu verhindern) wie von der passiven Sicherheit (dem Schutz der Verkehrsteilnehmer im Fall einer Kollision). Die Innovationen der Autoindustrie tragen wesentlich zur Reduktion von 30 Prozent bei den Todesunfällen in den entwickelten Ländern seit 1980 bei.

Die gesunde künftige Entwicklung der Mobilität ist aber nicht allein das Verdienst der Hersteller. Viele der Strassenverkehrsthemen – vor allem im Zusammenhang mit Umweltschutz und Sicherheit – müssen von den Regierungen und von den Fahrzeugbenützern genauso angegangen werden wie von den Autofirmen; sie alle haben ihren Beitrag zu leisten. Nur durch die richtige Kombination der Anstrengungen aller Partner können die verbleibenden Verkehrsprobleme gelöst und die umweltverträgliche Mobilität sichergestellt werden.

Der Genfer Autosalon hat sich eine lange Tradition der Exzellenz aufgebaut und damit gezeigt, dass die Mobilität ein integraler Teil unserer modernen Gesellschaft ist, mit der Autoindustrie als starkem und zuverlässigem Partner.

Ich bin überzeugt, dass Genf auch in den kommenden Jahren diese Führungsrolle spielen wird.

yours,

Bernd Gottschalk

Vorwort
von Sergio Pininfarina

Ein besonderer Zufall verbindet den Internationalen Autosalon von Genf mit Pininfarina: der Salon feiert 2005 sein 100jähriges Bestehen, und unsere Firma wird 75jährig. Wir beabsichtigen, das Ereignis eben in Genf zu feiern. Pininfarina ist, wie viele andere Unternehmen der Autobranche, besonders mit dieser Veranstaltung verbunden: es ist auch dem Salon zu verdanken, dass wir bekannt und international angesehen sind.

Die anderen Ausstellungen haben sicher ihre Berechtigung, aber der Genfer Autosalon verfügt über eine einmalige Charakteristik: er wird in einem Land ohne eigene Autoproduktion abgehalten. Hinzu kommt, dass er als einzige europäische Autoausstellung jedes Jahr durchgeführt wird.

Mein Vater, «Pinin» Farina, war einer der ersten, der die Gelegenheit des an Bedeutung zunehmenden Salons zu nutzen verstand. 1936 präsentierte er im damaligen Palais des Expositions zwei Lancia Astura: Ein Sportcoupé als Einzelstück und ein produktionsfertiges 2+2-Cabriolet. Dieser ersten Teilnahme folgten 54 weitere, was beweist, welche Bedeutung Pininfarina dem Salon beimisst. Genf ist eine wertvolle Präsentationsbühne der Fahrzeugindustrie, ein idealer Rahmen für die Promotion unserer Produkte, eine Veranstaltung, an der die Fans träumen können, aber auch ein Treffpunkt und eine Gelegenheit zum Informationsaustausch, mit Blick auf die technische Zukunft und die Entwicklung des Automobils.

Unsere Teilnahme an diesem Salon, der ein unverzichtbares Schaufenster für die Branchenverantwortlichen geworden ist, haben zweifellos zum Erfolg der Pininfarina-Kreationen beigetragen. Wir haben oft Genf für die Weltpremieren unserer Show-cars oder unserer Projekte in Zusammenarbeit mit den Autoherstellern gewählt.

Es ist eine grosse Ehre für mich, dieses Werk vorstellen zu dürfen, das den Lesern erlaubt, nochmals die markanten Etappen der Salongeschichte und damit des Automobilbaus zu durchleben. Es ist ein Spiegel des bedeutenden sozialen, wirtschaftlichen und technischen Wandels, der den Übergang von einem Jahrhundert ins nächste markiert. Vieles hat sich geändert, für den Salon wie für Pininfarina. Im Vergleich zu den ersten Austragungen Anfangs des 20. Jahrhunderts hat sich der Salon zum meistersehnten und prestigeträchtigsten Autoanlass entwickelt, der Hunderte von Ausstellern und Tausende von Besuchern anzieht. Die Firma Pininfarina, die einst als kleiner Handwerksbetrieb nach Genf gekommen war, ist heute zu einem international angesehenen Unternehmen gereift. Ich wünsche dem Genfer Salon und – wenn sie mir erlauben – meinem Unternehmen, dass sie sich in hundert Jahren wieder zur Feier zusammentun können.

Vorwort
von Claude F. Sage

Der fidele 100jährige Internationale Automobilsalon von Genf ist nicht nur die besuchermässig grösste öffentliche Veranstaltung der Schweiz, sondern auch, und vor allem das repräsentativste und umfassendste Schaufenster der weltweiten Autoindustrie.

So versammeln sich in Genf jedes Frühjahr alle Marken, die Karossiers, Designer, Zubehör- und Zulieferbetriebe zunächst vor der Presse, die in Druck, Ton und Bild dermassen zur Salonpublizität beiträgt, und anschliessend vor der Öffentlichkeit, welche die Fortschritte beim Automobil und seinen Komponenten beurteilen kann.

Dank dem Salon bezeugen Stadt und Kanton Genf ihre Rolle als internationale Bühne, weltoffen und objektiv, mit dem würdigen Empfang ihrer Gäste auf dem hochgeschätzten neutralen Grund. Das Palexpo Ausstellungsgelände ist bestens an Strasse und Schiene angeschlossen und bietet in unmittelbarer Nähe zum internationalen Flughafen grosszügige Präsentationsflächen. Alle Hersteller sind unter einem Dach vereint, während die angeschlossenen Branchen ihre eigene Halle finden.

Aus diesen Gründen wählt die für Industriestaaten wie für Entwicklungsländer essentielle Autobranche die Genfer Veranstaltung zur Vorstellung ihrer Neuheiten. Die Entwicklungen zeigen klar, dass die Hersteller ihre Verantwortung gegenüber der Umwelt, den Rohstoffreserven und der Sicherheit ernst nehmen.

Die Industrie ist sich bewusst, dass sie dem Publikum auch Träume anbieten muss, mit aussergewöhnlichen Modellen, die Ausdruck der Designerkreativität wie der Ingenieurskunst zum technischen Fortschritt sind. Die Branchenverantwortlichen haben das Gleichgewicht zwischen Freiheit und Sachzwängen im Auge behalten und bekräftigen die ausgewogene Aufteilung zwischen Öffentlichem- und Privatverkehr. Auch in diesem Belang ist der Genfer Salon eine bedeutende Bühne.

Hundert Jahre sind verstrichen seit der ersten Ausstellung, damals im Wahllokal der Stadt. Fünfundsiebzig Internationale Salons sahen die Anfänge vieler Automobile, die ihrer Zeit und der Geschichte des pferdelosen Wagens ihren Stempel aufdrückten. Dieses Buch, für welches die Autoren umfassende Recherchen unternommen haben, zeigt kunstvoll die globale Rolle, die Genf jedes Jahr spielt.

Claude F. Sage
Präsident des Internationalen Automobilsalons Genf

1905
1922

1905
1922

Die Schweiz von 1905

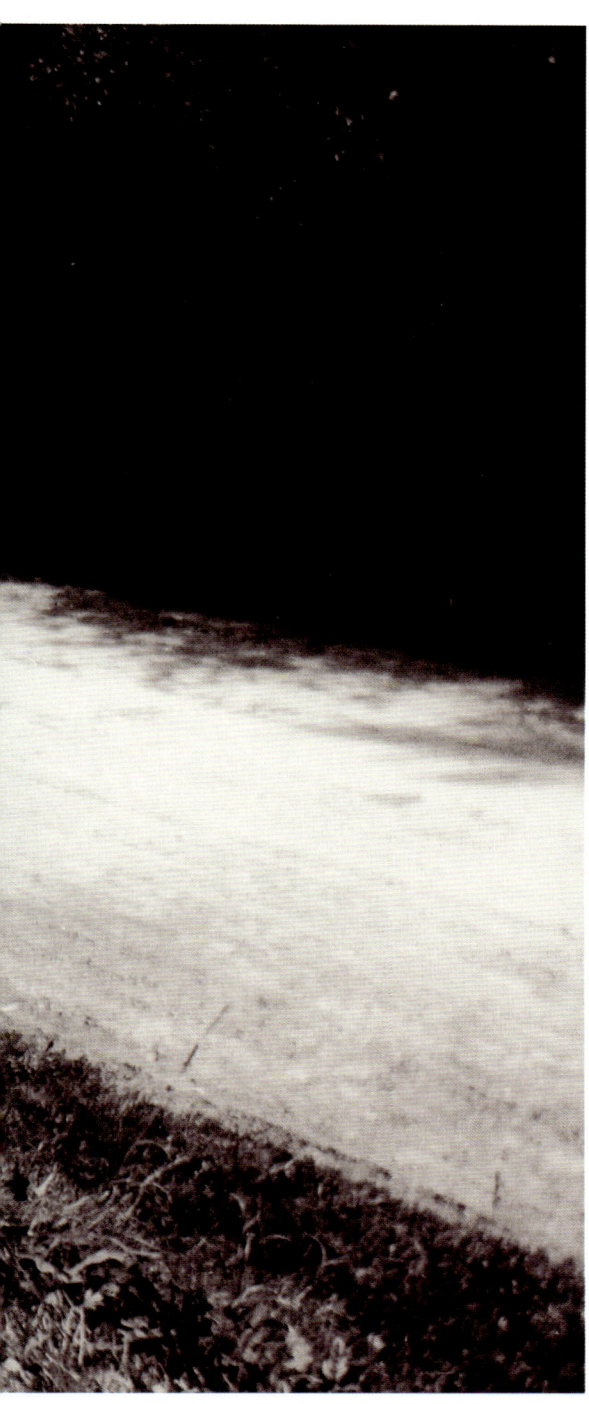

Anfang des Jahres 1905 kümmert sich die Schweiz wenig um das Automobil. Die Gespräche drehen sich um die anstehende Gründung der Nationalbank, um die endgültige Abstimmung zum Scheck- und Postüberweisungsgesetz – einer neuen Zahlungsart, welche der Bevölkerung grosse Dienste erweisen soll –, um die Initiative zum Absinthverbot auf Bundesgebiet und schliesslich um das Winzerfest – einer optisch und musikalisch spektakulären Landwirtschaftsmesse, die nur alle 20 Jahre abgehalten wird. Im Vordergrund des Interesses steht aber das grosse Ereignis des Tunneldurchstosses am Simplon, der den Kanton Wallis mit Italien verbindet. Am 24. Februar, um sieben Uhr morgens, haben sich die beiden Vortriebe nach mehr als sechs Jahren Arbeit getroffen. Der Bericht über diesen Erfolg führt zu Begeisterungskundgebungen beidseits der Grenze. Der italienische König und der Bundespräsident, sowie die Städte Mailand, Genf und Lausanne tauschen Telegrammbotschaften aus. Der Anlass kommt den Bundesbehörden äusserst gelegen; zu einem Zeitpunkt, da neue Märkte für Schweizer Handel und Industrie erschlossen werden sollen. Umgehend werden Kredite für die Eröffnung neuer Vertretungen in St. Petersburg und in Tokio abgesegnet.

⇧ Martin Fischer hat in Zürich seine eigene Marke gegründet und schafft es mit der Hilfe ehemaliger Turicum-Mitarbeiter, ein 4-Zylinder-Auto in neun Monaten fertigzustellen. Er nimmt am 4. September 1909 am vom Zürcher Automobilclub organisierten Albis-Bergrennen teil und belegt den achten Rang.

⇧ Die ersten Automobile vor dem Hospiz Simplon, zur Eröffnungsfeier der Strecke am 29. Mai 1905, organisiert vom Automobil Club der Schweiz.

Die Schweiz von 1905 | 15

1905
1922

Automobile Anfänge

Genf als Wiege der helvetischen Autoindustrie entwächst den Kinderschuhen: die ersten Modelle sind seit einem Jahrzehnt in Verkehr. Mehr noch als Zürich, Basel oder Lausanne begeistert sich die Elite der Calvinstadt für diese Vehikel. Die geographische und kulturelle Nähe zu Frankreich erklärt zweifellos die Pionierrolle der Stadt bei den Innovationen und bei der Automobilproduktion. 1905 weist Genf mit 300 bis 400 Fahrzeugen die höchste Motorisierungsrate der Schweiz auf. Das sind so viele Autos wie in allen anderen Kantonen zusammengefasst. Es entsteht ein ganzer Industriezweig in der Region, und achttausend Personen leben direkt oder indirekt vom Automobil.

Erstes in der Schweiz gezeigtes Automobil

An der in Genf durchgeführten Landesausstellung von 1896 können die Besucher ein von Fritz Henriod aus Biel entwickeltes Fahrzeug bewundern. *La Patrie suisse* berichtet über das Ereignis: «Das Besondere an diesem selbstgetriebenen Wagen Helvetia ist, dass, sobald das im Motor befindliche Benzin mittels einer Lampe auf die gewünschte Temperatur gebracht wird (was innert fünf Minuten geschieht), das Fahrzeug *ohne Feuer oder Wasser* betrieben wird! Das Gemisch von Luft und erhitztem Benzin formt ein explosives Gas, dessen Kraft ausreicht, den Wagen voranzutreiben. Das ausgestellte Fahrzeug wiegt 500 Kilo, enthält vier Plätze, hat eine Stärke von vier Pferden, kann etwa sieben Stunden bei 20 Kilometer pro Stunde fahren und Steigungen von 12 % erklimmen. Der Preis von 4000 Franken ist niedrig angesichts des Wirtschaftlichkeit des Systems, seines praktischen Charakters und der möglichen Anpassung an alle Arten des Transports.»

Da viele Besucher noch nie eine dieser pferdelosen Kutschen gesehen haben, hält es das offizielle Programmheft der Ausstellung für angebracht, für Aufklärung zu sorgen: «Die Bezeichnung 'Automobil' für Fahrzeuge, die mit Motoren versehen sind und die für den selbständigen Betrieb abseits der Geleise dienen, hat Eingang in die Umgangssprache gefunden.» Der Touring Club der Schweiz (TCS) wird im gleichen Jahr 1896 gegründet, sieht sich aber noch ausschliesslich als Verein zur Verteidigung der Fahrräder. Zwei Jahre später wird, ebenfalls in Genf, der Automobil Club der Schweiz (ACS) gegründet, der sich um die Interessen der Autofahrer kümmert. Er zählt anfänglich 51 Mitglieder und erhält schnell viel Zulauf.

⇧ An der Landesausstellung 1896 wird die Industrie geehrt, aber das Automobil gibt sich sehr diskret. Zwischen den verschiedenen Maschinen ist ein von den Brüdern Henriod aus Biel präsentierter Victoria Vierplätzer zu entdecken. Sein liegender Einzylindermotor ist hinten eingebaut und luftgekühlt. Die Kraftübertragung erfolgt über Ketten, und das Getriebe hat drei Gänge. Zu diesem Zeitpunkt hat Peugeot bereits 169 Autos verkauft, Panhard & Levassor 164 und Benz 271, 135 davon Exporte nach Frankreich.

1905
1922

Erste Ausstellungen

Erste nationale Ausstellung

Die Idee einer Genfer Ausstellung nur mit Autos und Zweirädern geht zurück auf Paul Buchet, Generalvertreter von Michelin in der Schweiz, sowie Albert Vassali, Entwickler des Lumina, und Jules Mégevet, einem jungen Genfer Ingenieur, dessen Firma das älteste Zubehörunternehmen der Schweiz ist; er ist gleichzeitig Präsident der taufrischen Schweizerischen Syndikalkammer der Fahrzeugbranche. Auf ihren Vorschlag anlässlich einer Mitgliederversammlung des ACS am 13. Februar 1905 im Hotel Métropole erhalten sie den Auftrag, das Komitee für die erste nationale Auto- und Zweiradausstellung zu organisieren. ACS-Präsident Charles-Louis Empeyta führt den Vorsitz.

Als erstes gilt es, die Finanzfrage zu lösen, denn die Schweizerische Syndikalkammer der Fahrzeugbranche hat nur 549.35 Franken in ihrer Kasse… Stadt und Kanton Genf gewähren 500 Franken an Subventionen, und die Vermietung der Stände an die Aussteller geht rasch voran.

Immens viel Energie fliesst in die Organisation der Veranstaltung, die am 29. April ihre Tore im Wahllokal am Boulevard Georges-Favon öffnen soll. Die Ausstellung ist in fünf Kategorien unterteilt: Teile und Zubehör, Velos und Motorräder, Autos und Lastwagen, Motoren und Rohstoffe. Die in violett und gold gehaltene Fläche von 1 200 Quadratmetern wird auf 37 Stände verteilt, darunter für C.I.E.M. (Compagnie de l'Industrie Electrique et Mécanique), Dufaux, Mégevet und die Schweizer Karossiers wie Geissberg, Chiattore oder Gigax.

Die Regierung entsendet zur Eröffnung Nationalrat Charles Forrer, dessen Rede mit Weitsicht voraussagt, dass das Automobil künftig unverzichtbar werden wird. « Es wird dem Reisenden Unabhängigkeit bringen und ihn von Fahrplanzwängen befreien. Eines Tages wird es dem Beispiel von Eisenbahn und Fahrrad folgen und für jeden erschwinglich werden. » In seiner Reaktion auf das in engen Räumen servierte Essen im Hotel Métropole kritisiert Charles-Louis Empeyta den Platzmangel, der bis in die Gegenwart Sorgen bereitet. Der Genfer Staatsrat Gustave Ador fordert die Aussteller dazu heraus, « immer praktischere, solidere und erschwinglichere Automobile zu entwickeln, die mit dem Perfektionieren für immer mehr Akzeptanz sorgen, selbst bei Leuten, die noch Gegner sind ».

⇧ Sitzung des Organisationskomitees der ersten Nationalen Schweizer Automobil- und Zweiradausstellung (von links nach rechts): Jules Mégevet, François Panchaud, Charles-Louis Empeyta, Frédéric Bel, Paul Buchet, Paul Wisard, Louis Galopin, Albert Vassali, Louis Roux, Paul Rambert.

⇧ Jede Eintrittskarte ist auch ein Tombola-Schein; die ersten zwei Preise sind ein Motorrad im Wert von 700 Franken und ein Velo für 350 Franken.

Erste Ausstellungen | 19

1905
1922

⇨ Fritz Henriod gründet 1903 in der Nähe von Neuenburg die Société Neuchâteloise d'Automobiles (SNA) und propagiert ab dem nächsten Jahr elektrische Scheinwerfer und die Motoren 'ohne Wasser', das heisst luftgekühlt. Zwei Ventilatoren sind Seite an Seite auf der rechten Flanke des Vierzylinders montiert und von zwei grossen Flügeln umrahmt (die SNA schliesst ihre Tore 1914 definitiv).

⇨ Übersicht des Stands der Marke Pfister mit Sitz in Lausanne und Paris.

⇨ Charles und Frédéric Dufaux sind erst 24 und 22 Jahre alt, als sie ihr mechanisches Atelier in Genf gründen. Auf ihrem Stand können 1905 mehrere Dufaux-Modelle bewundert werden, darunter eine Limousine mit 4 Zylindern und 35 PS, ein nacktes Chassis mit 35 PS, der Rennwagen, mit dem Frédéric im vorherigen Jahr an der Coupe Gordon-Bennett teilgenommen hat und in der Mitte ein aussergewöhnlicher 4-Zylindermotor mit 26'400 cm³ und 150 PS.

⇧ Gesamtansicht des Gebäudes der ersten nationalen Ausstellung. «Als die Öffentlichkeit erfuhr, dass das dekorierte Wahllokal mit Automobilen, Schiffen, Zweirädern und Motoren gefüllt worden war, kam man in Massen. Die Besucher waren überwältigt: all das wurde bei uns gemacht? Das sind unsere Wundermaschinen, eleganten Fahrzeuge, glänzenden Busse und kräftigen Lastwagen, von unseren Arbeitern produziert? Der Salon war eine faszinierende Lektion zur Materie. Man studierte, verglich, diskutierte. Die Sportsfreunde waren entzückt, und alle anderen liessen sich von der feinen und gleichzeitig starken Mechanik verführen. Jeder spürte das Erwachen des schlummernden Automobilisten in seiner Brust.» L'Auto-Sport, 1905.

⇧ Das anonyme Plakat zur Werbung für die Tombola an der Ausstellung. Wird nicht die Glücksfee traditionell auf Rädern dargestellt?

⇨ Offizielles Plakat von Auguste Viollier. Es zeigt ein Paar in einem Torpedo, mit dem Hafen von Genf im Hintergrund. Gut durchdacht, informativ und verführerisch, beschwört es die Lebensart mit Wind im Haar und Selbstbewusstsein. Das Jahr wird allerdings nicht erwähnt.

⇧ Sobald das Werbeplakat für den zweiten Salon aufgehängt wird, löst es einen Skandal und Proteste aus: Es stellt eine Frau dar, und erst noch halb entblösst. «Ihre vulgäre Pose macht die Darstellung aus künstlerischer Sicht unentschuldbar» empört sich ein Leserbriefschreiber. Das Ausstellungskomitee wird mit Protesten überhäuft und der Morallosigkeit und der Pornographie beschuldigt. Die Plakate müssen abgedeckt werden, um die Prüderie der Sittenwächter nicht mehr zu provozieren.

⇦ Die Ausstellung 1905 schliesst am 7. Mai ihre Tore. Der Erfolg erlaubt eine umgehende Rückzahlung des Vorschusses von 500 Franken, die der Kanton Genf den Organisatoren geleistet hatte.

Jede Eintrittskarte dient gleichzeitig als Tombolaschein. Deren erster Preis ist ein Motorrad, der zweite Preis ein Velo. Weitere Gewinne sind eine Schutzhose, ein Vergaser, fünf Liter Öl und zwei Flaschen Champagner.

Am Ende des Salons am 6. Mai ist ein voller Erfolg zu verzeichnen: 17'514 Leute haben die Stände besucht. Am letzten Sonntag war der Andrang so gross, dass der Eintritt beschränkt werden musste… Die positive Besucher- und Handelsbilanz geht mit einem schönen Gewinn einher. Das Organisationskomitee zählt 15000 Franken Einkommen, was die Rückzahlung der Subvention von Stadt und Kanton Genf erlaubt. Die Zahl der Verkaufsabschlüsse unterstreicht den Nutzen des Salons und beweist, dass das Automobil nicht mehr nur ein Luxusartikel der privilegierten Oberklasse ist.

Die örtliche Presse gratuliert den Organisatoren, wie beispielsweise das *Journal de Genève* vom 4. Mai 1905: «Es war ein 'Salon' aus Sicht der Eleganz, des Komforts, der Farbenharmonie, der Liebenswürdigkeit der Gastgeber, aber auch eine ernsthafte Ausstellung, an der das Können der Schweizer Automobil- und Zweiradindustrie demonstriert wurde.» Als eine der wenigen kritischen Stimmen schrieb *Le Peuple*: «Die nationale Ausstellung mit ausländischer Beteiligung (die Bezeichnung ‹international› wäre angebracht) hat ihren Benzingestank rund um das Wahllokal verbreitet.»

Aber die Misstöne verblassen angesichts der allgemeinen Begeisterung von Organisatoren, Ausstellern und Besuchern. Gewiss, der Genfer Salon steht noch zurück im Vergleich mit den grossen Autoausstellungen von Paris, Brüssel, Turin, Berlin oder Wien, doch soll er sich rasch etablieren.

Zweite nationale Ausstellung

1906 wird das Wahllokal mit Gerüstbauten auf drei Seiten vergrössert. Der Salon verdoppelt damit die Ausstellungsfläche auf 2 200 m², die mit 59 Ständen belegt wird. Während der Öffnungszeiten vom 28. April bis 6. Mai stellen die Automobile Lastwagen und Busse in den Schatten. Letztere interessieren nur die Fachleute. Die Besucher umschwärmen die Modelle von Dufaux, Mégevet, Ansermier und C.I.E.M. Sie drängen sich vor den Ständen der Garage Perrot-Duval oder des Karossiers Jaccard. Mehrere Aussteller von 1905 nehmen nicht teil; – nicht aus Desinteresse, sondern weil all ihre Modelle bereits verkauft sind und sie keine Ausstellungsstücke mehr haben. Es sei daran erinnert, dass zu dieser Zeit ein Auto auf Bestellung für den Kunden gebaut wird, wie eine wertvolle Uhr. Der Prozess mit Abstimmungen und Tests beanspruchte mehrere Monate. Das wird ersichtlich aus der Korrespondenz zwischen Maurice Lambert, Direktor von C.I.E.M., und seinem Kunden Charles-Louis Empeyta: «Wir haben leider ein grosses Problem mit ihrem Wagen. Beim Montieren des Getriebes haben wir zu unserer grössten Verblüffung ein Leck in der einteiligen Alu-Ölwanne entdeckt. Da sich der Riss an einer Stelle befindet, an der er die Stärke einer Achse beeinträchtigen könnte, waren wir gezwungen, das Teil neu giessen zu lassen. Es wird übermorgen fertig, muss dann aber noch bearbeitet werden, was eine weitere Verzögerung bedeutet. Ich kann nicht genug beteuern, wie sehr mir Ihr Wagen am Herzen liegt, und ich will natürlich, dass sie damit auf Anhieb zufrieden sind. Doch die Zeit fehlt mit all den tausend Details der Abstimmung eines ersten Autos.» (28. Juli 1904).

↗ Diese elegante italienische Pergola ist der Stand der C.I.E.M. (Compagnie de l'Industrie Électrique et Mécanique). Die Fahrzeuge weisen als Besonderheit neben den Benzinmotoren (V-Zweizylinder mit 8 PS oder V-Vierzylinder mit 16/24 PS) auch einen Elektromotor aus. Dieser ist zwischen Getriebe und Benzinmotor eingebaut und liefert Zusatzleistung bei Steigungen und dient als Generator (Aufladen der Batterien) bei Abfahrten. Das brillante System gerät leider leicht aus der korrekten Einstellung und wird 1906 aufgegeben. Aber Fakt ist: das Hybridfahrzeug wurde vor 100 Jahren geboren.

⇨ Nach dem abgebrochenen Versuch der Benzin-/Elektromotoren-Kombination wendet sich die C.I.E.M. der Herstellung herkömmlicher Automobile mit 3 und 4 Zylindern unter der Bezeichnung Stella zu. Etwa 200 Exemplare werden bis 1913 gebaut.

1905
1922

⇧ 1906 erscheint mit dieser herrlichen Jugendstil-Titelseite die «Automobil Revue» (und «Revue Automobile»), die über die Jahre hinweg zur Referenz der Branche heranreift.

Dieses Jahr besuchen 25'600 Personen den Salon. Die Veranstaltung kann sich als direkte Konkurrenz zu Wien profilieren, wo bei etwa gleicher Fläche und Dauer am Sonntag nur 4200 Besucher gezählt werden, im Gegensatz zu 8800 in Genf.

Die «Automobil Revue»

Im gleichen Jahr 1906 wird auch die *Automobil Revue* erstmals publiziert, deren Gründer, der Berner Otto Richard Wagner (1876-1934), in der ersten Ausgabe schreibt: «Unsere *Automobil-Revue* wird die erste Publikation, welche die Interessen des Schweizer Automobilismus mit aller wünschenswerten Deutlichkeit vertreten wird.» Man rechnet zu dieser Zeit mit rund 1000 Autos in der Schweiz. Das ist eine Schätzung, denn die erste Bundesstatistik geht auf 1910 zurück, mit 2276 Zulassungen.

«Zum Schaden für unser Anliegen» ergänzt Wagner, «gibt es keine Zeitschrift, keine Revue, kein einziges Organ, das unsere Interessen verteidigt. […] Unsere *Automobil-Revue* will diesen Mangel beheben. Sie will das Organ der Interessen des gesamten Schweizer Automobilismus sein, mit all seinen Ableitungen. […] Die *Automobil-Revue* hat sich drei Hauptziele gesetzt: Unsere Zeitung will dem Fahrer dienen. Technische Fragen werden diskutiert und von Fachleuten erläutert. Der Automobilist hat ein immenses Interesse, in seiner Revue präzise Auskünfte zum Fortschritt der Autoindustrie zu finden, unparteiisch und komplett. Die *Automobil-Revue* wird ausserdem ihre Leser durch Artikel und Drucke über alle sportlichen Ereignisse auf dem Laufenden halten.»

Dieses Organ zur Verteidigung der Automobilisten ist willkommen, weil in der Schweiz starke autophobe Strömungen kursieren, etwa in Form der satirischen Zeitschrift Guguss, die am 21. April 1906 schreibt: «Diese Leute sind ohne Scham, sie überfahren Sie auf der Piste wie einen Strassenköter, diese in Bärenfelle gehüllten Wilden mit ihren Schutzbrillen, die ihnen das Aussehen von Orang-Utans verleihen, die an nichts zweifeln, im Gegenteil! Nachdem sie uns auf der Landstrasse ihren Staub schlucken lassen, nachdem wir uns nicht mehr zum Spaziergang wagen, wenn uns die heilen Knochen lieb sind, so leisten sich diese Herren derzeit den Luxus einer zweiten Ausstellung der Volksschreck-Maschinen. Und das gute Volk, das den Staub schluckt und sich überfahren lässt, das von den Automobilisten auf den Strassen als Gesindel abgetan wird, dieses Volk pilgert

⇧ Jules Mégevet, Präsident der Syndikalkammer der Schweizer Autoindustrie und Vizepräsident des ACS.

⇦ Abendstimmung auf dem Salonplakat von 1906, das für die Titelseite des offiziellen Katalogs übernommen wird. «Die Anziehungskraft dieser Geräte ist unvorstellbar. Nie zuvor hat ein Objekt so viele verschiedene Menschen in Hüten, Lackschuhen, Überhosen, Mützen oder Sandalen zusammengeführt. Man muss diese Zeit lieben, denn Gott hat uns in sie hinein geboren. Ich zwinge mich, die Automobile zu mögen, die heute so bedeutend sind. Es gelingt mir einigermassen. Mit dem Katalog in der Hand spaziere ich von Scheinwerfer zu Scheinwerfer, von Pneu zu Pneu, oder – wie sie hier sagen – von Stand zu Stand.» Philippe Monnier, 1905.

⇩ Charles-Louis Empeyta, Automobilist der ersten Stunde, war Gründungsmitglied des Automobil Clubs der Schweiz und späterer Präsident. Auf der Chauffeurmütze das ACS-Signet.

mit seinen guten Thalern ins Wahllokal, um die famosen Mordsmaschinen zu bewundern, die einem derart Angst machen, über die man normalerweise so viel Schlechtes zu sagen hat.»

Um ein immer grösseres Publikum von den guten Seiten des Automobils zu überzeugen, hat das Organisationskomitee die Idee, Studenten der technischen Schulen, Primarschüler und Waisenkinder, sowie Spital-Lehrlinge und Angestellte der öffentlichen Verkehrsbetriebe zur Ausstellung einzuladen. Die Orion-Gesellschaft bietet ausserdem einen automobilen Beförderungsdienst zwischen dem englischen Garten und dem Salon, sowie zwischen dem Bahnhof Cornavin und dem Wahllokal. Die Wagen werden von den Besuchern richtiggehend gestürmt, die gerne für das Mitfahren bezahlen. Der Erfolg wird auch durch die Postkarten belegt, welche für die Tombola des Salons aufgelegt werden, und die sich 40'000 Mal verkaufen. Einige Wiederverkäufer bieten sie angesichts der Nachfrage für 20 statt der originalen 15 Rappen an…

Erste Austellungen | 25

1905 1922

Dritte nationale Ausstellung

Die dritte nationale Ausstellung wird in Zürich vom 15. bis 26. Mai 1907 unter der Schirmherrschaft der Lokalsektion des ACS mit dem Präsidenten Hauptmann Hürlimann organisiert. Sie ist den Schweizer Konstrukteuren und den in der Schweiz etablierten Händlern ausländischer Produkte vorbehalten. Wegen Platzmangels in der Tonhalle wird ein Ausbau an der Gotthardstrasse zur Unterbringung der 90 Autos und 6 Motorboote mit einem Versicherungswert von 2,5 Millionen Franken vorgeschlagen. Das ist doppelt so viel Ausstellungsfläche für die 102 Aussteller, als Genf zur Verfügung stellt.

⇧ Die Fotografen passen sich dem Geschmack der Zeit an. In einem Karton-Automobil vor gemalter Kulisse vermitteln diese Zürcher die Illusion, im Fahrzeug die Bahnhofstrasse entlang zu fahren.

↖ Das Plakat von G. Hartmann kündigt die 3. Nationale Ausstellung in Zürich an.

⇐ Im August 1904 erscheinen die ersten Turicum auf den Zürcher Strassen. Mit vorn quer verbautem Einzylindermotor, 180 cm Länge und 70 cm Breite, stellen sie das dar, was einmal Gokart genannt wird. Gute Qualität und günstige Preise für die Ein-, Zwei- und Vierzylindermodelle bescheren Turicum einen grossen Erfolg. Mehr als 1000 Autos werden zwischen 1905 und 1914 gebaut.

Die Auswahl des Ausstellungsplakats wird der Volksstimme überlassen: Im Januar 1907 sind 36 Projekte übrig, die der Öffentlichkeit präsentiert werden. 2182 Personen stimmen für den Anschlag des Zürcher Malers G. Hartmann, was diesem den Preis von 200 Franken einbringt.

Die Einweihung wird eingeleitet durch einen Lastwagenconcours unter der Schirmherrschaft des Bundesamtes für Militärwesen, denn diese Fahrzeuge sind eine der Säulen der Schweizer Industrie. Während fünf Tagen müssen die Lastwagen mehr als 423 Kilometer zurücklegen und mehrere Pässe überqueren. Sieger sind Safir aus Zürich für die Beständigkeit, Saurer aus Arbon für geringsten Verbrauch, und Peugeot, Saurer und Safir in der Gesamtwertung.

Am Mittwoch, 15. Mai, fährt die offizielle Prozession vom Hotel National über die Bahnhofstrasse bis zur Tonhalle, mit Beteiligung von Bundesrat Ludwig Forrer, der Kantonsräte Stoessel und Kern, sowie anderer Würdenträger.

Auf den Ständen gibt es dann eine ganze Reihe von Problemen: Zur Eröffnung sieht man noch verhüllte Autos, unverlegte Podeste, nackte Präsentationstafeln und mangelhafte Beleuchtung. Doch die Veranstaltung geht dann normal vonstatten: Blumenparade, viele Konzerte, eine Kreuzschiffahrt und ein Ausflug der Offiziellen auf den Albis. Bundesrat Forrer sieht in seiner

⇧ Die offiziellen Abzeichen der Mitglieder des Ausstellerkomitees.

⇧⇧ Silhouette von Hans Oskar Wyss vom Besuch der Zürcher Veranstalung.

⇨ Innere Übersicht der Tonhalle.

⇦ Vom Eidgenössischen Militärdepartement organisierte Lastwagen-Langstreckenfahrt. Nach den 423 vorgegebenen Kilometern gewinnt dieser Peugeot, ex aequo mit einem Saurer und einem Safir.

1905
1922

Rede voraus, dass das Militärdepartement vor einer Transportrevolution stehe, und dass es die Truppen- und Materialbeförderung fast völlig von Zugtieren auf Automobile verlagern würde. Die Bilanz ist mit 32'000 Eintritten äusserst positiv. Die Postkarten, die der ACS zum Preis von 20 Rappen anbietet, berechtigen zur Tombolateilnahme, deren erster Preis ein herrliches Auto « Turicum » ist.

Zum Ausklang der Ausstellung sollen die 23'000 Franken Gewinn an einen gemeinnützigen Fonds oder für Sportprojekte verwendet werden. Die Zürcher Regierung versucht, das Bargeld anderswo einzusetzen, gibt den Versuch aber nach fruchtlosen Gesprächen mit dem Organisationskomitee auf. Letzteres entscheidet, dem Kanton Zürich seinen ersten Krankenwagen für 12'355 Franken zu schenken. Das Chassis kommt von Arbenz, Albisrieden, und die Karosserie von Geissberger, Zürich.

⇧⇧ Das barocke Äussere der Tonhalle gibt nicht die Modernität der Automobil-Epoche wieder.

⇧ Das Organisationskomitee der 3. nationalen Ausstellung beschliesst die Schenkung eines Krankenwagens an die Stadt Zürich und bestellt ihn bei der Arbenz Motorwagen-Fabrik in Zürich-Albisrieden

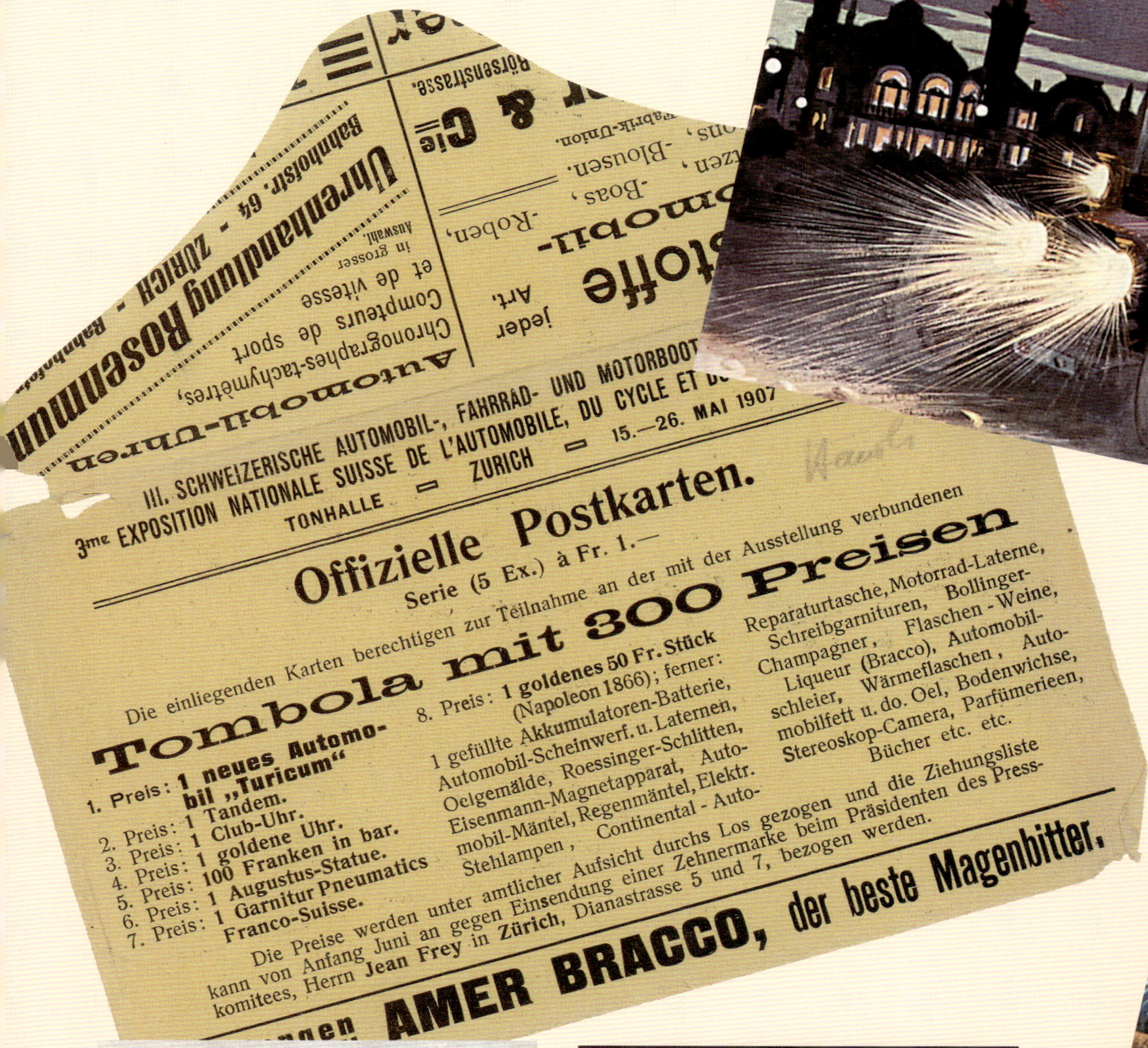

III. SCHWEIZERISCHE AUTOMOBIL-, FAHRRAD- UND MOTORBOOT-
3me EXPOSITION NATIONALE SUISSE DE L'AUTOMOBILE, DU CYCLE ET DU
TONHALLE — ZURICH — 15.–26. MAI 1907

Offizielle Postkarten.

Serie (5 Ex.) à Fr. 1.—

Die einliegenden Karten berechtigen zur Teilnahme an der mit der Ausstellung verbundenen

Tombola mit 300 Preisen

1. Preis: **1 neues Automobil „Turicum"**
2. Preis: 1 Tandem.
3. Preis: 1 Club-Uhr.
4. Preis: 1 goldene Uhr.
5. Preis: 100 Franken in bar.
6. Preis: 1 Augustus-Statue.
7. Preis: 1 Garnitur Pneumatics Franco-Suisse.
8. Preis: **1 goldenes 50 Fr. Stück** (Napoleon 1866); ferner:

1 gefüllte Akkumulatoren-Batterie, Automobil-Scheinwerf. u. Laternen, Oelgemälde, Roessinger-Schlitten, Eisenmann-Magnetapparat, Automobil-Mäntel, Regenmäntel, Elektr. Stehlampen, Continental - Auto-Reparaturtasche, Motorrad-Laterne, Schreibgarnituren, Bollinger-Champagner, Flaschen - Weine, Liqueur (Bracco), Automobil-schleier, Wärmeflaschen, Auto-mobilfett u. do. Oel, Bodenwichse, Stereoskop-Camera, Parfümerieen, Bücher etc. etc.

Die Preise werden unter amtlicher Aufsicht durchs Los gezogen und die Ziehungsliste kann von Anfang Juni an gegen Einsendung einer Zehnermarke beim Präsidenten des Presskomitees, Herrn **Jean Frey** in **Zürich**, Dianastrasse 5 und 7, bezogen werden.

AMER BRACCO, der beste Magenbitter.

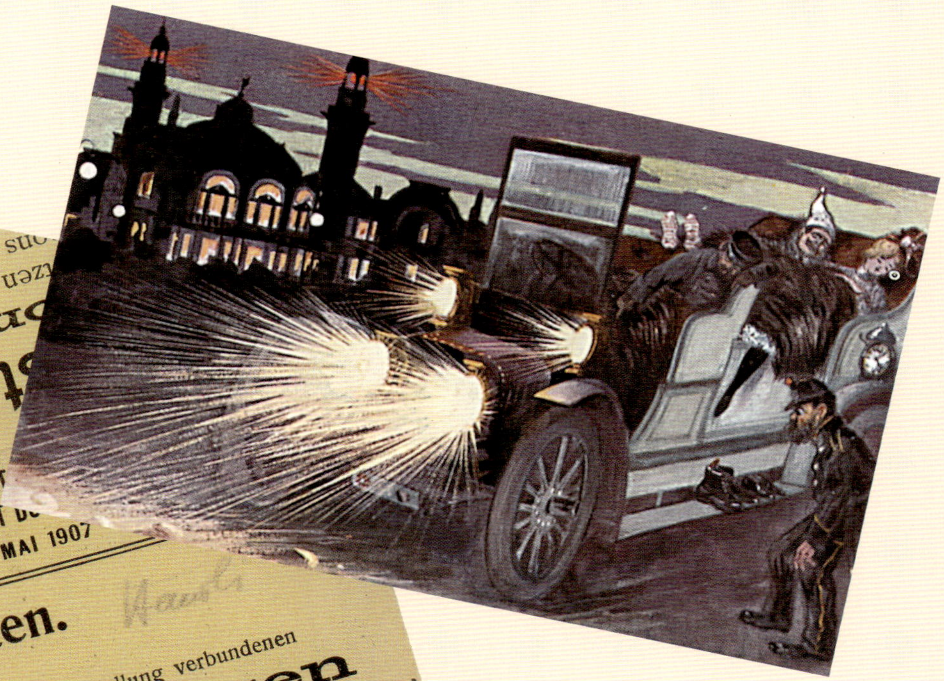

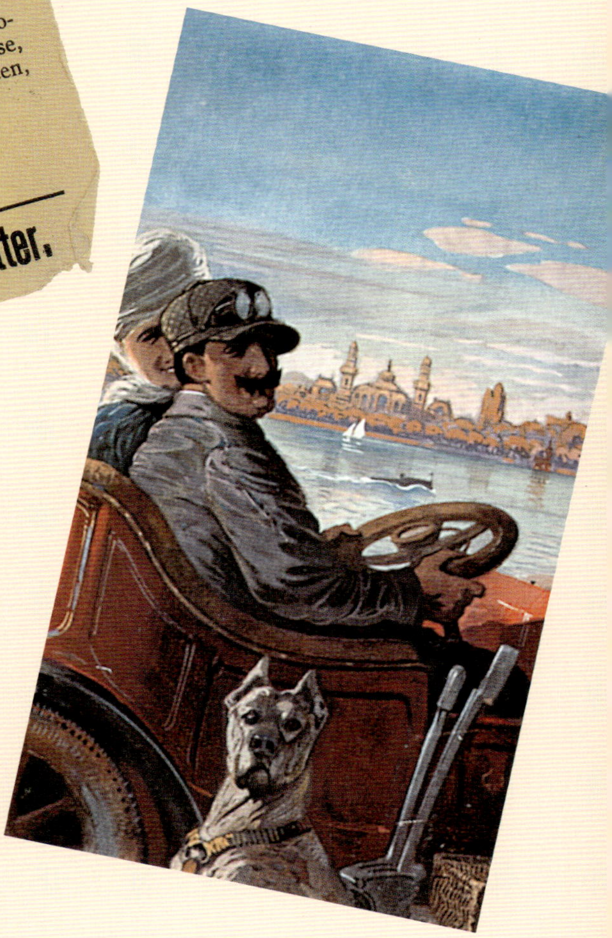

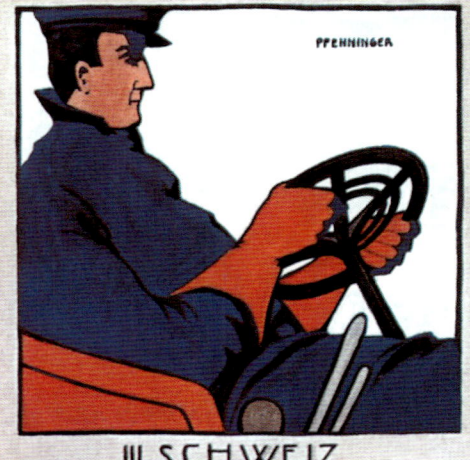

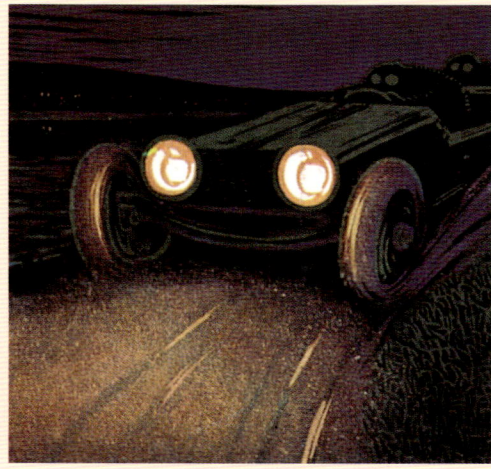

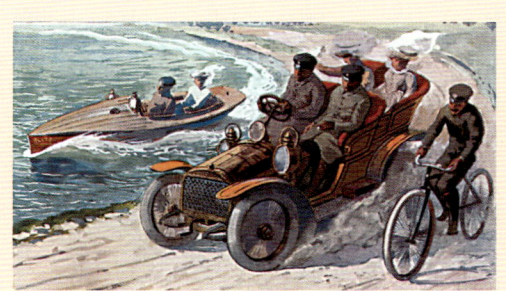

Im Herbst 1906 trifft sich eine professionelle Jury zur Auswahl des Plakats für die 3. Nationale Automobilausstellung. Da sich die Herren nicht einigen können, wird entschieden, die 36 Vorlagen im Januar 1907 der Öffentlichkeit zur Wahl zu präsentieren. Der Zürcher Maler G. Hartmann gewinnt, doch auf dem definitiven Plakat muss der kleine Hund dem Text Platz machen. Die Werke der fünf Meistgewählten werden für Postkarten/Lotteriescheine verwendet, die in Umschlägen mit der Gewinnbeschreibung verkauft werden.

1905
1922

⇧ Bankett-Karte in den Kantonsfarben.

⇧⇧ Diese Werbeaufkleber werden den Ausstellern gratis abgegeben. Das Bild dient als Rahmen für die «Reklame» der Marke oder der Veranstaltung und findet internationale Verbreitung.

Eine chaotische Periode

Genf hätte im Frühling 1908 gerne wieder den Salon auf dem Plainpalais begrüsst, aber die Schweizer Automobilindustrie durchlebt eine schwierige Zeit, und die sich in einem Teil des Landes breit machende Autofeindlichkeit hilft in dieser Situation auch nicht. Angesichts der eher kühlen Reaktionen von Seiten der Konstrukteure sagt das Komitee die Veranstaltung ab.

Sportgerätemesse

Erst 1911 werden in Genf wieder Autos ausgestellt, anlässlich der ersten Sportgerätemesse, die vom 1. bis 18. Juni im Wahllokal abgehalten wird. Kunstmaler Molina und Dekorateur Arlaud verwandeln die Halle in ein Alpendorf. Die Schweizer Industrie ist in den mechanischen Bereichen des Sports gut vertreten und zeigt dem Publikum viele Neuheiten, darunter auch Automobile. Die Besucher bewundern die Martini, Motosacoche (auf einem luxuriös mit Perserteppichen verzierten Stand), Pic-Pic (mit einem Vorzugsstandort im Zentrum des Gebäudes), Sigma, sowie Fahrerbekleidung der Marke Storrer. *La Suisse sportive* schreibt: «Ein grosser Nutzen der Ausstellung ist, neben der angestrebten Vermittlung der Kaufanreize, die Aufklärung der Öffentlichkeit, was allein schon Grund genug für die Durchführung abgeben würde.»

Der Erfolg dieser Veranstaltung führt nicht zu einer Wiederholung, denn die Frage nach einer

⇦ Die Speisekarte beweist einen Sinn für Humor zum Veranstaltungsthema.

nationalen Autoausstellung kommt erst 1920 wieder zur Diskussion. In diesem Sommer kündigt die Basler Sektion des Automobil-Clubs der Schweiz in einer Pressemeldung an, dass sie zusammen mit dem Komitee der Basler Messe 1921 eine grosse Automobilausstellung durchführen werde.

Es handelt sich um eine Ausstellung mit internationalem Gepräge, die vom 28. Mai bis 8. Juni 1921 in den Hallen der Schweizer Mustermesse (MUBA) mit ihren 2 000 m² Fläche stattfinden soll. Im September scheitert das Projekt: Die Genfer Delegierten lassen sich von der Sitzung des Organisationskomitees entschuldigen und die Garagistenvereinigung entscheidet, dass sie sich gegen jegliche nicht von ihr abgesegnete Veranstaltungen stelle. Zudem unterstreicht ein Brief der Hersteller, dass «die Umstände die Durchführung einer derartigen Ausstellung unmöglich machen». Die Basler Veranstaltung wird auf ein späteres Datum verlegt, um schliesslich definitiv annulliert zu werden. Das Basler Komitee muss die vorgeschossenen Kosten von 18'000 Franken tragen und ist auf eine Anleihe von Genf angewiesen.

Es soll bis 1923 dauern, bis es wieder eine nationale Autoausstellung gibt. Diese wird erneut in Genf abgehalten. Die Stadt ist inzwischen Sitz des Völkerbunds geworden und hat den Flughafen Cointrin eingeweiht.

⇦ Von der Basler Ausstellung 1921 bleibt nur das äusserst detaillierte Reglement: erstmals wird ein Pressedienst geboten, mit «Aufenthaltsraum, Schreibstube und Büro für die Stenodactylographie». Künftig beschränkt sich die Stadt auf die Förderung der Uhrenindustrie, deren Antriebswerke, Folgen und Abgase kompakter und leichter ausfallen als bei den Automobilen.

⇧ Die Genfer Sportgeräteausstellung vom 1. bis 18. Juni 1911 räumt dem Automobil viel Platz ein. Die grossen französischen Marken Charron, Cottin-Desgouttes, Clément-Bayard, Lion-Peugeot und Rochet-Schneider präsentieren sich neben ihren helvetischen Konkurrenten Martini aus Saint-Blaise und den drei Genfer Herstellern Pic-Pic, Sigma und Stella. Auf dem offiziellen Plakat von Ed. Baud scheint der Skifahrer jünger als der Automobilist; die Amazone ist aber vielleicht mit dem Autofahrer davon gefahren.

Erste Austellungen | 31

Automobil-industrie

1905 1922

Es ist nur natürlich, dass sich die Schweiz mit ihrer langjährigen Tradition im Uhrenbau, in der Fabrikation von Musikautomaten und Präzisionsmechanik auch vom Abenteuer der neuen Fortbewegungsart verlocken lässt. Die 1769 vom Offizier Planta oder 1807 vom Walliser Isaac de Rivaz erdachten Fahrzeuge sind Teil der Autogeschichte.

Ein knappes Dutzend Schweizer Ingenieure sind in den Anfangsjahren des zwanzigsten Jahrhunderts durch die Entwicklung des Automobils in den angrenzenden Ländern Frankreich, Deutschland und Italien vom überragenden Potential der neuen Transportmöglichkeit überzeugt und beschäftigen sich mit dem Autobau. Die aufstrebende Industrie kann schon in den Anfangsjahren markante Lösungen für sich verbuchen: 1896 den Vorderradantrieb von C.E. Henriod; 1898 die oben liegenden Nockenwellen von Popp; 1899 das Getriebe über Keilriemenscheiben mit progressiv variabler Spannung von Weber.

Die Automobilherstellung entwickelt sich von der Handarbeit zur halbindustriellen Fertigung, und die Pionierzeit ersetzt die Periode der Euphorie. Zwischen 1893 und 1920 werden rund 40 Firmen gegründet, die aufblühen und dann von der Bildfläche verschwinden.

Zu den bekanntesten Westschweizer Betrieben zählen Dufaux, Pic-Pic, Ciem-Stella, Sigma, Maximag, Martini, usw. In der deutschsprachigen Schweiz sind Egg, Fischer, Turicum, Berna und Saurer zu nennen.

Schweizer Ingenieure leisten bedeutende Beiträge zur Entwicklung des Automobils, zu Hause wie im Dienst ausländischer Hersteller: Ernest Henry (Rennmotoren von Peugeot), Marc Birkigt (Gründer von Hispano-Suiza), Louis Chevrolet (Begründer der Marke), Julien Potterat (erste russische Automobile unter der Bezeichnung Russo-Baltique), Georges-Henri Roesch (Ingenieur bei Daimler, Clément-Talbot, und Talbot-Darracq), Ernest Cuénod-Churchill (Automobile Georges Richard), Hans Renold (Erfinder des laufruhigen Zahnriemens).

Das Genfer Unternehmen Mégevet liefert seine Kühler in Form eines Bienenhauses an die grössten europäischen Hersteller, wie Fiat, Itala, Panhard-Levassor, Clément-Bayard oder Isotta-Fraschini. Letztere Firma wählt die Kühler für den Einsatz am Grossen Preis des ACF 1906. Mercier und Co. aus Le Locle stellt ab 1904 Alpha-Armaturen her, deren Lizenzen nach Frankreich, Deutschland und England verkauft werden. Hasler aus Bern sichert sich die Rechte für den Tachometer und für andere Messinstrumente, während Decker Scheinwerfer, Signallichter, Leuchten und Azetylen-Generatoren liefert. Dubied aus Couvet exportiert seine Speichenschrauben, Nieten und Luftkammer-Ventile in alle Teile Europas. Erwähnt seien noch die Zündkerzen von Sauser & Jaggi, Pneus von Huber, Zündmagnete von Scintilla, aber vor allem die grossen Schweizer Karossiers wie Geissberger in Zürich, Gangloff in Bern und Genf, Chiattone in Lugano, Heimburger in Basel, SIG in Neuhausen, Hess in Solothurn, usw.

1910 stammen 36,1 % der gesamthaft in der Schweiz zirkulierenden Autos aus einheimischer Produktion. Die Mehrzahl kommt mit

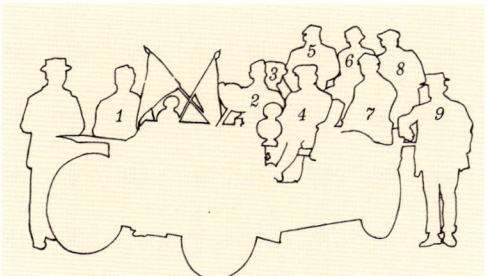

⇧ 14. Juli 1907, Souvenir-Photo nach dem Sieg des Fiat beim Kaiser-Pokal: 1. Friedrich, 2. Ettore Bugatti, 3. Pierre Marchal, 4. der Sieger Nazzaro, 5. Vicenzo Lancia, 6. Rembrandt Bugatti, 7. Mathis, 8. Wagner, 9. Giovanni Agnelli.

1905 1922

40,9 % aus Frankreich, gefolgt von Deutschland auf Rang drei mit 8,8 %, Italien (4,6 %) und den Vereinigten Staaten (2,1 %).

Bis Anfang 1914 exportiert die Schweiz mehr Fahrzeuge als sie einführt, aber die helvetischen Autos sind teuer, denn bei einer geringen Inlandnachfrage müssen die Entwicklungskosten sowie die Ausgaben für Abstimmung und Produktionsanlagen auf weniger Exemplare amortisiert werden. Der zu kleine Inlandmarkt benachteiligt die Branche mehr und mehr, zumal die grossen Hersteller in Europa und den USA die Technik und die Produktionsmethoden ständig weiterentwickeln. Am Kriegsende wird der Markt durch die Freigabe vieler vom Militär requirierter Fahrzeuge überflutet, und die mit dem Konflikt einher gehende Krise bedeutet gleichzeitig den unabwendbaren Fall der eidgenössischen Autoindustrie, mit Ausnahme der Lastwagenbranche. Allerdings müssen die Arbeiter der Autowerke nicht den Beruf wechseln oder auswandern, denn das Garagengewerbe entwickelt sich rasant nach dem Krieg. Doch die Konkurrenz ist mit Preiskämpfen und dem Zwang zur Grossserie äusserst hart.

⇧⇧ J. Weidmann ist vor allem Hersteller von Nutzfahrzeug-Chassis, aber an der Nationalen Ausstellung von 1907 in Zürich präsentiert er ein «Coupé de ville» und eine «Limousine» mit Vierzylindermotoren und 14/18 PS bzw. 20/24 PS. In dieser Werbeschrift wird der französisch «leichte» Motorwagen zum «Luxuswagen» in Deutsch. Die Werbung kennt bereits Übersetzungsprobleme.

⇧ Komplettes und gut geordnetes Armaturenbrett eines Pic Pic mit Stellhebeln auf dem soliden, holzumrahmten Lenkrad.

1905
1922

1923 bestehen in der Schweiz fast 300 Reparaturbetriebe, Garagen und Verkaufslokale. Dieses Wachstum begründet sich nicht im Tourismus (der auch durch die in manchen Teilen des Landes herrschende Autofeindlichkeit beeinträchtigt wird), sondern im vermehrten Einsatz des Automobils in Industrie, Handel und öffentlichen Diensten.

1922 macht der Marktanteil der Schweizer Industrie noch beachtliche 15,5 % aus. Der Anteil der Franzosen fällt auf 25,6 %, während Italiener, Deutsche und Amerikaner stark zulegen. Bis 1933 hat Frankreich die Spitzenposition an die USA eingebüsst, und die einheimischen Produkte fallen auf 1 %.

Englische und amerikanische Industrie

1907 bringt Rolls-Royce den Silver Ghost heraus und Ford präsentiert 1908 das Modell T (Tin Lizzie), das die Serienfertigung einleitet und zur Massenverbreitung des einzig in schwarz lieferbaren Wagens führt. 1908 werden 6 400 Exemplare produziert, 1910 sind es bereits 18 000. 1913 eröffnet Ford eine neue Fabrik und die Produktion schnellt auf 168 000 Exemplare pro Jahr hoch.

1910 werden die ersten Innenlenker vorgestellt. Chevrolet gibt 1911 sein Debut.

Die Brüder Horace und John Dodge sind die ersten, die im November 1914 mit einer Ganzstahl-Karosserie experimentieren. Sie sind mit dem Verkauf einer ganz aus Metall gefertigten Grossserienkarosserie an der Vorfront der Industrie und verkaufen 1915 auf Anhieb 1 500 Autos, 1917 bereits doppelt so viele. Die Vorteile sind einleuchtend: Mehr Sicherheit und Karosseriestärke, aber auch ästhetische Gründe mit grösserer Formenvielfalt.

⇧ Die Ford-Fabrik Highland Park in Detroit produziert 3 000 Autos pro Tag und beschäftigt 36'000 Arbeiter. Mehr als 12'000 von ihnen versammeln sich 1913 für diese Abbildung vor ihrem Arbeitsort. Die Menschenmenge macht dieses Bild zum kostspieligsten seiner Zeit, denn die Arbeiter erhalten für die Aufstellung ihr volles Salär. Zu dieser Zeit baut Ford mehr Automobile als alle anderen Hersteller zusammen.

⇧ John Meynet, hier am Lenkrad, kauft 1908 die ehemalige Autofabrik Lucia im Genfer Aussenquartier Chêne-Bougeries und baut den ersten Sigma (für Société Industrielle Genevoise de Mécanique et d'Automobiles). Die Marke fährt zahlreiche Rennsiege heraus, aber der Erste Weltkrieg zwingt Sigma zum Umstellen auf Rüstungsmaterial. Das macht John Meynet reich, und er verkauft Sigma an eine französische Firma in Levallois bei Paris. Ein Torpedo Sigma von 1911.

Automobilindustire | 35

Roues B

Technische Fortschritte

1905–1922

Diese Epoche ist mehr vom Perfektionieren der Technik geprägt als von echten Neuheiten. Das Aussehen der Modelle gleicht sich mit dem Absenken der Chassis und der Abkehr von der primitiven Rechteckform immer mehr an, während die Automatisierung bei Motor und Bremsen voran schreitet. Es wird an der Lärmeindämmung und der Robustheit von Kupplungen und Getrieben gearbeitet. Steigende Rohmaterial- und Lohnkosten bedingen einen Preisanstieg.

Mehr Zylinder

Seit Beginn der Entwicklung des Verbrennungsmotors entdecken Erfinder, Konstrukteure und sogar Scharlatane die Abhängigkeit zwischen Zylinderzahl und Leistung. Man baut 4, 6, und bald 8 Zylinder, doch die 12-Zylinder bleiben bei den Serienwagen dem Luxussegment vorbehalten. James Ward Packard produziert ab 1908 6-Zylinder und kommt 1912 mit dem Prototypen seines ersten V12 heraus. Nach drei Jahren Abstimmungsarbeit ist der Motor bereit, und der Traum von der Kraft wird Realität. Das Triebwerk lässt selbst rasantes Losfahren ohne Stottern zu. Sein Klangbild unterscheidet sich von anderen Modellen und weiss zu verführen. Dennoch stellt Packard 1923 den Bau dieses Motors ein, um sich auf die 8-Zylinder zu konzentrieren. Er kommt erst 1932-33 auf seinen Traummotor zurück. Andere amerikanische Marken versuchen sich auf dem Markt der 12-Zylinder zu etablieren. Cadillac baut sogar einen V-16 und hat in den Vorkriegsjahren mit seinen Modellen 370 und 80/85 den grössten Erfolg und verkauft rund 10'800 Autos. Für genügend Leistung braucht es etwa 7 Liter Hubraum, und die Kundschaft muss einen schnellen, aber schweren und damit schwierig zu manövrierenden Wagen akzeptieren.

In der Zwischenzeit versuchen sich auch andere am Bau derartiger Motoren. Der erste europäische Versuch kommt 1918 von Lancia mit der Vorstellung eines Prototypen, der zwei Jahre lang statisch gezeigt wird. Giovanni Agnelli kontert mit dem Bau von fünf Prototypen von 1921–22, und der Flugpionier Gabriel Voisin konstruiert als Wiedereinstieg zum Autobau das Modell C2. Keines der Autos verkauft sich gut, denn selbst für die europäische Elite sind die frühen 20er Jahre finanziell äusserst schwierig.

⇧ Die Autopioniere haben mit Problemen zu kämpfen, die der Eisenbahn erspart geblieben waren: Der Bau einer Maschine, die auf glatter Oberfläche rollt, ist eine Sache, ein Fahrzeug, das Steigungen, Schlaglöcher und scharfkantigen Schotter bewältigen muss, etwas ganz anderes. In der Anfangszeit ist der Pneu wenig widerstandsfähig. Zudem unternehmen viele Spezialisten Fahrwerksforschungen, die ihn ersetzen sollen.

⇧ Die Geschichte von Pirelli ist seit je mit dem Rennsport verbunden. Die Firma hat seit dem ersten Sieg am Rennen Paris-Peking von 1907 immer wettbewerbsfähige Rennpneus entwickelt.

1905 1922

Geschichte des Reifens

Der erste Autopneu wird 1895 gebaut. Er braucht einen Druck von 6,5 kg und ist bei einer Durchschnittsgeschwindigkeit von 15 km/h nach 150 Kilometern abgenutzt. Die Verbesserung der Reifen mit längerer Lebensdauer geht nur zäh voran, was dazu führt, dass die Pneus eine Zeit lang Konkurrenz von Eisenband, herkömmlichem Gummi, Leder und diversen elastischen Radsystemen erhalten.

1736 hatte der Franzose Charles-Marie de la Condamine eine wissenschaftliche Expedition begleitet, deren Ziel die äquatornahe Messung des Meridians auf dem Land war. Nach seiner Rückkehr schrieb er in seinem Bericht an die Akademie der Wissenschaften:

« In der Provinz Esmeraldas von Equador wächst ein Baum, den die Einheimischen *hévé* nennen. Durch eine einzige Kerbe fliesst aus diesem ein milchiges, weisses Harz. Die Flüssigkeit wird am Boden auf Blättern aufgefangen und anschliessend der Sonne ausgesetzt. Die Bäume wachsen auch entlang dem Amazonas. Die Maipas-Indianer nennen das derart gewonnene Harz *cahutchu*, aus dem sie einteilige Stiefel herstellen, die wasserdicht sind und die nach der Behandlung mit Rauch echtem Leder ähneln ». Diesen Notizen waren einige Rollen einer harzigen, schwarzen Substanz beigefügt: die ersten Kautschukproben.

Es ist der Engländer Mac Intosh, der ein Jahrhundert später eine industrielle Anwendung für dieses seltsame Produkt findet. Er entdeckt, dass damit behandelte Stoffe wasserundurchlässig sind und lanciert die Herstellung von Regenmänteln. Aber obwohl man inzwischen den Kautschuk schmelzen und entsprechend formen kann, so fehlt es noch an der Temperaturbeständigkeit; die Kleider werden im Sommer klebrig und gefrieren im Winter.

Ein Eisenwarenhändler aus Connecticut findet die Lösung zum Problem: Durch das Vulkanisieren, dem Beimischen einer Prise Schwefel zum Gummi ergibt sich nach dem Aufheizen auf 120 Grad und dem Abkühlen eine äusserst stabile Substanz. In der Euphorie über seine Erfindung unterlässt es Goodyear, diese patentieren zu lassen. Ohne Mittel, die Schulden abzuzahlen, die er für seine Recherchen einging, stirbt er als armer Mann.

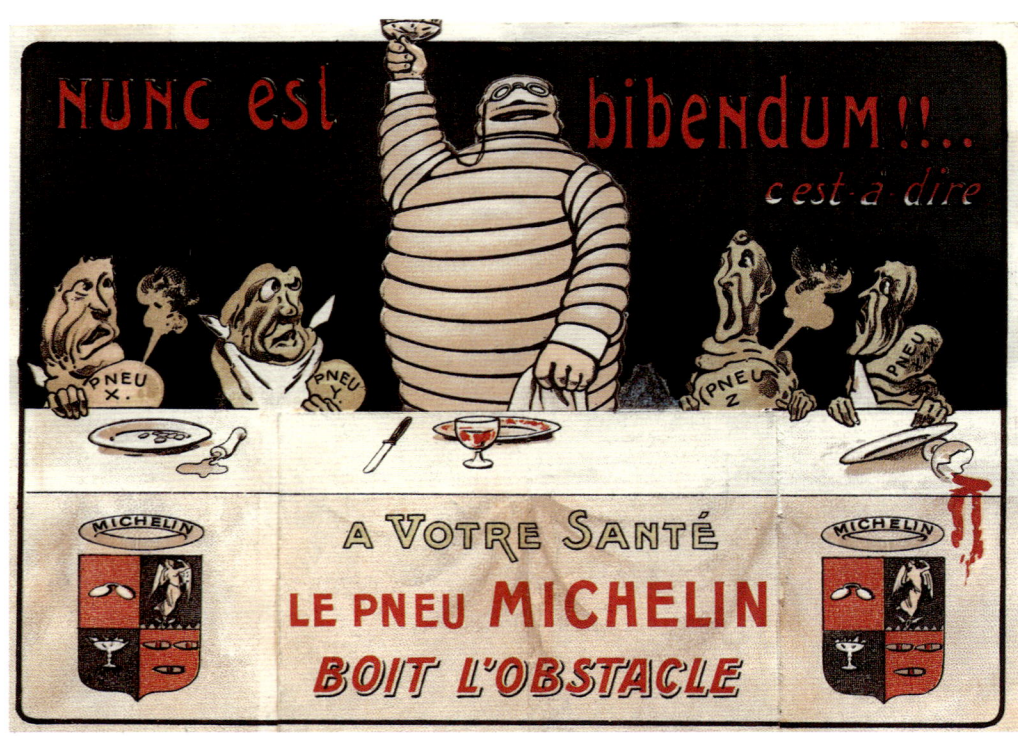

Am 28. Juli 1888 bewirbt sich der schottische Tierarzt John Boyd Dunlop um das Patent « für einen mit Luft gefüllten Schlauch aus Kautschuk mit einem Schutz aus Stoff ». Die ersten Rekla-

⇧ Das Maskottchen von Michelin ist die Kopfgeburt eines der bekanntesten Karikaturisten seiner Zeit, O'Galop. Der Reifenmann erscheint erstmals auf einem Plakat mit dem Slogan « Nunc est bibendum » (Jetzt wird getrunken). Der Name Bibendum bleibt. Er kann aber, als er die Wettbewerber mit Buchstaben markiert, seinerzeit nicht wissen, dass « X » einmal einer der bekanntesten Reifentypen der Marke werden soll.

⇧⇧ Der Name Jenatzy muss den Käufern Vertrauen einflössen. Tatsächlich ist es der Belgier Camille Jenatzy, der in seinem « Nie zufrieden » getauften Mobil als Erster die Schallmauer von 100 Stundenkilometern (105,9 km/h) auf der Promenade des Anglais in Nizza durchbricht.

38 | 100 Jahre Automobile Fortschritte

men präsentieren den Artikel als unabdingbar «für Damen oder für Personen mit sensiblen Nerven» und führen zu einem sofortigen Erfolg. Im folgenden Jahr hat ein Industrieller aus der Auvergne, Edouard Michelin, Gelegenheit, das Fahrrad eines Freundes auszuprobieren, das mit den berühmten «auf die Felge geklebten Dunlop» versehen ist. Danach erklärt er seinem Bruder André, dass «das Fahren auf Luft eine herrliche Sache», doch der auf die Felge geklebte Pneu wegen der häufigen Lecks eine Dummheit sei». «Solange es einen Tag braucht, um ein Loch zu flicken, gibt es keine Zukunft für das System. Der Reifen muss auf mechanische Weise demontierbar sein – kein Leim, keine Nadeln – und jeder beliebige Passant muss das in einer Viertelstunde schaffen.» Die Aufgabenstellung für die kleine Gummibearbeitungsfirma ist gegeben…

⇧ Die Reifenmarke Metzeler hat der Autogeschichte ihren Stempel aufgedrückt, und erlaubte es den jungen Damen, den ihnen nachjagenden Zentaur «Satyre» abzuhängen.

⇗ Die Firma Perrot Duval ist Bestandteil der Genfer Automobilgeschichte.

⇨ Es gibt noch wenige Autofahrerinnen, aber sie sind nicht nur eine Erfindung der Werbung. Als Adèle Jaquier 1908 ihren Führerschein erhält, beschränkt sich die Prüfung auf die Praxis, denn ein Verkehrsgesetz gibt es noch nicht. Sie kam im eigenen Fahrzeug zur Fahrprüfung, der Fahrzeugschein diente als Lehrfahrausweis.

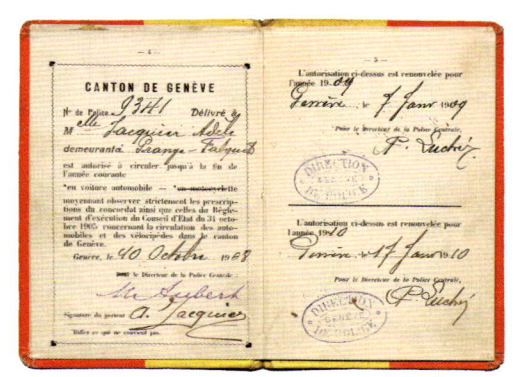

Technische Fortschritte | 39

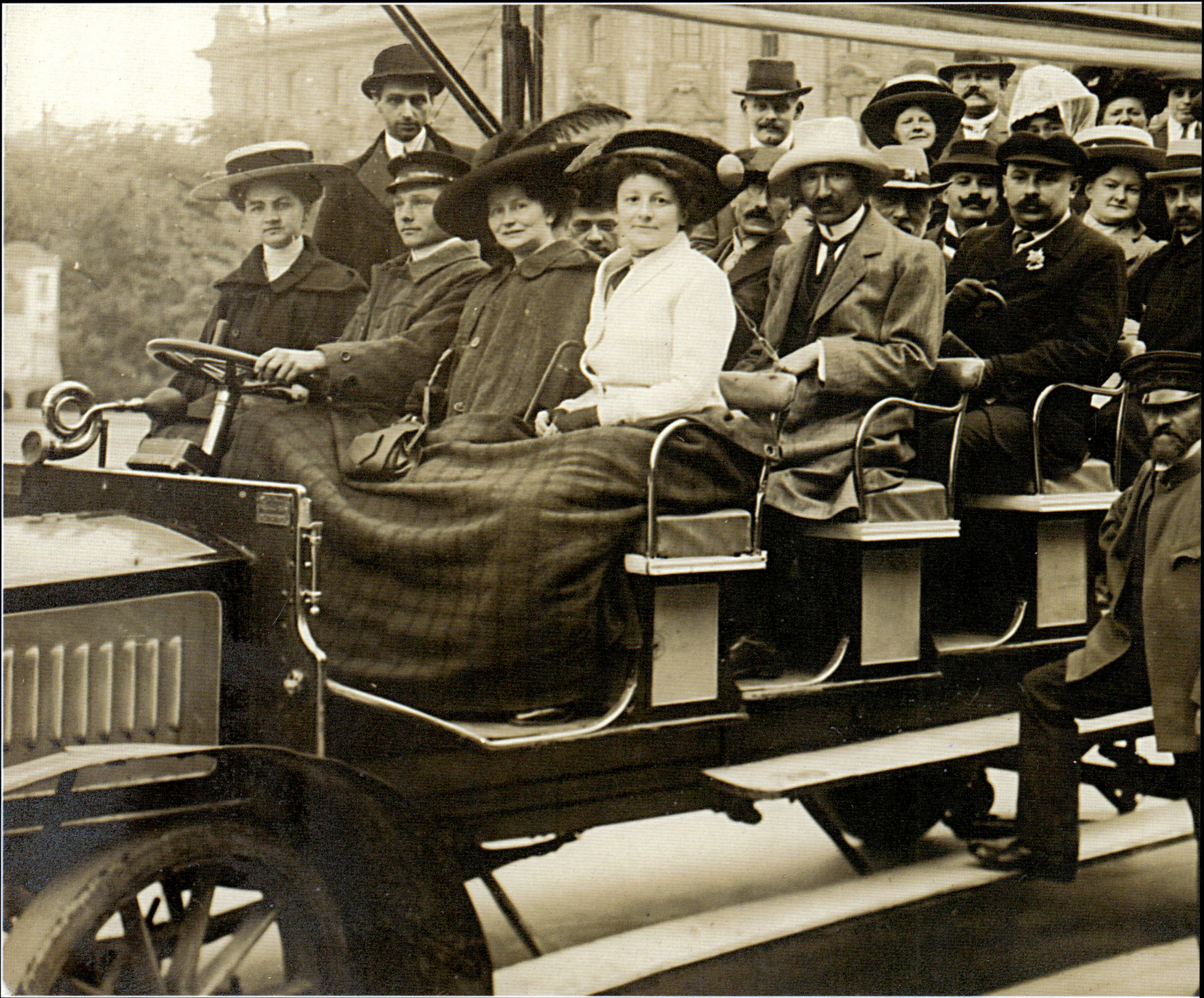

1905
1922

Automobil und Gesellschaft

Die Automobilisten der Belle Epoque haben nicht nur mechanische Sorgen. Sie haben es auch mit der offenen Feindseligkeit der Fussgänger, der Kutscher und gar der Behörden zu tun. Man kann den Fussgängern nicht verübeln, dass sie die Unglücksmaschinen nicht mögen, die sie im Sommer mit Staub, bei schlechtem Wetter mit Schlamm bewerfen. Das führt zu Guerilla-Aktionen, und auf dem Land gibt es manchen, der nicht zögert, auf althergebrachte Wegelagerermethoden zurückzugreifen: Man gräbt die Strassen auf, legt Hindernisse, wirft Steine und Mist.

Im Dezember 1905 verurteilen die Automobil-Clubs von Deutschland, Belgien, Spanien, Grossbritannien, Portugal, Ungarn, Frankreich und den USA die Schweiz: Angesichts der Schwierigkeiten, denen Fahrer unterworfen sind, die durch dieses Land reisen, wird geraten, die Durchquerung dieses Gebiets zu meiden, das nur zu Problemen führen kann.

Tatsächlich grassiert in den Kantonen der Ostschweiz die Autofeindlichkeit. Lange erlebt der motorisierte Strassenverkehr, was seinerzeit für die als Teufelswerk verschrieene Eisenbahn galt: Die Ablehnung ist tief und fest verankert. Die Presse schürt das Feuer, wie der *Bund*, der die Bauern aufruft, die Automobilisten täglich zu attackieren. Das führt umgehend zu einer Leserbriefflut, überwiegend mit Protesten von allen Seiten. In den Regionalblättern wird das Automobil als « Mittel für den Massenmord » dargestellt. Am 5. März 1911 spricht sich die Bevölkerung von Graubünden für das umfassende Fahrverbot auf den Strassen des Kantons aus. Das Gerät sei « technisch ein Engel, sozial aber ein Teufel. »

Die Bundesregierung bestätigt 1922 das Recht zum Autofahren, aber in der Zwischenzeit werden die Chauffeure gewarnt, dass sich Eingangs von Bündner Dörfern Polizisten verstecken, die das Tempo per Auge schätzen und Bussen verteilen. In Grüsch beobachtet ein Landjäger die Anfahrt eines Automobils im Haus durch geschlossenen Storen, stürmt heraus und verfügt eine Busse von 30 Franken. Er hat keine Uhr, und

⇧ Diese umgebauten Lastwagen, die man « Bankkarren » nennt, erlauben Touristen eine angenehme Stadtrundfahrt. Der Text auf der Rückseite des Dokuments: « Souvenir aus München, wo ich am Montag, 10. Juni 1921 von Konstantinopel via Sofia-Budapest-Wien angekommen bin. In der Begleitung von zwei guten Kameraden, die geschäftlich nach Paris reisen und eines John, der wegen Business nach London fährt, habe ich die Stadt im Auto besucht ».

⇧ Zum grossen Nutzen für die aufblühende Automobilbranche steckt Albert de Dion in jungen Jahren sein Vermögen in eine Leidenschaft, die seine Familie nicht begreift. Vor dem Krieg von 1914 wählen mehr als fünfzig Marken weltweit den Motor De Dion-Bouton.

Automobil und Gesellschaft | 41

1905
1922

⇨ 59 Mit zunehmender Geschwindigkeit der Fahrzeuge gilt es, sich gegen Kälte und Niederschlag zu schützen. Die Kaninchenzucht mag profitiert haben, aber alles lässt darauf schliessen, dass diese apokalyptischen Kostüme zum Bild der Automobilisten und ihrer Maschinen als bösartige Wesen beigetragen haben.
Entsprechend dem Bild von Arthur Thièle bläst die Kraft des Fahrzeugs die Besitzer mit Arroganz auf und schrumpft die Grösse ihres Hundes.

seine eigene Schätzung auf 200 m Entfernung ist genug, das «übersetzte» Tempo zu ermitteln.

In der Stadt hörte man ein herannahendes Pferd von weitem und hatte Zeit zum Ausweichen. Das Automobil ist ruhig, bis es den Passanten durch einen fürchterlichen Hupton zur Seite springen lässt. Die martialische Schutzkleidung der Fahrer, die für den Schutz gegen Kälte und Niederschlag unabdingbar ist, trägt zum Eindruck bei, dass man es mit böswilligen und blutrünstigen Wesen zu tun hat.

In den Worten von Pierre Loti: «Die Strassenräuber von einst töteten weniger Leute als die «Ausgestopften», die im Auto mit 50 und gar mit 90 Sachen daherfliegen. Erstere waren menschlich entschuldbar und, so meine ich, sie rochen auch besser. Man muss die braven Bauern, die guten Landschaftspfleger bewundern, dass sie nicht Jagd machen auf die Rüpel, wenn sie doch sicher eines Tages überfahren werden, oder ihre Kleinen, oder zumindest ihre Hunde und Hühner.»

Der durch die Autos aufgewirbelte Staub bringt auch die nachsichtigsten Gemüter auf: «Die Bäume sind in gepuderte Perücken gekleidet, die Terrassen am Wegrand sind verlassen, denn

42 | 100 Jahre Automobile Fortschritte

1905
1922

der Wein schmeckt dort nach Benzin und man schluckt mit jedem Glas einen Mundvoll Staub». Dabei sind die Freuden des Automobilisten nicht immer an die Geschwindigkeit gebunden. Die Idee der Spazierfahrt macht sich breit, wie es Luigi Ambrosini beschreibt: «Das ideale Automobil ist jenes, das frei ist wie eine Schubkarre, das die sorglose Unabhängigkeit eines Fussgängers aufweist. Schnell fahren kann jeder. Die Kunst des Automobilisten ist die Fähigkeit zur Langsamkeit. Ich will mich nicht des Geräts bedienen, die Maschine soll mir dienen, soll meiner Laune folgen, meiner Phantasie, meiner Zärtlichkeit gegenüber den Dingen… Ich bewundere das Auto, das drang- und ziellos daherrollt, auf unbesorgter Spazierfahrt, die unterwürfige und nicht unterdrückende Maschine, die Freizeit bringt und die Lust, anzuhalten, wo man will.»

⇧ Welche Freude, pelzumhüllt und maskiert in einem Walliser Dorf anzukommen, die Schutzbrille auf die Stirn zu schieben wie das Schutzschild eines Helms und den «von Weitem ankommenden Fremden» zu mimen.

Automobil und Gesellschaft | 43

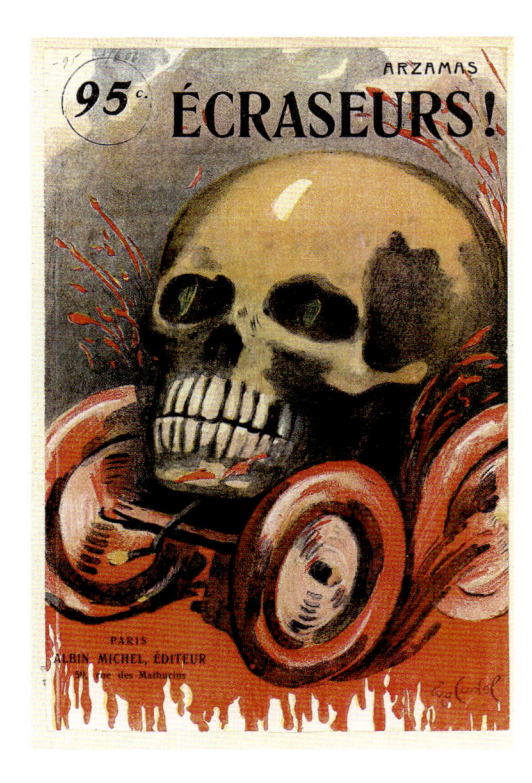

1905–1922

Automobile Werbung

Die erste Werbung für Automobile bleibt bis zum Ersten Weltkrieg sehr beschränkt. Die Annoncen haben Mühe mit der Präsentation dieses ungewohnten Werkzeugs: sie begnügen sich damit, den Wagen abzubilden und fügen die Herstellerfirma hinzu. Gelegentlich findet man diskrete Informationen zum Modell, nicht mehr. Dann wird die Anzeige in gleicher Form während mehrerer Monate reproduziert.

Nach dem Kriegsende 1918 muss sich die Automobilindustrie neu aufraffen. Die Werbung wird phantasievoller, zumal sich die Welt mehr und mehr am Automobil interessiert. Die Aussagen umfassen das Positive, die Superlative häufen sich, und die Adjektive werden reich und bildhaft, wie etwa «die einzige sensationelle Neuheit im Autobau» oder «das schönste Fahrzeug des Jahrhunderts».

Die graphische Präsentation entwickelt sich hin zum leichteren Strich und umfasst auch Weissflächen. Man umwirbt den Kunden mit dem Hervorheben des Guten, des Schönen und des Nützlichen.

Fahrzeugkosten

Der Unterhalt eines Automobils ist ein bodenloses Fass. 1903 veröffentlicht ein Mitglied des ACS die Auflistung seiner Ausgaben: «Mein Wagen von 1400 Kilo hat 5470 Kilometer mit einem Höchsttempo von 45 km/h durchlaufen und 830 Liter Benzin verbraucht, entsprechend 307 Franken. Für die Pneus 863 Franken, für Öl 56 Franken und 261 Franken für Reparaturen und Zölle, zu einem Total von 1467 Franken.» Dieses Auto verbrennt also etwas mehr als 15 Liter auf hundert Kilometer, und der Treibstoffpreis beläuft sich auf Fr. 0.37; das entspricht dem Stundenlohn eines Handwerkers. Trotz der Anstrengungen von Henry Ford und André Citroën bleibt das Automobil noch für viele Jahre ein Spielzeug der Reichen, das zwar praktischen Nutzen hat, ihnen aber vor allem als Zeichen der sozialen Stellung dient, das man vorzeigen kann.

⇧ Der mordende Automobilist ist ein wiederkehrendes Thema der Publikationen der Jugendstil-Zeit. Es ist der Beginn der Auseinandersetzung zwischen Lob und Schelte, Begeisterung und leidenschaftlicher Ablehnung, die sich bis heute weiterzieht.

⇨ Der Genfer Marc Birkigt ist bereits mit 22 Jahren Unternehmensleiter. Sein erfinderisches Genie und seine Willenskraft helfen ihm 1904 bei der Gründung einer der angesehensten Marken seiner Epoche, Hispano-Suiza. In dieser Abbildung fährt er stolz in seinem 20/24 CV. Hinten rechts sitzt seine Gattin Eugénie. Das grosse Gepäck lässt vermuten, dass es sich nicht um eine Spazierfahrt handelt, sondern um eine der häufigen Reisen, die sie von Genf nach Barcelona unternehmen.

1905
1922

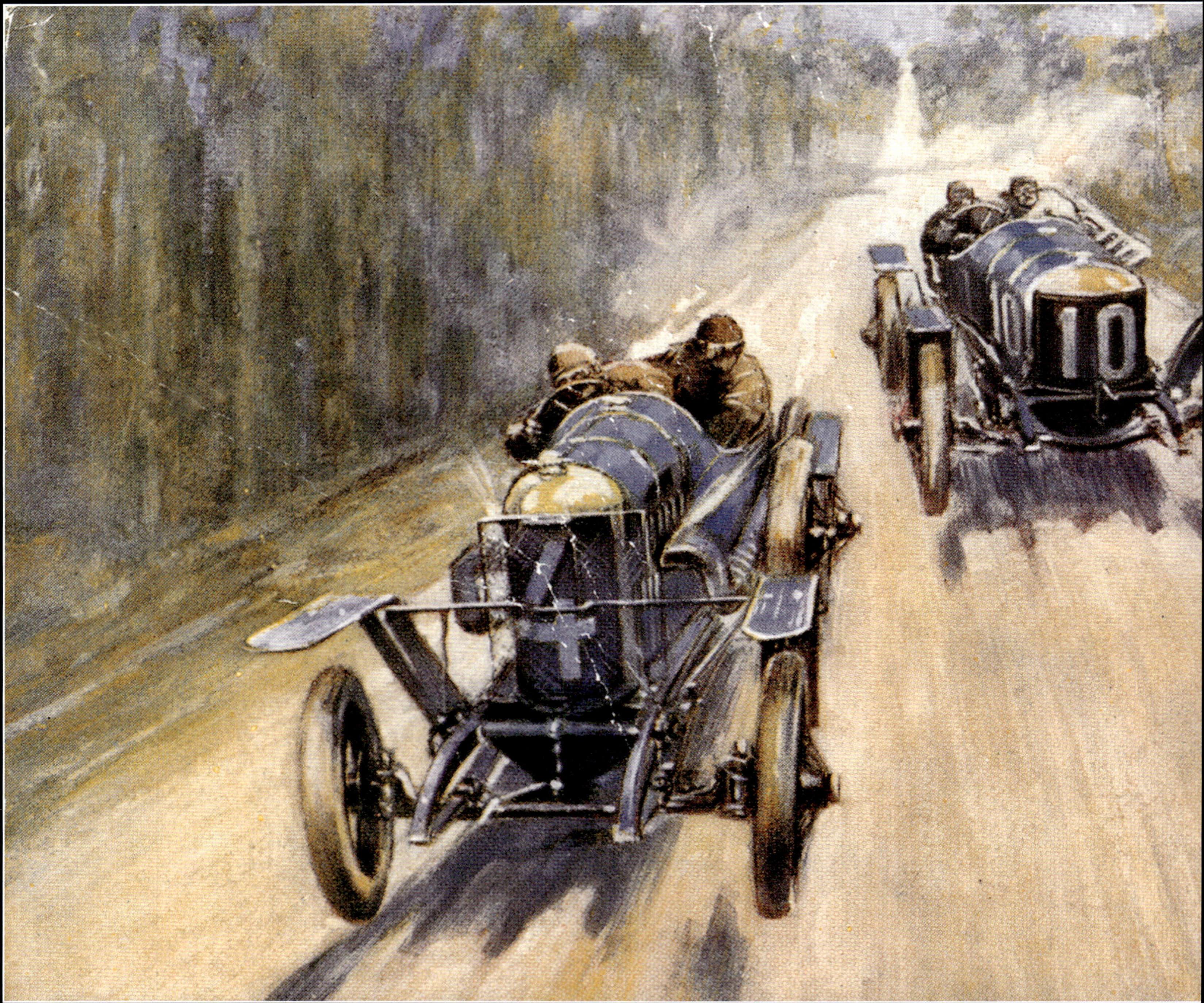
10

1895
1922

Rennsport

Die ersten Kunden der Autohersteller sind aktive Menschen, die jeden Tag berufsmässig Transportfragen zu lösen haben. Die Geschäftsleute, Industriellen oder Doktoren sind aber praktisch denkende Menschen, bei denen die Rechnung aufgehen muss. Mit dieser Kundschaft wäre der Autoindustrie kaum eine stürmische Entwicklung gelungen. Es sind die Rennsportveranstaltungen, welche die Aristokraten dazu verleiteten, sich an diesen surrealen Ereignissen zu profilieren, und die der Öffentlichkeit erlauben, einen Blick auf die seltsamen Geräte zu werfen, von denen man allerorts spricht, die aber im Alltag nicht zu sehen sind.

Als erste Rennen werden Zuverlässigkeitsprüfungen durchgeführt. Der simple Tatbestand, die vorgegebene Distanz zu befahren, macht Fahrer und Hersteller stolz. Das Spektakel, die nie zuvor gesehenen Fahrzeuge in Bewegung zu beobachten, zieht tausende Zuschauer an. Der Reporter des *Petit Journal*, der am 22. Juli 1894 an Bord eines dampfgetriebenen Omnibusses den ersten «Internationalen Wettbewerb für pferdelose Wagen» von Paris nach Rouen begleitet, schreibt: «Wir sind die ganze Strecke an einer fast lückenlosen Menschenmenge vorbei gefahren». Die Zugmaschine De Dion Bouton kommt als erste an, wird aber wegen des formellen Klassements nicht gewertet. Es schreibt vor, dass das siegreiche Fahrzeug «ohne Gefahr, leicht zu handhaben und nicht teuer» sein muss. Panhard und Peugeot teilen sich den Preis.

Durch das Ergebnis des Rennens «Paris-Rouen» frustriert, organisiert Graf De Dion eine neue Prüfung auf der Strecke Paris-Bordeaux und zurück, 1200 Kilometer, die in höchstens 100 Stunden zurückgelegt werden müssen. Am 11. Juni 1895 treffen die drei Antriebskonzepte Dampf, Strom und Benzin aufeinander, doch der Kampf währt nicht lange. Schon in Blois geht der von Emile Levassor selbst gefahrene Panhard & Levassor mit Daimler-Motor an die Spitze und gibt diese während der Gesamtzeit von 48 Stunden und 47 Minuten bis Paris nicht mehr ab.

Das erste internationale Rennen findet 1901 von Paris nach Berlin statt. Deutschland und Frankreich sind die Wiegen des Automobils, und das Rennen geniesst die Unterstützung

⇧ Bablot am Lenkrad eines Delage (10) und Boillot auf Lion-Peugeot (4) während des Grand Prix-Rennens vom 25. Juni 1911.

⇧ Paris-Berlin. An der deutschen Grenze warnen Zivile wie Soldaten die Konkurrenten vor gefährlichen Streckenteilen.

Rennsport | 47

1905
1922

⇧ 1905 schlägt der Genfer Frédéric Dufaux den Geschwindigkeits-Weltrekord mit 156,5 km/h in einem Auto, das er mit seinem Bruder gebaut hat. Sie gehören zu den ersten, die einen echten Achtzylinder konstruieren, statt nur zwei Vierzylinder aneinander zu koppeln.

⇨ Goux in seinem Rennwagen «Lion-Peugeot». Der langhubige Motor erklärt die hohe Motorhaube.

⇨⇨ Paris-Madrid 1903. Jarrott im De Dietrich mit 45 PS bei der Ankunft am Kontrollpunkt Bordeaux. Er bewältigte die Strecke Paris-Bordeaux (552 km) in 5 Std. 51' 55" und liegt an 4. Stelle.

der höchsten Stellen. Die Strecke umfasst drei Etappen und die Fahrzeuge sind in vier Kategorien unterteilt: Motorräder bis 250 kg, Kleinwagen von 250 bis 400 kg, leichte Wagen von 400 bis 650 kg sowie «echte» Automobile mit über 650 kg.

Stadtdurchfahrten und bestimmte Streckenteile werden aus Sicherheitsgründen gemieden, aber auch um den vehementen Autogegnern den Wind aus den Segeln zu nehmen, die in der Prüfung ein «Rennen von Verrückten» sehen, die «eine Mordspanik» verursachen würden. Offizielle mit Fahnen informieren die Piloten entlang der Strecke über Gefahren: Blau bedeutet erhöhte Vorsicht, Gelb sofortiges Anhalten. Der Franzose Fournier gewinnt auf einem Mors 4-Zylinder mit 10 087 cm^3. Zwei Militärkapellen spielen die Marseillaise, und – oh Wunder – die Berliner rufen «Vive la France!».

Im kommenden Jahr 1902 gewinnt Marcel Renault das Rennen Paris-Wien. Weil die Schweizer Kantone ihre Erlaubniss verweigern, wird dieser Teil neutralisiert. Marcel Renault gesteht dem Direktor des *Figaro*: «Diese Etappe von Belfort nach Bregenz war für fast alle eine Entspannung. Bei 30 km/h konnte ich die Natur geniessen und ruhig mit meinem Mechaniker sprechen, der sich dauernd über die Schönheit des Landes begeisterte, das er zum ersten Mal durchquerte.»

1903 wird die internationale Vereinigung der anerkannten Automobil-Clubs gegründet, die künftige FIA. Paris-Madrid soll die grosse Prüfung des Jahres werden. Die persönlich vom jungen

⇧ Ein Original-Kühlerverschluss von Dr. Hans O. Wyss in den Farben des Schweizer Automobil Clubs.

⇧ Der ventillose Motor und ein Getriebe mit internen Zahnriemen sind die interessantesten technischen Besonderheiten des vom Zürcher Martin Fischer gebauten Fahrzeugs. Hier an der Coupe Bollinger-Elmenhorst am 2. September 1911, gefahren von Fischers Gattin. Das Reglement schreibt 4 Personen von 70 kg im Fahrzeug vor, was später durch das Mitführen von Sandsäcken geändert wird.

⇨ Grand Prix de l'Automobile Club de France in Lyon. Der Piccard-Pictet von Tournier am Start.

spanischen König Alphonso XIII gewünschte Veranstaltung würde den «dritten Strahl eines Sterns abgeben, den die internationalen Rennen um Paris zeichnen». Nach fieberhaften Vorbereitungen geht es am 24. Mai mit Begeisterung los, doch endet das Rennen am gleichen Tag mit einer Tragödie. Die traurige Bilanz nach der ersten Etappe am Abend des Rennens in Bordeaux: sieben Tote – drei Zuschauer und die vier Konkurrenten Nixon, Rodez, Lorraine Barrow und Marcel Renault. Letzterer übersah in einer Staubwolke eines langsameren Fahrers die Warnflagge eines Kommissärs über eine gefährliche Kurve, rutschte in den Strassengraben und wurde durch das Überkorrigieren gegen einen Baum geschleudert. Der Präfekt des Bezirks Gironde spricht sich gegen die Fortführung des Rennens aus, und die dritte internationale Prüfung von Stadt zu Stadt endet in Bordeaux in Trauerstimmung.

Man muss sich eingestehen, dass die Zuschauer am Strassenrand nicht mehr mit den nun möglichen Leistungen der Automobile vereinbar sind. Abgeschlossene Rundstrecken drängen sich auf. Die Zeitschrift *L'Auto* bringt das Thema landesweit zur Diskussion. Die Strecke sollte etwa hundert Kilometer lang sein, es sollten keine Eisenbahnlinien, Städte oder lange, kurvenreiche Dörfer zu durchqueren sein, möglichst lange Geraden zum Erreichen der Höchstgeschwindigkeit und eine genügende Fahrbahnbreite zur Vermeidung von Unfällen zur Verfügung stehen. Mehrere französische Bezirke bewerben sich, aber die Sarthe erhält den Zuschlag. Am 26. und 27. Juni 1906 wird der erste «Circuit de la Sarthe» durchgeführt, Vorläufer der 24 Stunden von Le Mans. Nur Fahrer und Mechaniker dürfen am Wagen arbeiten, was sich als mörderisch herausstellt: Hitze und Geschwindigkeit zerstören die Reifen, die nicht mehr als zwei Runden halten, und der frische Teer verursacht schmerzhaftes Brennen in den Augen der Fahrer. Der Sieg geht an Szisz auf einem Renault mit einer neuen Erfindung: der abnehmbaren Felge, deren Aufkommen beträchtlich zur Verbreitung des Automobils beitragen soll.

Rennsport | 49

Peking–Paris

1907 findet das Rennen Peking–Paris statt, die mit Abstand schwierigste Zuverlässigkeitsprüfung, an der sich das Automobil bis zu diesem Zeitpunkt gemessen hat. Es führt über fünfzehntausend Kilometer durch weitgehend strassenlose Länder, in denen oft Räuberbanden agieren. Die Natur hält flutartige Regengüsse und brennende Hitze bereit. Ein Reglement wird gar nicht aufgelegt, die Ausschreibung erfolgt über eine Anzeige im *Le Matin* mit der einfachen Frage: «Ist jemand einverstanden, diesen Sommer von Peking nach Paris im Auto zu fahren?» Die chinesischen Behörden stehen dem Projekt ablehnend gegenüber mit der Befürchtung, dass es sich um ein westliches Komplott zum Ruinieren der einheimischen Eisenbahn handelt. Es scheint ihnen undenkbar, dass die Freude am Wettbewerb die einzige Motivation des Rennens sein könnte. Man formuliert eine Absage, wird aber durch die Ankunft der Fahrzeuge in Peking überrascht. Nur fünf Autos folgen dem Aufruf per Inserat: Ein holländischer Spyker mit 15 PS, ein Itala mit 35 PS, zwei kleine De Dion mit 10 PS und ein winziges Dreirad Contal mit Zweitaktmotor.

Die Reise ist mit komischen und tragischen Episoden gespickt, die durch drei begleitende Journalisten festgehalten werden. «Die Fragen der Mongolen waren von heiterem Erfindungsreichtum. Sie waren unter dem Eindruck, dass sich die phantastischen Vehikel nicht auf der Erde, sondern in der Luft bewegen sollten und wollten wissen, aus welcher Distanz man sie gefahrlos beobachten könne; die heimliche Meinung war, dass die Wagen von unsichtbaren geflügelten Pferden gezogen würden. ‹Aber wie kontrollieren die Fremdlinge den unsichtbaren Hengst?› fragten sie den Übersetzer, nach-

⇐⇐ Der klassische Held des Rennens Peking-Paris ist der verbissene Prinz Scipio Borghese, aber die Herzen gehören Charles Godard mit seinem holländischen Spyker. Er fährt als einziger ohne die Unterstützung eines Unternehmens. Das Auto ist ein serienmässiger Vierzylinder mit 15 PS, Getriebe mit Reduktion und Kühler, grossen Rädern für mehr Bodenfreiheit und Magnetzündung von Bosch. Hier übernimmt er vor dem Geschäft Blériot, an der Rue Duret in Paris einen Satz Azetylen-Scheinwerfer mit integriertem Generator, sowie Öllaternen, die ihm für die gesamte Fahrt dienen werden.

⇐ Der chinesische Verwalter von Urga äusserste den Wunsch nach dem grossen Gefallen, im Auto mitfahren zu dürfen. Prinz Borghese lacht versteckt und legt einen Kavalierstart hin. Mit Guizzardi auf dem Trittbrett stürmen sie los, dass der Zopf des Würdenträgers in der Staubwolke weht.

⇐ Auf diesem Streckenabschnitt entlang dem Baikalsee bleibt keine andere Wahl, als die Schienen der Transsibirischen Eisenbahn zu befahren. Ein Polizist nimmt im Itala Platz und hat die Aufgabe, entgegenkommende Züge mit der roten Fahne in seiner Hand anzuhalten.

dem sie unbeeindruckt die Erklärungen des nicht vorhandenen Pferdes gehört hatten. Sie mochten nicht an eine komplizierte Kreation des menschlichen Intellekts glauben.» („Von Peking nach Paris", von Louis Barzini, Wegbegleiter des Prinzen Borghese).

Vier der fünf Maschinen schaffen die Strecke, aber der grosse Triumphator ist der Prinz Scipio Borghèse, der mit seinem Itala mit drei Wochen Vorsprung ankommt. Louis Barzini berichtet: «Nach den chinesischen Ebenen, der Wüste, der Mongolei, nach Sibirien und Mitteleuropa schien es uns unwahrscheinlich, am Ziel zu sein. In der Nähe von Joinville versammelte sich eine begeisterte Menge. Busse und Trams hielten an und die Passagiere applaudierten. Entlang der Strecke in Vincennes improvisierten hunderte von Radfahrern eine Ehreneskorte für uns. Dann tauchte ein seltsames Gefährt auf und übernahm die Spitze. Es handelte sich um eines dieser riesigen Automobile mit zwanzig oder dreissig Plätzen, die in Paris mit Touristen verkehren. Eine Kapelle fuhr darin und spielte den Triumphmarsch von Aida... Das Automobil drehte langsam und fuhr auf den Gehsteig vor dem Gebäude von *Le Matin*. Die Menge überhäufte uns mit unbeschreiblichen Ovationen, aber wir blieben auf unseren Plätzen sitzen, verwirrt, geistesabwesend.»

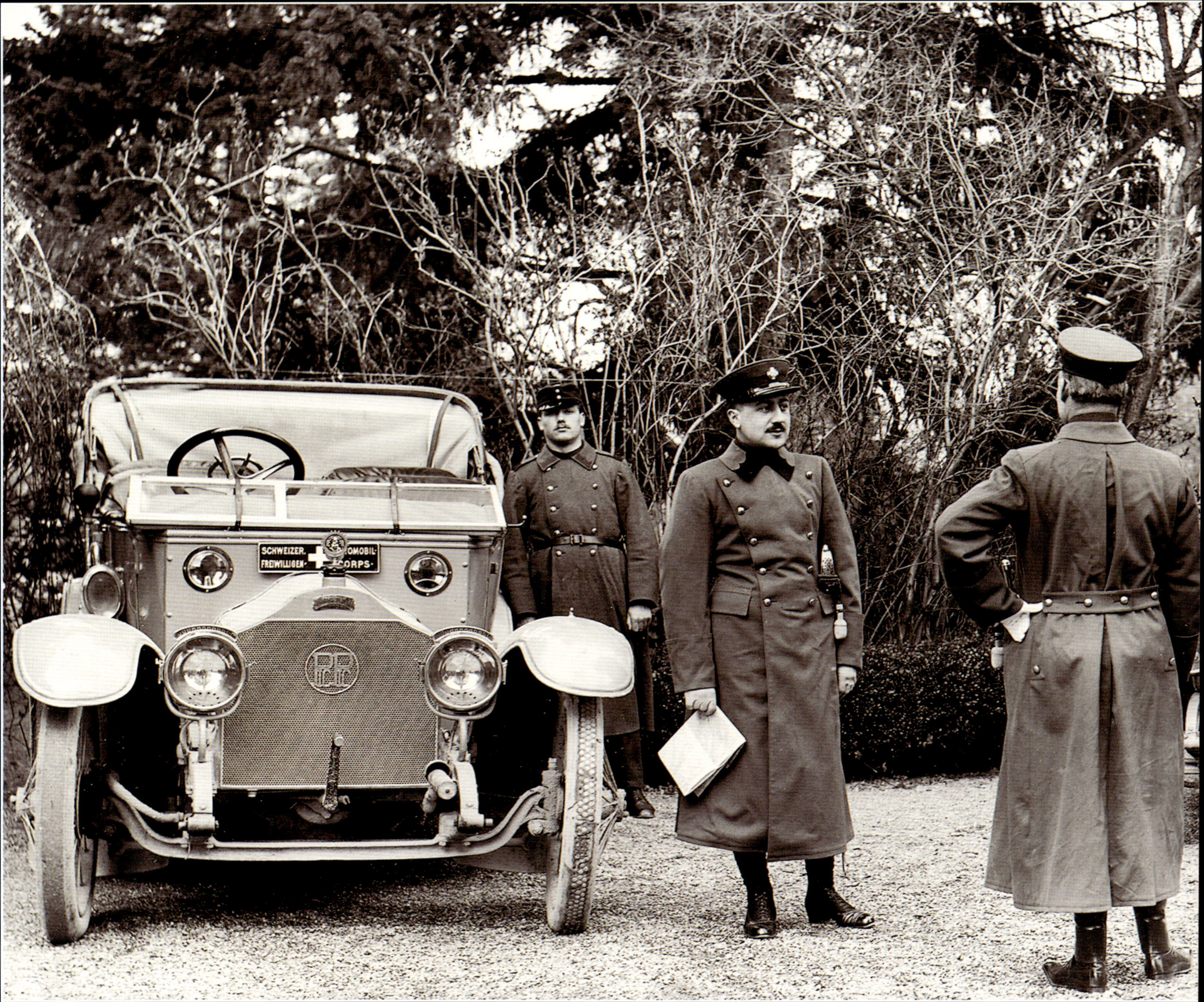
SCHWEIZER.
OMOBIL-
FREIWILLIGEN-
ORPS-

1905–1922
Automobil und Armee

Frankreich, England, Italien, die Schweiz... die Regierungen sind sich sehr schnell bewusst, welch wichtige Rolle das Automobil in der künftigen Organisation der Armeen spielen wird; allerdings ist noch nicht klar, wie die grosse Schwierigkeit des Treibstoffnachschubs gelöst werden soll. Im Falle eines Konflikts wären die in den verschiedenen Ländern verteilten Vorräte schnell aufgebraucht und ohne Ölproduktion stünde man schlecht da.

In Deutschland gründet Prinz Heinrich von Preussen, Bruder von Kaiser Wilhelm II, und Präsident des deutschen Automobil-Clubs 1905 eine Einheit «Militärischer Fahrer», die im Kriegsfall ihr Fahrzeug und einen Mechaniker in den Dienst der Armee stellen müssen.

Österreich baut ab 1905 die ersten modernen Panzer. Das Gefährt von zwei Tonnen verfügt über eine drehbare Kuppel mit zwei Maschinengewehren und – als grosse Innovation – vier angetriebene Räder. Die kaiserliche Armee erwägt ernsthaft, diese neue Waffe weiter zu entwickeln, aber das Gerät macht den Pferden Angst. Diese zittern an allen Gliedern, wenn es mit Höllenlärm vorbeifährt. Der Panzer wird also aufgegeben, um sich zehn Jahre später um so stärker im Ersten Weltkrieg durchzusetzen.

In der Schweiz initiiert ACS-Präsident Charles-Louis Empeyta 1907 das freiwillige Automobilcorps nach Vorbild von Deutschland. Es umfasst 130 Freiwillige «Schweizer Nationalität, die physisch und technisch zur Autopflege fähig sind und die ein Automobil von 15 bis 35 PS besitzen und dauernd in Einsatzbereitschaft halten können». In Friedenszeiten dienen die Fahrzeuge vor allem zur Beförderung der Truppenkommandanten und ihres Stabs. Die Effizienz dieses im

⇧ 1907 unternimmt ACS-Präsident Charles-Louis Empeyta die Initiative zur Gründung eines freiwilligen Automobil-Corps. Es wird sofort vom Bundesrat verabschiedet. Mitglieder müssen «ein Automobil mit 15 bis 35 PS besitzen und in permanenter Einsatzbereitschaft halten». Jeder Bewerber wählt anschliessend unter den Berufssoldaten einen Mechaniker aus, der ihm zugeteilt wird. Hier die Präsentation der Uniformen des neuen Militärcorps. Der Pic-Pic links gehört Empeyta.

⇧ Kontrastprogramme im Militär: Kavallerie und Automobil. Die einen verschwinden von den Schlachtfeldern, die anderen werden gepanzert und finden immer mehr Verwendung.

1905–1922

Frieden kreierten Autocorps erweist sich in Kriegszeiten als sehr beschränkt. Es müssen Soldaten rekrutiert werden, die das Metier verstehen, das Corps wird professioneller, und die überzähligen Fahrzeuge und Fahrer ins Zivilleben zurück geschickt.

Erster Weltkrieg

Am 28. Juni 1914 wohnt der österreichisch-ungarische Thronfolger Erzherzog Franz Ferdinand Truppenmanövern in Sarajevo bei. Sein Fahrer biegt falsch ab und kommt an den tragischen Ort, an dem ein Mörder auf das königliche Paar wartet. Zwei Schüsse, zwei Tote. Das schwarze Auto geht in die Geschichte ein mit der Fahrt der zwei hochdekorierten und auf dem Rücksitz gesunkenen Opfern. Es sollen die ersten beiden Toten sein von achteinhalb Millionen, die folgen werden.

Die deutsche Offensive im September 1914 ist erdrückend, und die Truppen von Glucks bedrohen Paris. Man braucht so schnell wie möglich Nachschub. Galliéni requiriert die 600 Pariser Taxis, Renault 2-Zylinder vom Typ AG 1. Fünf ausgeruhte und kampfbereite Infanterie-Bataillone werden damit fünfzig Kilometer weit an die Front transportiert. Viertausend Mann sind kein grosses Kontingent angesichts einer Menge von mehr als einer Million Soldaten, aber der

▷ Werbung für den Pirelli Cord. Interessante Verquickung von Mittelalter, Landesverteidigung und Reifen.

⇦ Lithographie mit dem Titel «Zivilisierendes Auto». E. P. sind die Initialen von Emile Poirier, besser bekannt unter dem Pseudonym Caran d'Ache.

1905
1922

psychologische Effekt der «Taxis de la Marne» auf die Moral der Truppen ist immens.
Für die Transporte aller Art entledigen sich die Limousinen und Cabriolets ihrer schwungvollen Karosserien und ihrer luxuriösen Lederinterieurs. Das nackte, gestreckte Chassis erhält Zweckaufbauten, und oft wird die ehemalige Schönheit mit einem Anhänger vollends zum Nutzfahrzeug degradiert. Nach und nach wandelt sich das Auto zur Maschine zum Töten, zum Krankentransport, zur Lebensmittelversorgung. An der Front dienen Motorfahrzeuge der Unterstützung und Problemlösung: Lastwagenwerkstätten, Postwagen, Telefonautos, rollende Küchen, Brückenfahrzeuge, Destillerien für gekochtes Wasser gegen Epidemien, Autokirchen; aber auch normale Autos werden gebraucht, etwa mit einem Stahlblech an Stelle der Frontscheibe und mit kugelsicheren Platten an den Flanken für Patrouillen.

Ende 1916 umschreibt *l'Entente* mit Begeisterung die Dienste, welche gepanzerte Autos bei der letzten Offensive an der Somme geleistet haben: «Dieser bewundernswerte Fortschritt in der Kunst, den Gegner zu zerstören, hätte an sich nichts Erfreuliches, gäbe es nicht umgekehrt den Schutz des Lebens der Seite, die ihn benützt. Man erahnt zudem einen neuen Einsatzbereich für die Friedenszeit, wenn neue Gebiete, die durch das Fehlen von Strassen benachteiligt sind, schnell erschlossen und bereichert werden können. Nach dem Tötungswerk nun das Lebenswerk.»

Krieg und Autoindustrie

Der Krieg führt zu grossen Änderungen bei der Autoproduktion. Die Fabriken und Werkstätten müssen sich rasch anpassen und umwandeln. Allerorts ersetzen Frauen die wehrtüchtigen Männer, die an die Front geschickt werden. In Frankreich baut das Renault-Werk Boulogne Billancourt nun Lastwagen, Flugzeugmotoren und die ersten französischen Kampfpanzer FT 17.
Bereits in den ersten Kriegsmonaten im November 1914 wendet sich Marc Birkigt von der Herstellung der Chassis der Hispano-Suiza ab und baut einen Flugmotor, einen V8-Zylinder mit 150 PS. In Deutschland wie in England konzentrieren sich Rolls-Royce und Mercedes auf den Bau von Flugzeugmotoren, während Maybach Triebwerke für den Zeppelin herstellt.
Der überzeugte Pazifist Henry Ford zögert nicht mit seiner Kritik an der Tragödie vom August 1914. Erst nach dem Kriegsbeitritt der USA entscheidet er sich zur Produktion von Material für die Alliierten: 6 000 Krankenwagen, 33 000 Fahrzeuge aller Anwendungsbereiche, aber auch Tausende von Ersatzteilen, Motoren, und sogar Patrouillenboote. Ausserdem werden etwa 7 000 Traktoren zum Preis von 750 Dollar an Grossbritannien verkauft.
André Citroën, ehemaliger Direktor der Firma Mors, errichtet am Quai de Javel in Paris eine Munitionsfabrik. Er träumt bereits von der Rückumwandlung seiner Werkstätten zur Automobilproduktion und unternimmt 1918 die Atlantikreise, um die amerikanischen Methoden zu studieren. Im Juni 1919 rollt der erste Citroën, der «Type A» aus dem Werk. Es ist das erste europäische Auto aus einer Serienfertigung. 1922 erreicht die Produktion 300 Fahrzeuge pro Tag.

Zusammenfassend schiesst die amerikanische Autoproduktion während der Kriegsjahre trotz mancher Rohstoffengpässe in atemberaubendem Tempo hoch. 1920 ist sie 19 Mal grösser als ganz Europa zusammen.
Selbst wenn man dem Automobil nicht einen übermässigen Anteil am Erfolg der Alliierten Truppen beimisst, kann man sich fragen, was ohne Fahrzeuge gewesen wäre. 1918 waren alle Dienste aller Armeen motorisiert. Die Autoindustrie musste sich den neuen Produktionsformen anpassen, und wer das nicht schaffte, verschwand von der Bildfläche.
Am Ende der Feindseligkeiten wird der Markt von Gebrauchtfahrzeugen überflutet, die während des Kriegs von den Militärbehörden requiriert worden waren. Trotz ausgezeichneter Arbeitskräfte und Kohlevorkommen kann die Schweiz ohne Rohstoffe und mit einem kleinen Inlandmarkt nicht mit dem Ausland mithalten. Einzig Saurer, Martini und Maximag überleben. Dazu kommt noch Piccard-Pictet, aber nicht lange, denn die Firma schliesst 1922 ihre Tore.

⇧ Amüsante Perspektive für das Militär des Jahres 2000. Karikatur von 1910.

⇦ Sanitätslastwagen des Roten Kreuzes.

Automobil und Armee | 55

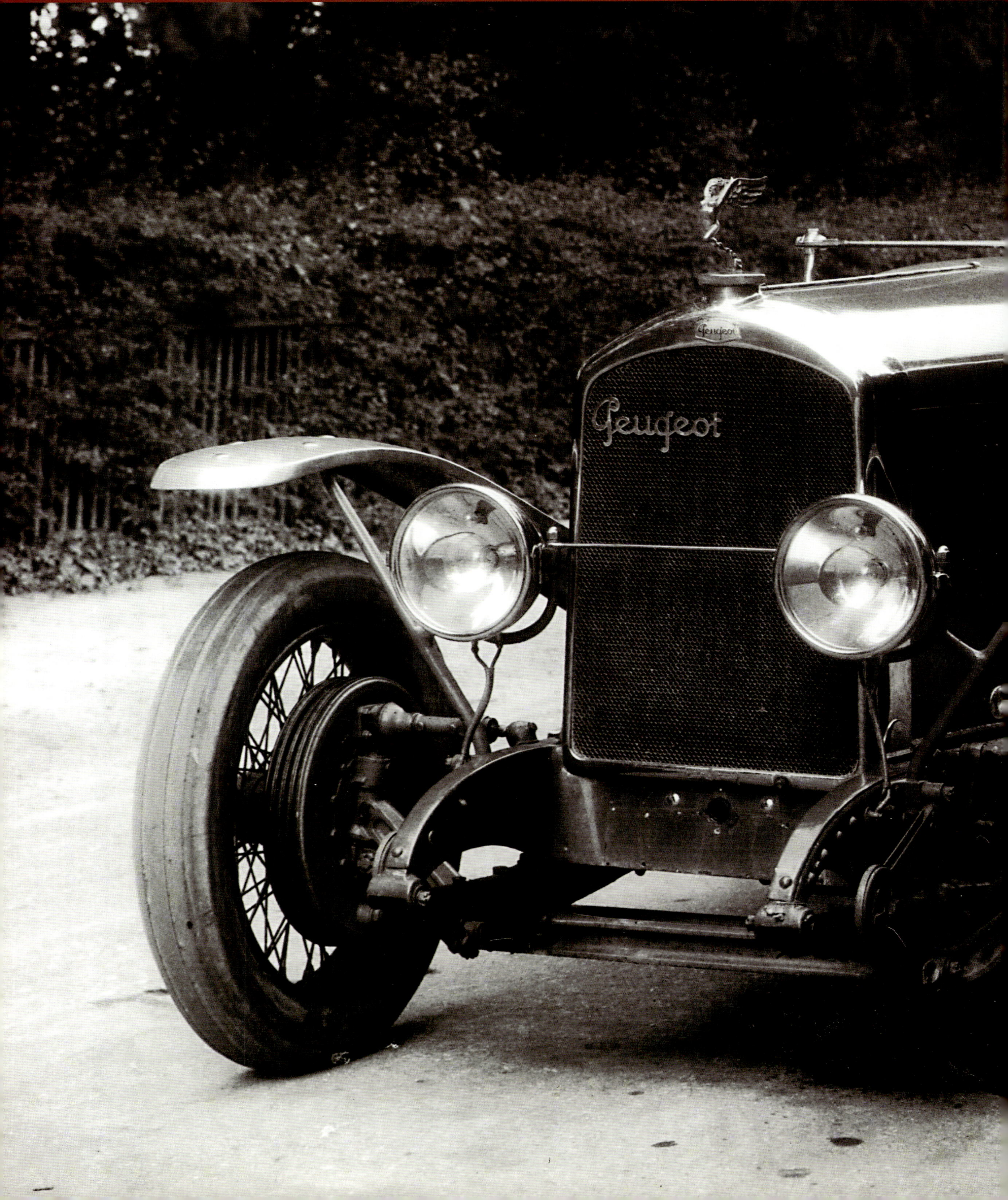
Peugeot

1923
1929

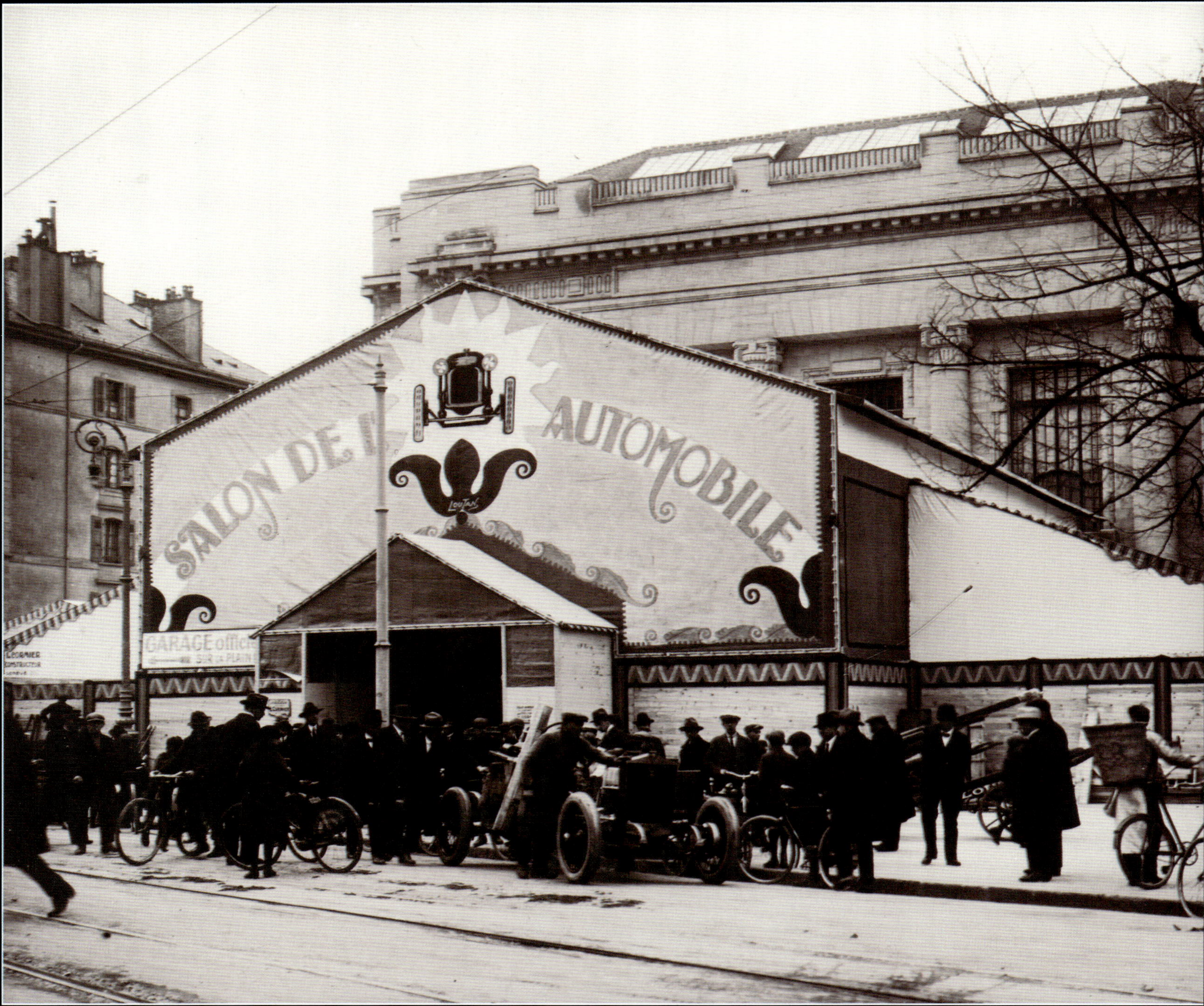
SALON DE
AUTOMOBILE

Geschichte des Salons

1923–1929

Seit 1907 hatte es keine Autoausstellung in der Schweiz gegeben. Nach verschiedenen erfolglosen Versuchen kommt das Thema gleich nach dem Pariser Salon 1922 wieder ins Gespräch. Nicht nur Garagisten, sondern auch Einzelpersonen sind beteiligt. In Lausanne etwa herrscht die Meinung vor, dass das Gelände der Mustermesse bestens für eine Automobilausstellung geeignet wäre.

Genf handelt rasch unter der Initiative von Robert Marchand. Am 2. November 1922 entscheidet die Garagistenvereinigung der Stadt, im März 1923 einen Salon zu organisieren. Am folgenden Tag wird das definitive Komitee berufen und das Garantiekapital von 25'000 Franken gesichert. Eine Woche später unterbreiten Jules Mégevet, Präsident der Schweizer Handelskammer der Auto-, Motorrad- und der angeschlossenen Industrien, sowie Max von Ernst, Präsident der Schweizer Händler- und Garagistenvereinigung das Reglement dem Büro der Internationalen Autohersteller in Paris zur Absegnung. Ehrenmitglieder der Veranstaltergruppe sind der Touring Club der Schweiz, der Automobil-Club der Schweiz, die Genfer Interessenvereinigung und der Verband der Schweizer Motorradfahrer.

Das Komitee definiert drei Hauptziele: Förderung des Automobils im Interesse von Schweizer Industrie und Gewerbe; Organisation einer regelmässigen, grossen Veranstaltung, von der die Stadt Genf profitiert; Aufzeigen, dass die Vertreter der Fahrzeughändler und des Garagengewerbes am besten für die Organisation von Autoausstellungen in der Schweiz geeignet sind.

Die vierte nationale Automobil- und Zweiradausstellung ab 16. März 1923 ist gleichzeitig die erste ihrer Art nach dem Krieg. Genf hat Basel und andere Schweizer Städte für die Durchführung aus dem Feld geschlagen, um sich bald zum ernsthaften Konkurrenten der grossen Ausstellungen von Paris, London, Berlin und New York zu entwickeln, wenn es um die Vorstellung von Neuheiten geht.

Die Ausstellung von Genf, bisher durch den lokalen Garagistenverband organisiert, will vorrangig «Handelsleute, Bauern, Arbeiter […] anlocken, aber auch die Reichen, die Snobs und

⇧ Nur knapp sechs Monate sind seit der Entscheidung für eine vierte Nationale Schweizer Automobilausstellung bis zum Eröffnungstag verstrichen. Das Wahllokal ist nicht wiederzuerkennen, aber in der Eile dachte niemand daran, ein offizielles Plakat zu bestellen.

⇧ Das Organisationskomitee und die Aussteller am 5. Februar 1924 anlässlich der Verlosung der Stände. Vorn, von links nach rechts: Schlotterbeck, Hofer, Marchand, Präsident Goy, Vizepräsident Ador, Schmidt, Huber und Matthey-Doret.

1923
1929

⇧ Für den ersten Internationalen Automobil- und Zweiradsalon mussten riesige provisorische Hallen auf der Wiese des Plainpalais errichtet werden. Die aussen aufgestellten Fahrzeuge werden den Kunden von den Ausstellern für eine Probefahrt zur Verfügung gestellt. Links im Bild die Überführung, welche die Aussenhallen mit dem Hauptgebäude verbindet.

⇧⇧ 1924. Passanten bewundern auf der Wiese des Plainpalais die Fahrzeuge, die in den Zelten aufgestellt werden. Die Autos müssen geschoben werden, denn das Reglement präzisiert: «Die Tanks der Benzin- und Dampfmaschinen müssen leer sein und die Batterien der Elektroautos abgehängt, bevor diese in die Ausstellungshallen gebracht werden».

die Sportverrückten.» Sie findet im Wahllokal am Boulevard Georges-Favon statt, über dessen Umgestaltung das *Journal de Genève* am 17. März 1923 schreibt:

«Das Wahllokal hat innert weniger Tage unter der Führung des Kantonsarchitekten Martin seine republikanische Kälte abgelegt. Zimmermänner und Dekorateure haben die Anbauten ausstaffiert und das Interieur derart unterteilt, dass die unterschiedlichen Bodentiefen verschwanden. Die kleinsten Nischen konnten in Stände umfunktioniert werden. Die Firma Toso-Badel hat neue Gerüste aufgezogen, die das nackte Wahllokal mit einer ausgedehnten Galerie mit angrenzender Garderobe schmücken. Die Segelmacher von Cormier zogen lange Blachen für die Dauer des Salons auf. Die Näherinnen von Poncet haben Boden und Podeste mit einheitlich braunem Stoff verkleidet, die Stände abgetrennt und die Fenster geschickt verhüllt, so dass Tageslicht einfällt und gleichzeitig eine Kulisse für die Ausstellungsstücke entstand. In den Anbauten hat die Félix Badel & Co. durch einen amerikanischen Stadtbeleuchter ein Netz elektrischer Verbindungen verlegt, die mehrere Scheinwerferbatterien versorgen. Das Licht flutet gezielt auf die Karosserien und das Zubehör. Hunderte von Wagen aller Grössen sind in einer stillen, von Angestellten überwachten Menge zusammengestellt; viele nickel- und aluschimmernde Chassis geben den Blick auf Motoren und Getriebe frei; die mit teurem Glas und Lederpolstern versehenen Karosserien strotzen vor Frische. Das Zubehör ist mit viel Geschmack und vor allem klar präsentiert; die Öffentlichkeit wird von der Vielfalt erstaunt sein. Das Auge wird vom ersten Moment an verwöhnt.»

Die Veranstaltung von 1923 ist noch sehr unprofessionell organisiert: trotz fehlender Versuchsstrecke können die Aussteller Kraft und Geschwindigkeit ihrer Fahrzeuge dank einer provisorischen Erlaubnis des Justizdepartements und der Polizei an der Steigung von Vésenaz oder auf einer langen Gerade demonstrieren. Es gibt auch die Genehmigung, Stände auf den ans Wahllokal angrenzenden Strassen aufzubauen, etwa der Rue de Candolle, Rue du Conseil-Général und Rue de Saussure. Die Bauten werden vom Kantonsingenieur Frank Martin geplant. Der Genfer Staatsrat zeigt guten Willen und hebt für das laufende Jahr das Sonntagsfahrverbot auf.

Auf 3000 m² Fläche (1700 im Wahllokal und 1300 in den Anbauten) glänzen 38 Chassis und 109 Automobile (davon ein Raupenfahrzeug und zwei

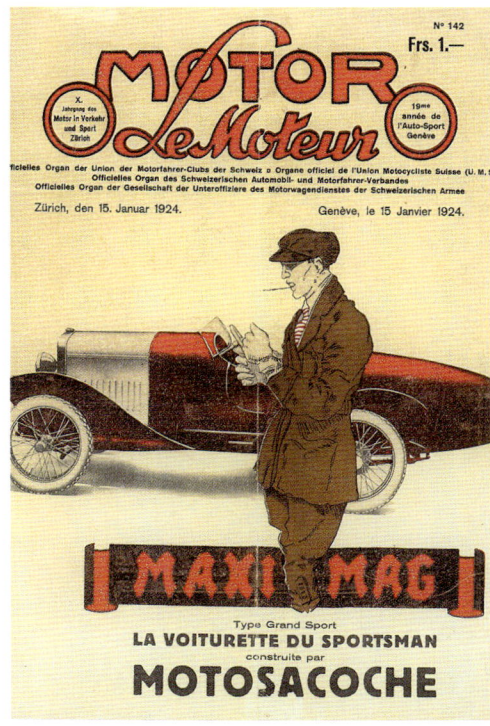

⇧ Der vom Salonkomitee im Februar 1924 ausgeschriebene Plakatwettbewerb zeitigt 226 Einsendungen. Alle Vorschläge sind während mehrerer Tage im Wahllokal ausgestellt.

⇦ Motosacoche zeigt einen kleinen Wagen, dessen Linien an die Bugatti und Amilcar der gleichen Epoche erinnern.

Geschichte des Salons | 61

1923
1929

Lastwagen). Die am meisten umlagerten Stände gehören Rolls-Royce, Fiat, Citroën, Peugeot, Maybach und den amerikanischen Marken. Bei den Motorrädern drängt man sich vor der Genfer Marke Motosacoche. Auf der Galerie im ersten Stock halten die Zubehörhersteller Hof: Scintilla, Mégevet, Bosch, Zénith, Continental, Michelin… Das berühmte Pneumännchen gibt alle halbe Stunde eine Demonstration seines Könnens.

Die Genfer Hoteliers haben ein Restaurant und eine gemütliche Bar aufgebaut, und der Schweizer Bankverein bietet eine Anzeige, auf der die neusten Börsenberichte zu sehen sind. Der Automobil-Club der Schweiz betreibt nicht nur seinen stets umlagerten Stand, sondern organisiert auch zwei Sportanlässe: den «fliegenden Kilometer» und ein Autorallye.

Der Salon wird ein Riesenerfolg. Die höchsten Vertreter von Regierung, Militär und Gewerbe nahmen am Eröffnungsbankett teil. Die Presse widmet dem Anlass viele redaktionelle Seiten, während mehrere Grosszeitungen Sonderausgaben auflegen. Mit mehr als 30'000 Besuchern, rund 100 Autoverkäufen und einem ansehnlichen Gewinn sind sich Präsident Robert Marchand und Sekretär Marcel Ador bewusst, dass sie schnellstens handeln müssen, um die Veranstaltung in Genfer Hand zu behalten und jährlich durchführen zu können.

Am 3. November 1923 wird das permanente Komitee des Salons mit Robert Marchand als Präsident etabliert, damit eine eingetragene Vereinigung mit dem Ziel gegründet werden kann, «in Genf nationale oder internationale Ausstellungen von Automobilen, Motorrädern, Velos und Zubehör, sowie damit verbundene Veranstaltungen zu organisieren.» Die Vereinigung setzt sich aus den Organen Komitee, Verwaltung und Vollversammlung zusammen. Mitglied werden kann jeder, der einen oder mehrere Fondsanteile von 500 Franken als Garantiesumme zeichnet.

Während Charles-Louis Empeyta und Jules Mégevet für die Pionierleistung der nationalen Autoausstellung in Genf in den Jahren 1905 und 1906 Anerkennung gebührt, so ist es Robert Marchand, der ab 1923 die ab dem nächsten Jahr internationale Veranstaltung auf jährlicher Basis institutionalisiert hat.

Robert Marchand hat sich früh für Motorfahrzeuge interessiert. Er ist 1910 ein Gründungsmitglied des Auto-Touring-Suisse, gründet 1916 den ersten Schweizer Verband der Autoimporteure, der 1918 zum Verband der Autohändler und Garagisten wird, und zieht darauf die Handelskammer des Schweizer Automobil- und Garagengewerbes auf, die 1923 den ersten jährlichen Salon durchführt.

Das Komitee macht sich umgehend an die Organisation des Salons von 1924, der als erster weitgehend internationalen Charakter aufweist. Die Veranstalter sind Opfer ihres eigenen Erfolgs, können sie doch nicht alle Ausstellerbegehren befriedigen. Man findet eine provisorische Lösung, die eine Verdreifachung der Fläche ermöglicht: Auf der Wiese des Plainpalais wird ein Gebäude aufgestellt, das durch eine gedeckte Brücke mit rollendem Gehsteig mit dem Wahllokal verbunden ist. Die «Pont de la Concorde» getaufte Brücke ist von der Rutschbahn für die Jahresendfeiern am Grand-Quai (später Quai Gustave-Ador) ausgeliehen. Die Beleuchtung des Zusatzbaus erfolgt durch eine Elektrizitätsanlage mit mehr als 150'000 Lux, während die Zentralheizung durch fünf Heizkessel und hundert Radiatoren sichergestellt wird. Das gesamte Projekt kostet 150'000 Franken und wird durch Kantonsarchitekten Frank Martin realisiert. Die schweizerischen, französischen und belgischen Eisenbahnen gewähren den kostenlosen Transport der Ausstellungsautos und des Zubehörs, und die Zolldirektion erleichtert die vorübergehende Einfuhr in die Schweiz.

Es gibt einen derartigen Ansturm des Publikums, dass die Hotels und Pensionen volles Haus melden; die Warteschlangen wachsen vor Restaurants, Bars, Dancings und Kabaretts wie dem Grand Théâtre oder Alhambra, welche zum Anlass Sondervorstellungen geben. Das *Orchestre des Bergues* spielt während der Essenszeiten und am Nachmittag. Aber das alles kann die gemäss *Journal de Genève* unbefriedigende Stimmung am Salon nicht aufheitern:

«Wir haben so viele Chassis, Autos, Motorräder und Pneus gesehen, dass das Bild eines Wagens mit vorgespanntem Pferd eine erfrischende Abwechslung ergab. Vor allem gab es zu viel nackte Technik zu sehen. Die Fachleute, Mechaniker und Automobilisten werden nicht dieser Ansicht sein, aber man muss an die grosse Menge der Laien denken: diese machen den Erfolg einer Ausstel-

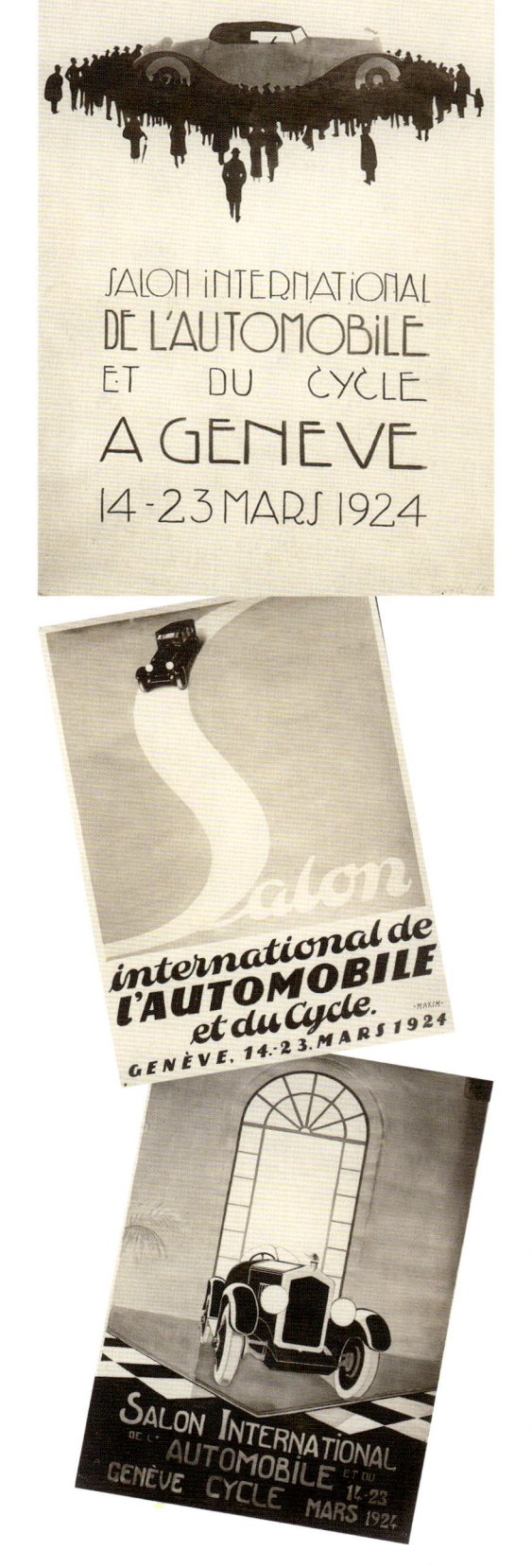

⇧ Von oben nach unten: Katalog des 1. Internationalen Automobilsalons von Genf. Entwurf von Chapot, der den zweiten Platz des Plakatwettbewerbs belegte.
Darunter der 3. Platz des Zürchers Hablützel und der 4. von Vuillemier aus Genf.

1923
1929

⇧ 25. April 1926. Der Arbeitsschluss will im Bild festgehalten sein. Zugpferde und Dampfmaschinen haben zusammen am Bau mitgewirkt.

⇧⇧ Der Spatenstich erfolgt am 16. November 1925, und das Gebäude muss in sechs Monaten fertiggestellt werden, denn die Saloneröffnung ist auf den 10. Juni 1926 festgesetzt.

⇧⇧ 23. April 1926. Der Rohbau ist überdacht, und die Arbeiter versammeln sich zum traditionellen Richtfest unter dem Tannenbaum.

Geschichte des Salons | 63

1923
1929

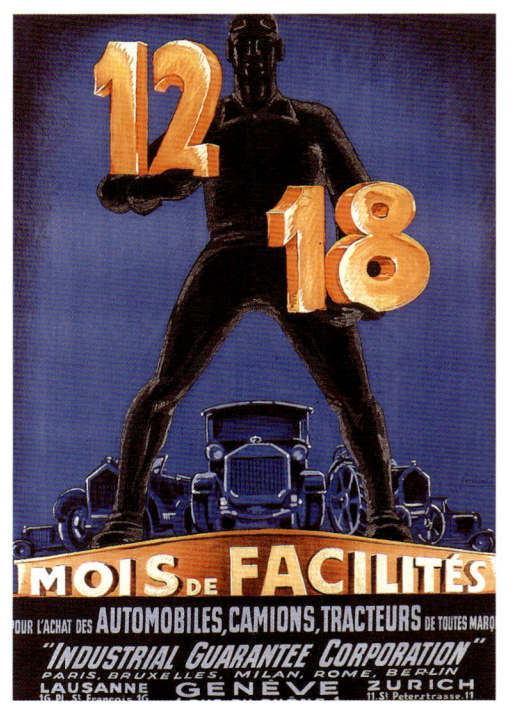

⇧ Dieses Plakat von Noël Fontanet wird an der Fassade des Salons aufgehängt. Die ersten Kreditanstalten sind gegründet worden und bieten den potentiellen Kunden ihre Dienste an.

⇧⇧ Das Palais des Expositions, von der Bevölkerung «Grand Palais» genannt, ist bereits zu klein, und bedingt diese provisorische Metallstruktur als Eingangshalle zur Veranstaltung.

lung aus. Sie wollen umworben werden und verdienen mehr Rücksichtnahme. Sollen die Leute wiederkommen, dürfen sie nicht von stehenden Maschinen, abgestellten Motoren, dunklen Scheinwerfern, stummen Hupen und ausdruckslosen Ständen ermüdet werden. Man beachte im Gegensatz dazu den Erfolg der Stände mit einer Attraktion: Die Bühne von Michelin, der laufende Motor von Motosacoche, die Kipplastwagen von Saurer oder Berna, die Blitze bei Bosch, die vervielfachten Sprünge der Kugellager, sogar des Heizkessels mit seinen sichtbaren Ölflammen. Eine Ausstellung muss leben; sie muss die Natur mit allen Ressourcen der Präsentationskunst nachahmen. Der Autosalon kann nicht einem Museum mit ausgestopften Tieren gleichen, einem Wachsfigurenkabinett, einem Kräuterladen getrockneter Pflanzen. Er muss sich wie ein Zoo, ein historischer Umzug, eine Lichtshow geben. Tatsächlich hat das Reglement die Kreativität der Aussteller eingedämmt: nur grüne Pflanzen waren erlaubt. Das wurde auch befolgt. Bei Citroën stand ein Raupenfahrzeug von der Saharadurchquerung unter zwei Palmen, umgeben von einigen Teppichen und mit viel Licht. Das kann man besser machen. Wenn das Organisationskomitee für den nächsten Salon weiter auf Erfolgskurs fahren will, wäre es gut beraten, lebendigere Präsentationsformen zu finden. An den Mitteln fehlt es nicht. Rollprüfstände für den Autoversuch, um Besuchern die Mechanik während der Fahrt zu demonstrieren; Wettbewerbe für Scheinwerfer oder Hupen; Reifentests unter Belastung; Schmiermittel-Experimente; Kinopräsentationen; graphische Leistungen, usw.» (24. März 1924)

Autoliebe und Autohass

Der Salon ist auch die Gelegenheit für Autogegner, sich Gehör zu verschaffen. Den Motorfahrzeugen wird schnell attestiert, dass sie stinken, töten, Verletzungen und Husten verursachen und die Kleider verschmutzen. Selbst die *Revue des TCS* hakt nach: «Das Automobil, der ‹Staubsauger› der Landstrasse, ein Magnet für Mikroben, das stark zur Verbreitung der Tuberkulose beitragen wird […] Das Automobil macht keine Ausfahrten […], sondern Raubzüge. Es legt Feuer, hat es immer eilig. Durch seinen ohrenbetäubenden Lärm scheint es die Natur in Angst zu versetzen.» Doch die Unkenrufe sind klar in der Minderheit. Der Volksauflauf während der Ausstellungstage ist der Beweis, dass die Öffentlichkeit den Salon will. Die Veranstaltung hat sich rasch einen überregionalen Ruf erworben und ist in ihrer Wichtigkeit an die dritte Stelle in Europa hinter London und Paris, aber noch vor Brüssel, Amsterdam, Berlin, Glasgow, Madrid und Turin aufgestiegen. Der Salon symbolisiert den Geist der Privatinitiative – im Gegensatz zum staatlichen Interventionismus – und präsentiert sich als Schaustück des technischen Fortschritts und dessen Segens. Zudem spielt Genf die Karte der Internationalität aus und bietet durch die Einbindung mit den globalen Institutionen (Völkerbund) ein «neutrales Gebiet» für manche wenig geliebten Nationen – zu dieser Epoche etwa Deutschland –, ihre Differenzen zu regeln. Es fehlt nur ein Gebäude, um die dauerhafte Einrichtung dieser Veranstaltung zu sichern.

Das Palais des Expositions

Kaum sind die Tore des Salons von 1924 geschlossen, macht sich das Komitee auf die Suche nach einer passenden Lokalität. Die Wahl fällt auf eine Parzelle am Boulevard du Pont d'Arve, mit einer 1910 erbauten Eishalle, die auch für Filmvorführungen und Volkstanzanlässe verwendet wird. Während des Salons 1925 legt das Komitee Zeichnungsscheine auf, die 800'000 Franken einbringen. Dazu kommen 400'000 Franken vom Kanton Genf, was das notwendige Kapital abdeckt. Am 11. September 1925 wird die Gründerversammlung des Initiativkomitees für das *Palais des Expositions* abgehalten, das sich in eine Aktiengesellschaft umwandelt. Der erste Spatenstich zum «Ausstellungspalais» erfolgt am 16. November. Es gilt, 10'000 Quadratmeter Bodenbegradigungsmassnahmen in sechs Monaten zu schaffen, denn der Salon 1926 ist auf den 10. Juni zurückverlegt worden, um den Bauabschluss zu ermöglichen. Unter den Architekten Cayla und Gampert wird das Gebäude fristgerecht zum Salonanfang fertiggestellt. Die Schlussrechnung beläuft sich auf 1'638'000 Franken, einschliesslich Bodenkauf. Es ist eine Glanzleistung, die aber das Platzproblem dennoch nicht aus der Welt schafft. Es werden erneut Anbauten hinzugefügt, 3000 Quadratmeter 1928 und im folgenden Jahr wird die Ausstellfläche verdoppelt. Das Palais dient auch für andere internationale Messen und erlaubt die Rekrutierung weiterer Grossanlässe.

Der Internationale Automobilsalon hat dank genügend Reserve für die wachsenden Platzbedürfnisse der Aussteller eine permanente Adresse gefunden. Der Boom der Branche kommt nicht zuletzt daher, dass die Besucher immer mehr auch Käufer werden. 1925 werden 100'000 Eintritte erreicht, 1927 120'000. Das *Palais des Expositions* ist schon 1929 wieder zu klein, was die Organisatoren zur Aufteilung auf zwei Anlässe zwingt: Vom 15. bis 24. März für Automobile und vom 27. April bis 5. Mai für Lastwagen, Motorräder, Velos und Flugzeuge. 1929 fällt die Besucherzahl etwas ab, aber die Verkaufsabschlüsse bleiben «erfreulich». Das Jahr läutet eine weit weniger florierende Periode ein, die von der Wirtschaftskrise und sozialen Unsicherheiten geprägt wird, die grossen Einfluss auf die Automobilindustrie und auf den Salon von Genf haben.

⇧ Am Salon von 1929 steht das heimelige Chalet des Touring-Clubs der Schweiz. Der Anschlag von Pellos informiert, dass der Club am 31. Dezember 1928 30 001 Mitglieder zählte: 22764 Automobilisten, 3807 Motorradfahrer und 3430 Velofahrer. Der TCS legt eine Schweizer und eine europäische Strassenkarte mit allen nötigen Informationen für das Überschreiten der Landesgrenzen auf. Der Club setzt Motorräder mit Seitenwagen für den Transport von Verletzten und für die Lieferung von Ersatzteilen ein.

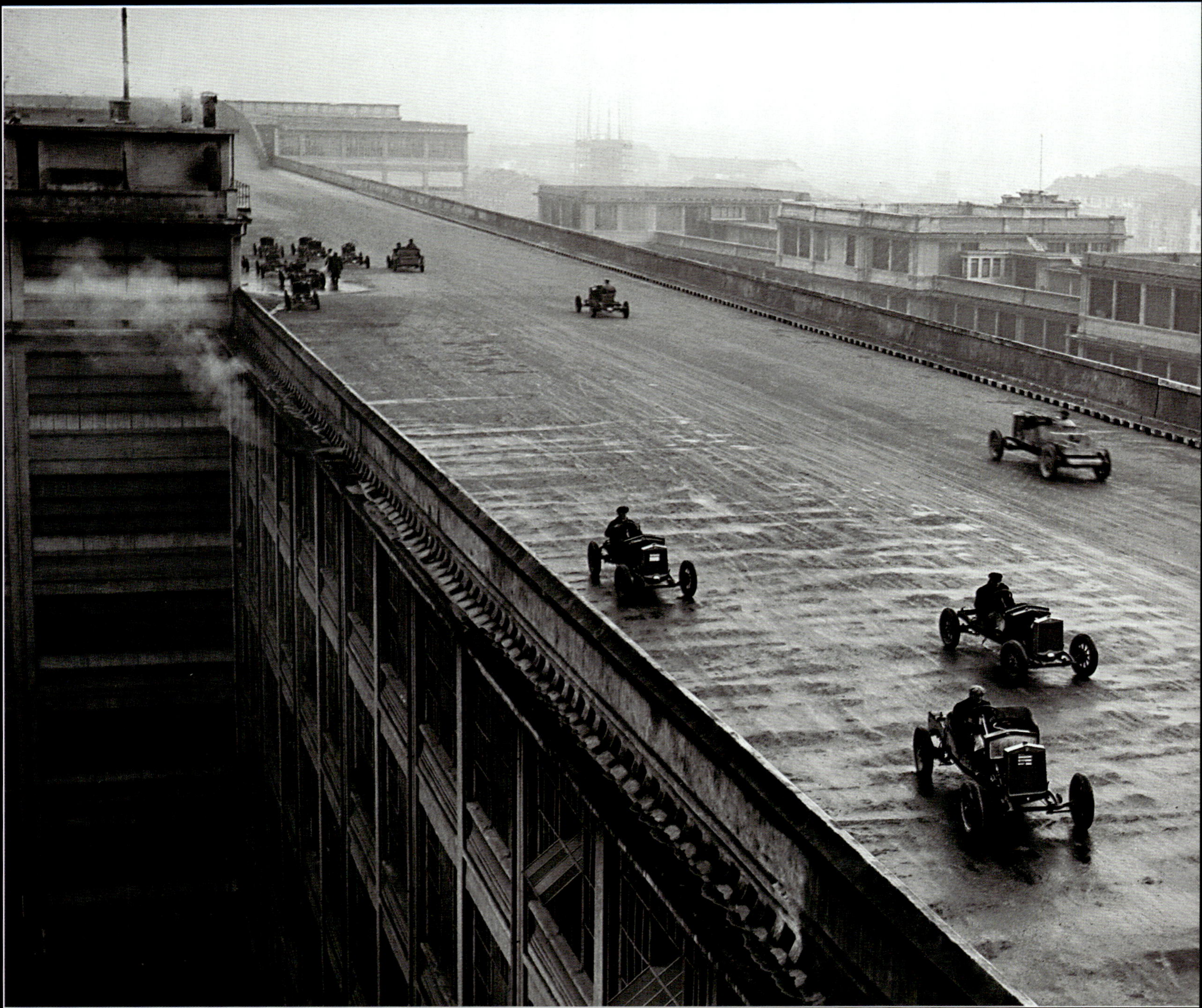

Automobil-industrie

1923 1929

Die frühen 20er Jahre sind vom Boom der amerikanischen Automobilindustrie und vom Verblassen der Schweizer Hersteller geprägt. Wegen des nachteiligen Produktionsstandorts (teuer zu importierende Kohle und Stahl, höhere Lohnkosten, geringe Luxusgüternachfrage) und den Schwierigkeiten, sich auf einen volkstümlicheren Markt einzustellen, kapituliert ein Schweizer Hersteller nach dem andern. Die Glanzlichter der Vorkriegszeit überleben nicht in der Moderne, mit ihren wirtschaftlichen und sozialen Ansprüchen: Der letzte Pic-Pic wird am Salon von 1924 gezeigt, und der Kleinwagen Maximag von Henri und Armand Dufaux wird nach 1928 nicht mehr gebaut. Die Brüder Dufaux hatten ihr Vermögen mit der Motosacoche gemacht, einem in mehr als 5000 Exemplaren zwischen 1914 und 1922 gebauten Motorrad. Dessen leichter und elastischer Motor erlaubte steile Bergauffahrten und bändigte die schlechten Strassen. Wenn es bald auch keine Hersteller mehr gibt, so bleiben wenigstens noch die renommierten Schweizer Karosseriebauer wie Gangloff, Pozzi oder Gerstberger.

Dennoch steigt die Zahl der Motorfahrzeuge in der Schweiz: 1929 zählt man 105'000, also eines pro 37 Einwohner. In Genf ist das Verhältnis bei einem pro 16, was sie zur höchstmotorisierten Stadt der Schweiz macht. Nimmt man nur Automobile und Lastwagen zum Vergleich, liegt das Verhältnis bei 60 in der Schweiz und 1 pro 21 in Genf.

⇧ Das Werk Lingotto wurde im ersten Jahrzehnt des 20. Jahrhunderts von Agnelli und den Direktoren von Fiat nach einer USA-Reise konzipiert und wird nach dem Ersten Weltkrieg realisiert. Das Projekt schien manchen Beobachtern übertrieben, stellt sich aber in der Autobranche der Nachkriegszeit als ideal heraus. Die gigantische, moderne Fabrik mit ihren Kreiselauffahrten, über die Fahrzeuge auf die Versuchsstrecke auf dem Dach gefahren werden, wird zu einem Symbol der industriellen Architektur und zur Inspiration vieler Künstler.

⇧ Der Schweizer Karosseriebauer Hermann Graber schafft sich einen ausgezeichneten Ruf mit seinen nüchtern-eleganten Linien und der Qualität der Ausführung.

WESTINGHOUSE
BATTERIES
BERGOUGNAN
CHAMPION
CHEVROLET
OAKLAND-PONTIAC
MARTINI
AUBURN
CITROËN
VOISIN
AMILCAR
FARMAN

NASH
RENAULT
TALBOT
MORRIS
ROLLS-ROYCE
STUDEBAKER
LANCIA
Panhard-Levassor, Jordan
ANSALDO
HUPMOBILE
PEUGEOT
CHRYSLER

1923–1929

Vorherige Seite: Übersicht des Salons 1927. Das Reglement schreibt vor, dass alle Stände mit einer einheitlichen Blache überdeckt sein müssen; die Anzeigen mit vorgegebenem Schriftzug werden unentgeltlich vom Komitee zur Verfügung gestellt, wie auch die Abschrankungen. Die Aussteller stellen die Teppiche, und als Dekoration sind einzig Grünpflanzen erlaubt. Die Standmiete kostet zwischen 20 Franken pro Quadratmeter in der Galerie und bis 35 Franken in der Hallenmitte.

⇧ Opel ist Ende der 20er Jahre der grösste deutsche Hersteller. Der Erfolg ist ein Hauptgrund, dass General Motors 1929 die Kontrolle über die Firma übernimmt. Die Werbung zeigt unermüdlich die Überlegenheit des Automobils gegenüber dem Pferd. Auf diesem Opel-Plakat von 1928 hat die junge Dame ihre Wahl zwischen Rennpferd und Mechanik getroffen.

⇨ Die auf Rüstungsmaterial spezialisierte Firma Martini baut 1898 ihr erstes Automobil. Sie erwirbt sich den Ruf guter Zuverlässigkeit und produziert bis 1934. Aussehen und Konzeption der Martini der 20er Jahre (hier am Salon 1929) zeigen den deutschen Einfluss, was noch unterstrichen wird, als die Brüder Steiger aus Burgrieden die Firma übernehmen. Sie bauen unter Lizenz auch die deutschen Wanderer.

Die amerikanische Stärke

Im Verkehrswesen schlagen die USA natürlich den Rekord, denn 1923 gibt es weltweit 14'743'468 Automobile, 83 % davon in Amerika. Einer der Gründe für den Erfolg sind die geringen Produktionskosten, aber auch die Effizienz der Fliessbandproduktion, wie die *Revue des Touring-Club der Schweiz* 1926 erläutert:

«Die USA sind das Land des billigen Fahrzeugs. Mit der Anwendung der drei Prinzipien Grossserienherstellung, Standardisierung auf ein Modell sowie der höchsten Produktivität der Arbeitskräfte vermochte Ford das günstigste aller Autos herzustellen, das in Amerika ohne Zubehör 290 Dollar kostet, oder 375 Dollar mit der Ausstattung, die in Europa als unverzichtbar angesehen wird. Selbst für 375 Dollar, entsprechend Fr. 1942,50, ist der Wagen etwa um die Hälfte billiger als in der Schweiz, wo der Preis durch Transport, Zoll und Abgaben für die Zwischenhändler auf Fr. 3775.- ansteigt. Die Fabrikation des Motorblocks geht pausenlos vonstatten, von der Anlieferung des Flüssigmetalls im Gusskessel bis zu dessen Einbau im Auto. So entfallen Lagerung, unnötiger Transport und Zeitverluste. Die Präzision der Simultanfertigung ist so ausgeklügelt, dass bei der Ankunft der Kessel mit flüssigem Gussmetall die vom vorherigen Teil geleerte, entsandete und abgekühlte Gussform per Förderband am Fliessbandanfang bereit steht, während der Block an die Fräse weitergeleitet wird. Die Ford-Arbeiter werden pro Stunde bezahlt und verdienen sehr gut, aber die mechanische Einrichtung der Fabrik ist so gestaltet, dass das Personal ein Teil davon ist; das heisst, dass ein an einem bestimmten Posten disponierter Arbeiter gezwungenermassen die notwendigen Operationen ausführen muss, die das Umlegen eines Hebels, Drücken eines Knopfs, Entnahme eines Teils auf dem Fliessband oder dessen Plazieren umfassen können. Die Steuern und die Versicherung sind günstiger. Das Mineralbenzin kostet dort derzeit 16 Cents pro Gallone von 4,2 Liter, was weniger als 20 Rappen pro Liter ausmacht, während wir in der Schweiz 56 Rappen, oder fast das Dreifache zahlen. Der Transport mit einem wirtschaftlichen Wagen kostet in den USA bei einer jährlichen Fahrleistung von 10'000 km weniger als 10 Rappen pro Kilometer, während wir in der Schweiz mit dem gleichen Auto und unter den selben Bedingungen auf 20 Rappen kommen, also das Doppelte. Das genügt zur Erklärung, warum in den USA bereits 1924 ein Auto auf 7 Einwohner kam, was sich zu eins pro 5 angenähert haben muss, denn Ford allein baut 2 Millionen Wagen pro Jahr.»

Amerika ist das Objekt von lobenden wie auch von kritischen Artikeln, wie ein Auszug aus diesem Text der *Suisse Sportive* vom Juni 1926 belegt, mit dem Titel «Amerika gegen Europa: Die Alte Welt wehrt sich»:

«Amerika gibt uns Filmstars, Bathing-girls, Cowboys, Jazzbands und Bankiers. Amerika entwöhnt uns von den alten Gewohnheiten, nimmt unser Geld, überflutet uns mit Automobilen, übertreibt. Man sehe sich einmal die Autos auf der Strasse an. Sie haben fast alle die Anmassung der Neureichen, eine oft wiederholte Linie, die nicht jedem gefällt. Die Karosserien sind wulstig, und im Interieur gibt es alles mögliche Pflegezubehör, Zigarrenanzünder, Blumen. Die elektrische Ausstattung garantiert dezente Beleuchtung, und die Stossdämpfer sind von komfortabelster Art. Auf dem Kühlerverschluss öffnen sich zwei symbolische Flügel. Im Fahrzeug hängt ein Neger als Talisman vor der Scheibe. Die Hupe hat einen komischen Ton, der die Fussgänger erschrickt. Man erfindet alle nur möglichen und erdenklichen Verfeinerungen. Nächstes Jahr wird die Vierradbremse wohl auch noch das Reserverad verzögern. Kurzum, die Mode, die Laune, der ungezügelte Luxusdrang begründen diese Neuheitensucht.»

Im Jahr 1929 beschäftigt die amerikanische Automobilindustrie 10 % aller Arbeiter, verbraucht 85 % des Kautschuks, 19 % des Stahls, 15 % des Leders, 27 % des Bleis und 80 % des inländischen Benzins. Sie ist stark diversifiziert und bietet hochluxuriöse Modelle wie den Cadillac, aber auch volkstümliche Fahrzeuge aus der Grossserie bei Ford.

Cadillac wirbt mit dem Slogan «Standard of the World» und besticht durch seine Laufruhe, den hohen Komfort und die Ausstattung in Seide. Der Kunde kann unter zwanzig verschiedenen Karosserien wählen. Das Modell 314 von Fleetwood, Brunn & Willoughby verkauft sich zwischen 1926 und 1928 in 50'000 Exemplaren. Der Cadillac ist das erste Fahrzeug, das elektrisches Licht und Anlasser sowie eine Temperaturkontrolle für den Motor anbietet.

⤴ Renault verwendet ab 1922 diese Art profilierte Motorhaube, deren scharf abfallendes Ende die Gürtellinie der Karosserie verlängert. In der Mitte ist der Rhombus, das Emblem der Marke, das ab 1926 auf allen Modellen angebracht wird. Die junge Dame soll die Ungezwungenheit und neu gefundene Freiheit der Epoche darstellen.

⇨ Mit 2,70 Meter Gesamtlänge und einem Gewicht von nur 365 kg fällt der Austin Seven von 1922 in die Kategorie der Leichtautos. Aber er bietet vier Plätze, einen 747 cm³-Vierzylindermotor, der 72 km/h Spitze ermöglicht, und sogar Bremsen an allen vier Rädern. Der Seven hält sich bis zum Frühling 1939 und wird 375'000 mal gebaut. Mit seinen geringen Dimensionen und seinem grossen Herzen ist er ein Lieblingsobjekt der Karikaturisten, verkörpert aber gleichzeitig das volkstümliche europäische Auto der 20er Jahre.

1923
1929

Ford und das Massenauto

Ford lanciert 1909 das erste in Grossserie gebaute Fahrzeug, den Ford T, von dem fast 18'000 Einheiten in zwölf Monaten ausgeliefert werden. Bis 1914 ist der Wagen in Rot (Modell Touring), Grau (kleines Modell) oder Schwarz (Stadtmodell), dann bis 1926 nur noch in Schwarz lieferbar. Zu Anfang sind Dach und Scheinwerfer aufpreispflichtig. Zwischen 1922 und 1926 erreicht die Produktion eine Million Exemplare pro Jahr, mit einem Rekord von 1'817'891 1923, vier Mal mehr als der nächste Konkurrent, Chevrolet. Aber 75 % der Autos werden auf Kredit gekauft. 1927 ersetzt Ford den T mitten in der Wirtschaftskrise durch das Modell A, nachdem 60'000 Arbeiter entlassen und 23 Fabriken geschlossen worden sind. Der Ford A stellt sich als weniger beliebt heraus, obwohl die Prominenz begeistert ist (Cecil B. De Mille, Prinz Nikolaus von Rumänien oder Franklin D. Roosevelt) und die Produktion wird 1932 eingestellt.

Chevrolet und General Motors

In den Jahren 1927-28 vermag Chevrolet Ford zu übertreffen. Es ist eine Zeit, in der die amerikanische Automobilindustrie Mühe bekundet. Chevrolet ist nach einem 1878 in La Chaux-de-Fonds geborenen Schweizer benannt. Louis Chevrolet gewinnt in seiner Jugend mehrere Autorennen. Er wandert nach New York aus und tut sich mit William Durant (Gründer von General Motors) zusammen, der Chevrolet 1911 beim Aufbau einer Automarke hilft. Er interessiert sich bald für wirtschaftliche Autos und bringt mehrere Modelle zu niedrigen Preisen heraus. 1919 spannt Chevrolet mit General Motors zusammen und eröffnet mehrere Produktionswerke in den USA. 1927 bringt die Marke das erste geschlossene Taxi heraus, von dem mehr als eine Million Exemplare verkauft werden. Im folgenden Jahr werden «sechs Zylinder zum Preis von vier» angeboten, und die Produktion steigt auf über 1,3 Millionen. Trotz der Krise bleibt Chevrolet das beliebteste Auto in den USA während der 30er Jahre.

Während 1922 in den USA noch 200 Marken gegeneinander antraten, so sind es 1929 noch 47, und 1939 nur 22. Das grosse Markensterben hat mehrere Gründe: Die hohen Investitionskosten, um technisch auf der Höhe zu bleiben; die Preisabschläge pro Einheit durch die Massenfabrikation; den verbesserten Vertrieb der Grosserienprodukte und den internationalen Export. Die kleinen Firmen können mit der grossen Konkurrenz nicht mithalten. Hinzu kommt als Zeichen der Zeit eine Tendenz zur Konformität, die Originalität und Kreativität beschneidet. Nach der Wirtschaftskrise von 1929 will man seinen Reichtum nicht mehr zur Schau stellen, das Automobil muss nach den 5000-Dollar-Exzessen der Lincoln, Duesenberg oder Cadillac der 20er Jahre wieder sachlicher werden.

Kleine europäische Autos

Unter den volkstümlichen Wagen am Genfer Salon befindet sich auch der Citroën 5 CV, ein kleines Auto, das mit guter Qualität, Sicherheit und moderatem Preis überzeugt. Der Fiat 509A zieht ebenfalls die breitere, weniger betuchte Kundschaft an und findet zwischen 1925 und 1928 50'000 Käufer. Peugeot feiert mit dem Quadrilette 4-Zylinder einen Erfolg, und Lancia stellt den Lambda vor, das erste Serienauto mit selbsttragender Karosserie (ohne Rahmen), ein Torpedo (Holz-/Stahlkarosserie mit Blechdach) mit 4 Plätzen. Seine unabhängige Radaufhängung, die Schraubfedern, sein V4-Motor mit einem gemeinsamen Zylinderkopf sowie die hydraulischen Stossdämpfer unterscheiden sich radikal von den Konstruktionen der Epoche. Der Lambda ist angesichts seiner technischen Qualitäten, den Fahrleistungen, der kräftigen und progressiven Bremsen, der Strassenlage und der sehr hohen Spitzengeschwindigkeit (120 km/h) ein Oberklassewagen. Aber mit Motorgrösse, Gewicht, bescheidenem Verbrauch und Kaufpreis fällt er ins Kleinwagensegment seiner Zeit. Das Auto debütierte am Salon von Paris 1922 und wird 1924 in Genf gezeigt.

⇦ Senator Giovanni Agnelli mit Carlo Salamano, dem legendären Testwagenchef von Fiat.

⇨ Mit dem Produktionsende des Modells T steht die Ford-Fabrik sechs Monate lang still, bis zum Baubeginn des Nachfolgers Ford A. Als das Modell am 22. Dezember 1927 vom Fliessband rollt, ist es das Ereignis des Jahres. Der Model A ist ein klassischer Wagen mit 4 Zylindern, seitengesteuerten Ventilen, 3,3 L Hubraum, 3-Gang-Getriebe und Bremsen an allen vier Rädern. Er weist eine gefällige, von Lincoln inspirierte Karosserielinie auf. Die nach dem Präsidenten benannte Marke ist seit 1922 Teil der Ford-Gruppe. Der Schlüssel zu einer kostengünstigen Serienfertigung ist das Fliessband, das Ford kurz vor dem Krieg in den USA eingeführt hat: Der Arbeiter bleibt an einem Ort, das Fahrzeug kommt zu ihm, damit er sich auf die Montage eines Teils oder eines Moduls konzentrieren kann.

1923
1929

DISTRIBUTEUR
CAMSA
TYPE MURAL
POUR INSTALLATIONS FIXES AVANTAGEUSEMENT UTILISÉ EN SUISSE
DISTRIBUTEUR
CAMSA
POUR L'INTERIEUR DES GARAGES AVEC REMPLISSAGE DE LA CITERNE — AU MOYEN DE L'APPAREIL — LIVRÉ SUR ROUES À PNEUS OU À BANDAGES PLEINS
SHELL
BP
53
SOCALINE
ESSENCE
209

1923 1929
Technische Fortschritte

Zu Beginn der 20er Jahre entwickelt sich das Automobil weiter auf solider Basis. Es stellt das etablierte Konzept Benzinverbrennungsmotor, Kupplung, Getriebe, Kurbelwelle, Differential und Ganzstahlkarosserie kaum mehr in Frage. Die hauptsächlichen Änderungen betreffen vielmehr die Verbesserung der Technik: Steigerung der Motorleistung, Sicherstellung von Komfort und Sicherheit (beispielsweise mit vibrationsdämpfenden Gummiblöcken, unabhängigen Aufhängungen oder schwebend montierten Motoren). Man gestaltet die Getriebe sanfter und die Bremsen leichtgängiger. Es gibt zudem Verfeinerungen an gewissen Funktionen wie der Kofferraumbeleuchtung, der Enteisung, den Scheinwerfern und den einstellbaren Stossdämpfern.

Der Erste Weltkrieg hat der Automobilindustrie enorme Fortschritte in der Metallqualität ermöglicht, insbesondere für die Konstruktion leichterer, zuverlässiger und kräftigerer Motoren. Dank dem Perfektionieren der Zündung entwickelt nun ein Motor mit 1,5 Liter Hubraum die gleiche Leistung wie sein Vorgänger mit 6 Litern. Ab 1921-22 werden leichte, schnelle und wirtschaftliche Wagen mit kleinem Hubraum am Fliessband produziert und von Tausenden von Leuten gekauft. Die Auswahl ist gross: mittelgrosse Autos, Kleinwagen, extraleichte Kleinstwagen, Motorradseitenwagen, Motorfahrräder und Mopeds.

Das ausgezeichnete Preis/Leistungs-Verhältnis ist vorrangig der Fliessbandproduktion dieser Fahrzeuge zu verdanken, welche die Lohnko-

⇧ 1929. Auch wenn die Strassen noch nicht ganz das Monopol des Automobils sind, machen die Schmieden langsam den Garagen und Tankstellen Platz. Diese tragen die einheitlichen Farben der grossen Ölgesellschaften. Zum Auftanken wird die Pumpe einer der beiden Glasbehälter betätigt. Während die fünf Liter des ersten Behälters in den Treibstofftank überführt werden, füllt sich der zweite mit der kostbaren orangefarbenen Flüssigkeit. 1929.

⇧ 1924 sind bereits fast 5000 Brevo-Säulen in der Schweiz installiert. Sie verteilen dank kalibrierter Messung auf wenige Tropfen genau die verlangte Menge. Sie werden von Hand betrieben, wie hier in Genf vor der Garage A. Fleury.

1923
1929

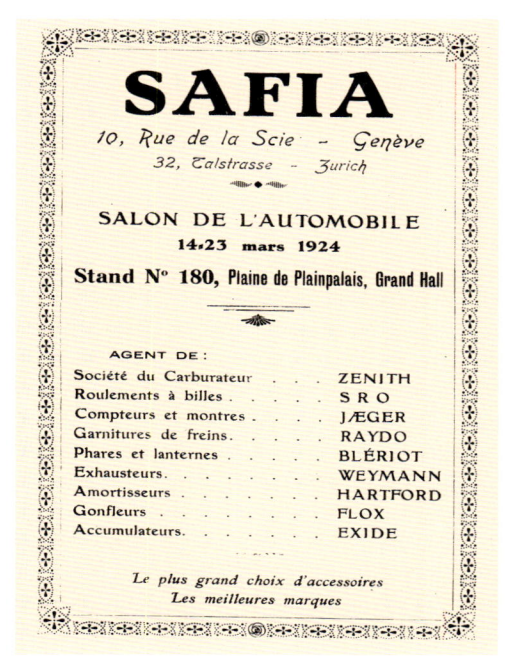

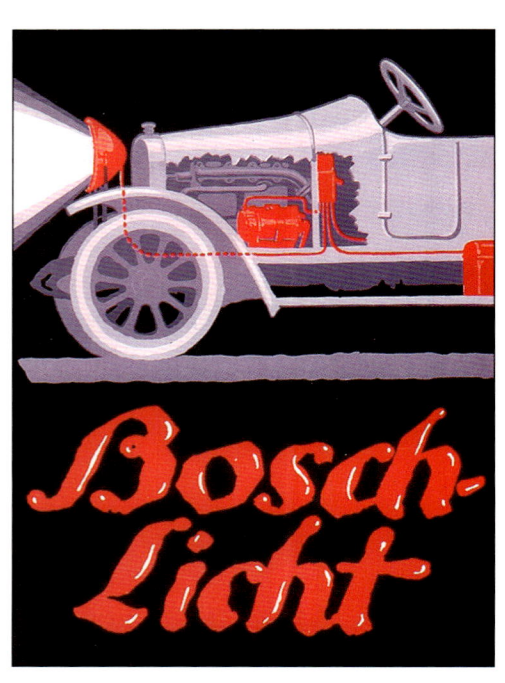

⇧ Das Rizinusöl ist einer der ersten Schmierstoffe im Automobil. Es strömt einen starken Geruch aus, der dem Biberöl, französisch castor, ähnelt; daher «Castor oil», was zur Marke Castrol führt. Zunächst nur eine Vertriebsorganisation, wendet sich Castrol bald dem Rennsport zu, um den Bekanntheitsgrad der Marke zu steigern.

⇧⇧ Das Zürcher Unternehmen Nova hat sich auf die Revision von Motoren und von mechanischen Komponenten spezialisiert. Die Genfer Firma Safia liefert Ersatzteile, Ausrüstungen und Werkzeuge. Bosch wendet sich den elektrischen Systemen zu.

⇧ 1925. Goodrich stellt Reifen her und kündigt Vorführungen der Montage und Demontage riesiger Pneus an.

sten reduziert, wie die *Illustrierte* vom 4. Oktober 1924 erläutert:

«Die Fliessbandmontage hat im Automobilbau der Grossserie zum Ziel, gleichzeitig die Handarbeit so weit wie möglich zu reduzieren, und die durch die Arbeiter begangenen Fehler zu vermindern. Dieser Vorgang führt entsprechend zur Produktion von Fahrzeugen, die einerseits zu viel tieferen Preisen angeboten werden und anderseits von weit höherem Wert sind. Der Begriff «Fliessbandmontage» wird für die aufeinanderfolgenden Produktionsschritte verwendet, analog zum Manöver der Feuerwehr, die eine «Kette» zum Weiterleiten der Wasserkübel von Hand zu Hand bildet. In diesem Fall gibt es keine Kette, sondern eine Schiene, auf der das Chassis – noch ohne Reifen – montiert wird. Auf dem Fliessband des Renault 6 CV besteht die gesamte Montage eines Chassis aus 72 Fertigungsschritten, die in 14 Hauptphasen aufgeteilt sind. Es ist unabdingbar, dass die Phasen in der strikte gleichen Zeitspanne von siebeneinhalb Minuten durchgeführt werden. Nach dieser Periode schiebt jede Gruppe das Chassis, an dem sie gearbeitet hat, zu den Nachbarn weiter bis zur Fertigstellung. Die gesamte Kette folgt einem Klingelsignal, das die regelmässigen Inter-

MICHELIN EN EUROPE

LES GUIDES MICHELIN
- FRANCE
- BRITISH ISLES
- DEUTSCHLAND
- ESPAGNE ET PORTUGAL
- ALPES ET RHIN
- LES PAYS DU SOLEIL

CLERMONT F^d	Michelin et Cie.
LONDRES	Michelin Tyre C^o Ltd.
FRANCFORT	Deutsche Michelin.
BERLIN	Pneumatik A.G.
MADRID	Sociedad anónima del Neumático Michelin.
MILAN	Agenzia italiana dei Pneumatici Michelin.
BRUXELLES	Michelin et Cie (Agence belge)
VIENNE	Oesterreichisch Ungarische Michelin Pneumatik G.m.b.H.
GENÈVE	Agence Gén^{ale} suisse du
ZURICH	Pneumatique Michelin.

GUIDE TO THE BRITISH ISLES
GUIDE POUR LA FRANCE
FÜHRER DURCH DEUTSCHLAND
"ALPES ET RHIN"
GUIDE POUR L'ESPAGNE ET LE PORTUGAL
GUIDE AUX PAYS DU SOLEIL
ALGÉRIE ET TUNISIE GUIDE AUX PAYS DU SOLEIL

valle einhält. Für das erwähnte Modell erreicht die Serienmontage 70 Chassis pro Tag.»
Citroën ist die erste französische Marke, die Automobile in Grossserie herstellt, und zwar den berühmten 10 HP von 1923, einen Torpedo mit 4 Plätzen...
Eine weitere technische Verbesserung der 20er Jahre betrifft die Reifen, die eine Laufleistung von 40'000 Kilometern erreichen. Michelin ist der König des Pneus, tragen doch 69% der am Genfer Salon ausgestellten Modelle Reifen dieser Marke. 1924 fährt der Automobilist am Steuer eines Fahrzeugs, in dem die Elektrizität erst vor kurzem das Azetylen verdrängt hat, bei dem winzige Trommelbremsen hinten für das Anhalten zuständig sind, und bei dem eine Anlasserkurbel noch gelegentlich einen widerspenstigen Anlasser ersetzt... Das Getriebe ist noch unsynchronisiert, Scheibenwischer sind unbekannt, ebenso Tachometer oder Rückspiegel.
Der Salon erlaubt die Vorstellung der jüngsten Neuheiten bei den Treibstoffen, wie beispielsweise das Saugajol von Shell, ein Benzinersatz auf Terpentin-Basis. Die Bremsen werden verbessert, die Bremswege reduziert. Die *Automobil Revue* beginnt ihre ersten «Tests», die sich bald zu technischen Prüfungen der neuen Fahrzeuge entwickeln. Ausserdem wird noch diskutiert, ob links oder rechts gefahren werden soll. 1926 findet man noch beide Konzepte am Salon: Leichteres Überholen auf einer Seite, besseres Abbiegen auf der anderen; praktischeres Öffnen der Türe für eine Dame auf der einen Seite, bequemeres Ausstrecken des Arms auf der anderen...

⇧ Der erste Michelin-Führer kommt 1900 heraus. Er gibt den Automobilisten die besten Herbergen, gute Küchen und die Verkaufsstellen der Michelin-Pneus an. Der jährlich erneuerte Frankreich-Führer wird ab 1905 in 60 000 Exemplaren aufgelegt.

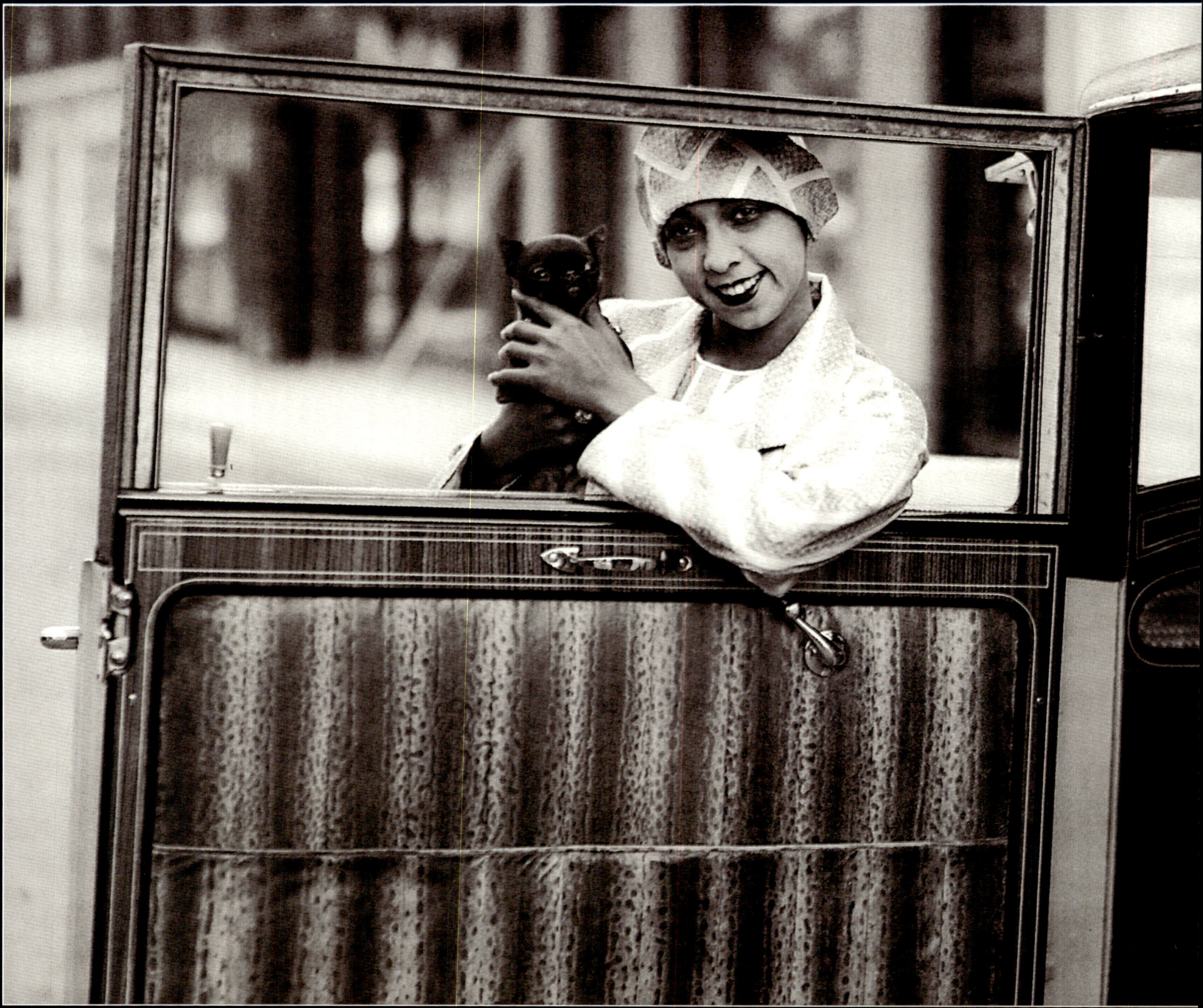

Automobil und Gesellschaft

1923 1929

In den 20er Jahren ist das Automobil seiner Wiege entwachsen, und viele Beobachter sagen ihm eine stürmische Zukunft voraus, wie Frank Crane in diesem Essay für den *New York Globe*, wiedergegeben im *Journal de Genève* vom 26. März 1923 beschreibt:

«Die Zivilisation ist eine Sache des Transportwesens. Das wahre Symbol des zwanzigsten Jahrhunderts, seine Seele und sein Geist, ist das Rad. Das Rad reisst die Schranken zwischen den Völkern nieder, zerschlägt Vorurteile, Rassenhass und Elitedenken. Engstirnigkeit, Aberglauben und Ignoranz werden überrollt. Das Rad befreit den Menschen von der Befangenheit seiner Geschichte. Wir hatten pferdegezogene Wagen mit Rädern, Dampfschiffe mit wasserstampfenden Radschaufeln, das Fahrrad, das Automobil, das Flugzeug. Alles Anwendungen des Rades, von denen die weitreichendste heute das Automobil darstellt.

Der Verkehr ist eine elastische Sache. Je mehr wird davon haben, desto mehr brauchen wir. Als man in New York die Untergrund- und Hochbahn baute, hat das keinesfalls Passagiere aus den Trams weggelockt. Im Gegenteil, die Verkehrsmittel wurden so viel benützt wie nie zuvor. Wie die Schreibmaschine jedermanns Korrespondenz vervielfachte, wie der Telegraph die Kommunikation vorantrieb, ohne die Postmenge zu verringern, wie das Telefon für mehr Gespräche sorgte, ohne den Telegraphen zu bedrängen, so schädigt das Automobil in keiner Weise Tram, Eisenbahn oder andere Verkehrsmittel. Es fördert nur den Handel und den Verkehr und erleichtert deren Fluss. Es erhöht die nationale

⇧ Flugzeughersteller Gabriel Voisin, der während des «Grossen Krieges» ein Vermögen verdient hat, wendet sich dem Automobilbau zu. Mit Josephine Baker findet er eine wertvolle Stimme für seine Werbung. Talent und Ausstrahlung der beiden sorgen bei den Concours d'élégance oft für Furore.

⇧ Das Automobil ist ein wichtiges Imageinstrument für Glanz und Luxus, das die Filmstars zur Schau tragen. Hier posiert Greta Garbo am Lenkrad des Lancia Lambda, eines der bedeutendsten Fahrzeuge der 20er Jahre. Die französische Zeitschrift «La pratique automobile» setzt ihn 1924 «an die Spitze des Feldes im Rennen zum Fortschritt». Das Auto wurde unter Ingenieur Zeppegno entwickelt und trug bedeutend zum Ruhm von Vicenzo Lancia bei. Dieser Unternehmer baute seit 1906 seine eigenen Fahrzeuge, nachdem er vorher offizieller Fahrer für Fiat war. Bis 1930 werden 13'000 Lambda gebaut; danach wird er durch den konventionelleren Dilambda ersetzt.

1923
1929

Produktivität. Ein Landarbeiter erledigt mehr Aufgaben mit weniger Anstrengung. Ein Arzt kann mehr Patienten besuchen. Der Geschäftsmann kann mehr Kunden versorgen. Der Vertreter kann mehr Kilometer zurücklegen, die Polizei rasch reagieren und die Feuerwehr ist schneller beim Brand. Ein Geschäftsmann kann mehr Kontakte knüpfen, seine Frau ihre sozialen Funktionen mit weniger Aufwand erledigen. Es ist einfacher geworden, sich zu entspannen und das Land hat sich den Städten angenähert. Das Automobil hat sozusagen alle Tätigkeiten beschleunigt, sie einfacher und angenehmer gemacht. Die allgemeine Gesundheit hat sich verbessert, seit man dank dem Auto mehr an der frischen Luft leben kann. Das Automobil, das jüngste Rad, hat das Leben freier und glücklicher gestaltet.»

Glücklicher vielleicht, aber es ist auch die Zeit, da der Automobil-Club der Schweiz seinen Mitgliedern erstmals juristische Ratschläge erteilt; – ein Beweis, dass das Fahren nicht ohne Risiken oder Sorgen ist… Der Kauf auf Kredit etabliert sich, die Versicherung wird obligatorisch, das Automobil entwickelt sich zu einem wichtigen Teil der Wirtschaft. Automobilisten zahlen Einfuhr- und Verkehrssteuern, Benzinabgaben und Bussen im Falle des Zuwiderhandelns gegen die immer mehr werdenden Verkehrsvorschriften.

Die gesellschaftliche Entwicklung des Fahrzeugs geht mit Innovationen bei der Mode einher. Die Bekleidungsindustrie will nicht Komfort und Eleganz ausklammern, um Autoinsassen warm zu halten. «Wie schade, dass manche Ausrüstung unsere Piloten wie ungepflegte Bären aussehen lässt, statt den Gentlemen, die viele von ihnen darstellen wollen.» Auf dem Stand von Och sind entsprechend auf Wachsfiguren-Mannequins Lederanzüge, Pelze, Regen- und Staubschutzkleidung zu sehen, aber auch Mechanikeroveralls. Adler entwickelt eine Sportlinie mit Fokus auf Auto und Motorrad, mit einem Mantel, dessen Lederärmel an den Manschetten gegen den Wind geschlossen oder als Handschutz umgefaltet werden können, sowie einem Mantel, der sich mit Weste und Hose zu einer kompletten Kombination wandeln lässt.

⇧ In den Zwischenkriegsjahren sind die Luxusautos oft mit Drahtspeichenrädern versehen. Diese erlauben eine gute Belüftung der Bremsen, sind aber weit teurer als Scheibenräder, mit oder ohne Lüftungsschlitze. Die Hersteller bieten sie entsprechend nur auf den luxuriösesten Modellen in ihrem Angebot an.

⇨ Eine Gedenkmedaille von 1926 zum neuen Palais des Expositions. Das Automobil gibt sich in den folgenden drei Jahren die Ehre.

80 | 100 Jahre Automobile Fortschritte

1923
1929

Automobil und Gesellschaft | 81

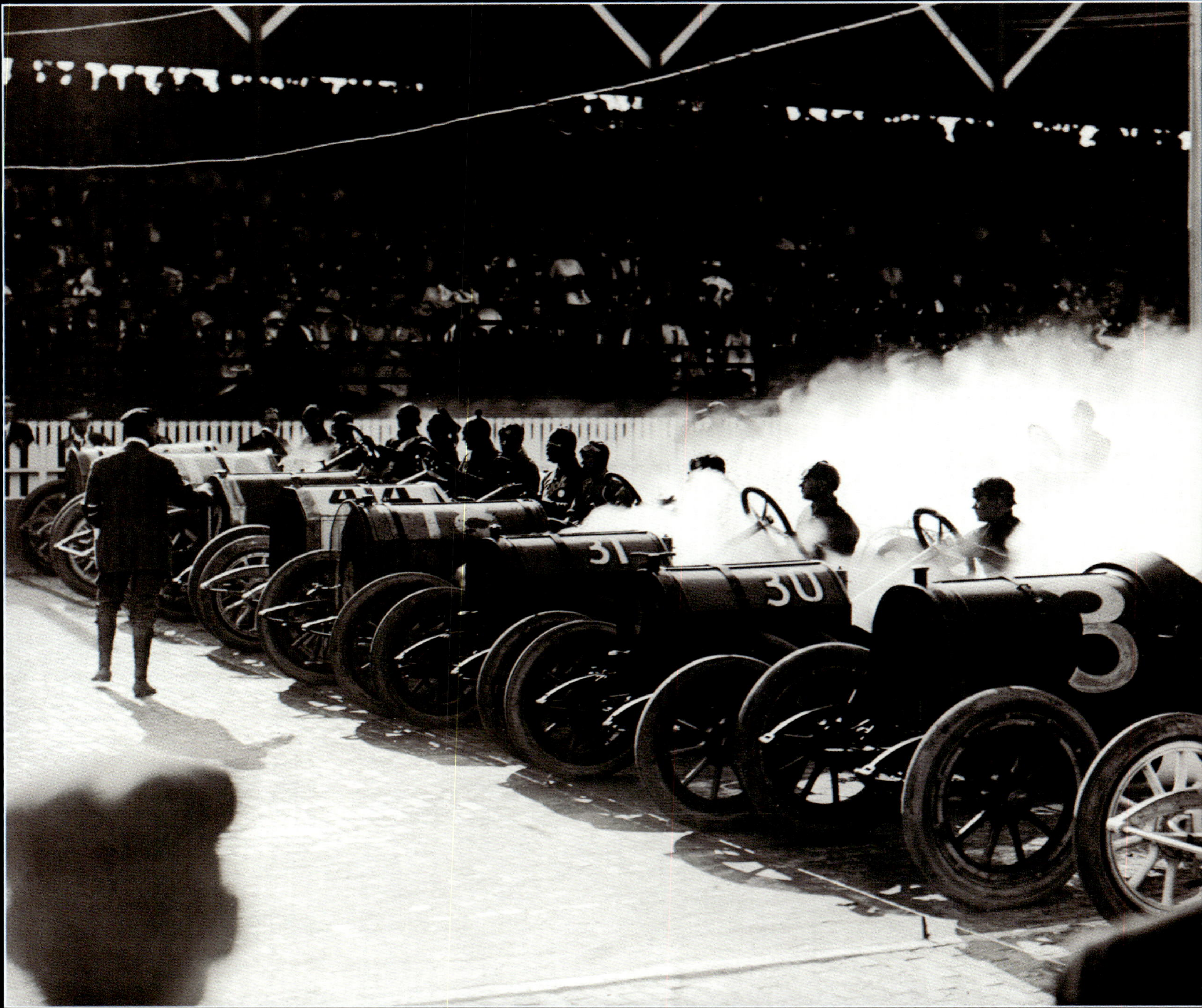
44
31
30
3

Rennsport

1923 1929

André Citroën initiiert die ersten Langstreckentraversen mit dem Automobil. Zwischen dem 17. Dezember 1922 und 7. Januar 1923 organisiert er die erste Sahara-Durchquerung: fünf Raupenfahrzeuge absolvieren 3200 Kilometer, von Touggourt nach Timbuktu in einundzwanzig Tagen. Im folgenden Jahr gibt sich Citroën noch wagemutiger und plant die «Schwarze Traverse» von Colomb Béchar nach Tananarive. Die Karawane startet am 28. Oktober 1924 und kommt im April des nächsten Jahres am Viktoriasee an. Man spaltet sich in vier Gruppen auf, die Wüste, Dschungel und Savanne nach Tananarive durchqueren. Im selben Jahr gelingt Renault die erste Fahrt zwischen Algerien und Französisch-Westafrika.

Erste Schweizer Rennen

Auf einem bescheideneren Niveau findet unter der Schirmherrschaft des Automobil-Clubs der Schweiz am 18. Mai 1903 die erste Schweizer Geschwindigkeitsprüfung statt. Es ist der «fliegende Kilometer», der einen Rekord von 90 km/h vorlegt. Das Rennen wurde von 1905 bis 1911 zugunsten von beliebteren Bergrennveranstaltungen nicht durchgeführt, wird dann aber auf der *Route de Chancy* zu einer Institution im Rahmenprogramm des Genfer Autosalons. Die Schnellsten erreichen leicht 170 bis 200 km/h. Diese Landstrasse ist trotz ihrer Einschränkungen die einzige im Kanton Genf, auf der diese Veranstaltung abgehalten werden kann.

1924 organisiert der ACS ein Autorallye mit den Startorten Zürich, Basel, Luzern, Neuenburg, Martigny und Lausanne. Nach 250 km fahren die Autos am 15. März vor dem Salon ins Ziel. Am folgenden Tag erreicht ein Delage beim «fliegenden Kilometer» 203 km/h. 1926 wird das Reglement der Rallye angepasst, um die Veranstaltung attraktiver zu gestalten: Man beschränkt die Zahl der Mitfahrer, um den kleineren Hubräumen mehr Chancen einzuräumen, und führt versteckte Kontrollen durch, um die Regelmässigkeit der Fahrzeuge nachzu-

⇧ Startaufstellung zum 100-Meilen-Rennen von Indianapolis.

⇧ Die ersten 24 Stunden von Le Mans finden bei fürchterlichen Wetterbedingungen statt. Trotz der offenen Karosserien (nur drei Autos sind geschlossen) kommen 30 von 33 Teilnehmer ins Ziel. Der Bentley mit der Nummer 8 wird fünfter, fährt aber die schnellste Runde mit einem Schnitt von 108 km/h. Links die beiden siegreichen Chenard-Walcker.

1923
1929

prüfen. Für die Distanz zwischen Lausanne und Genf wird jedem Konkurrenten eine Prüfung per versiegeltem Umschlag mitgeteilt, und der Anlass endet in Genf mit einem Gymkhana.

Die 24 Stunden von Le Mans

Am Pariser Salon 1922 stellt Speichenradfabrikant Emile Coquille der Firma Rudge-Whitworth die Idee eines Langstreckenrennens für Tourenwagen auf einem Strassenparcours vor. Dank Sportjournalist Charles Faroux von *L'Auto* und *La Vie automobile* und ACO-Verantwortlichem (Automobile-Club de l'Ouest) Georges Durand wird das Projekt auch realisiert. Die erste Ausführung der 24 Stunden von Le Mans findet am 26. und 27. Mai 1923 statt. Es gilt, während 24 Stunden auf National- und Regionalstrassen zu fahren, was eine gute Gelegenheit zum Test der Nachtbeleuchtung der Fahrzeuge darstellt. Ein eigentliches Klassement gibt es nicht, aber die Konkurrenten müssen eine vorgegebene Mindestdistanz zurücklegen, die nach Hubraum bemessen wird, um sich für das folgende Jahr zu qualifizieren. Das beste Resultat erreicht der Chenard-Walker mit Lagache und Léonard am Steuer, die 2 209 Kilometer mit einem Schnitt von 92 km/h absolvieren. Die Engländer sind von dieser originellen Veranstaltung fasziniert und treten 1924 stark an. Bentley schlägt diesmal die französischen Marken.

Alle Autos, die zwischen 1923 und 1926 an den 24 Stunden von Le Mans teilnehmen, verfügen über ein Chassis mit Längsholmen, vorne montiertem Motor, Starrachsen und Blattfedern, was einen gewissen technischen Konformismus beweist.

⇧ 1929. Das Publikum ist fasziniert vom Raketenwagen Opel RAK 2. Das Zukunftsmobil ist das Thema einer Konferenz, die ein von der Firma speziell nach Genf delegierter Ingenieur abhält. Am 23. Mai 1928 hatte Fritz von Opel damit in Berlin 223 km/h erreicht.

⇦ Jedes Jahr gibt es am Salon einige Vertreter ferner Abenteuer zu bewundern. 1929 stellt die belgische Firma F.N. das Fahrzeug aus, das von Mai bis August 1928 von Algerien ans Kap der Guten Hoffnung gefahren war. 24'000 Kilometer in 103 Tagen, also 230 Kilometer pro Tag. Auffällig, dass die Vertreter des Militärs ein besonderes Interesse an dieser Art «Geländefahrzeug» zeigen. 1929.

⇨ 1924. Um Citroën bei der Sahara-Eroberung nicht ganz das Feld zu überlassen, bereitet Renault drei Dreiachsautos 10 CV vor. Sie verfügen über leichte Karosserien mit einem Dach und seitlichen Vorhängen, welche die Insassen vor Kälte und Wind schützen.

Rennsport | 85

MOTEUR
Plus puissant
& nerveux

RADIATEUR
Nouveau Modèle

COMMANDES
Au centre du volant

FREIN
à Main
sur différentiel

EMBRAYAGE
Nouveau Dessous
& Progressif

1930
1946

TABLEAU DE BORD Lumineux

DIRECTION Très douce

CARROSSERIE TOUT ACIER Très spacieuse & surbaissée

POIGNÉES DE PORTIÈRES

SUSPE...

BERLINE 1931 C⁴F

FREINAGE SUR LES 4 ROUES

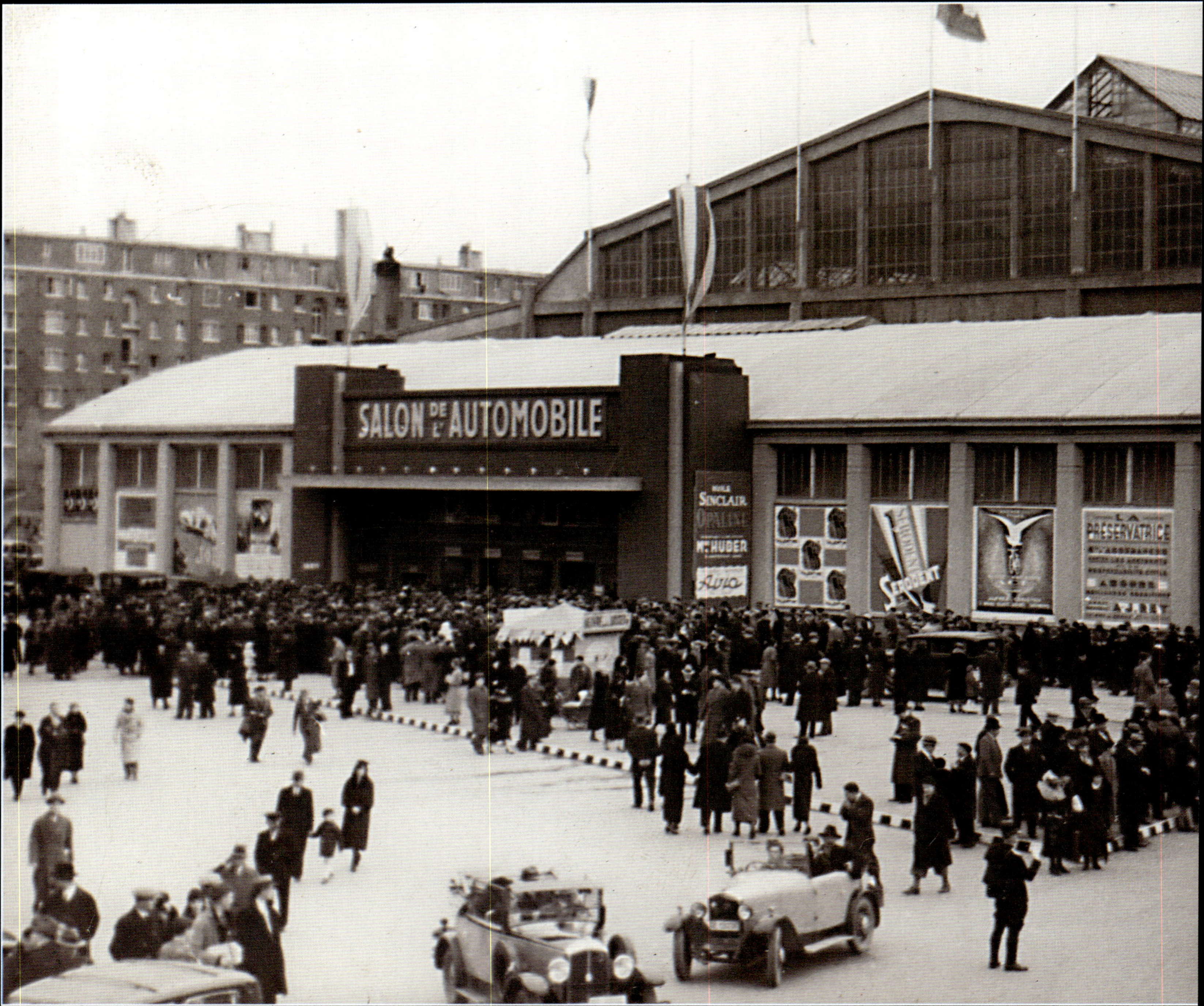
SALON DE L'AUTOMOBILE
SINCLAIR
LA PRESERVATRICE

1930
1946

Geschichte des Salons

Seit seiner Neulancierung 1923 ist der Genfer Autosalon mit wachsender Popularität und sich verschärfenden Platzproblemen konfrontiert. Jedes Jahr werden kostspielige und unbequeme Anbauten für die Dauer der Veranstaltung errichtet, wie die 2000 m² grosse Halle am Boulevard du Pont d'Arve. Doch die Provisorien befriedigen weder Besucher noch Aussteller. Das Organisationskomitee steht vor einem Dilemma: Wenn der verfügbare Platz nicht vergrössert wird, müssen gewisse Standbegehren der Hersteller abgeschlagen werden. Es werden mehrere Ansätze durchdacht, wie der Ausbau des *Palais des Expositions*, die Errichtung eines neuen Gebäudes oder die Abkehr von der Jahresformel zur Durchführung alle zwei Jahre. Der letztere Vorschlag erntet umgehend Kritik vom *Journal de Genève*: «Der Automobilsalon hat sich derart zu einer Genfer Tradition entwickelt, dass ein Frühling ohne Salon nicht komplett wäre.» Tatsächlich ist der Salon die einzige jährliche Grossveranstaltung der Stadt. Aber in einer Zeit der weltumspannenden Wirtschaftskrise kann kaum an einen Neubau gedacht werden. 1929 wird entschieden, den Salon in zwei Anlässe aufzuteilen, mit den Automobilen im Palais und den Industriemaschinen und Flugzeugen im Wahllokal.

Es ist angesichts der jährlich wachsenden Besucherzahlen undenkbar, den Salon wegen Platzmangels zu limitieren. Tausende drängen sich am Eingang und vor den Ständen und bekunden Begeisterung, Bewunderung und gelegentlich Verblüffung über die präsentierten Neuheiten. «Nicht selten kommen Leute als einfache Fussgänger an den Salon und verlassen ihn als Automobilisten. Wer weiss, wie viele ihre Motorradlenkstange gegen ein Steuerrad tauschen. Ein Salon ist wie eine riesige Bühne, auf der die Stahl-«Kulissen» ihren Zauber auf das Publikum ausüben» schreibt die *Revue des ACS* im März 1931.

⇧ 15. März 1935. Die Frühlingssonne scheint zur Saloneröffnung. Das offizielle Defilee fährt nach einem von Baezner präsidierten Mittagessen im Hotel des Bergues beim Palais des Expositions vor. Die Öffentlichkeit wohnt vom Strassenrand der Prozession bei.

Ausgefeiltes Protokoll

Der Salon ist wirklich ein Schaustück, und die Eröffnungszeremonien folgen einem eingespielten und fixen Protokoll, wie die *La Suisse* im März 1931 beobachtet: «Die Eröffnung des Salons ist eine sinnentleerte Formalität. Sie ist Jahr für Jahr eine Bühne für die Autopersönlichkeiten. Jede Interessengruppe des Strassenverkehrs präsentiert den Behörden ihre Begehren und äussert ihre Meinung zu den grossen Verkehrsproblemen.»

Der Eröffnungstag beginnt mit einem offiziellen Mittagessen im Hotel des Bergues. Zuerst ergreift der Salonpräsident das Wort, dann der amtierende Bundespräsident, gefolgt vom Präsidenten des Genfer Staatsrats. Die Ansprachen

⇧ Der Journalist der Revue des ACS freut sich zur Saloneröffnung 1936: «In einer wirtschaftlich deprimierenden Zeit wie der unseren sehen nur die Länder mit hohem Lebensstandard und ohne eigene Automobilindustrie wie Holland und die Schweiz eine Expansion ihrer Veranstaltungen».
Revue des ACS, 1936.

Geschichte des Salons | 89

1930
1946

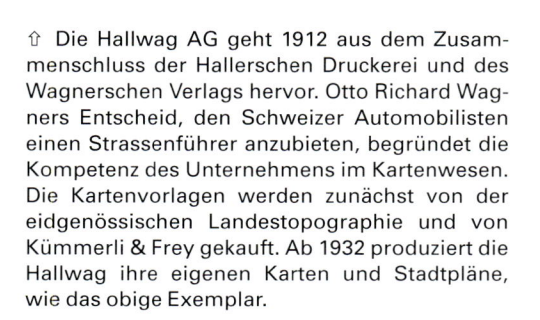

⇧ Die Hallwag AG geht 1912 aus dem Zusammenschluss der Hallerschen Druckerei und des Wagnerschen Verlags hervor. Otto Richard Wagners Entscheid, den Schweizer Automobilisten einen Strassenführer anzubieten, begründet die Kompetenz des Unternehmens im Kartenwesen. Die Kartenvorlagen werden zunächst von der eidgenössischen Landestopografie und von Kümmerli & Frey gekauft. Ab 1932 produziert die Hallwag ihre eigenen Karten und Stadtpläne, wie das obige Exemplar.

werden am folgenden Tag von der Presse komplett wiedergegeben. Die eingeladenen Persönlichkeiten aus Politik, Autoindustrie und Presse sitzen an Tischen, die in Hufeisenform angeordnet sind. Dazu kommen ab 1938 mehrere Tische an der Peripherie für die Vertreter der grossen Marken. Nach dem reichen und gut begossenen Mahl nehmen die Offiziellen in den von den Ausstellern zur Verfügung gestellten Fahrzeugen Platz. Sie fahren unter Motorradeskorte der Polizei zum *Palais des Expositions*. Die Gendarmerie steht in Achtungstellung, während der Bundespräsident das rot-weisse Band mit silberner Schere durchschneidet. Eine Kapelle spielt die Schweizer Nationalhymne und sechs Polizisten im Zweispitzhut bahnen den Autoritäten den Weg. Der Eröffnungsbesuch beginnt gemächlich, der Präsident wechselt einige persönliche Worte mit den Ausstellern oder verweilt vor einem spektakulären Modell. Zum Abschluss finden sich alle Eingeladenen zu einem Empfang und einem Gläschen zusammen.

90 | 100 Jahre Automobile Fortschritte

1930–1946

Der Aufschwung

Der offizielle Katalog des Salons von 1931 erläutert die strategische Position von Genf:
«Es steht ausser Frage, dass die grossen europäischen Automobilausstellungen in Paris, London und Berlin stattfinden; es gibt weitere in Mailand, Brüssel, Amsterdam und anderswo, von denen aber keine den Charakter von Genf nachahmen kann, denn der Salon hat im franko-italo-deutschen Dreieck im Zentrum der dominierenden europäischen Konstruktionstrends eine ganz besondere Lage inne. Nimmt man ausserdem die englischen, österreichischen und insbesondere die stark vertretenen amerikanischen Konzepte hinzu, wird verständlich, dass sich ein Besucher am Genfer Salon einen Überblick über Fahrzeuge für alle Anwendungen und für jedes Budget machen kann. Im *Palais des Expositions* und in den Anbauten findet man wirklich das ganze Sortiment der weltweiten Autoproduktion, vom kleinsten Nutzfahrzeug über Innenlenker bis zum schweren Sportwagen.»

Die *Revue des ACS* unterstreicht sogar, dass Genf unter den Ausstellungsstädten die niedrigste Einwohnerzahl und den geringsten Verkehr aufweise, aber «in einem Land mit überragend intensiver Wirtschaftstätigkeit liegt, das Industrie und Handel von drei Seiten einlässt. Die Stadt liegt auch in einer entzückenden, von der Natur verwöhnten Landschaft und bietet dank der vielen ausländischen Besucher eine gut entwickelte Fremdenverkehrsindustrie. Kein anderes Land in Europa kann sich jedes Jahr eines derart breiten internationalen Autotourismus rühmen wie die kleine, dabei aber so schöne Schweiz.»

1934 muss der Salon zum ersten Mal in seiner Geschichte Besucher abweisen. Die Rekorde bei Ausstellerzahl und Neuheitenpräsentationen werden gebrochen. Mit 58 ausgestellten Marken übertrifft Genf dieses Jahr London, Brüssel und New York. Die Konkurrenz mit dem Pariser Salon kann beginnen. Wer kann mehr neue Modelle zeigen, revolutionäre Erfindungen präsentieren, zuerst neue Trends in Karosseriebau, Technik und Zubehör lancieren? Genf kann sich bestätigen, wie das *Journal de Genève* sagt: «Die Internationalität dieser Ausstellung ist einmal mehr bekräftigt, was nicht erstaunt, denn mit dem Fehlen einer eigenen Schweizer Autoindustrie treten die europäischen und amerikanischen Hersteller von Automobilen und Zubehör hier gleichwertig gegeneinander an, und werben um die Kundengunst.»

Der Salon beschäftigt 3000 Personen während zehn Tagen und leistet einen bedeutenden Beitrag zur lokalen Wirtschaft. Er bringt Bewegung, sorgt für Umsatz und stimuliert die Kauflust. Die ganze Schweiz profitiert, werden doch 50'000 Personen von Automobilhandel und -industrie beschäftigt und jährlich gegen 500 Millionen Franken von der Branche investiert.

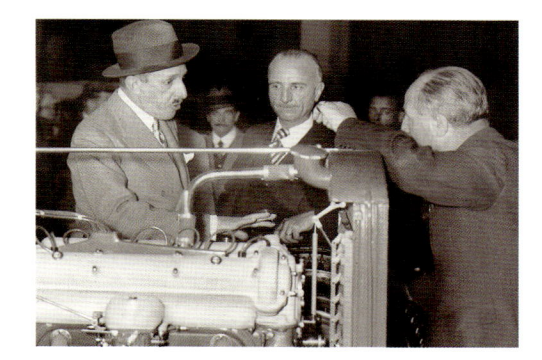

⇧ 1936. Besuch des jungen Königs von Siam.

⇧⇧ Der ehemalige spanische König Alfonso XIII besucht 1936 den Salon in Begleitung von Bundespräsident Charles Dechevrens.

⇧⇧⇧ 1937. Die neue mobile Poststelle sorgt für Aufsehen bei den Besuchern. Der Postlastwagen wurde vom Karrossier Eggly in Lausanne eingekleidet. Hier abgefertigte Post erhält einen Sonderstempel.

↖ Die offizielle Prozession wird von einer Truppe Gendarmen und von drei aufgeputzten Mädchen angeführt. «Die Saloneröffnung wird immer mehr zu einem globalen Ereignis, an dem man einfach teilnehmen muss…» («Automobil Revue», 1937.)

⇨ Erste Teilnahme von Pinin Farina am Genfer Autosalon mit zwei Lancia Aprilia: einer ist ein Coupé-Einzelstück, der andere ein Produktionscabriolet 2 + 2.

1930
1946

⇧ Revision der Beleuchtung.

⇧ ⇧ Verlegung der Fasermatten in den Gängen und der Blachen für die Podeste.

⇨ Fensterreinigung.

92 | 100 Jahre Automobile Fortschritte

1930
1946

⇧ Viele Verkaufsgespräche finden ihren Abschluss in der Bar oder im Restaurant.

⇧⇧ Ein Stand, der immer viel Aufmerksamkeit erregt! 1934.

↗ Haben Sie ihr Zugbillet stempeln lassen, damit Sie vom vergünstigten Eintritt profitieren können? Ein am Salon gestempeltes Einwegbillet ist zudem gratis für die Rückfahrt gültig.

⇨ Ein Salonbesuch ist ermüdend.

Mais quelle est cette odeur parfumée; c'est le « sulfateur » du Salon qui passe. Voilà un homme qui, du matin au soir, se promène avec sa boille sur le dos, remplie, empressons-nous de le dire, d'une eau parfumée qu'il débite avec componction en arrosant le devant de chaque stand espérant changer toutes les odeurs bonnes... et mauvaises qui, immanquablement s'accumulent sous la nef immense.

Rédaction: J. Debrit. V. Glauser.

⇧ Aber was ist das für ein Wohlgeruch? Der « Geruchwächter » des Salons kommt vorbei. Das ist der Angestellte, der von Morgens bis Abends mit einem Behälter voll Parfumwasser auf dem Rücken durch die Gänge des Salons spaziert und durch gezielte Anwendung vor jedem Stand die verschiedenen Aromen eliminiert, die sich bei der Besuchermenge unweigerlich ansammeln.

Geschichte des Salons | 93

1930
1946

UN TOUR ACROBATIQUE INOUÏ EN AUTO

1650-4X

Dimanche 17 crt., à 2½ h., sur la Plaine de Plainpalais, un automobiliste, Mr. Miller, lancé à 100 km. à l'heure capotera avec sa voiture Chrysler Plymouth en vue de prouver la sécurité de sa carrosserie tout acier.

Ce spectacle sera gratuit

Amerikanische Montage in der Schweiz

Mit den Zeichen der Zeit in Richtung Nüchternheit steht am Salon 1935 der günstige Chrysler Plymouth 14HP 6-Zylinder im Mittelpunkt. Er verfügt über ein neues Radaufhängungskonzept mit Namen «Synchromatic», welches den Heckpassagieren den unangenehmen Schlag beim Überfahren von Unebenheiten erspart. Neben seinem niedrigen Preis bietet der Wagen mehr Komfort und eine bessere Strassenlage. Er wird in der Schweiz zusammengebaut, gemäss einer Vereinbarung von Oktober 1933 zwischen Chrysler und Saurer. Mehr als 400 Arbeiter sind mit der Montage des Autos und der Herstellung von Zubehör beschäftigt, was zu einem Schweizer Herstellungsanteil von 54 % für die Chrysler-Modelle führt. Saurer montiert die gesamte Palette von Chrysler, mit der Ganzstahlkarosserie, einem vorderen Kurvenstabilisator, «schwebend» eingebautem Motor, (das Chrysler-Patent unterdrückt Vibrationen), Stossdämpfern, hydraulischen Bremsen und Getriebe mit automatischem Overdrive.

General Motors besitzt als zweiter amerikanischer Konzern ab 1935 in Biel eine Schweizer Montagelinie. In der Krisenzeit wird in ganz Europa Protektionismus betrieben, und die Schweiz erlässt strenge Einfuhrbeschränkungen, insbesondere für Automobile. General Motors sucht nach einem Ausweg, und Hersteller sowie die eidgenössischen Behörden kommen dank der Bewilligung für eine mit Arbeitslosen betriebene Fliessbandproduktion auf ihre Rechnung. Der Bundesrat gewährt zudem Vorzugsbedingungen für die Einfuhr von Fahrzeugteilen. 1936 werden in Biel 321 Chevrolet, 115 Buick, 61

⇦ Armaturenbrett eines Plymouth, typisch für den amerikanischen Geschmack: viel Chrom, Lenkradschaltung mit dahinter liegenden Instrumenten.

⇧⇗⇨ 1936 eröffnet GM USA eine Niederlassung in Biel. Das Montagewerk wird von der Mutterfabrik mit Mechanik wie Motoren, Hinterachsen, Vorderradaufhängungen, Bremsen, Lenkungen usw. beliefert. So erfolgt in der Schweiz nur der Karosseriebau mit dem Schweissen, Ausstatten, Lackieren und der Fertigstellung. Bilder von 1946.

Oldsmobile, 36 La Salle, 117 Vauxhall und 318 Opel gebaut. Der Krieg unterbricht die Aktivitäten durch Material- und Benzinengpässe. Die nicht zum Militärdienst einberufenen Arbeiter können mit der Herstellung von Vergasern und Militärrucksäcken sowie der Reparatur von Eisenbahnwagons weiter beschäftigt werden.

Gefährliche Vorführung

Chrysler ist wirklich die Attraktion des Salons von 1935, insbesondere mit einer spektakulären Demonstration auf der Wiese des Plainpalais. Fast 10'000 Leute klettern auf Bäume und Leitern, drängen sich an den Böschungen und auf Autodächern, stehen an den Fenstern der umliegenden Gebäude. Alle Blicke ruhen auf einem blauen Auto, das zufällig aus dem Bestand der Garage Blanc & Paiche gewählt worden war. Scheinwerfer und Sitzpolster wurden ausgebaut. Der Fahrer Miller ist nach 300 solchen Vorführungen erfahren im Test und «demoliert» die Mechanik des amerikanischen Wagens. Er fliegt über Bodenwellen, kollidiert mit Hindernissen und testet die Chrysler-Teile auf jede mögliche Art, um den Konstrukteuren die Schwachpunkte zur Verbesserung zu melden. Die staunende Menge beobachtet, wie der straff am Sitz angeschnallte Fahrer zügig über mehrere Hügel fährt und einen benzingetränkten und in Brand gesetzten Zaun durchbricht. Dann rast er über eine Rampe, fliegt mehrere Meter durch die Luft und landet sanft dank guter Stossdämpferwirkung. Er durchquert die Wiese mit mehreren Hüpfern über die Hügel, beschleunigt auf 100 km/h und reisst das Lenkrad nach links herum. Ein Vorderrad gräbt sich in die Erde, der Wagen überschlägt sich über die Nase, dreht sich aufs Dach und landet auf der Seite. *La Suisse* vom 8. März 1935 ergänzt: «Sein dreckverspritztes Auto gab ein erbärmliches Bild ab. Aber trotz der ramponierten Front, leichten Schäden an Kotflügeln und einer hinteren Ecke, trotz eines abgeflogenen hinteren Kleinfensters aus Sicherheitsglas war festzustellen, dass der Innenraum des Plymouth in keiner Weise beschädigt war. Die Vorführung hat die Zuschauer überzeugt, die noch lange über den mutigen Fahrer und sein Auto sprachen. Chrysler ist ein starker Werbeauftritt gelungen...»

Europäische Neuheiten

Zu den französischen Neuheiten zählen der Reinastella von Renault mit 37 PS, ein Luxus-6-Zylinder, der Nervastella mit 8-Zylindermotor,

1930–1946

⇧ Ein Auto der Avantgarde, der Tatra Typ 77 (Tschechoslowakei). Die glattflächige Karosserieform entspricht den strikten Prinzipien der Aerodynamik. Der Motor ist im Heck eingebaut, vorne finden sich Benzintank und Batterie.

⇧⇧ 1937. Ein origineller Stand von Renault. Man will beweisen, dass der Viva Grand Sport ein Sechsplätzer ist. Rechts ein Celtaquatre.

der Vivastella 17 CV, der Monastella 8 CV und vor allem der Primaquatre mit 4 Zylindern (von 1932 bis 1934 in 20'000 Exemplaren gebaut); alles Autos, die dank der Serienfertigung für alle Käufer erschwinglich bleiben.

Der neue Trumpf 4-Zylinder von Adler sorgt mit Vorderradantrieb, seiner Karosserie von Ambi-Budd und mit guter Strassenlage für Aufsehen. Er wird zu einem günstigen Preis angeboten, was viele Käufer anzieht.

1935 wird am Salon von Genf ein Automobil der Avantgarde gezeigt, der Tatra 77 aus tschechoslowakischer Produktion. Er unterscheidet sich durch seinen Heckmotor, was vorne Platz für Benzintank und Batterie schafft.

Die Organisatoren kündigen an, dass der Salon 1937 jener des Aufschwungs sein würde, und *La Suisse* ist überzeugt: «'Salon des Aufschwungs'. Ein bewundernswerter Slogan. Der Ausdruck geht nun von Mund zu Mund. Vom Generalsekretär zum Sekuritas-Angestellten verbreitet es sich wie ein Lauffeuer: 'Salon des Aufschwungs!...' Wir wissen nicht, welches Genie die magische Wortkombination gefunden hat, aber es hat uns allen einen grossen Dienst erwiesen. Die Zuversicht war tatsächlich nie so ausgeprägt.»

Latente Konflikte

In der Schweiz befindet sich das Automobil im offenen Konflikt mit der Schiene. Der Bundesrat für Transportwesen will die Besteuerung der Automobilisten erhöhen, um die Eisenbahnen nicht zu schädigen. Die offiziellen Ansprachen zum Autosalon sind die jährliche Gelegenheit, die Anliegen von Autogewerbe und Schienenbefürwortern offen zur Sprache zu bringen. Die Seiten finden schliesslich zur Versöhnung und sind sich einig, dass die Transportmittel nicht feindlich, sondern komplementär sind und dass es gilt, die Infrastrukturen von Strasse und Schiene auszubauen. 1938 lancieren die Zürcher Mitglieder des Organisationskomitees eine Kampagne mit dem Ziel, den Salon abwechselnd in Genf und in Zürich durchzuführen. Die Deutschschweizer finden, dass Genf nicht zentral genug liege, während von den landesweit 64 ausgestellten Marken nur zehn auf Zürich entfallen. Genf wehrt sich mit dem Argument, dass die Zürcher aus Neid handeln und von den wirtschaftlichen Folgen profitieren wollten. In einem offenen Brief vom 14. April 1939 an Salonpräsident Dechevrens fordert der Zürcher O. Bally, Präsident des Schweizer Verbands der Automobilhändler, dass das Organisationskomitee den Salon jedes zweite Jahr nach Zürich vergeben solle. Die Genfer Antwort ist klar: «Der Genfer Salon steht nicht zur Diskussion.»

Die Eröffnung des Salons 1939 findet in gespannter Atmosphäre statt. Bundesratsvertreter Minger weiht den grösseren Teil seiner Rede der politischen Situation in Europa und der Armeevorbereitungen für den Konflikt: «Der politische Horizont in Europa ist düster. Müssen wir in den blitzdurchzogenen dunklen Wolken die Ansage zu einem neuen Feuersturm sehen? Keiner weiss es. Eines ist sicher: im Falle eines Krieges können wir zunächst nur auf uns selbst zählen.» Die Veranstaltung geht normal vonstatten. Die Zahl der zahlenden Besucher ist 35 % höher als im Vorjahr, das Organisationskomitee hält seine traditionelle Sitzung am zweiten Freitag des Salons und legt das Datum für den XVII. Salon auf Freitag, 1. bis Sonntag, 10. März 1940 fest. Aber die Tore sollten erst 1947 wieder geöffnet werden.

⇧ Peugeot präsentiert 1935 seinen neuesten Sechszylinder, den 601 mit 2'150 cm³ und seitlichen Ventilen. Er wird nicht lange gebaut, kann aber hier 1936 an einem Concours d'élégance im Pariser Bois de Boulogne bewundert werden.

⇧ 1927 lanciert Peugeot den 201, einen Innenlenker mit 1 100 cm³, Vorderradaufhängung mit Querlenker und Spulenzündung. Er wird bis 1937 mit laufenden Verbesserungen gebaut.

N'AYEZ PAS
de MOUVEMENTS Inutiles
votre FATIGUE Diminuera
votre SALAIRE augmentera

Automobil-industrie

1930–1946

Trotz der Krisenzeiten fährt die amerikanische Autoindustrie mit Rückenwind voran. Ford musste zwischen 1929 und 1932 um die Hälfte zurückstecken, und die US-Produktion fiel von 3,5 auf 1,5 Millionen Einheiten. Aber alles ist relativ: Der Umsatz von General Motors ist 1930 so hoch wie der Gesamthaushalt von Frankreich... Der von 1924 bis 1931 gebaute Chrysler 70 findet 950'000 Käufer und hat auch in der Schweiz viel Erfolg. Chevrolet stellt 1929 den neuen Six vor, doch Plymouth kommt erst 1932 mit dem «aufgehängten» Motor und dem «freien» Rad heraus, gleichzeitig mit Ford und dessen neuem V8, volkstümlich und schnell. 1939 wird der Lincoln Continental vorgestellt, der eleganteste Wagen aus amerikanischer Produktion, mit 12 Zylindern und sachlichem Design. Er soll bis 1942 produziert werden.

Von weltweit 34 Millionen Personenwagen und Nutzfahrzeugen fahren 26,5 Millionen in den USA. In der Schweiz sind die meistverkauften Marken, in absteigender Reihenfolge: Fiat, Ford und Citroën. Amerikanische Autos sind weiterhin die Lieblinge der Filmgrössen wie Jean Harlow, Cary Grant, Gary Cooper oder Marlene Dietrich. 1940 erhält Karl Probst den Auftrag von American Bantam, ein von der amerikanischen Armee verlangtes leichtes Fahrzeug für Kurierdienste zu entwickeln. In den ihm zugestandenen fünf Tagen unterbreitet er den Verantwortlichen den Entwurf dessen, was als Jeep Weltruf erlangen sollte. Die Produktion übernimmt die Firma Willys. Ende der 40er Jahre wird das Fahrzeug in verschiedenen Ländern in Lizenz gebaut. Der englische Land Rover erscheint erst 1948.

⇧ Renault-Fabrik. Montage der Lenkung. Links vor dem Arbeiter mit Kappe ist ein Lenkgetriebe zu sehen.

Europäische Produktion

Die Engländer präsentieren 1929 den Archetypus eines Sportwagens, den MG Midget: ein ausgezeichneter Motor in einer aufs Wesentliche beschränkten, offenen Karosserie. Der MG verspricht Tempo, Frischluft und ein intensives Fahrerlebnis zu einem vernünftigen Preis.

Die französische Industrie steht auch nicht still, und Peugeot bringt als grosse Attraktion des Salons 1932 nach seinem sportlichen Erfolg in Monte Carlo den 201 mit unabhängiger Radaufhängung heraus. Das Modell kann als Reiselimousine, als offener Viersitzer, als luxuriöser Innenlenker oder als Cabriolet geordert werden. Citroën beweist Innovationsfähigkeit und Mut mit der Präsentation des Traction Avant. Das erste Modell 7A vereinigt eine ganze Zahl technischer Neuerungen: selbsttragende Karosserie, vier unabhängig aufgehängte Räder, Torsionsstab-Federung, Vorderradantrieb. Das Auto wird während 23 Jahren (von 1934 bis 1957) gebaut, länger als der Ford T (1908-1927) oder der Rolls-Royce Silver Ghost (1906-1926).

Le Corbusier entwickelt in diesen Jahren das Voiture Maximum. Die ursprüngliche Zeichnung von 1928 wird für einen Ingenieurwettbewerb des

⇧ «Das Auto ist ein Objekt mit einem simplen Zweck (Fahren), mit komplexer Problemstellung (Komfort, Rollwiderstand, Aussehen), was die bedeutende Industrie zur Standardisierung zwingt». Le Corbusier, «Zur Architektur», 1920. Skizze des «Voiture maximum».

1930
1946

⇧ Bevor er auf weniger pazifistische Mittel umlenkt, lässt Hitler zur Ankurbelung der Wirtschaft Autobahnen bauen und möchte, dass sich jeder Deutsche ein Auto leisten kann. Ferdinand Porsche (links) zeigt ihm hier ein Modell des Volkswagens (1934). Das Auto kommt vor dem Krieg nicht in den Verkauf, aber die Produktion läuft bereits auf Hochtouren zur Herstellung von Militärfahrzeugen (Kübelwagen und Schwimmwagen). Die zivile Produktion läuft erst 1945 an, mit einer ersten Serie von 1785 Autos aus dem zur Hälfte zerbombten Werk.

⇧⇧ Zeichnungszentrum von BMW, München, 1938. In der Mitte Wilhelm Meyer-Huber, Designverantwortlicher, rechts Karl Schmuck, Modellbauer, mit dem Projekt zum Typ 332.

Verbands der Autoingenieure 1936 wieder hervorgeholt. Es handelt sich um ein Fahrzeug mit selbsttragender Einvolumenkarosserie von 3,70 m Länge, das trotz der kompakten Dimensionen vier Personen befördern kann. Le Corbusier unterbreitet im Oktober 1936 Fiat seinen Vorschlag, kommt aber zu spät, denn die Firma kommt gerade mit dem Topolino heraus. Dieser Fiat 500, eine kleine Limousine mit zwei Plätzen auf 3,22 m Länge, wurde unter der Leitung des Ingenieurs Dante Giacosa entwickelt und wird bis 1948 gebaut.

1934 übernimmt der Venezianer Antony Lago die Marke und verwandelt sie durch das Engagement des Ingenieurs Walter Becchia. 1937 wird der Talbot «Wassertropfen» vorgestellt, ein Werk des Karossiers Figoni-Falaschi, eine windschlüpfige Limousine mit verkleideten Rädern, gewölbtem Kühler und Seitenscheiben in Tropfenform.

Deutsche Dynamik

Die deutsche Produktion läuft auf Hochtouren. Adolf Hitler fördert nach seiner Machtüber-

↘ Entwicklung der verschiedenen Delahaye von Figoni & Falaschi von 1936 bis 1946. Entwürfe von Serge Bellu.

⇧ Klar vom amerikanischen Design inspiriert, präsentiert sich der neue Volvo PV36 Carioca. Die Verkaufsvorhersagen stellen sich als zu optimistisch heraus, das Modell erreicht aber dennoch Kultstatus in der Markengeschichte.

⇦ Der erste zum Verkauf angebotene Toyota ist die AA-Limousine von 1936. Bei der Suche nach einer Bezeichnung entscheidet sich Sakichi Toyoda für seinen Namen, zieht aber die Schreibweise mit «t» vor, weil diese 8 japanische Zeichen statt 10 bedingt. Acht ist im Land der aufgehenden Sonne eine Glückszahl, und Glück hat der Name der Firma sicher gebracht.

nahme 1933 den Automobilbau und die Errichtung eines Autobahnnetzes, dessen erstes Stück 1935 Frankfurt mit Darmstadt verbindet. Es erreicht zwei Jahre später 1 300 Kilometer. Die nationalsozialistische Regierung schafft die Besteuerung der Autofahrer und der Herstellungswerke ab, was der Ausfuhr zugute kommt. Der Autokauf wird durch eine Abgabenbefreiung im ersten Jahr gefördert. 1932 verzeichnet die deutsche Inlandnachfrage 44'500 Verkäufe, 1935 sind es 159'000, mit Opel als Marktführer. Die deutsche Autoindustrie beschäftigt mehr als 1 Million Leute, 50'000 davon in der Produktion.

Der Autorennsport wird stark subventioniert, und Auto Union sowie Mercedes entwickeln derart leistungsfähige Monster, dass bald nicht mehr von sportlichem «Wettbewerb» gesprochen werden kann. Das geltende Reglement schreibt ein Höchstgewicht von 750 kg vor, aber keine Hubraumgrenze. Die von Ingenieur Uhlenhaut entwickelten Mercedes können entsprechend mit Achtzylinder-Motoren von 5,6 Litern und Kompressoraufladung antreten, mit einer Leistung von mehr als 600 Pferdestärken. Das von einem Alkoholgemisch befeuerte Triebwerk erlaubt den Rennwagen, Höchstgeschwindigkeiten von mehr als 300 km/h zu erreichen. Am 3. September 1939 gewinnt der Auto Union von Tazio Nuvolari den Grossen Preis von Belgrad. Am gleichen Tag erklärt Grossbritannien Deutschland den Krieg.

Mercedes verkauft Modelle mit vier unabhängig aufgehängten Rädern, automatischem Getriebe, herabgesetztem Rohrrahmenchassis und höchst widerstandsfähigem Fahrwerk. Dazu kommen eine elegante Karosserie, eine leicht zu öffnende und zu schliessende Motorhaube, qualitativ hochwertige Fertigung und guter Komfort.

Hitler beauftragt Ferdinand Porsche mit der Entwicklung eines kleinen, volkstümlichen Wagens für weniger als 1 000 Mark, damit jeder deutsche Bürger Autobesitzer werden kann, wenn er vier Jahre lang fünf Mark pro Monat auf die Seite legt. Der 1938 präsentierte Käfer ist modern, für jeden erschwinglich und praktisch. Er wird im folgenden Jahr nach der Eröffnung des Volkswagenwerks in Wolfsburg an der Autoausstellung in Berlin gezeigt. Seine windschnittige Karosserie, vier Zylinder und die Luftkühlung sind alles Faktoren für den Erfolg. Das Auto kann aber seine Verkaufskarriere nicht beginnen, denn der Krieg sorgt für ein Umpolen der Fabrik auf militärische Versionen: hochgesetztes Geländemodell, leichter Kübelwagen, amphibischer Schwimmwagen.

Japanische Anfänge

Die japanische Industrie hat ihre automobilen Erstleistungen 1933 mit Datsun und Toyota (deren erstes Modell AA 1936 lanciert wird). Aber die Hersteller sind durch den Krieg gezwungen, den Autobau einzustellen und Rüstungsgüter zu produzieren. Die Autoindustrie ist quasi eine Totgeburt. Ihre Wiederbelebung soll erst in den 60er Jahren eingeleitet werden.

Der Ausbruch des Zweiten Weltkriegs führt zur sofortigen Einstellung der Automobilproduktion in den Feindländern, denn die Industrie muss ihre Aktivitäten auf Kriegsmaterial umstellen. Einige Firmen nehmen die Gelegenheit wahr, künftige Modelle für die Friedenszeit anzudenken, andere widmen sich ganz dem militärischen Zweck.

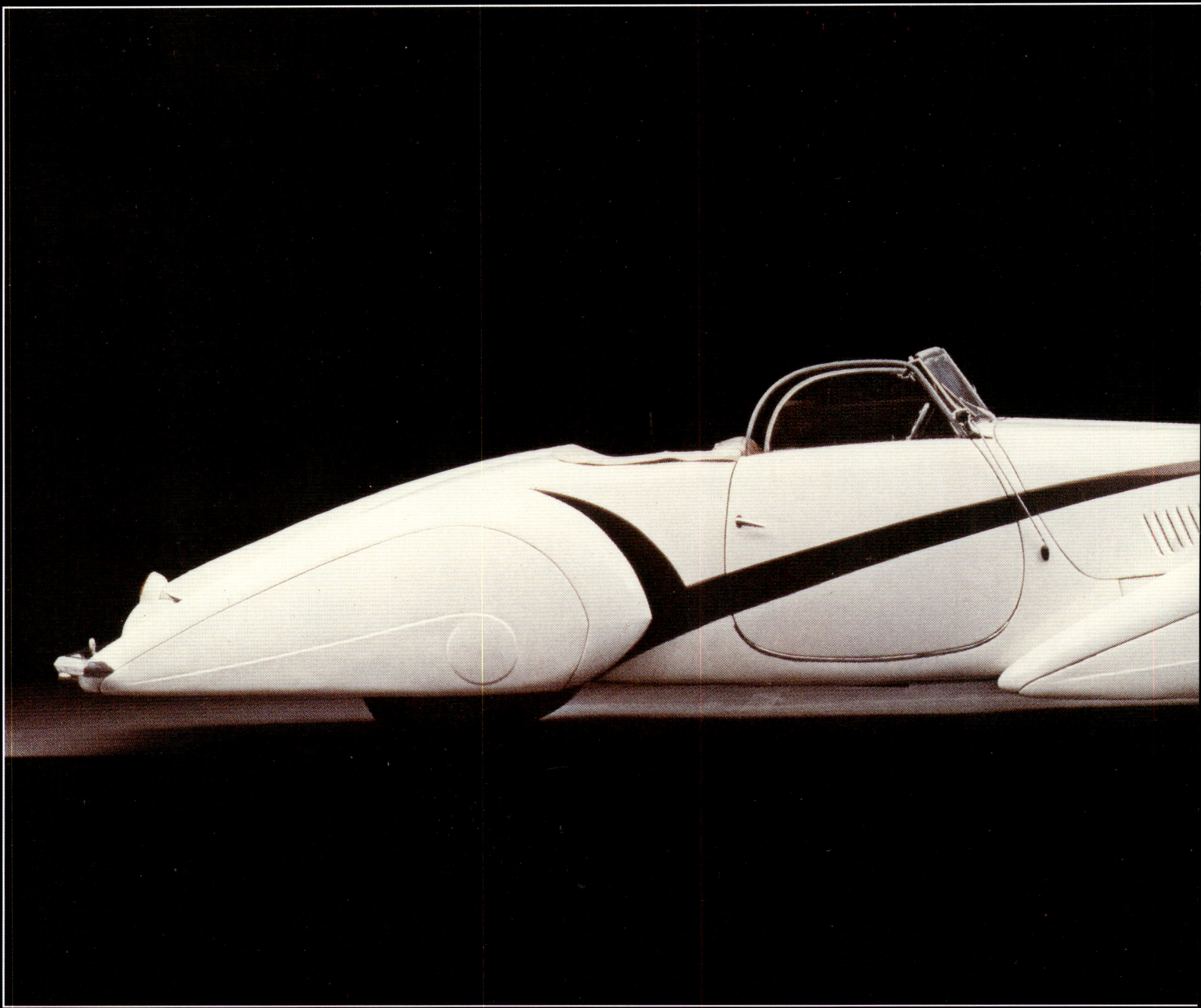

Technischer Fortschritte

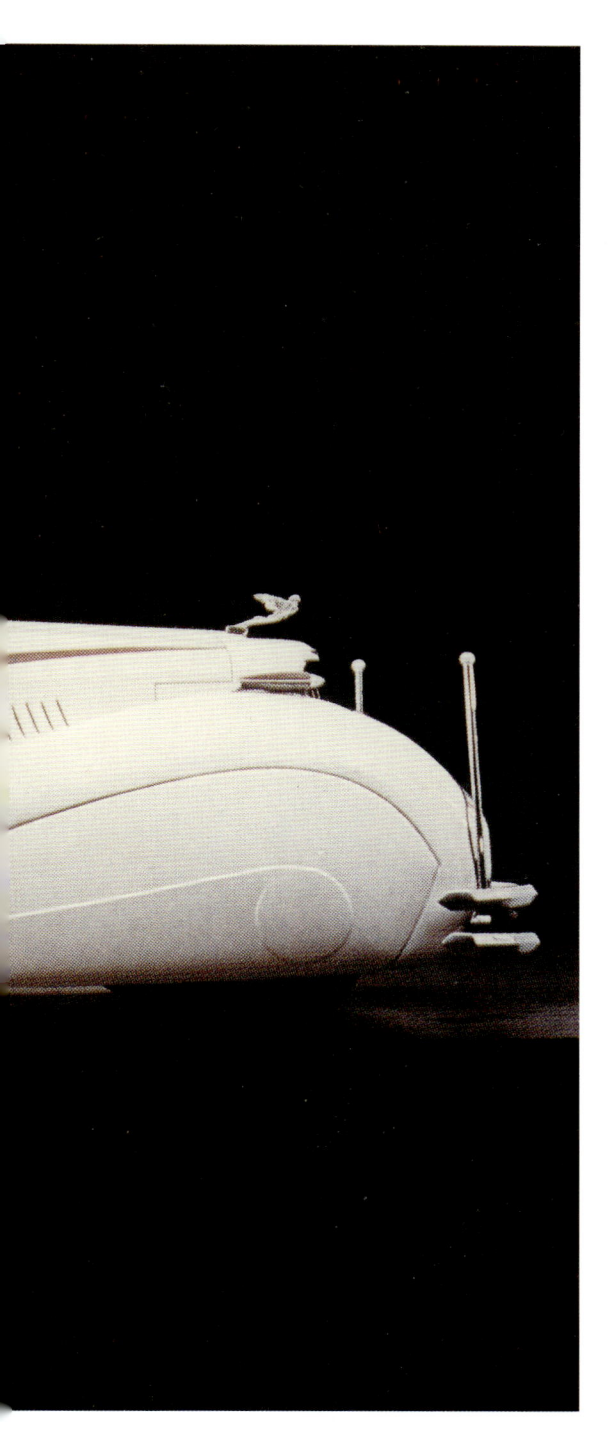

1930
1946

Trotz der Krise – und vielleicht gerade deswegen – machen die Autohersteller beträchtliche Fortschritte in Sachen Technik und bieten sparsamere, schnellere, kompaktere und zuverlässigere Fahrzeuge an.

Ein neues Wort taucht auf: «Aerodynamik». Die französische Zeitschrift *L'Illustration* ist es sich schuldig, den Lesern zu erklären: «Bestimmte Schöngeister diskutieren ernsthaft über die Aerodynamik der Autos. Der Ausdruck ist eingestandenermassen etwas lächerlich. Einfach gesagt, handelt es sich um die genaue Ermittlung der Dimensionen und Formen, die es dem Automobil erlauben, sich seinen Weg durch die Luftmassen zu bahnen. Die Aerodynamik hat eine bedeutende Auswirkung auf die Formgebung der Karosserien. Bisher war an einem Fahrzeug das Heck gerundet und aufgebläht; heute werden hinten zugespitzte, enge und fliessende Linien verlangt, auf das sich der Luftzug so weit wie möglich hinter dem Wagen schliesst. Müsste der Karosseriebauer nicht trotz allem in seinem Inneren noch Platz für einige Menschen lassen, würde er ihm wahrscheinlich die Form eines schnellen Fisches geben, wie etwa einer Forelle.»

Die Entwicklung führt zu einer gewissen Angleichung der Silhouetten. Man rundet die Winkel ab, entschärft die Anbauteile, wählt flüssige Linien und integriert das Zubehör in die Karosserie (Scheinwerfer, Spiegel). Der Trend weist in Richtung Flugzeugrumpf oder U-Boot-Form. Die Aerodynamik erlaubt das Erreichen höherer Geschwindigkeiten bei weniger Verbrauch, was durch die Verwendung von Leichtmetallen noch verstärkt wird. Die Luftforschung veranlasst manche Hersteller zur Abkehr von den seitlichen Motorklappen hin zur einteiligen Haube, die im offenen Zustand an ein gähnendes Krokodil erinnert. Peugeot 202 und Renault Juvaquatre wählen diese Anordnung, die den Motorzugang erleichtert, genügt doch ein Hebel zum Öffnen.

⇧ Der extravagante Cadillac V16 Hartmann von 1937. Kaum war der Börsenkrach von 1929 überwunden, kündigt Cadillac die Serienfertigung des ersten Autos der Welt mit V16-Motor an. Der Hauskarrossier Fleetwood bot von 1930 bis 1937 bis zu 54 verschiedene Varianten des Wagens an. Keine davon ist aber so lang, opulent und extravagant wie der Roadster von Willy Hartmann aus Lausanne, den er für einen lokalen Industriellen realisierte.

⇧ Eine hervorragende Realisierung der Karosseriebauer Giuseppe Figoni und Ovidio Falaschi auf einem Chassis Delahaye 135 von 1937. Die extrem geschwungenen Kotflügel verleihen dem Wagen ein futuristisches Aussehen.

Technische Fortschritte | 103

1930 1946

⇧ Eines der kuriosesten Autos des Salons von 1936: Der Auburn-Cord 810 mit V8 und 125 PS bei 3500/min, Vorderradantrieb und einer weit über die Vorderachse hinausragenden Karosserie. Der weit vorn liegende Kühlergrill ist mit den Lüftungsschlitzen des Motors kombiniert. Die ausklappbaren Scheinwerfer sind drehbar und können über einen Hebel am Armaturenbrett in die Kotflügel versenkt werden.

⇨ «Krokodil gähnen lassen» heisst «Motorhaube öffnen». 1936.

⇧ Die neue Vorderradaufhängung des Alfa Romeo. Die Reibungsstossdämpfer sind durch ölgefüllte Kolben ersetzt. 1936.

Anfänge des Design

Das Design ist die treibende Kraft des wirtschaftlichen Aufschwungs, auch wenn der Begriff noch nicht verwendet wird. Es wird vermehrt über die ästhetischen Qualitäten der Produkte gesprochen, und die Werbung erreicht ein grösseres Publikum. Die grossen Initianten des Automobildesigns sind Raymond Loewy, Walter Dorwin Teague, Henry Dreyfuss, Harold van Doren, Norman Bel Geddes. Sie sind verantwortlich für die «Streamline», die fliessenden, sanften Formen, die an Haushaltsgeräten wie an Fahrzeugen Verwendung finden. Das erste aerodynamische Auto der USA ist der Chrysler Airflow von 1934, der leider zu schnell zu weit geht. Die Amerikaner sind nicht bereit für originelle Formen. Von 11'500 Verkäufen 1934 fällt die Zahl 1937 auf 4600.

Auch Europa wendet sich wie die USA von der Vertikale ab: die Windschutzscheiben werden geneigt, der Kühler gewölbt, das Heck zugespitzt. Jean Bugatti hatte sich ab Ende der 20er Jahre dem Karosseriedesign zugewandt und eine grosszügige, elegante Linie mit vielen Rundungen geschaffen. Er entwirft nun aerodynamischere Formen mit dem Coupé de Ville Napoléon von 1930 und dem Coach 50T von 1932. Seine Innovation umfasst auch zweifarbige Lackierungen. Er verunfallt 1939 tödlich bei Testfahrten mit einem schweren Wagen, der vom legendären Bugatti 57 abgeleitet ist.

Entwicklung des Zubehörs

1939 stellt die Länge der Motorhaube nicht mehr das ausschlaggebende Schönheitskriterium für ein Automobil dar. Das Aussehen eines leistungsschwachen Wagens unterscheidet sich nur wenig von Gran Turismo-Modellen. Der Prunk ist mit den überflüssigen Anbauteilen verschwunden. Der äussere Füllstutzen für den Kühler entfällt ganz, was die Gesamtlinie des

Automobils verbessert. Wo der Kühler wegen Luftkühlung des Motors überflüssig wird, setzt ein nüchterner Metallrahmen den Grill von der Motorhaube ab. Um den Schock des fehlenden Stutzens zu mindern, werden rein dekorative Maskottchen montiert. Bei den Wassergekühlten wandert der Füllstutzen unter die Motorhaube. Das Nachfüllen des Kühlers – einst eine tägliche Aufgabe – wird zur seltenen Tätigkeit.

Die neuen Autos von 1939 sind mit Zubehör und Karosserien versehen, wie sie bis anhin den Luxusfahrzeugen vorbehalten waren. Die Serienfertigung erlaubt das Perfektionieren der Ganzstahl-Karosserie, die durch schnellen Zusammenbau und Montage viel wirtschaftlicher herzustellen ist als der Verbund von Holz und Stahl. Auch sind nun die meisten Dächer aus Metall.

Trotz der Versuche der Hersteller, glänzende Farbenpaletten anzubieten, bestellen die meisten Käufer blau, schwarz oder dunkelgrau. Einzig die Räder dürfen etwas mehr Farbe aufweisen.

Die Neuigkeit der 30er Jahre ist die Rückkehr zum Vorderradantrieb. Das Konzept der angetriebenen vorderen Räder ist nicht neu. Der Österreicher Ferdinand Porsche, der Amerikaner Walter Christie und die französische Firma Latil haben zu Beginn des zwanzigsten Jahrhunderts auf Vorderradantrieb gesetzt. Aber erst 1934 kommt es mit dem Citroën 7A zur grösseren Verbreitung.

Lärmdämmung wird gross geschrieben: Ansauggeräusch des Vergasers, Motorvibrationen und heulende Getrieberäder müssen sich den Beruhigungsmassnahmen unterziehen. Man verstärkt den Rahmen und baut nach und nach Gummidichtungen an allen beweglichen Kontaktpunkten ein, was zur erhofften Ruhe führt.

Die Bremsen funktionieren hydraulisch und werden besser dosierbar und progressiv. Bei den Reifen wird eine von Michelin eingeführte Technologie verwendet: der nicht durchdrehende Lamellenpneu. Bei Dunlop beissen sich 2000 «Zähne» in die Fahrbahn. Bergougnan und Goodyear präsentieren tief eingeschnittene Profile, und Englebert bietet ein neues Modell mit Profil und Längsrillen an.

⇧ Automatische Kupplung des neuen Hanomag, 1936. Die Firma ist eine der ersten, die einen Dieselmotor im Personenwagen anbietet. Hier der Rekord Diesel mit 1'910 cm^3 und 35 PS.

1930 1946

Automatisierung

Chrysler hebt sich durch besonders praktische Novitäten hervor. *La Suisse* vom 11. März berichtet: «Der geniale Chrysler entledigt das Auto all dessen, was lästig zu handhaben, schmieren oder kontrollieren ist. Der Hersteller vermochte den Anlasserknopf zu eliminieren, das Kupplungspedal, die Lenkreaktionskräfte, das Schmieren der Stossdämpfer und das Ausschlagen der Ventilsitze, aber auch den Antriebsschlupf der Hinterräder und all die lästigen Vibrationen.»

Die Zauberformel in dieser Krisenzeit: Kraft und Sparsamkeit. Wie kann man mit weniger mehr erreichen: weniger Schmiermittel, Benzin, Zeit, Schwermetalle. Es gibt Versuche mit Gas, Alkohol aus Zuckerrüben oder Wein, denn es herrscht Mangel.

Man adaptiert die Motoren und die Heizsysteme. Wie kann Benzin gespart werden? Hier die Empfehlungen von Baudry de Saunier, in der *Illustrierten* vom 3. Oktober 1936:

«Treibstoffverschwendend sind Anfahren und Beschleunigen, Fahren «was das Zeug hält», flottes Vorfahren mit 'eindrücklichen' Vollbremsungen zwei Meter vor dem Hindernis; oder anderseits die schleichende Qual eines Motors bei der Bergfahrt im ungenügend untersetzten Gang. Fahren sie immer unter Last, bedienen sie sich ohne falsche Scham der Schaltung, sobald der Motor unter seinen idealen Drehzahlbereich abfällt – und sie sind ein 'sparsamer' Fahrer.» Er fügt hinzu, dass es den für das Fahrzeug empfohlenen Treibstoff zu verwenden gilt, und dass der Motor selbst sparsam sein muss. Die Treibstoffbehälter werden kaum noch unter dem Motor angebracht, weil der hinten angebrachte Tank bei einem Unfall viel sicherer ist.

Die Getriebe haben 1934 mit dem «Synchromesh» einen Schritt nach vorn getan. Die Bezeichnung umschreibt die Anpassung der Drehzahl der Zahnräder im Getriebe beim Schalten. Ausserdem geht die Tendenz in den USA hin zu vier statt nur drei Gängen. Chrysler stellt 1932 das erste automatische Auto vor (das Getriebe übernimmt das Ein- und Auskuppeln). Der Motor wird schwebend eingebaut (wie bei Lancia), das heisst, Motor und Ölwanne werden auf zwei Lagern abgestützt, ohne direkte Verbindung mit dem Chassis.

Mehr Komfort

Wie kann das Problem der Belüftung gelöst werden? Die radikale Art, das Fahrzeuginnere durch Ausstellen der Windschutzscheibe mit Frischluft zu versorgen, ist völlig aufgegeben worden. Die Frontscheibe ist jetzt integraler Teil der Karosseriefront, was die Dichtheit sicherstellt. Das Öffnen der Seitenfenster genügt nicht zum Belüften des Fahrzeugs. Renault versieht seine Modelle mit Ausstellfensterchen in den Vordertüren, die den Luftstrom zum Kopf der Passagiere leiten. Peugeot hat eine Einrichtung entwickelt, welche den Luftaustausch ermöglicht, ohne dass Staub oder Insekten ins Wageninnere gelangen. Sportwagen-Spezialisten schützen die Eintrittsöffnungen der Belüftung mit einem feinen Gitter.

Andere Verbesserungen umfassen beispielsweise die Sitze, deren Position über Hebel verändert werden kann. Die Handhabung wird vereinfacht: der Handbremshebel liegt unter dem Armaturenbrett und hindert den Fahrer nicht beim Schalten; der Schalthebel wird in Reichweite positioniert und verlangt nicht mehr nach akrobatischen Verrenkungen; die Pedale – Kupplung, Bremse, Gas – sind genügend weit voneinander plaziert, um Fehlbedienungen zu verhindern.

Der Kofferraum ist nicht mehr ein Notbehelf zwischen rostigen oder verschmierten Blechen, staubig im Sommer und schlammig im Winter. Die Dichtheit wird durch Gummiwülste für die Fugen erreicht. Das Werkzeug – Wagenheber, Kurbel, Ersatzrad – findet einen leicht zugänglichen Platz. Das Schiebedach kommt in Mode und wird bei manchen Modellen serienmässig angeboten.

Aber es bleiben noch Probleme: wie kann das Vereisen der Windschutzscheibe verhindert werden? Wie gestaltet man die Tachometer genauer? Wie kann man zuverlässige Treibstoffanzeigen entwickeln?

⇧ Mercedes. Das Bild ist sichtlich eine Photomontage.

⇨ Die Werbepostkarte preist den Peugeot 202 an: «Der kleine Wagen von morgen, der heute gefahren werden kann».

⇨⇨ Der Fiat 500 ist kein verkleinertes grosses Auto, sondern ein kleines und als solches konzipiertes Automobil. Er bietet zwei Personen Platz und verbraucht bei 60 Stunden kilometern durchschnittlich 5 Liter auf 100 Km. Nicolas Bouvier, Shiraz, 1954.

1930
1946

Technische Fortschritte | 107

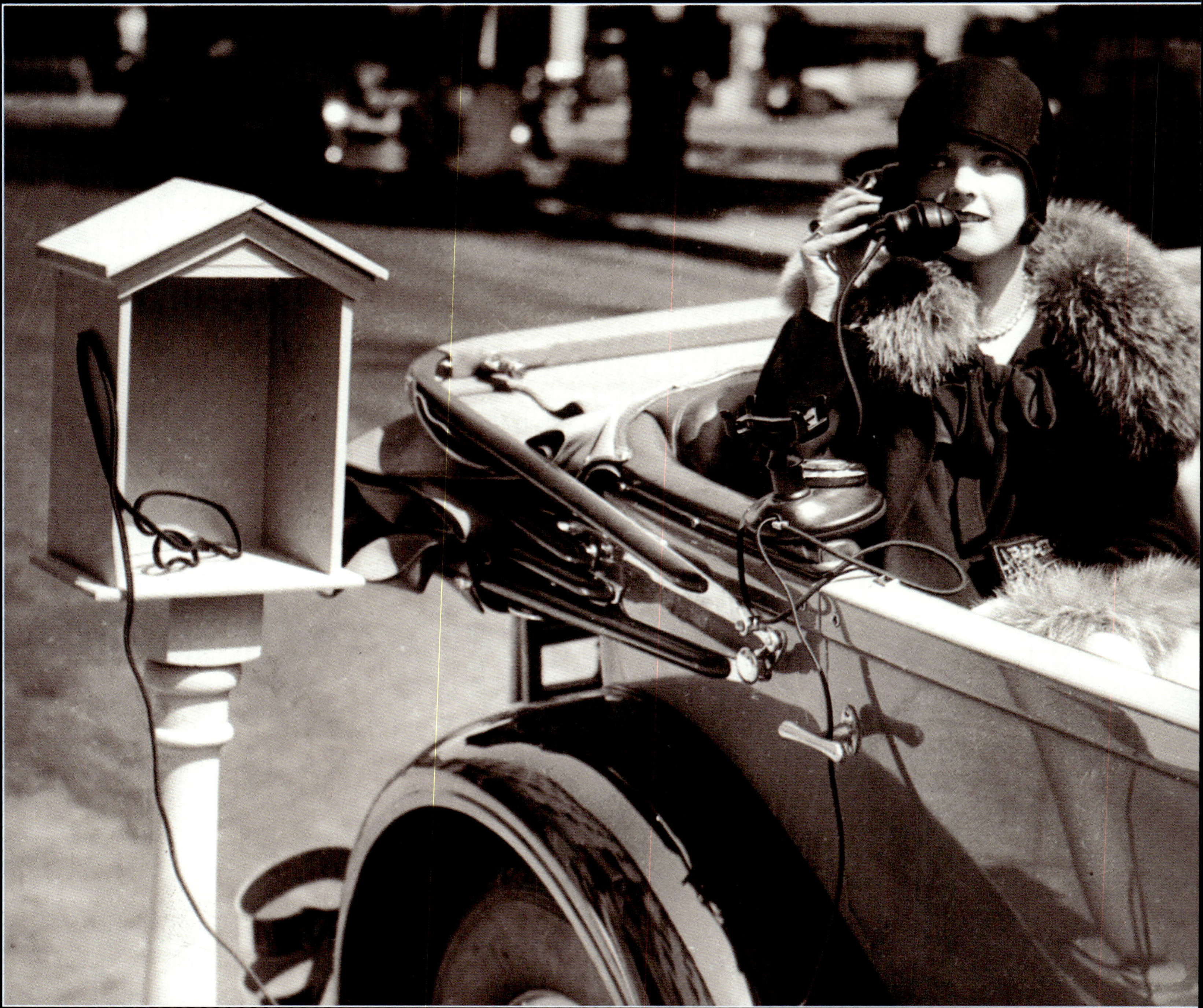

Automobil und Gesellschaft

1930 1946

In den 30er Jahren erwerben immer mehr Frauen den Führerschein. Sie machen sich das Automobil zu Nutzen und fahren mutig und selbstsicher. Sie tragen zu den Komfort- und Sicherheitsverbesserungen der Fahrzeuge bei, denn die Hersteller wollen die neuen Kundinnen mit besser manövrierbaren, leichteren und sichereren Produkten verführen, die zum Fahren weniger Kraft und technische Kompetenz verlangen. So werden Gangschaltungen vereinfacht, Armaturenbretter übersichtlich organisiert, Sitze verstellbar, Motoren ruhiger und die Linien eleganter.

Verkehrsregeln

Gleichzeitig werden Verkehrsregeln entwickelt. Im Frühling 1931 findet in Genf der europäische Verkehrskongress statt, dessen Schlussbericht am 10. April von Belgien, Dänemark, der Freistadt Danzig, Deutschland, Frankreich, Italien, Jugoslawien, Luxemburg, Polen, der Schweiz und der Tschechoslowakei ratifiziert wird. Die Konvention etabliert eine einheitliche Strassensignalisation, die in sieben Sektoren unterteilt ist: sieben Gefahrsignale, die dreieckig ausfallen und einen Halt oder ein Hindernis ankünden; rote, runde Verbotstafeln, die eine Strasse oder die Durchfahrt sperren; runde Gebotstafeln, die beispielsweise mit einem Pfeil auf blauem Grund die Fahrtrichtung angeben; Vorsichtstafeln, ein Dreieck auf viereckigem Grund; einfache Anzeigetafeln, etwa die blauen Vierecke, welche Ausweichstellen oder Parkplätze markieren; Wegtafeln oder Ortsnamen.

In dieser Zeit kommen verbesserte automatische Signale auf, die billiger und weniger verkehrseinschränkend sind als Polizisten auf der Kreuzung. Es gibt beleuchtete und farbig markierte Übergänge und Gummi-Randsteine.

1935 kündigt das Justiz- und Polizeidepartement des Kantons Genf ein automatisches Signal an, das die Verkehrsregelung der Kreuzung von Boulevard James-Fazy und dem Place des 22-Cantons übernehmen soll. *La Suisse* vom 19. März beschreibt die Funktionsweise: «Wenn das rote Licht am Apparat aufleuchtet und die bewegliche Scheibe sichtbar ist, müssen alle Fahrzeuge vor der Markierung des Fussgängerübergangs anhalten. Sobald das rote Licht durch das Grüne ersetzt wird und die Scheibe verschwindet, ist die Weiterfahrt erlaubt. Das gelbe Licht leuchtet 5 Sekunden vor dem Wechsel von Rot auf Grün auf oder umgekehrt; es dient als Warnung, dass sich der Wechsel anbahnt.»

Die Besucher des Salons von 1939 können einen automatischen Waschtunnel der Turiner Firma Emanuel bewundern. Der Stand hat bemerkenswerte Ausmasse von 20,9 Meter Länge und 6 Meter Breite. Ausgestellt ist eine Waschstrasse mit beweglichen Waschdüsen und einer Kettenmechanik, die das Fahrzeug bewegt; die in den Boden eingelassene Wanne weist einen speziell konstruierten Kanal für das Auffangen des Wassers auf und ist 15 Meter lang und 3,5 Meter breit. Das zu waschende Auto wird an eine Kette angehängt und durch den Tunnel gezogen. Am Ausgang wird die Karosserie mit einem Schwamm behandelt und die unteren Teile werden gewaschen. Das Auto wird anschliessend über Druckluftdüsen sowie von Hilfskräften mit Hirschlederlappen getrocknet. Das Auto legt im Apparat 11,5 Meter zurück. Dieser kann 80 Autos pro Tag waschen und wird von sieben Arbeitern betrieben.

⇧ Das Öffnen des Verdecks ist eine Zeremonie, denn jede Falte muss genau sitzen, damit die Bügel oder die Scheiben nicht beschädigt werden, bevor die Abdeckung angebracht werden kann. Diese junge Amerikanerin kann nicht davon träumen, dass das Telephon eines Tages in der Handtasche Platz findet.

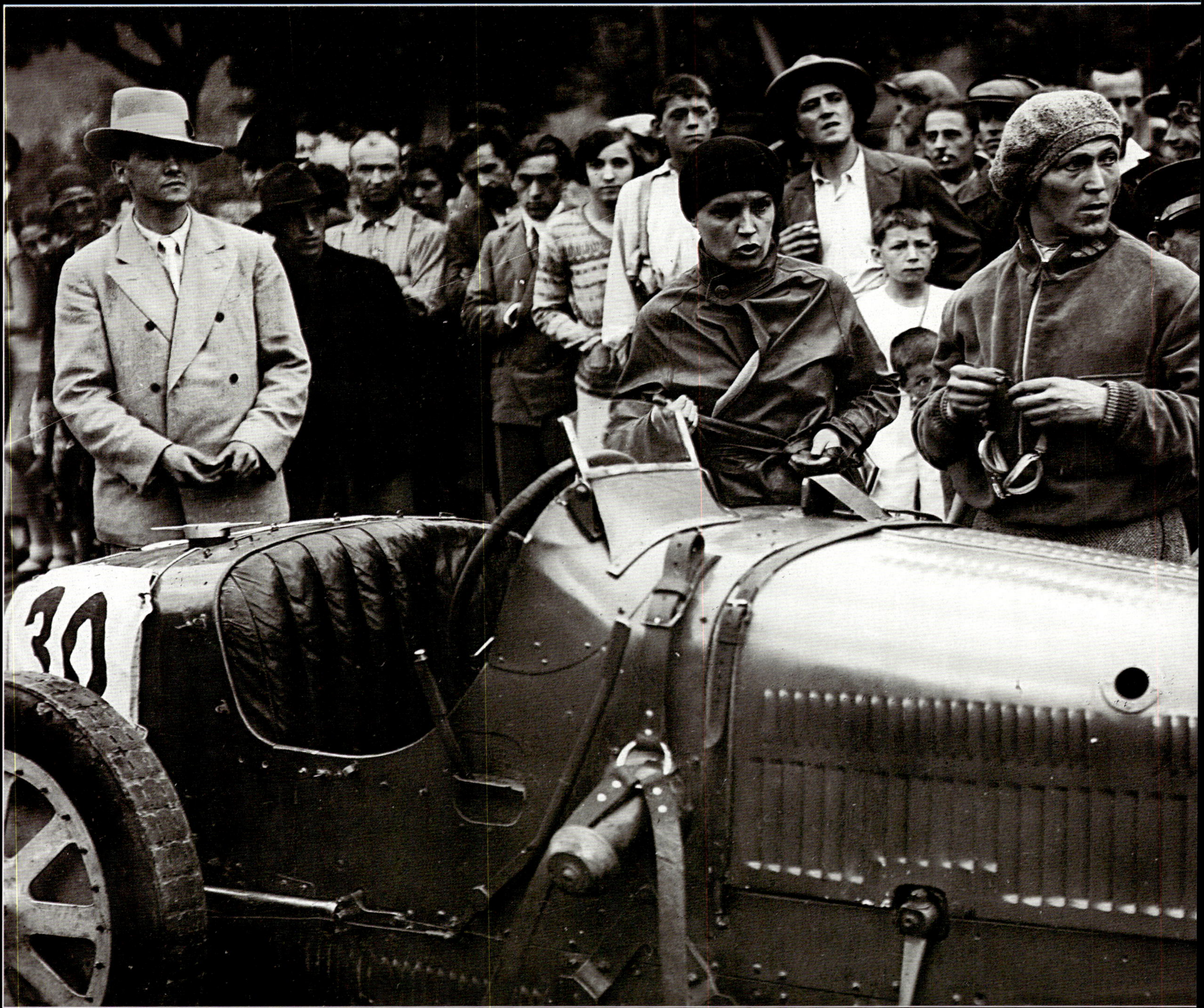
30

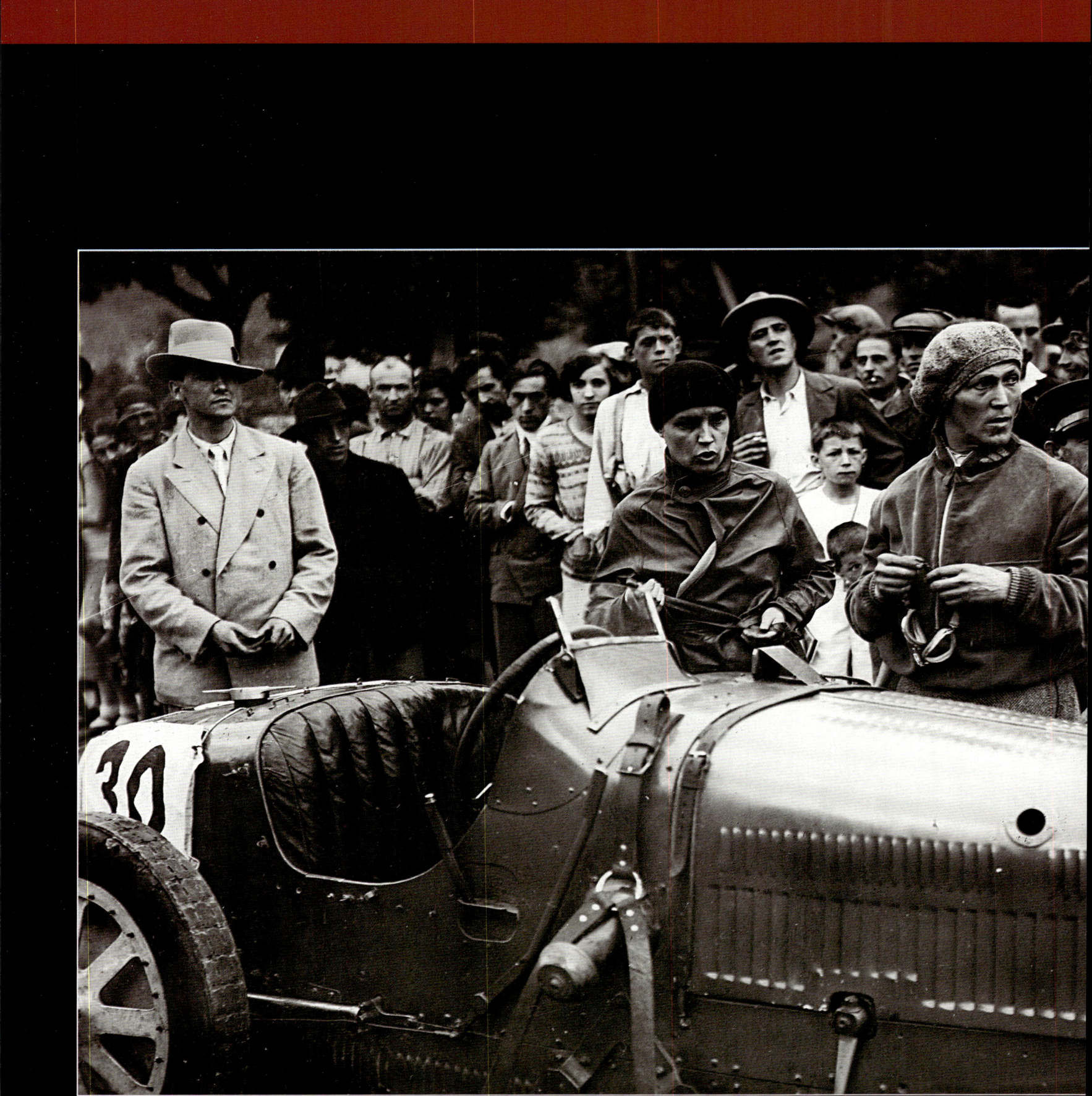

1930
1946

Rennsport

Nach dem Unfall des Vertreters von Amilcar 1930 während des «fliegenden Kilometers» von Eaux-Mortes sagt der ACS diese Veranstaltung, eine der Attraktionen anlässlich des Salons, vorübergehend ab. Sie wird 1932 durch das Bergrennen am Grand-Saconnex und den ersten Schweizer Automobil-Grand Prix auf der Rennstrecke von Meyrin ersetzt.

Grosser Preis von Monaco

Der Grosse Preis von Monaco wird seit 1929 auf den Strassen des Fürstentums abgehalten. Die *Illustrierte* berichtet: «Ein Rennen, das niemanden kalt lässt und allen ein ungewöhnliches Spektakel verspricht. Es passt so gar nicht in diese Stadt, welche die Gepflegtheit ihrer Promenaden und die Sorglosigkeit ihrer Gäste hütet. Monaco wird gewaltsam durch den Höllenlärm von zwanzig Monstern, die um Villen, Quais und Paläste rasen, aus seiner Ruhe gerissen. Die Boulevards werden zu gefährlichen Pisten, auf denen jeder Randstein und jede Palme zu einem tödlichen Hindernis werden kann.

Die Einwohner haben die Strassen geleert, die Türen sind auf Polizeibefehl verriegelt. Man macht den Verrückten Platz. Die Zuschauer retten sich gruppenweise auf Balkone und Terrassen. Die eleganten Schönheiten, die am Vorabend auf Pferderücken promenierten, zeigen sich heute in Automobilen. Man schreit den Fahrern verschiedener Nationalität in allen Sprachen nach, für die Hoffnungen Frankreichs, Deutschlands, Italiens.»

⇧ Rennveranstaltung im Kanton Zürich, 1936. Das Fahrzeug ist ein Bugatti mit Reihen-Achtzylinder und Kompressor. Bugatti-Leichtmetallräder.

⇧ 1936. Das Schweizer Automobil Rallye ist eine traditionelle Veranstaltung, die jedes Jahr von der Genfer Sektion des ACS während des Salons organisiert wird. «Es heisst unsere nach Genf gereisten eidgenössischen Freunde mit einer sportlichen Veranstaltung willkommen, die nicht ohne Attraktion und technischen Nutzen ist.»

⇧ Kein Salon wäre komplett ohne eine glänzende Soirée des ACS für die Genfer Gesellschaft.

1930
1946

Als Gewinner der leidenschaftlichen Schlacht geht 1931 der Einheimische Chiron auf Bugatti hervor.

Die gelbe Durchquerung

Zur gleichen Epoche lanciert Citroën seine «gelbe Durchquerung», die *Croisière jaune*, eine Abenteuerfahrt, die über die Seidenstrasse das Mittelmeer mit China verbinden soll. Die Organisation einer derartigen Expedition durch das instabile Asien erweist sich als grosse Herausforderung. Der «Service Zentralasien» von Citroën ist seit 1926 in Betrieb. Am 1. Dezember

1930 macht die Neuigkeit in den Zeitungen ihre Runde: «Es wird bekannt, dass Monsieur Citroën seinen Erfolg der Afrikadurchquerung per Raupenfahrzeugen vor vier Jahren in Asien wiederholen will. Aber die Regierung der UdSSR verweigert ihm nun die Erlaubnis zum Durchfahren ihres Territoriums.»

Das Projekt ist zu weit fortgeschritten, und so muss die Strecke über Turkistan und Meridional-Sibirien umgeleitet werden. Die Fahrzeuge müssen sich durch das Pamir-Gebirge und über den Himalaja kämpfen. Aber sie sind nicht für die Maultierpfade der höchsten Bergkette der Welt gebaut worden. Man entschliesst sich, eine neue Gruppe von Fahrzeugen zu schaffen. Die Gruppe

Pamir mit sieben leichteren Raupenfahrzeugen wird wie vorgesehen von Beirut nach Osten starten und versuchen, so weit wie möglich in die Berge zu fahren. Die sieben Original-Raupenfahrzeuge werden zur Gruppe China und starten in Peking Richtung Westen, um sich mit der Gruppe Pamir zu treffen.

Die Mission Zentralasien (die Chinesen protestierten gegen die als rassistisch empfundene Bezeichnung «Gelbe Durchquerung») wird als wissenschaftliche und künstlerische Expedition mit einem diplomatischen Zweck präsentiert. Trotz der politischen Schwierigkeiten (in China herrscht Krieg, in Afghanistan gibt es eine Revolution, und Xin Jiang erklärt die Unabhängigkeit), Naturherausforderungen (4000 Meter hohe Pässe, Sanddünen, Wüstenhitze) und lokaler Probleme (Räuberbanden) kommt die Abenteurergruppe am 12. Februar 1932 in Peking an. Erschöpft von den monatelangen Strapazen, essen Haardt und Audouin Dubreuil an diesem Abend allein. Letzterer schreibt in sein Tagebuch: «An diesem Abend des 12. Februars 1932 betrachte ich den Himmel durch das Fenster. Wir sind immer nur Gefangene des Schicksals.» Einen Monat später, am 13. März 1932, verstirbt Georges-Marie Haardt an einer Lungenentzündung in Hongkong.

Das aussergewöhnliche menschliche Abenteuer geht als beispiellose sportliche Leistung in die Geschichte ein.

⇧ Grosse Aufregung unter den Einheimischen. Ihre Schuhe sind mit hochgebogenen Sohlen versehen, um – wie es heisst – den Boden nicht aufzubrechen; die schweren Rollen vorne an den Fahrzeugen dienen zum Planieren.

↪ Die Kolonne besteht aus 7 Raupenfahrzeugen Citroën P 21 (15 PS). Das Küchenfahrzeug ist nach dem Kino-Wagen das aufwändigste, mit der Aufgabe, während des Fahrens kochen und 20 bis 30 Mahlzeiten in kürzester Zeit servieren zu können. Küchenchef Yves Goffreteau verdient sich den Kosenamen «Waffel» (Gauffre, Verstümmelung seines Nachnamens) von seinen Begleitern. Er weiss, wie wichtig gute Verpflegung für die Moral und den Zusammenhalt der Gruppe ist. Er ist rechts im Bild, stehend mit Gabel in der Hand.

⇦ Eines der Menüs von Iacovleff für das Abendmahl vom 25. Dezember 1931, ist mit «Gold-Skarabäus» beschriftet (so getauftes Auto von G.M. Haardt). Es zeigt Chefmechaniker Maurice Perraud mit einem Raupenfahrzeug im Arm.

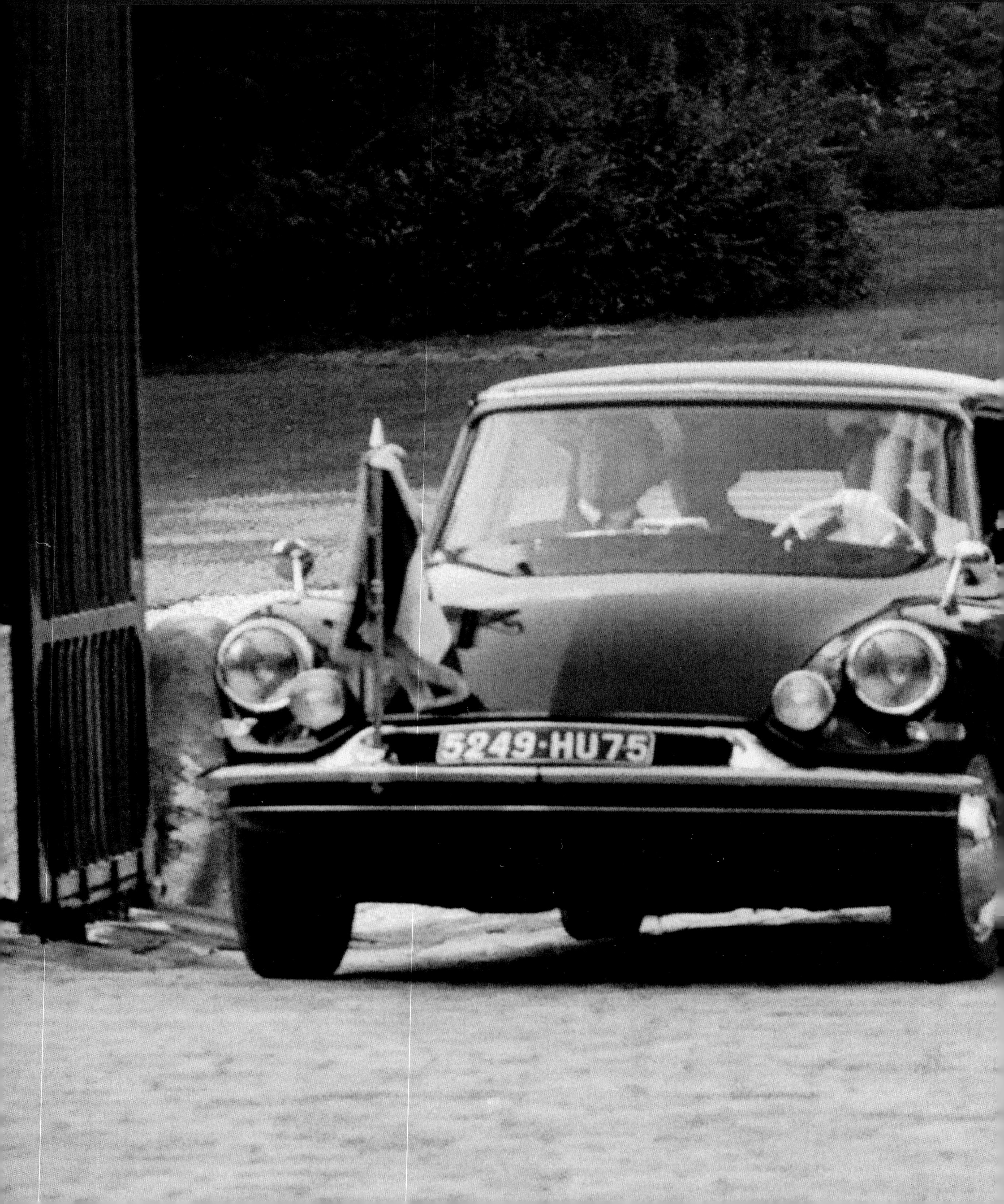
5249·HU75

1947
1959

WOLSELEY
RILEY
MORRIS
STUDEBAKER
CHRYSLER
ALFA ROMEO
LANCIA
BENTLEY

1947
1959

Geschichte des Salons

Nach dem Zweiten Weltkrieg fehlt es in Europa an allem: Kautschuk, Benzin, Arbeitskräften. Die französischen Stahlreserven sind gegenüber 1938 um 40 % abgefallen und der für die Automobilindustrie vorgesehene Anteil ist völlig ungenügend. Von den italienischen Fabriken bleibt nur, was in Bunkern geschützt war, in England zwingt der Kohlemangel zum Schliessen der Fabriken im Winter 1946-1947. Die Bomben haben viele Firmen lahmgelegt: Daimler in England, Mercedes-Benz und Borgward in Deutschland, Peugeot und Renault in Frankreich und Lancia in Italien.

Fahrzeuge sind Mangelware, und wo es sie gibt, fehlt es an Reifen. Man schätzt zwei Millionen Personenwagen in Frankreich, aber nur knapp die Hälfte ist fahrbereit. In Deutschland funktioniert das Transportwesen nicht mehr. Die Schweiz konnte sich aus dem Kampfgeschehen heraushalten, aber es herrscht akuter Mangel an Transportmitteln. Zudem sind die Nachschubquellen äusserst beschränkt.

Wirtschaftlich wie technisch hat Amerika mehrere Jahre Vorsprung, aber die Dimensionen dieser Autos sind zu ausladend – ein Chevrolet misst 5 Meter – und haben vor allem einen zu hohen Verbrauch für die mageren Zeiten in Europa.

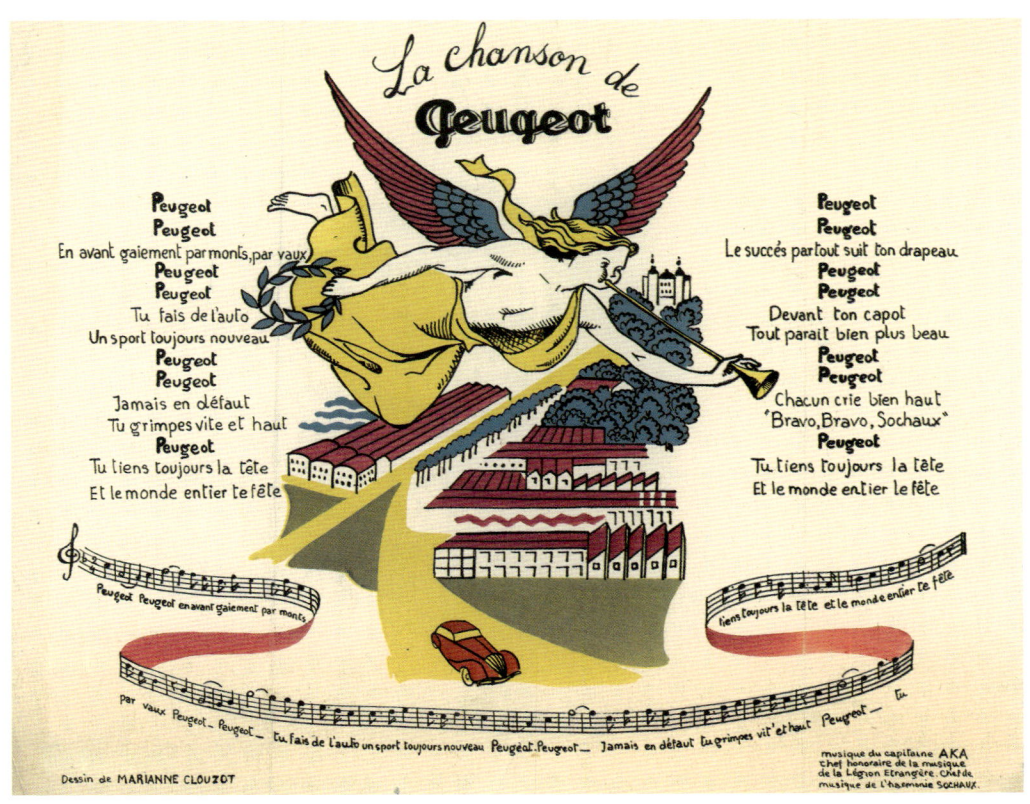

⇧ Übersicht des Salons 1950, mit dem ersten Stand von Austin mit dem Cabriolet Cambridge offen und geschlossen präsentiert.

⇧ Die letzten Monate der Okkupation waren dramatisch für Peugeot, und die Werke haben Mühe, ihren Ausstoss zu erreichen. Mehrere Monate lang kann der Hersteller nur das kaum modifizierte Vorkriegsmodell 202 liefern. 1948 kann endlich der 203 präsentiert werden, ein Grund zum Singen.

Geschichte des Salons | 117

1947
1959

1947 hat der Salon seine Tore dank der Privatinitiative geöffnet, ohne Subventionen von Stadt oder Kanton. Genf bleibt mit einem Wagen pro zwei Einwohner weiterhin die höchstmotorisierte Stadt der Schweiz.

Es ist der erste internationale Salon der Nachkriegszeit, denn Paris präsentierte 1946 nur französische Fabrikate, und England und Italien hatten noch keine Ausstellung organisiert. Genf zieht die fünf grössten Herstellerländer an: die USA, Frankreich, Italien, England und die Tschechoslowakei. An diesem Salon sind quasi alle weltweit zu dieser Zeit gebauten Marken vertreten. Ohne eigene Schweizer Autoindustrie – zumindest der Personenwagen – treffen die Produktionsländer hier gleichberechtigt aufeinander.

Bundespräsident Philippe Etter unterstreicht in seiner Ansprache, dass das Automobil «nach seinem Einsatz für Kriegszwecke nun wieder für den Frieden und für den Wiederaufbau» verwendet werden solle. «Ist es nicht sein wirklicher Zweck zusammenzuführen, die Distanzen zu minimieren und Städte und Menschen einander näher zu bringen?»

Vor dem *Palais des Expositions* beeilen sich die Arbeiter, Fahrbahnen in erbärmlichem Zustand zu reparieren, um den Besuchern keinen zu schlechten Eindruck zu vermitteln. Auf dem Place du Cirque werden Werbeplakate für den Salon errichtet, und Lampen entlang der gesamten Strecke der offiziellen Prozession zum Plainpalais montiert.

Die Wiese des Plainpalais wird in einen riesigen Parkplatz verwandelt. Es entsteht eine provisorische Halle von 3 200 m², komplett mit einem Tea-Room. Trotz der bescheidenen Ausmasse ist das Errichten dieses Anbaus angesichts des Materialmangels eine Sonderleistung. Salon-Ehrenpräsident Robert Marchand meint aber: «Wenn der Genfer Salon sein Potential erfüllen soll, dann müssen wir den Ausstellern den gewünschten Platz in einer permanenten Anlage bieten. Unsere provisorischen und teueren Bauten behindern die Entwicklung unseres Salons.» Im folgenden Jahr wird die Ausstellungsfläche durch eine zweite Halle vergrössert. Mit einer Gesamtgrösse von 25'000 m² steht mehr Platz zur Verfügung als am Salon von Paris. 1950 kann ein neues Gebäude mit Untergeschoss, Parterre, einer grosszügigen Galerie und zwei neuen Hallen für die Lastwagen eingeweiht werden. Zusätzlich wird ein provisorischer Bau aufgezogen, dessen Elemente nach der Veranstaltung an Gärtnereien verkauft werden (Fensterrahmen, Eisengerüste, Verstrebungen, Bodenplatten, Pavatex-Platten).

Aber die Platzprobleme bleiben ein Thema, wie auch die beschränkten Unterkunftsmöglichkeiten für Aussteller und Besucher. Die verfügbaren Quadratmeter werden jedes Jahr erhöht, aber auch die Zahl Standbewerber wächst unvermindert. Neben den Autoherstellern präsentieren sich rund hundert Karosseriebauer, Nutzfahrzeug- und Zweiradspezialisten sowie Boots- und Zubehörfirmen.

⇨ Der am 13. März durch den eidgenössischen Bundespräsidenten Etter eröffnete Salon ist Gastgeber von 64 Marken: 22 Engländer, 19 Amerikaner, 15 Franzosen, 5 Italiener und 3 Tschechoslowaken. Die Franzosen sind vertreten durch Bernardet, Chenard-Walcker, Citroën, Delage, Delahaye-Belleville, Hotchkiss, Licorne, Panhard, Peugeot, Renault, Rosengart, Bovin, Simca und Talbot.

IVe SÉRIE - N° 491 - MAI 1947 REVUE MENSUELLE 28 PAGES - PRIX : 20 FRS

AVTOMOBILIA

LE MAGAZINE DE L'AUTOMOBILE ET DES TRANSPORTS

Dans ce Numéro : **LE SALON DE GENÈVE**, par Maurice PHILIPPE

1947
1959

Krisensituation

Bis 1948 ist das Garantiekapital Aufgabe des permanenten Salonkomitees. Mit der wachsenden Bedeutung der Veranstaltung weicht dieses einer Wohltätigkeitsstiftung, der «Stiftung Internationaler Genfer Automobilsalon». Der Stiftungsrat kümmert sich nicht selbst um die Organisation des Salons, sondern nennt einen Präsidenten, der die Komiteemitglieder auswählt und welcher der Stiftung die Konten zum Absegnen der Gewinnverteilung vorlegt. Die Hälfte des Gewinns wird den Ausstellern rückvergütet, der Rest fliesst in die Kassen der Stiftung, welche das Geld in einen Ausbaufonds für das *Palais des Expositions* verwendet. Dieser Fonds gehört einer eigenen Immobiliengesellschaft, von welcher der Salon jedes Jahr die Gebäude mietet. Die verschwommene rechtliche Struktur führt 1952 zum Skandal. Präsident Charles Dechevrens gesteht Ungereimtheiten ein und zahlt eigens 25'000 Franken in die Kasse des Salons zurück. Er wird im gleichen Jahr durch Roger Perrot ersetzt. Die Deutschschweizer Vertreter nehmen die Affäre zum Anlass, tiefgreifende Reformen für Organisation und Verwaltung zu verlangen. Das *Volksrecht* vom August 1952 beschuldigt die Salonstiftung, weder über einen Gründer noch über Stiftungskapital zu verfügen, aber seine Vorstandsmitglieder selber zu berufen. Es bestünden Interessenkonflikte, Rechts- und Verwaltungsprobleme, und es fehle an Transparenz der Konten. Zudem seien die Kosten für die provisorischen Gebäude weit übersetzt. Die verlangte Reorganisation des Autosalons wird Nationalrat Albert Malche aufgetragen. Es gibt mehr Deutschschweizer Vertreter, und jede Region wird nun im Komitee proportional zu seiner Grösse vertreten sein. Das neue Salonkomitee und die Aussteller verfügen über ein Kontrollrecht über die Verwaltung des Stiftungsrats, der die Exekutive der Stiftung ist.

⇨ Der Alfa Giulietta Spider (von Farina) mit 65 PS und leistungsfähigem Motor: «Ein Sportwagen, der die Strasse schluckt».

⇨⇨ 1951. Die Fassaden der an das Palais des Exposition angrenzenden Häuser werden von den verschiedenen Firmen für einen findigen Werbeauftritt in Beschlag genommen.

Neue Anlagen

Nach Jahren mit kostspielig montierten und wieder abgebauten provisorischen Strukturen muss der Salon das *Palais des Expositions* vergrössern. Die Behörden lenken ein und beschleunigen den Abriss der ans Palais angrenzenden alten Kaserne. 1953 entsteht an der Kreuzung Boulevard du Pont-d'Arve und Boulevard Carl-Vogt eine neue Halle für 1'300'000 Franken. Das bringt zusätzlich verfügbare 4200 Quadratmeter. Für die Fassade aus Beton und Glas sind Architekt Ernest Martin und Ingenieur Froidevaux verantwortlich. 1956 stellt der Kanton Genf 3'900'000 Franken für den Kauf der Immobilien der Aktiengesellschaft *Palais des Expositions* bereit, was die Schulden tilgt und den Anteilhaltern eine Kompensation bringt. Mit dieser Transaktion wird das *Palais des Expositions* Kantonseigentum.

Fast 400 Modelle können auf einer Versuchsstrecke zur Probe gefahren werden; Bergfahrt mit engen Kurven auf der Rampe de Ruth für Durchzug und Motorkraft und die Gerade auf der Route de la Capite für die Geschwindigkeit. Die aus Sicherheitsgründen streng überwachte Teststrecke ist eine Besonderheit des Salons, die mehrere Jahre lang betrieben wird. Ein Leser der *Tribune de Genève* erinnert sich an die Versuche: «Wir sind zu Fuss zur ersten Kurve der Rampe gegangen und standen in der Einfahrt des Klosters von Notre-Dame. Einige Schwestern liessen sich vom Freiheitsgefühl anstecken und schauten mit uns den Autos zu. Wir applaudierten den heulenden Reifen der 300 SL, BMW 507, Ferrari Berlinetta… und spornten den Trabant an, der Mühe bekundete. Ein 2 CV machte klägliche Geräusche, als ob die ganze Welt Zeuge sein müsste, wie er alles gab, das er hat.»

1947 und während der folgenden Jahre ist der Salon ein grosser Publikums- und Handelserfolg, der auch nach Sonderzügen aus Zürich verlangt. Eine Karawane französischer Busse aus allen Himmelsrichtungen befördert die Menge der Autoverrückten. Der Aufmarsch der Besucher aus In- und Ausland veranlasst die Organisatoren, ab 1949 einen oder mehrere lange Tage einzuführen und die Tore bis 23 Uhr offen zu halten. Die Schliessung des Salons wird von einem zur Tradition gewordenen Hupkonzert Hunderter Autos und Lastwagen begleitet.

In der Nachkriegszeit sind die meisten Besucher potentielle Käufer, während die vorherigen Salons eher der Präsentation der Fahrzeuge galten. Die Verkäufe übertreffen alle Erwartungen, und gewisse Modelle verbuchen mehr als fünfzig Bestellungen. Ein englischer Wagen wird am gleichen Tag acht Mal bestellt, obwohl der Preis bei über 30'000 Franken liegt. Die Preisspanne der Ausstellungsfahrzeuge reicht von 5000 bis 50'000 Franken. Für einen modernen Kleinwagen muss mit 7500 bis 9500 Franken gerechnet werden, die Mittelklasse kostet 12'000 bis 14'500 Franken.

1947

1947 1959

Unterhaltung und Dekoration

Zahlreiche Persönlichkeiten erweisen dem Salon die Ehre. Man sieht die Generaldirektoren der grossen Marken – viele von ihnen haben der Firma ihren Namen gegeben – wie Peugeot, Panhard, oder Pinin Farina. Aber auch Spitzenpolitiker pilgern nach Genf; so sehr hat sich der noble Salon mit seiner internationalen Bedeutung an die Spitze der Automobilausstellungen gesetzt. 1954 können die Besucher erstmals einen «Salon im Salon» bewundern. Volkswagen und Porsche zeigen ihre Modellreihen mit einer geschickten Lichtvorführung vor attraktivem Dekor. Andere Marken folgen dem Beispiel mit eigenen Vorführungen, was zur Akzentverschiebung von der Technik zum Spektakel führt. Man kann grosse Anstrengungen der Dekorateure sehen: Es wird nicht an Blumen gespart, Azaleen, Tulpen, bis hin zu Alpenrosen und Hortensien; man verlegt Kilometer von Teppichen, führt Podeste in Hochglanz ein, wagt ausgefallene Präsentationen. So setzt 1959 ein Aussteller auf Lichteffekte, ein anderer zeigt Wasserspiele, ein Dritter baut ein Bergchalet nach. Hier werden die Autos auf geneigter Bühne vorgeführt, dort die Karosserien über dem Chassis aufgehängt. Auf einem Stand gibt es gar den Motor eines Automobils mittels eines Längsschnitts des Fahrzeugs zu bewundern. Anders als die Pariser Ausstellung ist der Salon von Genf noch nicht den Prototypen geweiht, sondern eine Verkaufsveranstaltung, an der sich der Kunde über den Stand der Technik informiert oder ein neues Modell vor dem Kauf begutachtet. Die *Automobil Revue* vom 25. März 1948 fasst es zusammen: «Die Früchte des Salons werden nicht unbedingt vor Ort gepflückt; sie reifen und fallen im Nachhinein von selbst. Der Salon ist tatsächlich nicht nur da für den Geschäftsabschluss, sondern als Mustervorstellung, und sogar nur zum Wecken der Gelüste. Diese werden in einem oder zwei Monaten zum Kaufentscheid führen. Der Salon dient in erster Linie der Befruchtung der Phantasie. Die Ernte erfolgt nach dem Abschluss, wenn die Blüten zu Früchten reifen.»

⇧ Saab hat seit 1937 Flugzeuge gebaut und produziert noch immer Jagdflugzeuge. Aber die Svenska Aeroplan Aktiebolaget wird in der Öffentlichkeit erst mit ihren Autos bekannt. Der seit 1945 in Entwicklung befindliche Saab 92 wird 1949 präsentiert. Die windschlüpfigen Formen mit verkleideten Radausschnitten und Unterboden sind das Werk von Sixten Sason. Der vielseitige Designer arbeitet auch für Hasselblad (Photoapparate) und Electrolux (Staubsauger). Die eigenständige Form des Saab ruft die Luftfahrtwurzeln der Firma in Erinnerung.

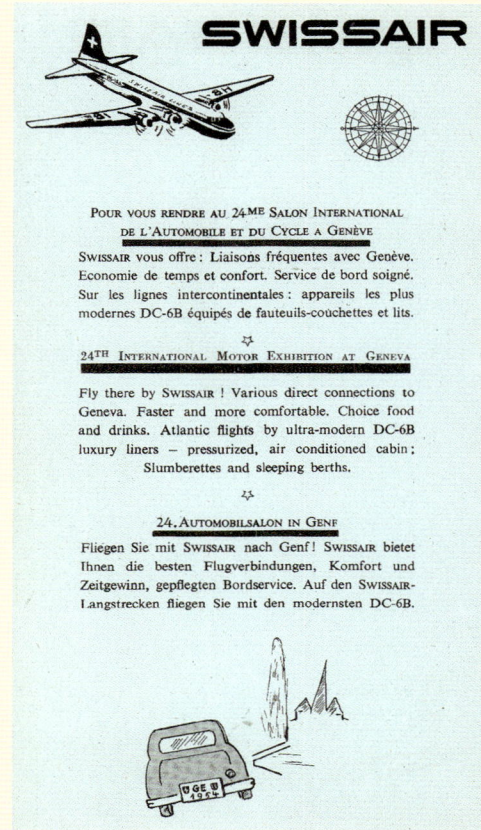

⇧ Für die Dauer des Salons, nimmt die Swissair mehr Flüge nach Genf in den Flugplan auf.

⇦ Der Fiat 1100 wird ab 1939 gebaut, aber seine Geschwindigkeit, seine Wendigkeit und die gute Strassenlage sorgen für eine Karriere bis 1953, als er vom 1100/103 abgelöst wird.

⇦ Mercedes 300 SL mit Flügeltüren. 300 steht für die Motorgrösse der Limousine, die als Basis dient, SL für Sehr Leicht. Er ist das erste Zeichen des phänomenalen Neuaufbaus der im Krieg zerstörten Marke Daimler-Benz. Technische Höhepunkte sind ein filigranes Gitterrohrrahmenchassis, ein geneigt eingebauter Sechszylinder und die durch die Struktur erzwungenen seltsamen Türen. 1400 Exemplare entstehen zwischen 1954 und 1957.

⇩ Der Humber von General Montgomery liess ihn von El-Alamein bis zu seiner Rückkehr nie im Stich.

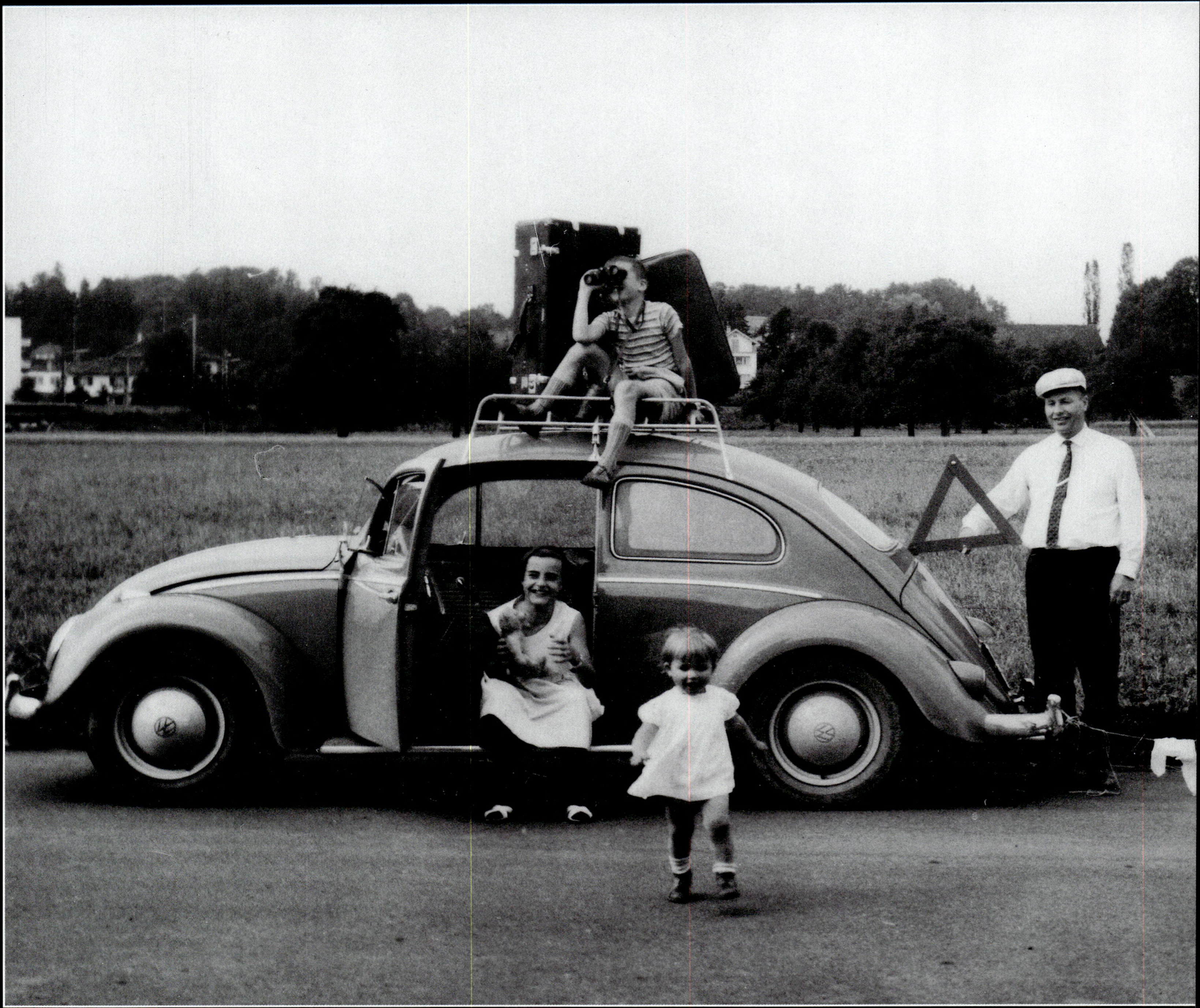

1947 1959
Automobilindustrie

Das Automobil ist nicht nur ein Luxusgut, sondern wird vorrangig für Geschäftszwecke, für Berufsreisen und für die Güterbeförderung verwendet.

Die amerikanische Industrie ist gestärkt aus dem Krieg hervorgegangen, denn ihr Beitrag war beträchtlich. Sie muss mit 7 Millionen Arbeitern eine Nachfrage von 20 Millionen Autos befriedigen. 1896 fuhren weniger als 25 Automobile auf den amerikanischen Strassen, 1947 sind es 25 Millionen. Die Standardisierung der Teile und der Mechanik, wie auch der rege Austausch zwischen den Herstellern senken die Kosten. Dabei gibt es auch hier Produktionsschwierigkeiten: Rohstoffmangel, fehlende Arbeitskräfte, soziale Unrast. Weil das Benzin billig ist, fallen die Fahrzeuge gross aus, um mehr Personen und Material befördern zu können. Der Wohlstand zeigt sich in überbordender Chromverzierung, schwülstiger Form und der Grosszügigkeit der Linienführung. Aber das Design wird auch sehr von Flugzeugen beeinflusst, und nach dem Krieg kommen rundere und nüchternere Formen zur Anwendung, besonders um die europäische Öffentlichkeit zu verführen. Die amerikanischen Autos sind a priori komfortabel, ruhig, angenehm zu fahren, wendig und leistungsstark. Sie bieten viel Innenraum und weisen oft sechs Plätze in zwei Sitzreihen auf.

Cadillac ist das Symbol des Wohlstands der 50er Jahre, mit seinen von den ersten, 1949 erschienenen Düsenflugzeugen inspirierten Flossen. Das gilt besonders für das Modell Eldorado Brougham von 1956.

1949 präsentiert die Chrysler-Gruppe (zu der Dodge und De Soto zählen) dem Genfer Publikum erstmals den De Soto, der Motorkraft und leichte Bedienung in sich vereint. Dank dem hy-

⇧ Familienfoto von 1955 aus dem Kanton Zürich. Im gleichen Jahr rollt in Deutschland der Millionste Käfer vom Fliessband.

⇧ Der Porsche 356 ist das erste Auto, das den Namen von Ferdinand Porsche trägt, dem Stammvater des Käfers. Der Bau eines Sportwagens in einem vom Krieg zerstörten Land ist ein Wagnis, aber Porsche glaubt daran, und treibt das Projekt stur voran. Er soll Recht behalten, denn heute tragen mehr als eine Million Autos seinen Namen. Kurz nach dem Salon 1951 unterschreibt die Amag als erster ausländischer Partner einen Vertretervertrag mit der Firma Porsche und verkauft bis zum Jahresende 78 Porsche 356.

1947
1959

1956. Die Rootes-Werke in Coventry (GB)

⇨ Vorbereitung der Gussformen, in welche die verschiedenen Fahrzeugteile gegossen werden.

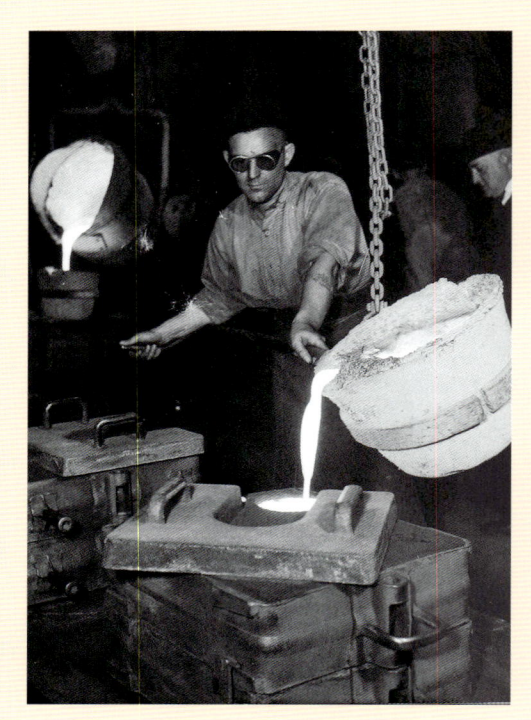

⇨ Die Arbeiter giessen das flüssige Metall in die Formen der Motorblöcke, die am Band ohne Unterbruch weiterbefördert werden.

⇨ Die Gussteile werden anschliessend bearbeitet.

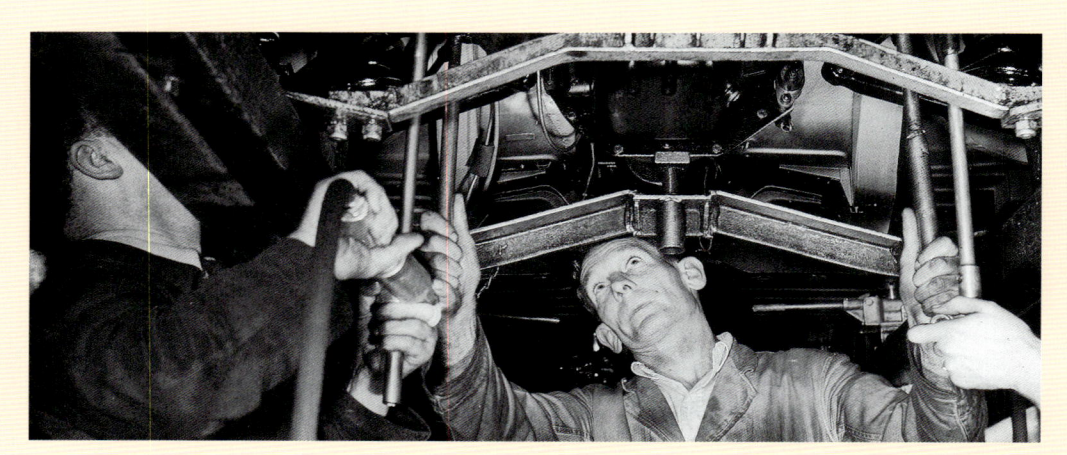

⇨ Einige Umdrehungen mit dem Schraubenschlüssel und die Karosserie ist am Chassis festgemacht. Eine halbe Stunde später ist das fertige Auto fahrbereit.

1947
1959

⇧ In jedem Container sind sechs Fahrzeuge, die in der Fabrik des Importlandes montiert werden.

⇦⇦ Der Wagen (hier ein Napier) verbringt 24 Stunden in der Kühlkammer bei -42° und muss bei der ersten Anlasserbewegung laufen.

⇦ Das Fliessband, an dem die letzten Details geregelt werden.

Automobilindustrie | 127

1947–1959

draulischen System Fluid-drive des automatischen Getriebes fährt man nur noch mit Gas- und Bremspedal. De Soto zeigt am Salon mehrere Sondermodelle, wie den Custom 7-Plätzer für den Taxidienst, den 20 CV für den Verletztentransport, oder einen 18 CV Kombi mit Holzpaneelen «Woodie», dessen Hecksitzbank ausgebaut werden kann, um viel Platz für den Gütertransport zu schaffen. Mit diesem Modell schafft sich der Kunde ein Nutzfahrzeug und zugleich einen Reisewagen für Camping, Sport, Fischen oder Jagen an. Vor dem Krieg nannte man diese, vor allem den Bauern für Arbeit und Lebensmitteltransport dienenden Fahrzeuge in Frankreich «Normands». Die US-Industrie bringt sie nach dem Krieg in erneuerter Form, um die Käufer mit den praktischen Werten, vielfachem Nutzen und grosszügigem Platzangebot zu gewinnen.

Die Sensation am Stand der weltweit meistverkauften Marke Chevrolet ist fraglos die Corvette, der erste serienmässig produzierte amerikanische Sportwagen. Unter der vom Publikum vielfach beklopften, gedrückten und gestreichelten Plastikkarosserie verbirgt sich recht brave Technik: ein «Blue Flame» genannter Sechszylinder mit 3,8 Litern und 150 PS. Dem Motor fehlt es an Kraft, und er wird bald durch einen V8 ersetzt. Die erste Corvette ist ein sehr hübscher, niedriger Roadster mit zwei Plätzen, der aber vorläufig nicht in die Schweiz geliefert wird.

Neben den amerikanischen Autoriesen gibt es den Sonderfall von Henry J. Kaiser, dem Sohn eines armen deutschen Bauern, der in den USA mit Zement ein Vermögen gemacht hat. Er beschliesst 1946, «kleine» Autos in Serienfertigung zu bauen und sie günstig anzubieten. Zwei Jahre später produziert seine Firma 300'000 Fahrzeuge, was sie zum grössten unabhängigen Hersteller macht. Aber das Unternehmen fährt hohe Verluste ein, und Kaiser stürzt sich auf ein neues Projekt: ein Auto für 1000 Dollar, das sich noch viel mehr Leute leisten könnten. Das Modell ist kürzer als die anderen Amerikaner und weist weniger Chrom auf. Nash hatte bereits Misserfolg mit seinem erschwinglichen NXI. Kaiser bringt nun den "Henry J.", einen Vierzylinder für 1175 Dollar. Er gefällt mit seiner Handlichkeit und Übersichtlichkeit und lässt sich im dichten Verkehr leicht fahren. Aber es gibt Kritik am hässlichen und unpraktischen Interieur. Kaiser präsentiert sich in Genf, um einen Durchbruch auf dem europäischen Markt zu versuchen, denn die Qualität seines Wagens ist durchaus mit den Europäern der 2,5-Liter-Klasse vergleichbar, wie etwa dem Opel Kapitän.

Aufschwung in England

In Europa zwingen die Probleme beim Rohstoffnachschub und die hohen Treibstoff- und Schmiermittelpreise die Hersteller zum Entwickeln neuer, leichterer Modelle mit wenig Hubraum, die aber annehmbare Fahrleistungen bieten müssen. Leider geht deren Realisierung langsam voran, denn es fehlt an Produktionsanlagen und an Arbeitskräften. Die Unterschiede zu den Amerikanern sind besonders an Karosserie und an den Details ersichtlich. Die Preise für Gebrauchtfahrzeuge klettern in neue Höhen, weil der Nachschub an Neuwagen stockt. Dennoch setzt sich England nach dem Krieg an die Spitze des Automobilmarktes. Der Erfolg ist darauf zurückzuführen, dass die englische Industrie als erste die Serienproduktion aufnehmen konnte und Anstrengungen zum Export der Mehrzahl der gebauten Fahrzeuge unternimmt. Damit können die Lieferfristen auf drei bis vier Monate befristet werden, während der Kunde sechs bis acht Monate auf einen Amerikaner zu warten hat. Darüber hinaus geniesst das Land seit dem Kriegsgeschehen einen guten Ruf. Vor allem aber haben die englischen Automobile Klasse und sind seriös, robust, komfortabel und praktisch. In Genf werden Fahrzeuge kleinen und mittleren Hubraums ausgestellt, aber auch hochluxuriöse und sportliche Nobelkarossen, bei denen die Engländer weiterhin glänzen. Mit zu den beliebtesten Autos zählen Morris 8 und 10, die mit einer eleganten Form, Kraft und geringem Treibstoffverbrauch überzeugen. Sie sind mit unabhängigem Schalter für die Scheibenwischer, Schiebedach und hydraulischen Lockheed-Bremsen ausgestattet. Humber bietet das Coupé Super Snipe an,

↗ 1954. Die luxuriösesten Autos sind noch in greifbarer Nähe für alle Besucher.

⇐ 1956. Ein Consul und ein Zodiac haben die Reise nach Genf im Frachtflugzeug hinter sich. Zusammen mit dem Zephyr Mark 2 sind dies die neuesten Kreationen von Ford Grossbritannien.

⇒ Der Jaguar XK 120 verbindet in erstaunlichem Mass Komfort, Schönheit, überragende Fahrleistungen und raffinierte Technik. Jedermann projiziert seine finanziellen und sentimentalen Träume auf den Jaguar. In weniger als sechs Jahren werden 12'000 XK 120 gebaut. Oberstleutnant Goldie Gardner konnte mit dem Wagen drei Weltrekorde für nicht aufgeladene Autos bis 2 Liter aufstellen und erreicht eine Spitze von 234 km/h.

das ein Höchstmass an Sicherheit, Komfort und leichte Bedienbarkeit aufweist. Zu den weiteren englischen Marken zählen Hillman, Sunbeam, Austin (ab 1952 mit einer riesigen Modellvielfalt) und Healey, mit einem schnellen Tourenwagen, der dank Austin-Motor und extrem leichtem Chassis 160 km/h erreicht.

Die Anfänge der Firma Jaguar gehen auf die Vereinigung von William Lyons und William Walmsley 1922 und den Bau von Seitenwagen zurück. Die Bezeichnung Jaguar erscheint zuerst 1935, das Wildkatzen-Emblem zwei Jahre später. Die Jaguar Company wird 1945 gegründet. Die Modelle heben sich durch Holz- und Stahlkarosserien sowie Holzfurnier-Armaturenbretter und – bis in die 60er Jahre serienmässige – Ledersitze von der Konkurrenz ab. Das Cabriolet von 1948 ist das erste Nachkriegsmodell; Jaguar soll seinen Erfolg mit eleganten Limousinen und sportlichen Boliden begründen. Anfang der 50er Jahre leitet der Designer Malcolm Sayer eine neue Epoche für die Firma ein. Der 1951 erschienene Type C ist ein Rennwagen, dessen simple und aerodynamische Linien einige Jahre später im Type D neu aufgenommen werden. Die lange, gestreckte Silhouette und die spektakulär lange Motorhaube mit winzigem Kühlereinlass stammen direkt von den Rennmodellen ab. Dennoch bleibt im Interieur genügend Platz und zwei Personen einigermassen komfortabel zu befördern.

Ende der 50er Jahre kreiert der englische Ingenieur Alec Issigonis sein Meisterwerk: den Mini. Er wird 1959 vorgestellt und entwickelt sich rasch zum Symbol der 60er Jahre. Er revolutioniert das Konzept des Minimal-Autos mit seinen kleinen Rädern, dem vorderen Quermotor mit Vorderradantrieb und genügend Platz für vier Personen auf 3 Meter Länge. Er gibt den idealen Stadtwagen, aber auch eine sportliche Ausführung als «Cooper» und «Cooper S» ab.

1947
1959

Kleine französische Autos

Frankreich und Italien befinden sich im Wiederaufbau, und die Automobilindustrie konzentriert sich auf kleine, sehr sparsame Modelle wie den Dyna-Panhard und Renault C4 mit Heckmotor. Letzterer ist zunächst nur in Sand-Beige lieferbar, womit die überschüssigen Farbbestände vom Afrika Korps aufgebraucht werden können. Der C4 ist ein Familienauto, «das Frankreich auf vier Räder stellt». Peugeot präsentiert den 202, den Schweizer Bestseller von 1947. Er ist sparsam, ideal für den Alltagsgebrauch, meistert so manche Steigungen, ist handlich, und besticht durch gute Strassenlage.

1949 gibt es den Citroën 2 CV zu entdecken. Er hat die einfachste Struktur, mit Karosserieteilen, die von Minimalpressen geformt werden können. Das pfiffigste Detail ist die Aufhängung mit Verbundsfederung der Vorderräder mit den hinteren Rädern. Das Auto stellt das Resultat eines 1934 von Pierre-Jules Boulanger lancierten Projekts dar. Der Ingenieur bekam von den Brüdern Michelin den Auftrag, Citroën umzustrukturieren. Sein Plan war ein Fahrzeug, das «zwei Bauern in Stiefeln, fünfzig Kilo Kartoffeln oder einem Fass, mit 60 km/h Höchstgeschwindigkeit bei 3 L/100 km Verbrauch» transportieren könnte. Es müsste bei Bedarf die schlechtesten Wege befahren können, von einem Mädchen zu fahren sein und untadeligen Komfort bieten. 1939 ist ein Prototyp des «T.P.V.» (Toute petite voiture) bereit, aber der Krieg unterbricht das Projekt.

Erst 14 Jahre später gibt es das vorbildliche Volksauto zu bewundern; es ist Symbol der Jugend und der Lebensfreude, ruft Bilder von Spazierfahrten hervor mit im Winde wehenden Haaren, den Ellenbogen aus dem Klappfenster gelehnt, das bei jeder Bodenwelle herunterklappt. 1950 erreicht die Wartefrist für den 2 CV sechs Jahre. Er wird in 3'418'347 Modellen gebaut, und die letzte «Ente» rollt erst im Juli 1990 aus dem portugiesischen Werk Mangualde vom Band.

Der Motocar Rovin bietet einen neuartigen Motor mit zwei gegenläufigen Zylindern mit Wasserkühlung, der 11 PS bei 3000 Umdrehungen pro Minute leistet. Das Fahrzeug ist sparsam und langstreckentauglich, mit einer freiwillig auf 80 km/h beschränkten Höchstgeschwindigkeit. Es wiegt nur 285 Kilo, was zu seiner Beliebtheit beiträgt. 11'000 Modellen werden an einer einzigen Ausstellung verkauft.

Mit den Limousinen 11 und 15 hat Citroën das ideale Beispiel eines praktischen Wagens mit mittlerer Leistung im Angebot. Sie sind auch wegen der leicht erhältlichen Ersatzteile sehr beliebt, von denen viele zwischen den beiden Modellen austauschbar sind. 1955 erfolgt das Debüt des Citroën DS 19, ein Symbol des aufgeblühten französischen Wohlstands. Er repräsentiert eine neue Aerodynamik mit glatten Seitenflächen, abfallender Motorhaube ohne sichtbaren Kühlergrill, sich verjüngendem Heck und grosser Windschutzscheibe. Der Soziologe Roland Barthes beschreibt ihn in seiner 'Mythologie': Das Armaturenbrett gemahnt mehr an eine moderne Einbauküche als an eine Kontrollzentrale: die feinen Düsen aus mattem, kurvigem Blech, die kleinen Hebel mit weissem Knauf, die simplen Anzeigen,

↖⇧ Anfang der 50er Jahre sieht man den 4 CV überall: auf den Titelseiten der Zeitschriften, in Staus, an den 24 Stunden von Le Mans, an der Rallye Monte Carlo... Er inspiriert Humoristen und Plakatkünstler wie Savignac.

⇦ «Dauphine» (Thronfolgerin). Die Bezeichnung wird unbeabsichtigt in einem Communiqee verwendet, weil Pierre Lefaucheux den 4 CV als «Königin des Markts» bezeichnet hat und vorschlug, das neue Modell so zu nennen.

♂ Der 403 leitet die Zusammenarbeit von Peugeot und Pinin Farina ein. Die 1951 begonnene Beziehung dauert bis heute an. Nach den charakteristischen Rundungen des 203 setzt sich für den 403 die Ponton-Form durch, die zum Ruf der Robustheit der Marke beiträgt. Es ist der erste Peugeot, von dem mehr als eine Million Modelle gebaut werden.

⇨ Den 2 CV der 50er Jahre gab es ausschliesslich in grau. Die Lieferfrist betrug bis zu sechs Jahre. 3 418 347 Exemplare rollen vom Band.

die Zurückhaltung der Nickelakzente; alles signalisiert die Beherrschung der Fahrt und ist mehr für Komfort als für Höchstleistung gedacht. Hier erfolgt der Übergang von der Alchemie der Geschwindigkeit zum Genuss des Fahrens.»
Im folgenden Jahr präsentiert Renault das Modell Dauphine am Genfer Salon. Es erhebt keinen Anspruch auf Höchstleistung oder technische Fortschritte, sondern will ein sicheres, komfortables Alltagsauto sein. Das Design ist nüchtern und im Armaturenbrett ist als Zeichen seiner Zeit ein Aschenbecher in der oberen Hälfte integriert. Sicherheitsaspekte befriedigen die vier verriegelbaren Türen und eine Innenraumgestaltung, welche die Insassen beim Aufprall vor Verletzungen schützt. Das Auto ist in mehreren attraktiven Farben lieferbar, einschliesslich hellgelb und türkis, doch die meistverkauften Lackierungen sind «Pompadour»-Grau und «Tourterelle»-Beige.

Talbot verdient sich nach dem Krieg in der Öffentlichkeit den Übernamen «Auto von Paris» und stellt den Lago-Record für Tempoverrückte vor, der bei Versuchen die 200 km/h-Schallmauer durchbricht.

1947
1959

Italiens Aufschwung

Seit Kriegsende verschwinden immer mehr der traditionellen Karosseriebauer in Europa von der Bildfläche, denn das Rahmen-Chassis wird durch selbsttragende Karosserien ersetzt (Citroën 7, später 11). Den Alfa Romeo Giulietta gibt es als Limousine, Coupé oder Cabriolet, was der Marke einen Ruf als Personenwagenhersteller einbringt, mit Abkehr von den Sportwagen. Maserati anderseits pflegt den Autorennsport. Die Brüder Maserati sind zuerst Rennfahrer und erst dann Unternehmer, und ihr erstes Werk ist Ende der 50er Jahre der Gran Turismo 3500 GT.

Fiat behält seine Neuheiten dem Genfer Salon vor, noch vor der italienischen Einführung: den 1100, dann 1100 Familiale (für vier Erwachsene und zwei Kinder) und vor allem den 600. Der 1955 vorgestellte günstige Vierplätzer aus Serienproduktion wird zu einem niedrigeren Preis angeboten als der Topolino. Er wird im folgenden Jahr mit einer Version mit Schiebedach und mit dem Modell Multipla für sechs Personen ergänzt. Fiat verkauft bis 1960 950'000 Einheiten.

1950 geht die 1926 vom Amateurrennfahrer Georgio Ambrosini gegründete Società Italiana Applicazione Tranformazione Automobilistica Torino (SIATA) in den Fiat-Konzern ein und präsentiert in Genf als Weltpremiere den Daina. Im gleichen Jahr enthüllt Isotta-Fraschini auf einem ultramodernen Chassis eine Limousine und ein Luxuscabriolet. Beide verfügen über Fünfgang-Getriebe und 125 PS und bieten mehr Passagierraum, weil das Reserverad vorn untergebracht wird.

Deutschland meldet sich zurück

Am Salon von 1947 ist Deutschland noch nicht vertreten, denn die Automobilwirtschaft wurde im Krieg zerstört.

Der kleine volkstümliche Wagen für unter 1000 Mark, den Ferdinand Porsche 1934 Adolf Hitler vorgeführt hatte, musste während des Krieges eingemottet werden. Die britischen Truppen, welche die Region um Wolfsburg 1945 verwalten, übernehmen das Werk und geben es 1948 in deutsche Verwaltung weiter. Der auf Volkswagen getaufte Wagen kann im selben Jahr am Salon Genf vorgestellt werden. Er wird unter dem Namen Beetle in die USA exportiert. Sein Erfolg erreicht ein derartiges Ausmass, dass er

⇧ Der Fiat 600 mit Heckmotor ersetzt 1955 den Topolino. Der 600 wird von 1955 bis 1969 2,7 Millionen mal gebaut.

⇧⇧ Der Ferrari 212 gibt sein Debüt am Genfer Salon 1951. Das Chassis 212 Inter trägt Coupé- und Cabrioletkarosserien der bekanntesten Designer. Frontmotor, V12-Zylinder und 2,5-L.

⇨ Der ungewöhnliche Isetta stellt den ersten ernsthaften Ansatz eines Stadtwagens dar. Der Wagen wurde durch Iso (Kühltechnik) gesponsert und von Ermenegildo Preti (Flugzeugentwickler) entwickelt. Er wird unter Lizenz bei BMW gebaut, was den Bayern um 1955 eine grössere europaweite Verbreitung bringt, nachdem ihre schweren Limousinen in der Vorkriegszeit wenig Anklang fanden.

⇨⇨ 1947. Nach dem Zweiten Weltkrieg produziert Alfa Romeo mehrere Jahre nur den angegrauten 6C 2500. Das veraltete Chassis aus den 30er Jahren wird zumeist ausser Haus mit der Karosserie versehen. Aber ab 1950 wandelt sich die Marke von der Kleinserienmanufaktur zur Industriefertigung mit dem 1900.

schliesslich den Ford Model T als meistverkauftes Auto der Welt übertrifft.

Der bescheidene Wagen wird von einem luftgekühlten Motor angetrieben. Er verbraucht wenig Benzin und kann dennoch vier Personen befördern. Der Motor befindet sich im Heck, und die Passagiere sitzen in der Mitte und geniessen einen guten Ausblick. Neben der Aerodynamik weist der Käfer viele geniale Lösungen auf, was unterstreicht, wie weit Ferdinand Porsche den Konstrukteuren in den 30er Jahren voraus war. Obwohl mit einem kleinen Motor ausgestattet, ist das Auto nicht übermässig kompakt. Es misst 4,2 Meter in der Länge und wiegt 725 Kilo. Der Verkaufspreis in der Schweiz beträgt 6 350 Franken. Am 30. Juli 2003 rollt mit viel Pomp der letzte VW Käfer (in Mexiko Vocho genannt) vom letzten aktiven Fliessband des Werks Puebla und wird ins Werksmuseum nach Wolfsburg verfrachtet. Er schliesst eine Geschichte von 70 Jahren ab, in der das Modell zum beliebtesten und meistverkauftesten Auto der Welt, und in Mexiko für den Ersatzteilhandel das meistgestohlene Fahrzeug wurde.

1949 wird auch der erste Porsche am Salon gezeigt. Das erste Cabriolet vom Typ 356B ist ein auf dem Volkswagen aufbauender Sportwagen. Der Mittelmotor mit 40 PS (später für die Serienfertigung im Heck verbaut), das Plattform-Chassis und der sehr kurze Radstand verführen die sportliche Kundschaft. Das Auto ist wendig und sparsam und wird bis 1965 gebaut.

Zur deutschen Renaissance von 1949 trägt auch der Borgward Hansa 1500 bei, der in Genf als Prototyp vor seiner Serienfertigung vorgestellt wird. Er ist mit seiner V-förmigen Windschutzscheibe und den Kotflügeln in den Türverlängerungen ein Wegbereiter für den Isabella, Carl Borgwards grosser Erfolg von 1954. Der Hansa 1500 erreicht 112 km/h und ist mit hydraulischen Bremsen und der Hansamatic ausgestattet. Letztere ist die erste serienmässig in einem deutschen Grosserienauto montierte Automatik, die aber die Firma teuer zu stehen kommen soll. Um in den Rückwärtsgang zu schalten, muss man ganz anhalten und den Leergang einlegen. Kaum jemand befolgt die Prozedur, und Borgward muss eine grosse Zahl Getriebe auf Garantie austauschen. 1950 verzeichnet der kleine Lloyd 300 mit kunstlederbespannter Holzkarosserie einen derartigen Erfolg, dass die Firma ihre Produktion ausbauen muss. In den Folgejahren sieht man viele Lloyds und Goliaths auf den europäischen Strassen, aber die Nachfrage fällt 1960 ab, was dazu beiträgt, dass Carl Borgward im folgenden Jahr in Konkurs geht.

1951 präsentieren die Deutschen keine Neuheiten in Genf, denn diese sind der ersten Nachkriegsausstellung in Frankfurt vorbehalten. Erst 1954 kehrt BMW mit der 501-Limousine und Mercedes mit dem berühmten Flügeltüren-300 SL auf die internationale Bühne zurück.

Der Isetta wird 1953 in Italien entwickelt, in der gleichen Fabrik, die später die schönen Iso-Sportcoupés herstellt. Der Stadtwagen von 2,38 Metern Länge mit einer Sitzbank für zwei ist eine neue Variation zum Thema und wird in zwei Versionen angeboten: Entweder mit einem Hinterrad oder mit zwei eng beieinander liegenden Rädern. Der Isetta gleicht einer Kugel oder einem Ei, denn die Räder sind unter dem Passagierraum montiert und die Karosserie hat kaum herausragende Teile. Eine Einzeltüre gibt durch die Front Zugang zum Innenraum. BMW übernimmt die Produktion in Deutschland und baut von 1954 bis 1964 160'000 der kleinen Autos.

1947
1959

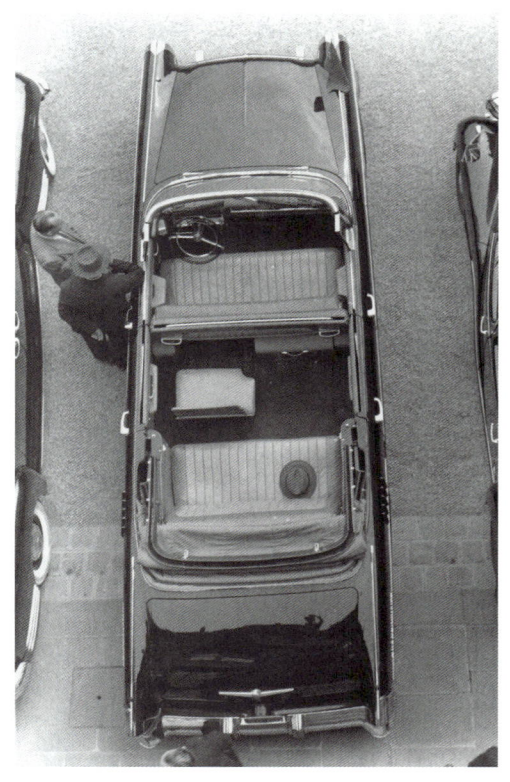

⇧ Jeep-Willis. Der Jeep entsteht während des Zweiten Weltkriegs. Er ist das Resultat einer genialen Studie von Karl Probst und des einflussreichen Herstellers Willys-Overland. Zur Kriegszeit hätte niemand gedacht, dass der Jeep Karriere im Zivilleben machen und viel später mit den SUV (Sport Utility Vehicle) eine neue Art Automobil inspirieren würde.

⇗ Ein Trabant auf Berliner Strassen 1965. Kunden pflegen ihren « Trabi » besonders gut, nachdem sie ihn bei der Bestellung bezahlen mussten, um dann aber noch monatelang auf die Auslieferung zu warten.

⇐ Das Zil III Cabriolet von Nikita Chruschtschow am Pariser Gipfel im Mai 1960.

⇒ DAF wurde 1959 im niederländischen Born gegründet und spezialisiert sich auf die Produktion von kleinen Autos mit « Variomatic »-Automat. Die Firma wird 1976 von Volvo übernommen.

Schweizer Importe

Gleich nach der Schliessung des Salons von 1951 unterschreibt die Amag als erstes ausländisches Unternehmen einen Vertretungsvertrag mit Porsche und verkauft bereits im ersten Jahr 78 Porsche 356, des Autos, das später zur Legende werden sollte. Gleichzeitig geht die Amag einen Importvertrag mit Volkswagen ein, auch wenn die Öffentlichkeit dem Käfer gegenüber noch skeptisch ist.

Walter Haefner hatte im Januar 1945 die 17 Jahre zuvor gegründete Firm Amag von Jacques Tschudi übernommen. Er wurde im selben Jahr Importeur der englischen Standard Motor Company Ltd. Ab 1946 führt die Amag Triumph Sport, und die Amerikaner Chrysler, Plymouth und Dodge in die Schweiz ein. Seit Anfang ihres Bestehens und bis heute verteidigt die Firma ihren Platz als grösster Importeur der Schweiz.

Produktion im Osten und im Norden

Die Tschechoslowakei ist weltweit die Nummer fünf in der Autoproduktion der Nachkriegsjahre und in Genf mit den drei Marken Jawa, Skoda und Tatra vertreten. Diese bauen vorwiegend kleine Autos mit hinten installierten Zweitaktmotoren. 1952 wählt Skoda den Genfer Salon für die Präsentation des 1200, eines Modells mit geräumigem Innenraum.

Der Moskwitsch soll 1951 als erstes russisches Auto am Salon gezeigt werden, aber der Stand bleibt leer bis auf einige Kabel und einen Besen. Als offizielle Erklärung heisst es, dass kein altes Modell gezeigt werden soll, während ein Nachfolger in Vorbereitung sei. Zu dieser Zeit werden in der UdSSR zwei Personenwagentypen gebaut: der ZIS 110 und der GAZ-M.20, besser bekannt als Pobeda. Die GAZ-Werke in Gorki produzieren auch ein Oberklassemodell, den ZIM. Diese Limousine ist aber von den Behörden als «Symbol kapitalistischen Besitztums» verschrien, was diese aber nicht hindert, es den Würdenträgern und Taxibetrieben zuzuteilen.

Der kleine Trabant wird 1958 in Zwickau in den ehemaligen Fabriken der Marken Horch, Audi und Wanderer entwickelt. Er motorisiert Ostdeutschland während mehrerer Jahrzehnte, und als die Berliner Mauer am 9. November 1989 fällt, fahren die Ossies am Steuer des Trabant 601 auf Erkundungsfahrt in den Westen. Der 3'096'099ste und letzte Trabi verlässt die Fabrik am 29. April 1991.

Saab steht für Svenska Aeroplan Aktiebolaget (Schwedische Flugzeug-AG) und baut seit 1937 Flugzeuge. Die Firma wird in der Öffentlichkeit aber erst 1949, mit der Vorstellung des Saab 92 bekannt. 1953 zeigt das Unternehmen seine windschlüpfigen, gänzlich verkleideten Modelle erstmals in Genf. Das überraschende Design, das bis 1980 beibehalten wird hat, ist das Werk von Sixten Sason.

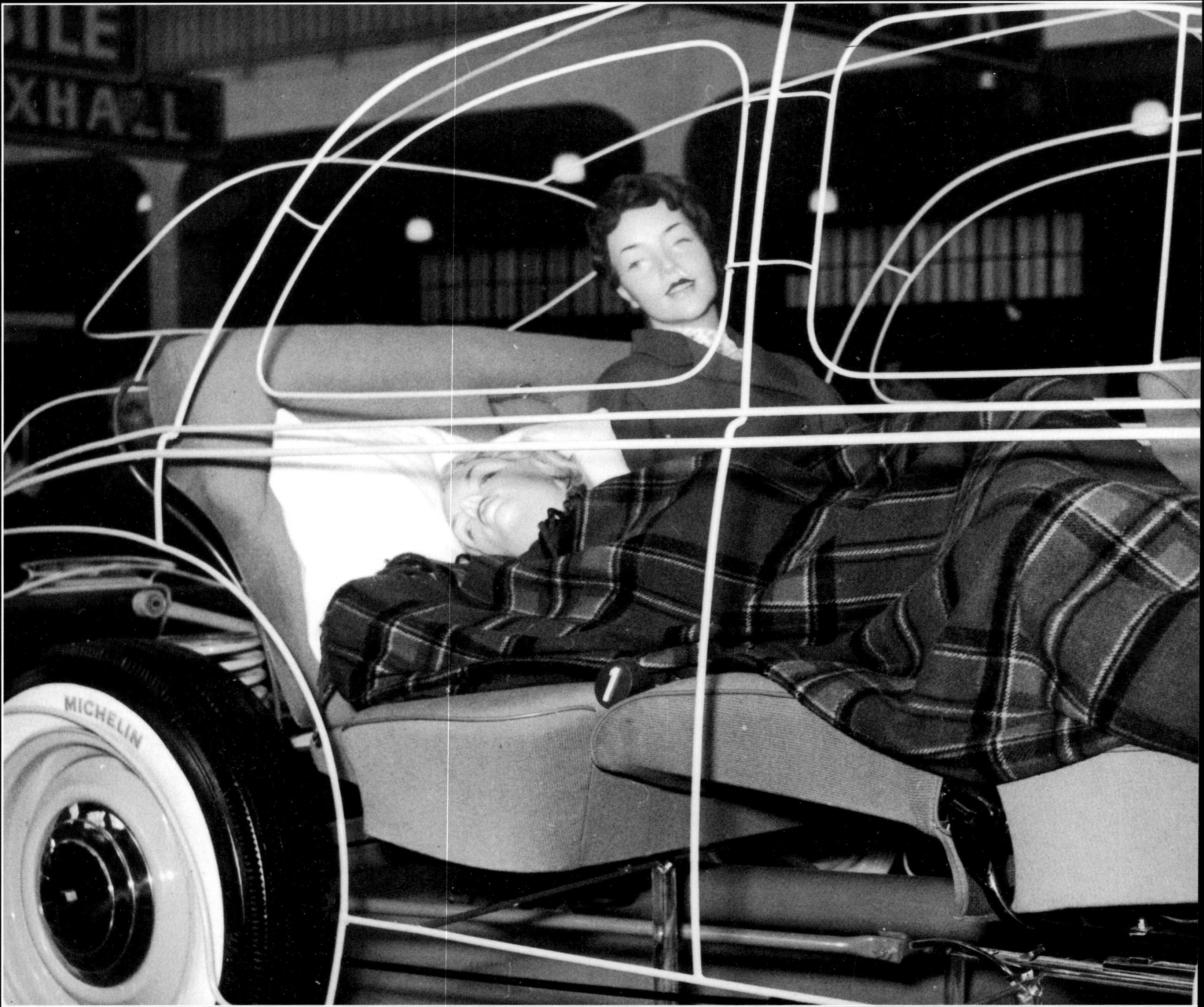
MICHELIN

Technische Fortschritte

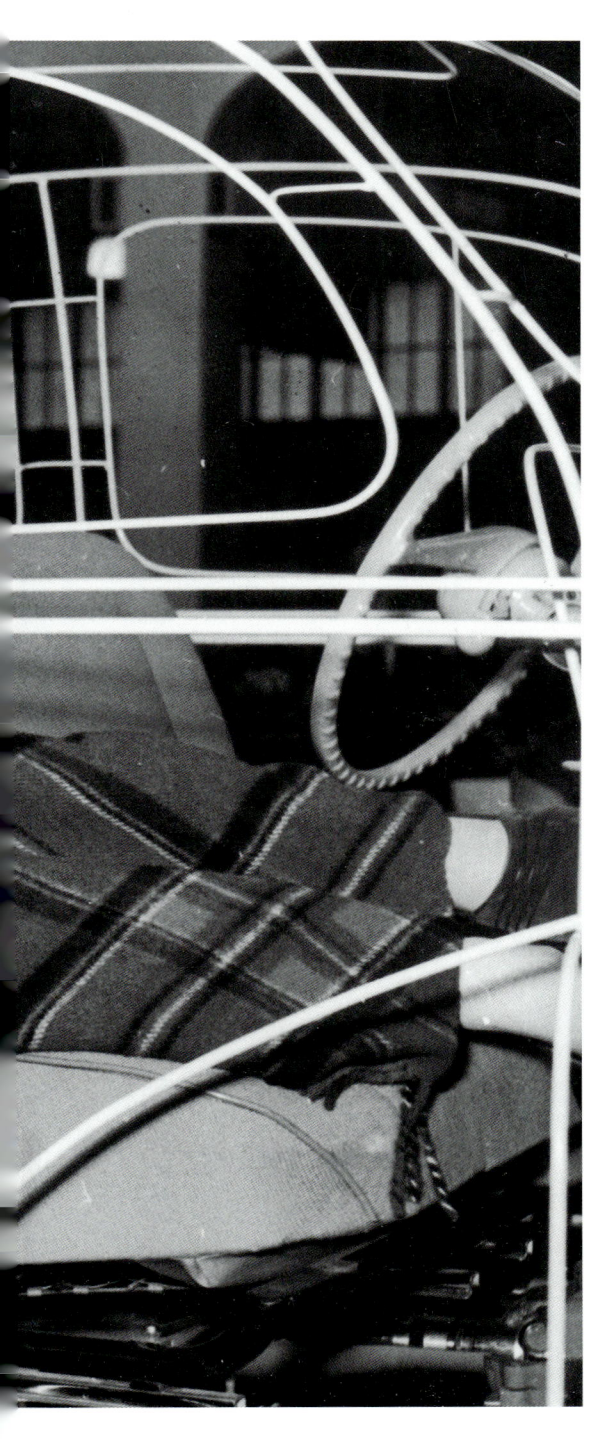

1947 1959

Im Schatten des Kriegs gibt es wenige technische Neuigkeiten, und die Industrie verharrt auf dem Niveau von 1939. Man verbessert und perfektioniert, was bereits bekannt ist: automatisches Getriebe, hydraulische Kupplung, Lenkungsmechanismus, Aufhängung, Bremssystem, Leichtmetalllegierungen. Ein amerikanischer Professor sagt in einem Interview mit dem *Journal de Genève*: «Die Handhabung des Fahrzeugs reduziert sich auf das Drücken des Gas- und Bremspedals und Halten des Lenkrads. Das Autofahren ist so einfach geworden, dass es kein Talent voraussetzt.»

Das Armaturenbrett wird angereichert: Tachometer, Kilometerzähler, Amperemeter, Anzeigen für Benzinstand, Ölmenge und Wassertemperatur, Warnleuchten für Batterieladung, Blinker und Uhr. In amerikanischen Autos können vereinzelt schon die Scheiben per Knopfdruck abgesenkt oder hochgefahren, Türen verriegelt, ein Radiosender angepeilt, Zigaretten angezündet oder die Heizung eingeschaltet werden. Automatische Interieur- und Kofferraumbeleuchtung wird angeboten, und zu den neuen Komfortmerkmalen zählen auch Klimaanlage, grössere Scheiben, Defroster, verstellbare Sitze und verbesserte Federungselemente.

Der Schalthebel findet seinen Platz zwischen den Sitzen, der Durchmesser des Lenkrades wird vergrössert und es hat nur noch zwei Speichen, um die Sicht auf die Instrumente freizuhalten. Die Engländer halten für den Innenraum noch am Holz fest, aber andere Hersteller gehen vermehrt zu Plastik über.

⇧ Die Sitze des Peugeot 203 mit umklappbaren Lehnen. Der bis 1960 in Sochaux gebaute Wagen war als Limousine, Kombi, Pritschenwagen mit Blache, Krankenwagen und als Cabriolet verfügbar.

⇧ Der Chevrolet Corvette ist 1954 zwar noch nicht lieferbar, stellt aber mit seiner Kunststoffkarosserie die Attraktion des Salons dar. Er ist der erste in Serie gebaut amerikanische Sportwagen. Unter der aggressiven Hülle steckt aber eine vergleichsweise brave Mechanik mit Sechszylindermotor, 3,8 L und 150 PS. Der Sportlichkeit Genüge tut kurz darauf der V8.

1947
1959

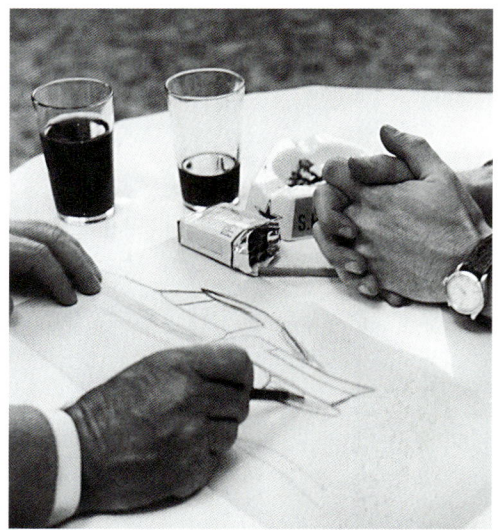

⇧ Die Hände von Pinin und Sergio Farina, der Karrossiers, die ihr Metier zur Lebens- und Darstellungskunst erhoben haben.

⇧⇧ April 1959. Die Schauspieler der Neuen Französischen Welle begutachten den AC Bristol des Films «Les Tricheurs» von Marcel Carné. Von links nach rechts: Alain Delon, Jean-Claude Brialy, Andréa Parisy, Bernadette Lafont, Jeanne Valérie, Laurent Terzieff, Juliette Mayniel und Gérard Blain.

Kunst der Karosserie

Die Karosserien sehen einheitlicher, glatter aus. Kotflügel, Motorhaubenabschluss, Scheinwerfer und Kühlergrilldesign beugen sich der geltenden Ästhetik und der Windschlüpfigkeit. Die Schweizer Karrossiers machen diesbezüglich besondere Anstrengungen, vor allem bei den Cabriolets amerikanischen wie europäischen Ursprungs. Karosserie Langenthal kreiert rassige, sportliche Linien für Buick, Ford, Armstrong-Siddeley und Delahaye, mit Nüchternheit und guten Geschmack. Ramseier Worblaufen spezialisiert sich auf raffinierte, leichte Karosserien, und Graber Wichtrach verschreibt sich dem Verschmelzen von Motorhaube und Kotflügeln zu einem harmonischen, gepflegten Ganzen (Ponton-Form). Sein Cabriolet auf Delahaye-Chassis ist einer der Höhepunkte des Salons. Carrosserie de Sécheron aus Genf zeigt ein «Faux-Cabriolet», eine offene Limousine mit festem Hinteraufbau, der den Heckpassagieren die Windböen erspart. Die Engländer nennen diesen Karosserietyp Demi-Cab.

Die Karosseriebauer unternehmen Anstrengungen zum besseren Zugang ins Fahrzeug für alle Passagiere. Es entstehen geglättete Formen mit einteiligen Flanken, welche die Räder abdecken (umhüllende Karosserie). Trittbretter verschwinden, Windschutzscheiben werden flacher gestellt, aber auch Heck- und Seitenscheiben sind nicht mehr vertikal. Das «Gesicht» ändert sich von der «Walfischschnauze» zum nüchternen, einfachen Ausdruck.

Initiatoren der Entwicklung sind die in den 50er Jahren aufkommenden italienischen Designstudios wie Bertone, Zagato oder Ghia. Der grösste Innovator ist Batista Farina. Sein Sohn Sergio Pininfarina meint: «Mein Vater wollte Produkte von ausgezeichneter Qualität mit seiner kreativen Intuition verbinden. Ferrari war die herrlichste Gelegenheit für ihn. Es war eine Königin mit noch nicht fertig geprägten Zügen, und mein Vater hatte die Inspiration, ihr eine klar definierte Physiognomie zu verleihen.» Ein widersprüchlicher Bericht hält fest, dass Ferrari seine Karosserien Farina nicht anvertrauen mochte, weil dieser den Ruf hatte, einen «zu schweren» Strich zu führen. Tatsächlich haben viele andere Designer ihre Ferraris realisiert, bevor Farina seinen ersten 212 Inter für Georges Filipinetti baute; es war ein Cabriolet mit Chassisnummer 177E.

Kunststoffe

Neben dem Streben nach Eleganz sieht man den Siegeszug des Kunststoffs im Automobil: Der Werkstoff ist leicht, robust und dabei gut formbar, billig, unbeschränkt verfügbar, hitzebeständig und kratzfest. Mit all diesen Vorteilen ist es nicht überraschend, dass Citroën Kunststoff für das Dach des DS wählt, Ford Nylon für Bremsleitungen einsetzt, und fast alle Hersteller Anwendungen für synthetische Materialien als Dekorstücke, Lärmschutzmatten, Getriebeteile und Instrumententräger finden. Das Plastik ist auch der Insassensicherheit zuträglich, mit nachgiebigen Lenkrädern und weichen Wülsten am Armaturenbrett und überall, wo bei einem Unfall Verletzungen vermindert werden können.

In Sachen Sicherheit ist Volvo weltweit der erste Autohersteller, der ab 1957 Dreipunktsicherheitsgurte einführt. Der Gurt und sein Erfinder Nils Bohlin werden vielfach ausgezeichnet. Die ersten Beckengurte kamen bereits 1902 in einem Baker-Rennwagen zum Einbau und finden Anfang der 50er Jahre grosse Verbreitung in amerikanischen Autos.

Feinschliff am Motor

Beim Antriebskonzept wird die beste Motorplazierung und die vorteilhafteste Radantriebsart diskutiert. Die klassische Lösung verlangt nach einem vorn eingebautem Motor und Hinterradantrieb. «Alles nach vorn» hat den Vorteil, den störenden Kardantunnel aus dem Passagierteil zu entfernen, Fahrer und Beifahrer in Fahrzeugmitte zu plazieren und die Bedienungselemente dem Chauffeur näher zu bringen. «Alles hinten» ist die wirtschaftliche Lösung für billige Kleinwagen. Der Vorderradantrieb setzt sich mehr und mehr durch mit den Verbesserungen, die ihm den Weg ebnen.

1954 wird der Wankelmotor mit seinen Rotationskolben erfunden, und Dodge führt die Innovation der hydraulischen Kupplung in einem gewöhnlichen Dreiganggetriebe ein. Der «All-fluid-drive» filtert die Vibrationen aus und erleichtert die Gangwechsel. Der Automat gewinnt an Boden: Dieses Getriebe entscheidet selbst über die passende Untersetzung für gefahrene Geschwindigkeit, Geländeprofil und Beladungszustand. Ursprünglich waren diese Systeme komplex und teuer. In den 50er Jahren perfektioniert die amerikanischen Wirtschaft aber die automatischen Kupplungen und hydraulischen Drehmomentwandler und bietet sie in kleinen wie in grossen Fahrzeugen an. Der Mercedes-Benz 170 S von 1952 weist einen Schalthebel am Lenkrad auf und geht zum Startknopf über.

Es gibt eine grössere Vielfalt bei den Radaufhängungen und Federungen, die Chassis werden abgesenkt und die Raddurchmesser werden kleiner.

⇧ 1948, mit 70 Jahren gründet Pierre Marchal zusammen mit Jean Lemarié die Firma Marignier in Hochsavojen. Sie spezialisieren sich auf die Herstellung einer neuen Isolation mit hohem Aluanteil, dem Corindon. Dieses trägt wesentlich zum Erfolg der Marchal-Zündkerzen bei, die zum französischen Marktführer avancieren. Auf den Afrikanischen Pisten findet die Marchal Zündkerze eine Muhmreiches Ende auf der Brust eines einheimischen Mädchens.

⇧⇧ Der Alfa 1900 ist eine Überraschung des Salons 1951. Der Schweizer Rennfahrer Toulo de Graffenried (Bildmitte) präsentiert den Motor des hübschen Italieners.

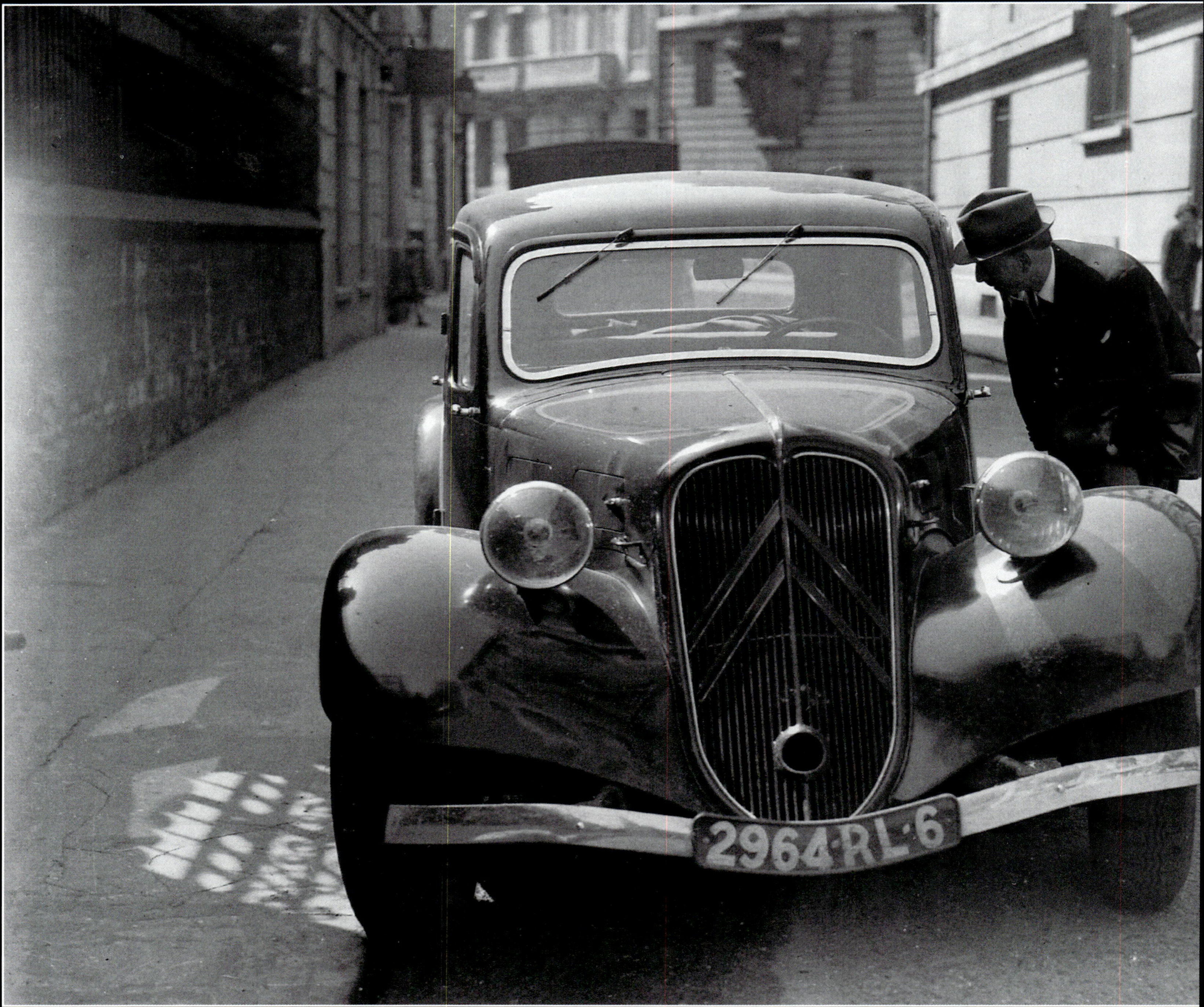
2964-RL-6

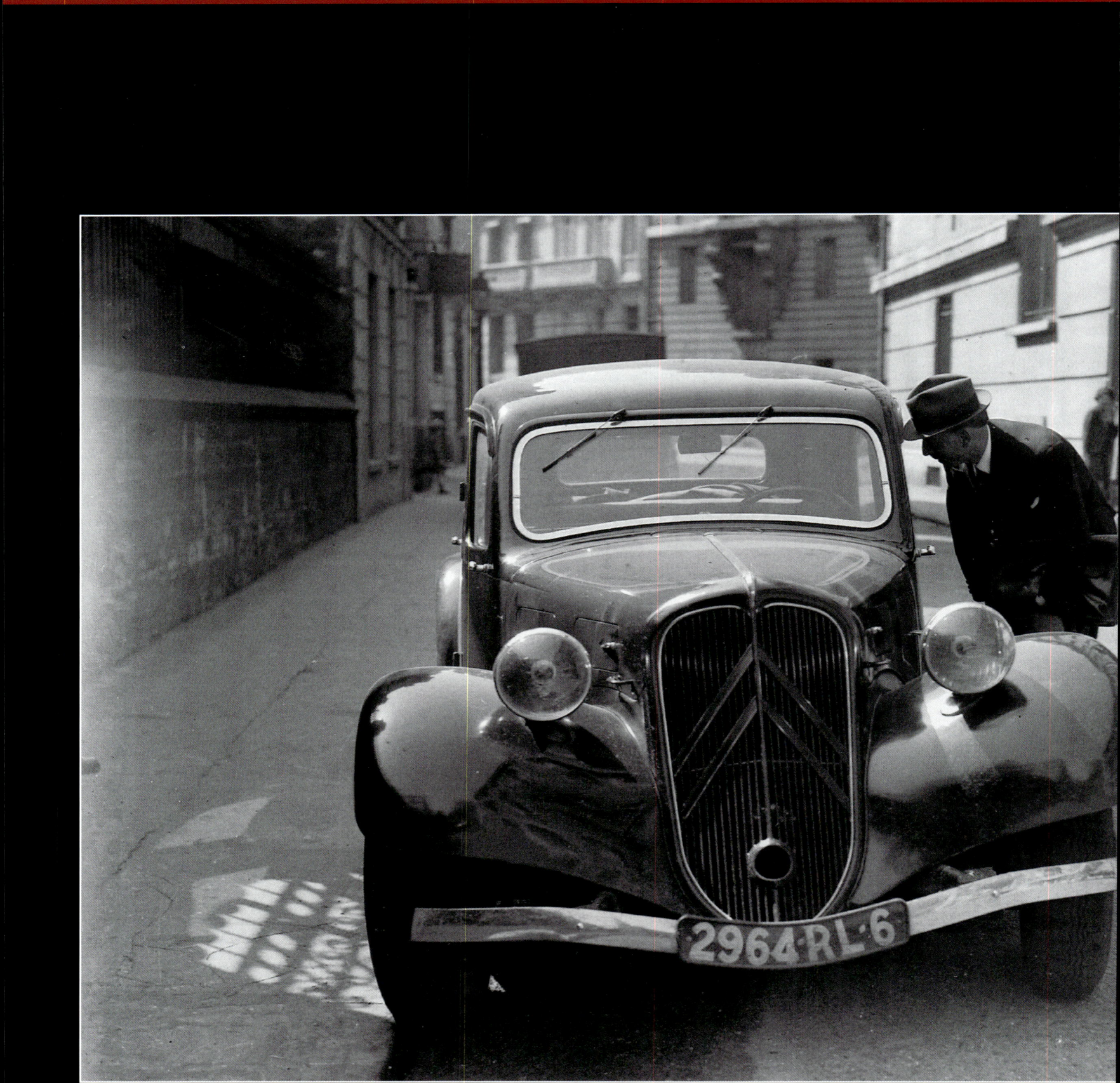

1947 1959
Automobil und Gesellschaft

Mit der Zunahme der weltweit in Verkehr befindlichen Fahrzeuge verschärfen sich die Parkprobleme. Das amerikanische Autobahnnetz wächst in den 50er Jahren auf über 65'000 Kilometer. Immense Parkflächen entstehen um die Einkaufszentren von Städten wie Los Angeles, und ganze Hochhäuser werden in den vertikalen Städten wie New York oder Chicago für das Abstellen der Autos konzipiert.

Die amerikanische Gesellschaft organisiert sich um den Strassenverkehr: überall auftauchende Tankstellen, Motels (eine Wortkombination von «Motor car» und «Hotel») und Restaurants. 1953 ensteht das erste McDonald's Drive-in-Restaurant in Phoenix im Bundesstaat Arizona und revolutioniert das Konzept des Schnellimbiss. Aber die Amerikaner können auch die Kirche, das Kino oder das Theater besuchen, ohne das Auto zu verlassen zu müssen. Man ist in konzentrischen Kreisen geparkt und geniesst die Vorführung im «Drive-in».

In den Städten des Westens wird der Wagen entweder parallel oder im rechten Winkel zur Fahrbahn abgestellt, aber es entstehen auch grosse Parkanlagen, die mit einem weissen P auf blauem Grund gekennzeichnet werden. Das Parken am Trottoirrand ist ein Relikt aus der Zeit, als man sein Pferd vor dem Ziel anhielt. Nach und nach musste diese Freiheit eingeschränkt werden für Feuerwehrdienste, Hoteleingänge, Einfahrten und wegen der Verkehrszunahme. Das Parken wird auf 15, 30 oder 60 Minuten beschränkt. Die Polizei überwacht die Parkdauer, bald unterstützt durch Apparate, welche die abgelaufene Zeit ausweisen. Die Zähler sind in den USA entwickelt worden und sind in Abständen von rund sechs Metern am Wegrand auf leichten Podesten auf Brusthöhe montiert. Sie werden später «Parking meter» getauft.

Die Fahrzeuge brauchen mehr Pflege, was zum System des «Service» führt. Der Autofahrer kann bei Tankstellen auf Dienstleistungen wie Abschleppwagen, Autowaschanlagen, Ölwechsel, Schmier-, Kühlmittel- und Batteriekontrolle, Stossdämferersatz und neuen Pneus zählen.

Maschinen entstehen, die bei Glatteis Sand auf die Fahrbahn streuen. Bald wird eine Ableitung des Küchensalzes dazu eingesetzt, Eis und Schnee zu schmelzen. Aber die Salzwassermischung hat auch eine überaus starke Rostwirkung auf Metalle. Die verwendeten Karosserien sind zwar mit einer Rostschutzschicht versehen, aber ihr Widerstand gegen Salz ist nicht ausreichend. Die Strassendienste müssen lernen, das Salz gezielt einzusetzen. Im Idealfall schmilzt es nicht den Schnee, sondern weicht ihn auf, damit er besser zur Seite gepflügt werden kann.

⇧ Der Traction Avant von Citroën wird von 1934 bis 1957 gebaut. Kein anderes Auto geniesst in Frankreich mehr Aufmerksamkeit. Es ist das bevorzugte Transportmittel der Minister der III. und IV. Republik, der Polizei, der Gangster aller Schattierungen, der Widerstandskämpfer und selbstverständlich der Regisseure der Nachkriegszeit, die dank seiner sprichwörtlich überlegenen Strassenlage spektakuläre Verfolgungsfahrten inszenieren können.

⇧ Eines der ersten «Drive-in»-Restaurants von McDonald's, das eine schnelle Mahlzeit ohne Aussteigen aus dem Auto ermöglicht.

1947 1959

Entwicklung der Werbung

Vor dem Krieg stützte sich die Autowerbung auf vier Methoden ab: das Dankschreiben, den berühmten Kunden, die Sporterfolge und die technische Beschreibung. Keines dieser Mittel passt in die Nachkriegszeit. Der Zeugenbericht ist veraltet. Vom Automobil wird erwartet, dass es anstandslos funktioniert, und niemand schreibt mehr an den Hersteller, höchstens mit Problemen. In einer weit demokratischeren Zeit geben sich die Reichen und Schönen viel diskreter. Die einst von ihnen bevorzugten Einzelanfertigungen gibt es nicht mehr, und ein Cadillac mit Klimaanlage gleicht stark anderen Modellen. Werbung mit Klassenbewusstsein gibt es in abgeschwächter Form, mit Industriellen und Meinungsführern statt dem Adel als Zielpublikum. Jaguars Slogan «Grace, Space and Pace» (Anmut, Platz und Tempo) ist typisch für den Versuch, Geschäftsleute mit einem Gemisch aus Stil, technischem Leistungsvermögen und Wohlgefühl anzusprechen.

In den 50er Jahren stellt der Rennerfolg noch ein gültiges Argument dar. Als Bentley in den 20er Jahren seine Le-Mans-Siege verkündete oder Alfa Romeo Anfang der 30er gewann, wusste der Interessierte, dass er – falls das Bankkonto mitspielte – ein identisches Modell bestellen konnte. Aber nach dem Sieg des Delahaye von 1938 gab es keine Gewinnerwagen von Le Mans mehr, die mit den Strassenfahrzeugen verwandt waren. Technisch begründete Werbung verliert an Boden, aber die technischen Darstellungen sind eine Attraktion. Die Amerikaner entdecken die fotogenen Qualitäten von Automotoren.

⇧ Dem von Simca 1955 erdachten Fulgur fehlt es an nichts. Er hat gemäss den Werbeaussagen dank sechs Batterien «radicaux libres» eine Reichweite von 5000 Kilometern und findet den Weg mittels elektronischem Hirn und Radar. Die Vorderräder fahren ab einer Geschwindigkeit von 150 km/h ein, und der Wagen hält dank Kreiseln das Gleichgewicht auf den Hinterrädern und wird über die Heckflügel gesteuert. Das einzige Problem ist die Energieversorgung, denn diese Art Batterie ist noch nicht erfunden...

So nett surrte mein Motor noch nie!

So zufrieden wie eine Katze summt jetzt mein Motor, seit er Quaker-State-Oel bekommt. Es macht ihn geradezu jung. Und wie ich die Pässe nehme — Mann, da hättest Du Freude daran. **Rassig!** Ich rate jedem Automobilisten, ausschliesslich Quaker-State zu verwenden; nicht vergebens ist es das Oel, das in Amerika am meisten gekauft wird.

Quaker-State

ist in der Schweiz erhältlich durch die
Oel-Brack A.-G. Aarau.
Telephon 2 27 57

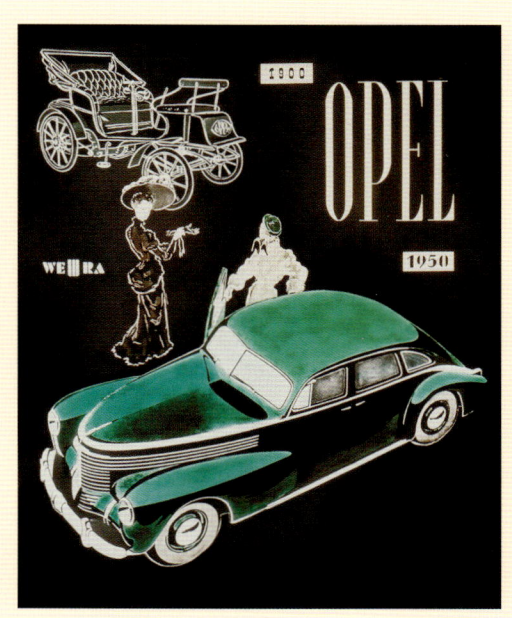

⇧ Blaupunkt, 1923 noch unter dem Markennamen Ideal Werke, tritt mit Lautsprechern in die Kommunikationsbranche ein. Die Firma entwickelt 1932 das erste Autoradio in Europa, das so gross ist, dass es nicht in Reichweite des Fahrers eingebaut werden kann. Es kostet 465 Reichsmark, was dem Drittel eines kleinen Autos entspricht. Heute ist Blaupunkt Teil der Bosch-Gruppe.

⇦ Da die Firma Oel-Brack ihre Produkte aus den USA importiert, übernimmt sie auch die amerikanische Werbung und begnügt sich mit der Übersetzung des Textes ins Deutsche. Die Person im Bild wechselt für jede Veröffentlichung.

⇦⇦ Opel, seit 1929 eine Tochter von General Motors, feiert nach der harten Kriegszeit die Wiedergeburt.

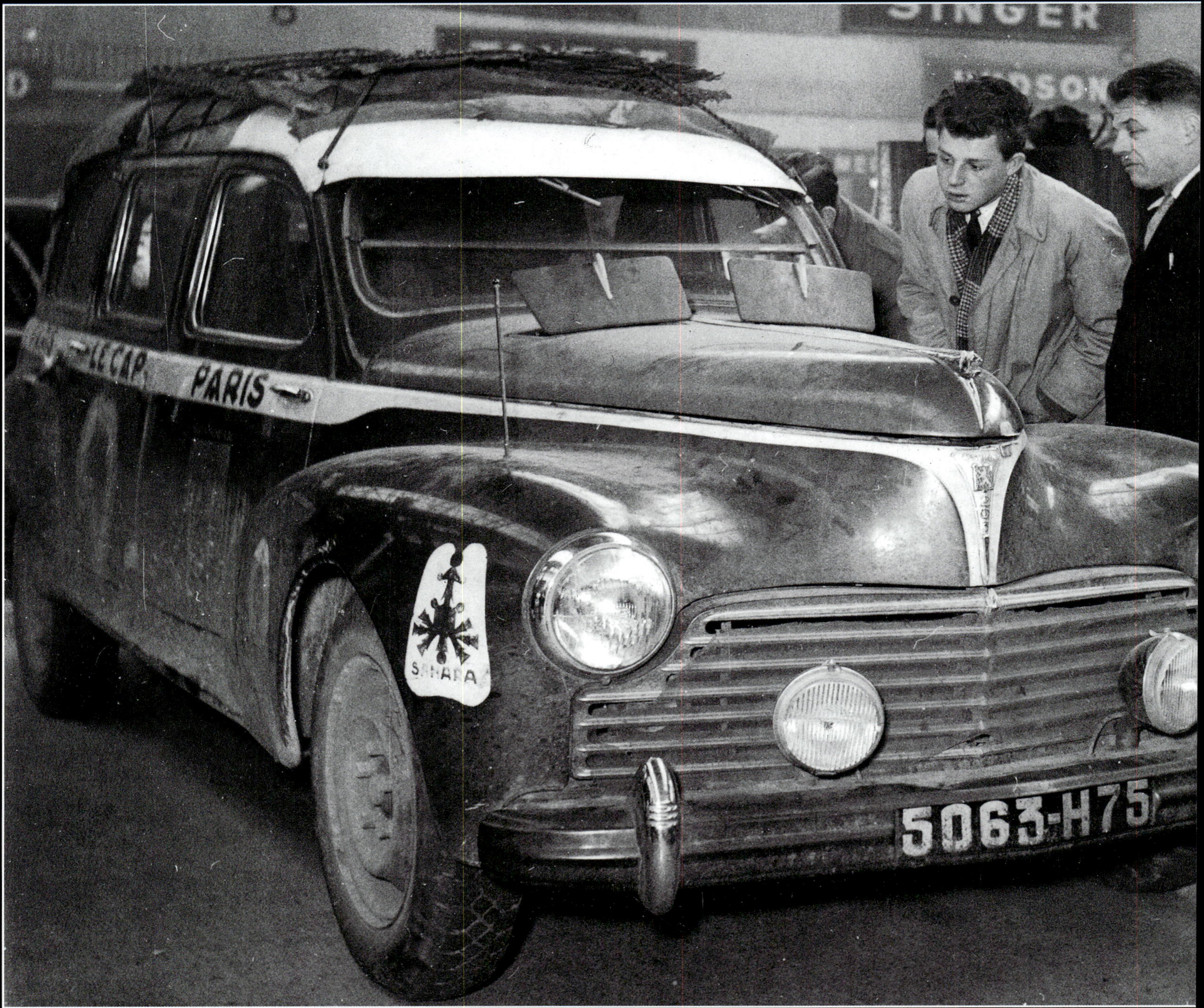
SINGER
LE CAP
PARIS
SAHARA
5063-H75

Rennsport

1947 1959

Nach dem Krieg unterscheidet man zwischen drei Arten von Sportwagen: Die sportlichen, direkt auf «normalen» Modellen basierenden Autos mit weitergehenden Eigenschaften (Gewichtssenkung, Mehrleistung, verstärktes Fahrwerk, schnittigeres Design). Die bekanntesten unter ihnen sind Cabriolets und Limousinen von Lancia, Singer, Bristol, Alfa-Romeo, Talbot, MG und Jaguar.

Die eigentlichen Sportautos sind für das Schnellfahren entwickelt und entsprechen den Reglements der internationalen Sportorgane. Sie beschleunigen besser, haben dank der Verwendung von Leichtmetall ein geringeres Gewicht und liegen tiefer; Beispiele sind Alfa Romeo, Maserati, Bentley, sowie Delahaye 135 MS, MG TC oder Austin Healey.

Dann gibt es die Rennwagen, die normalerweise nicht strassenzulässig und nicht für eine breite Käuferschaft gedacht sind. Sie werden für Rennen gebaut und verfügen nicht über die Ausstattung für den Strassenverkehr. Diese Boliden werden kaum an den Ausstellungen gezeigt, ausser wenn die Firma einen Blickfang sucht. In Genf sind zwei Modelle zu sehen: Der Simca von Gordini mit dem Motor des Fiat 1100, und der MG-Record, mit dem der englische Pilot Goldie Gardner drei Geschwindigkeitsweltrekorde gebrochen hat.

⇧ Der Peugeot 203 von 1948 ist eine harmonische Limousine, deren Schöpfer Mathon und Bonal die amerikanischen Einflüsse (besonders vom Lincoln Zephyr) nicht leugnen. Er ist wegen der Nachkriegslage eine Zeit lang das einzige Modell der Firma und deckt als 7 CV die französischen Steuerklassen von 6 bis 11 CV ab.

⇧ Die Radrennfahrer der Tour de Suisse und die ersten motorisierten Begleitfahrzeuge.

1947
1959

⇧ Lady Howe legt «Toulo» de Graffenried, glücklicher Gewinner des Grossen Preises von England 1949, den Kranz um.

⇧⇧ Grosser Preis von Bern, 4. Juni 1950. Alberto Ascari auf Ferrari.

⇨ Der Porsche von James Dean nach dem Unfall.

Ferrari wird aus der Taufe gehoben

Der Rennsport geht nach dem Kriegsende durch turbulente Zeiten. Enzo Ferrari gründet nach seinem Weggang von Alfa Romeo eine eigene Marke, Auto Avio Costruzioni. Das Projekt 815 wird zum ersten Ferrari, auch wenn es noch nicht den Namen trägt. 1947 stellt Ferrari mit dem 125S einen echten Rennwagen vor, diesmal mit dem Schriftzug. Die Modellbezeichnung hat Bedeutung. Die Mehrzahl der Ferrari wird eine Geburtsziffer tragen, deren Zahlen auf die Hubraumgrösse eines Zylinders hinweisen. Beim 125S ist das Volumen 124,73 cm³, aufgerundet also 125. 1948 folgen «166MM» und «166 Sport». Der erste ist eine Renn-Barchetta, der 1949 mit Lord Seldson und Luigi Chinetti das erste Le Mans nach dem Krieg gewinnt, der zweite das erste Strassenfahrzeug aus Modena (später Maranello). Trotz ihrer unterschiedlichen Berufungen, der eine für die Rennstrecke, der andere für die sportliche Reise, teilen sie sich viele mechanische Komponenten, was das Konzept des Gran Turismo begründet, ein Synonym für die Vielseitigkeit. Bereits im elften Einsatz gewinnt ein Ferrari sein erstes Formel-1-Rennen.

Mehrere Karosserieschmieden entwerfen schöne Berlinetta für die Ferrari-Chassis, darunter Bertone, Ghia, Pininfarina und Vignale. Enzo Ferrari setzt fest, dass jedem Rennwagen ein etwas luxuriöseres Cabriolet oder Coupé zur Seite gestellt wird. Dank einem Abkommen mit Pininfarina unternimmt Ferrari den Bau von Gran Turismo-Sportwagen. Fiat-Besitzer Gianni Agnelli übernimmt 1967 die Hälfte der Ferrari-Aktien, und nach dem Tod von Enzo Ferrari 1988 quasi alle ausstehenden Anteilscheine.

Anfänge der Formel 1

Jede grosse Stadt Europas oder Amerikas will ein eigenes Autorennen. Gewisse, in einer internationalen Kommission zusammengeschlossene Sportfunktionäre versuchen, die herrschende Anarchie einzudämmen. Anfang 1950 wird ein Veranstaltungskalender und ein technisches Reglement mit mehreren technischen Klassen erstellt, darunter die Formel Nummer 1, die sich zur heutigen Formel 1 entwickeln wird. Die Fédération Internationale de l'Automobile (FIA) organisiert eine Fahrerweltmeisterschaft, die an sechs Grossen Preisen in Europa (Monaco, Belgien, England, Frankreich, Schweiz, Italien) und in Indianapolis ausgetragen wird. Die Anzahl der Grand Prix und ihrer Austragungsorte entwickelt sich über die Jahre. Die WM umfasst Einsitzer mit Hubraum bis 4,5 Liter. Der Alfa Romeo Alfetta gewinnt mit Leichtigkeit 1950 und 1951. Die Fahrer sind Giuseppe Farina und Juan Manuel Fangio. Alberto Ascari holt sich den Titel 1952 und 1953 auf Ferrari. Der Argentinier gewinnt in der Folge auch auf Maserati, Mercedes-Benz und Lancia-Ferrari. Fangio hält für ein halbes Jahrhundert den Rekord als einziger fünffacher Weltmeister der Formel 1.

Die internationale Sportkommission (Commission sportive internationale CSI) der FIA (Fédération Internationale de l'Automobile) beschliesst auch eine Weltmeisterschaft für Konstrukteure. Jeder Sieg bringt eine bestimmte Punktzahl. Zunächst wird auch für den Rundenrekord ein Punkt vergeben. Die Buchhalter sehen gar halbe Punkte vor, wenn ein Fahrer während eines Rennens das Fahrzeug wechselt und sich in den ersten Sechs klassiert. Die Sonderbestimmungen lassen gewisse Manipulationen zu, und ab 1961 tritt ein bereinigtes Punktesystem in Kraft. Der Gewinner eines Grand Prix verdient sich 9 Punkte, der Zweite 6, der Dritte 4, der Vierte 3, der Fünfte 2 und der Sechste 1 Punkt.

Ab 1953 umfasst die WM der Konstrukteure auch Langstreckenrennen auf abgeschlossenen Strecken wie die 24 Stunden von Le Mans oder die 12 Stunden von Sebring, aber auch auf öffentlichen Strassen wie die italienischen Mille Miglia oder die Carrera Panamericana in Mexiko. Die Hauptkonkurrenten sind Ferrari, Jaguar, Aston Martin, Lancia und Mercedes-Benz.

Tragische Rennen

Die 24 Stunden von Le Mans 1955 gehen als die grösste Tragödie in die Motorsportgeschichte ein. Mike Hawthorn (Jaguar) macht ein unvorhergesehenes Manöver, um in die Boxen zu fahren; Fangio (Mercedes) kann ausweichen, aber Lance Maeklin vollführt eine Schreckbremsung. Der Mercedes von Pierre Levegh kollidiert mit ihm und wird in die Leitplanken geschleudert. Der Motor wird abgerissen, fliegt in die Zuschauermenge und verursacht 84 Tote und 92 Verletzte. Während der Nacht entscheiden die Verantwortlichen von Mercedes, ihre Wagen als Zeichen der Trauer aus dem Rennen zu nehmen. Praktisch ohne Gegner gewinnen Mike Hawthorn und Bueb im Jaguar dieses traurige Le Mans 1955; sie schlagen aber dennoch den Rekord für die zurückgelegte Distanz mit 4'135,380 Kilometern, mit einer Durchschnittsgeschwindigkeit von 172,308 km/h. Nach der Katastrophe von Le Mans wird der Grosse Preis der Schweiz abgesagt, der im Bremgartenwald bei Bern stattfinden sollte. Während mehrerer Jahre werden danach die gleichnamigen GP in Dijon ausgetragen.

Am 30. September 1955 kommt James Dean am Lenkrad seines neu erworbenen Porsche 550/1500 RS Spyder ums Leben. Der autorennbegeisterte Schauspieler hatte eigens für den Unterhalt seines Boliden einen Mechaniker aus Stuttgart kommen lassen. Rolf Wütherich ist Beifahrer während des Unfalls, überlebt ihn aber. Ein Werbemanager verdient ein Vermögen mit dem Verkauf der in Stücke geschnittenen Teile des grau metallisierten Spider an die Fans des Künstlers.

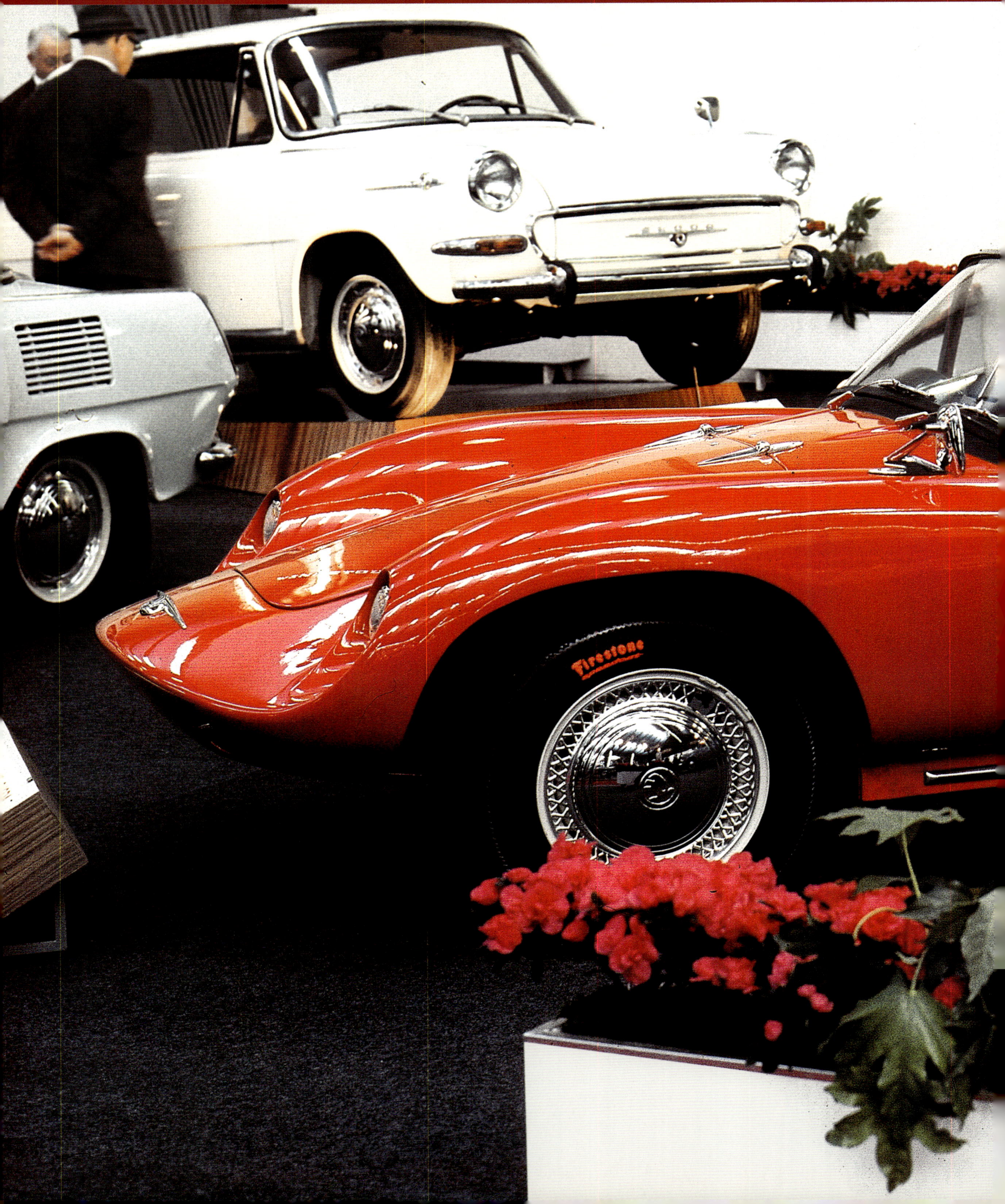
Firestone

1960
1969

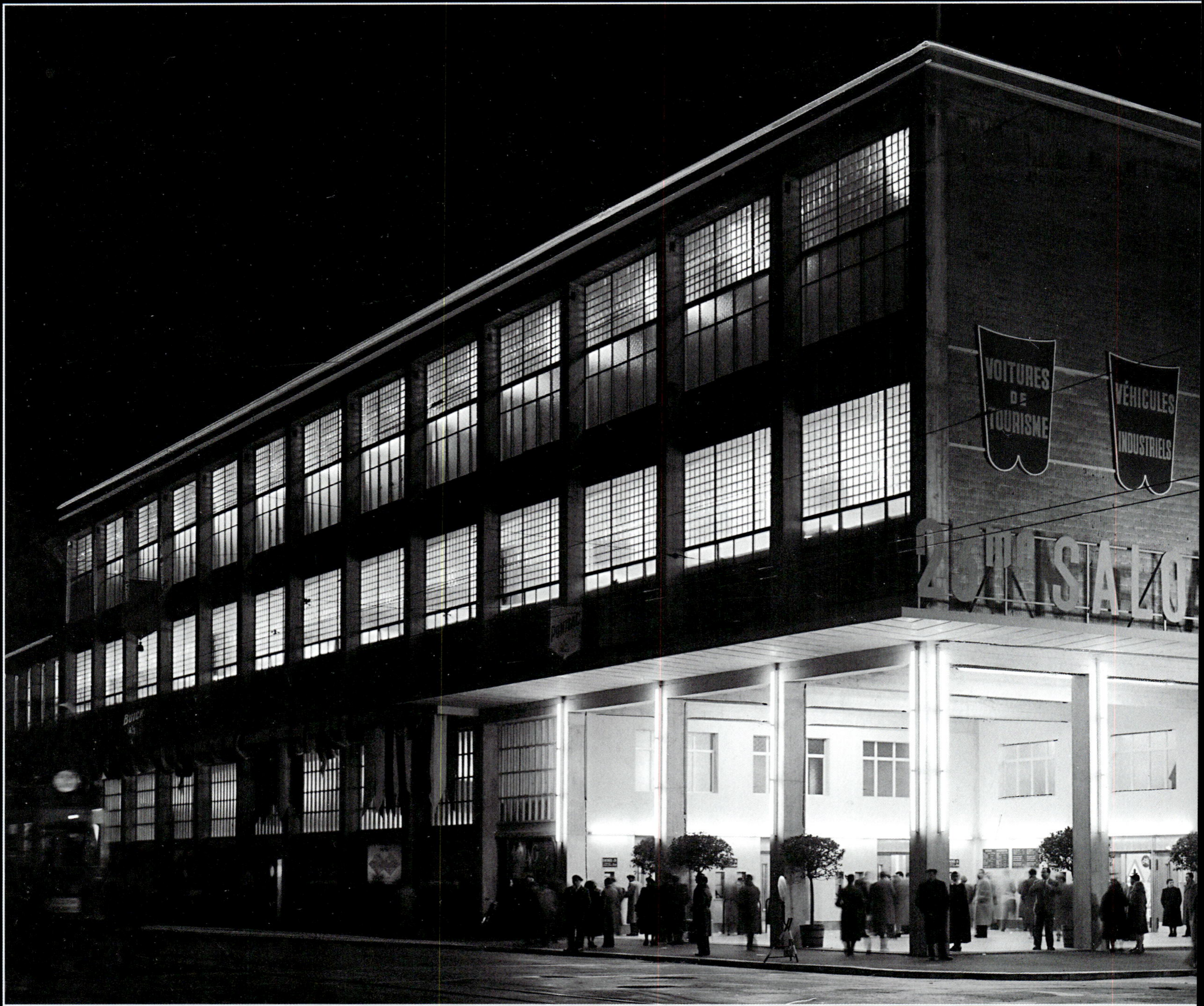
VOITURES
DE
TOURISME
VÉHICULES
INDUSTRIELS
SALO
BUICK

1960 1969
Geschichte des Salons

Die 60er Jahre werden vom drastischen Vorrücken der japanischen Marken auf die Weltmärkte geprägt; gleichzeitig popularisieren die Europäer und Amerikaner das Automobil. Statt sensationeller Neuheiten entwickeln die Hersteller ihre Grosserienmodelle, um ein breites Publikum mit beschränktem Einkommen anzusprechen. Zudem gewinnen Sicherheitsfragen bei Benützern sowie bei Politikern und Konstrukteuren an Bedeutung.

Der Genfer Autosalon ist an einem Wendepunkt seiner Geschichte angelangt. Sein Ruf und sein internationales Ansehen können nur wachsen, wenn die Platz- und Infrastrukturprobleme endgültig gelöst werden. Man erstellt weiterhin neue Anbauten und provisorische Hallen, im vollen Bewusstsein, dass dies mittelfristig keine befriedigende Lösung ist. 1961 entsteht beispielsweise im Hof der alten Kaserne eine neue Halle mit 2 880 m², die der Ausstellung von Lastwagen und Baumaschinen gewidmet wird. Zum ersten Mal belegen die Personenwagen den gesamten *Palais des Expositions*, der nach und nach seine endgültige Form annimmt. An der Kreuzung der Rue und des Quai de l'Ecole-de-Médecine entsteht derweil ein Hochbau für die zentralisierte Verwaltung. Im gleichen Jahr wird eine provisorische Halle mit 3 200 m² auf der Wiese des Plainpalais für Camping- und Sportgeräte sowie für Wohnwagen aufgebaut. Dieser Versuch zeitigt keinen durchschlagenden Erfolg und wird nicht wiederholt.

1963 wird entschieden, den Lastwagen-Salon alle zwei Jahre durchzuführen. Autos und Zubehör übernehmen also die gesamte Ausstellfläche. Doch mit der Rückkehr der Nutzfahrzeuge für das folgende Jahr scheint es Salonpräsident Roger Perrot dringend, das Projekt eines neuen Ausstellungsgeländes anzugehen. Perrot wird zum Initianten der Salonvergrösserung, denn unter seiner Führung entsteht das Projekt «Palexpo». Die Trennung von Autosalon einerseits und Nutzfahrzeug- sowie Bootsausstellung anderseits erfolgt erst 1970.

⇧ 1960. Nachtaufnahme am 30. Salon. Die grosse Attraktion in diesem Jahr: die Komplettmontage eines Triumph Herald durch 4 Lehrlinge in fünf Minuten. Zudem stellt Fiat die verschiedenen Aktivitäten des Turiner Unternehmens mit zwei Modellen des Mont-Blanc-Tunnels und neuen Zeichnungen der Baustelle vor.

⇧ 1964. Der Salon droht zwischen der Arve und dem Boulevard Carl-Vogt zu ersticken. Auf der Wiese wird eine aufblasbare Halle erstellt, die übrige Fläche dient als Parkfläche.

Geschichte des Salons | 151

1960
1969

1964 wird auf der Wiese des Plainpalais eine aufblasbare Halle von 42 x 32 Metern erstellt. Als nächstes werden die dicken Betonsäulen der Galerie des Palais durch dünne Metallstützen ersetzt. Für das neue Ausstellungspalais wird ein Gelände neben dem Flughafen Cointrin ins Auge gefasst, das leichten Zugang zur Autobahn aufweist; doch die Realisierung dieses Projekts braucht Zeit.

Aus diesem Grund findet der Salon 1966 in drei Komplexen statt: Dem *Palais des Expositions* mit Personenwagen und Karosseriefirmen; den Holzhallen mit Lastwagen, Traktoren und Baumaschinen (die mehr als 1'200'000 Franken kosten können) sowie die selbst als Attraktion geltende aufblasbare Halle mit Garagen- und anderem Zubehör.

Diese Flächenvergrösserung löst aber das Parkplatzproblem ebensowenig wie der Sonderbus-Dienst während des Salons zwischen Genfer Aussenbezirken und Zentrum. 1969 ist nicht einmal mehr die Benützung der Parkings von la Praille und Vernets erlaubt. Das Auto muss bei Cointrin stehen gelassen und ein Shuttle zum *Palais des Expositions* genommen werden. Am Samstag ist die Besuchermenge so gross, dass sich fast zwei Stunden vor der Öffnung Schlangen bilden. Das führt zum Bau eines neuen Einganges, um den Andrang besser bewältigen zu können.

Es werden Stimmen laut, die der Veranstaltung keine grosse Zukunft voraussagen. Trotz des Handels- und Besuchererfolgs (keiner zählt mehr die Sonderzüge und –Flugzeuge oder die Hunderte von Journalisten, die über den Salon berichten) sowie der dominanten internationalen Stellung ist der Genfer Salon einfach nicht mehr auf der Höhe der Erwartungen der Profis und der Besucher. Der Neubau eines Ausstellungsgeländes mit weit mehr Fläche, leichterem Zugang und grossen, veranstaltungsnahen Parkplätzen drängt sich auf.

Wichtige Ernennungen

Die Zukunft des Salons tritt 1968 in eine kritische Phase mit zwei Personalentscheiden. Rodolphe Huser wird am 1. Juli zum Generaldirektor des Salons berufen. Es ist eine neu kreierte Stelle, welche die Koordination mit den Ausstellern verbessern, die Verwaltung der Salon- und Palais-Stiftungen übernehmen sowie die Syndikatskammer der Schweizer Autobranche führen soll. Der Posten entlastet auch die seit 1952 amtierenden Jaques-Dalcroze. Der 1932 in Luzern geborene Rodolphe Huser war in der Direktion von Citroën Suisse tätig, dann Öffentlichkeitsbeauftragter beim Schmuckgeschäft Gübelin, bevor er 1962 das Sekretariat des Genfer Autosalons übernahm. Gemäss Emil Frey würde der arbeitsame und ehrgeizige «Rudy» Huser dem Salon aussergewöhnliche Impulse in Management und Internationalisierung verleihen. Nachfolger des Salonpräsidenten Roger Perrot wird Nationalrat Raymond Deonna.

⇧ 1963. Die Wiese des Plainpalais wird in eine riesige Parkfläche umgewandelt, aber ohne Infrastrukturen.

⇦ Am Morgen des 4. August 1964 zerstört ein Brand das Wahllokal, in dem die Erste Nationale Autoausstellung abgehalten worden war.

⇨ 1967. Ursprünglich gedachte Rodolphe Huser (hier mit Präsident Roger Perrot), nur ein Jahr in Genf zu verbringen. Er kann noch nicht wissen, das ihn die Zeitung *La Suisse* eines Tages in «Huser von Genf» umtaufen wird.

⇨⇨ Auto Union entstand aus dem Zusammenschluss von Horch, Audi, Wanderer und DKW, wurde 1945 verstaatlicht und nahm nach 1950 die Fahrzeugherstellung wieder auf. Der DKW 1000 mit 3-Zylinder Zweitaktmotor wurde von 1958 bis 1962 nur als Auto Union verkauft. Die Wiederbelebung der Marke Audi erfolgte 1965.

152 | 100 Jahre Automobile Fortschritte

1960
1969

Im gleichen Jahr erwirbt der Kanton Genf 18 Hektar des Grundstücks Sarasin in Grand-Saconnex mit der Absicht, hier zusammen mit dem Salon das neue *Palais des Expositions*, das «Palexpo» zu bauen. Die Gewinne der Salons wurden seit 1953 an die Aussteller zurückvergütet. Mit der Verminderung dieser Zahlungen kann die Salonstiftung an der Finanzierung des Neubaus teilhaben.

Geschichte des Salons | 153

1960 1969

Neue Aussteller

Die Salons dieses Jahrzehnts bieten viele Neuheiten, aber wenige Sensationen. 1960 werden mehrere angekündigte Modelle zurückgezogen, obwohl deren unmittelbare Vorstellung in der Fachpresse diskutiert wird. Fiat 1300, Volkswagen 1500, Renault 3 CV, Citroën Ami 600 und die neusten Kleinwagen von Simca und NSU bleiben im Werk. Viele Hersteller ziehen es vor, ihre jüngsten Schätze auf die Herbstausstellungen (Turin und Paris) oder die Zweijahresveranstaltungen (Frankfurt) hin zu planen, mit dem Gedanken, dass eine vorzeitige Präsentation die Verkäufe der aktuellen Modelle gefährde. In Genf zu sehen sind aber das Cabriolet Triumph Herald, der Fiat Dino, der Honda S 500, der Studebaker Avanti und der neue Porsche 356B Cabriolet.

Auffällig ist die Präsenz neuer Ausstellungsländer. Die UdSSR gibt 1961 ihr Debüt mit den vier Marken Zil, Wolga, Tschaika und Moskwitsch, Israel 1963 mit dem Sabra. Der Sportwagen hat eine Kunststoffkarosserie, einen amerikanischen Motor und englische und deutsche Mechanik. Vor allem aber sieht man mit dem Hino das erste japanische Auto. Die Japaner sind mit Suzuki und Honda bereits stark im Motorradgeschäft engagiert und verdienen sich viel Respekt bei Motocross- und Strassenrennveranstaltungen. Der Hino ist ein elegantes Zweiplätzer-Coupé aus gemeinsamer technischer Entwicklung mit Renault, mit einer Karosserie des Turiners Michelotti. Doch unter der europäischen Hülle arbeitet gänzlich japanische Technik. Und der Hino ist erst der Anfang…

Die wechselnden Trends in der Autoindustrie spiegeln sich natürlich auch am Salon wider. Ab 1962 sieht man keine Kleinstautos mehr. Diese waren im vorherigen Jahrzehnt wegen ihrer niedrigen Preise sehr beliebt, aber ihr Unterhalt erwies sich als überraschend aufwändig. Es ist vorteilhafter, einen Vierplätzer mit zuverlässiger Technik und erwiesener Langlebigkeit zu kaufen.

◊ Übersicht des Salons 1961.

⇐⇐ 1963 nimmt Israel erstmals am Genfer Salon mit zwei Sportwagen der Marke Sabra teil. Der Name stammt vom wasserhaltigen Kaktus, der auch als Staatssymbol dient. Die Marke wurde mit Hilfe von Reliant aus England entwickelt und verwendet mechanische Komponenten von Ford.

⇐ Die Autogeschichte Japans ist kurz und springt quasi aus der Wiege direkt ins Erwachsenenalter, ganz ohne die Entwicklungsperiode, wie sie Europa und die USA gekannt haben. 1966 wird die Serienversion des Corolla in einer Vorpremiere vor dem Sony-Gebäude in Tokio gezeigt. Zu diesem Zeitpunkt ahnt noch niemand, das ein Auto «Made in Japan» einen internationalen Erfolg erleben könnte.

⇐⇐ 1967. Der neue Matra M 530 bietet eine ausgezeichnete Strassenlage. Der Hersteller gibt einen Höchstgeschwindigkeitsgewinn von 7 km/h durch die abgeklappten Scheinwerfer an. Mit Ford-V4-Motor (aus dem Taunus 15 M TS), 1699 cm^3 Hubraum, 172 km/h Spitze, abnehmbarem Dach.

⇐ 1962. Offizielle Präsentation des französischen Simca 1000, eines Innenlenkers mit 4 Türen. 4-Zylinder in Reihe mit 944 cm^3 Hubraum, voll synchronisiertes 4-Gang-Schaltgetriebe. Mehr als eine halbe Million werden gebaut.

Geregelte Probefahrten

1960 müssen die Testfahrten auf der Route de la Capite strenger reglementiert werden. Gemäss der *Tribune de Genève* «hielten zu viele Markenvertreter mit offenbar limitierter Fahrpraxis ihre Autos für Rennwagen und fuhren mit zu hoher Risikobereitschaft. Nebenbei sei erwähnt, dass dies kaum das richtige Vorgehen ist, einen potentiellen Käufer zu gewinnen: Wer ist schon überzeugt, nachdem er in den Kurven gegen die Mitfahrer geschleudert wurde und nur knapp einem Herzinfarkt entgangen ist?» Die Strecke wird zweigeteilt, auch wegen des erbärmlichen Zustands der Fahrbahn. 1962 profitieren 2698 Teilnehmer von den Demonstrationsfahrten. Ein Jahr vorher hatte man am salonnahen Quai des Vernets eine Geländepiste angelegt. Sie umfasst Auffahrten verschiedener Schwierigkeitsstufen und eine Wasserdurchfahrt. Kein anderer europäischer Salon verfügt über eine derartige Strecke. Dennoch werden die Probefahrten 1965 eingestellt.

Traumwagen

1967 sind zum ersten Mal zehn Rennsportfahrzeuge am Salon zu bewundern, darunter Abarth 2000, BMC Cooper S, Ford GT, Brabham BMW 2000 und Porsche Carrera 6. 1969 sind es 20, von Matra 630 über Alfa Romeo Tipo 33 bis zu Brabham Formel 3 und Lotus 91.

Während des Salons 1968 findet in der aufblasbaren Halle des Plainpalais eine Fiat-Retrospektive mit einem Dutzend Modelle der Jahrgänge 1912 bis 1934 statt. In der gleichen Halle wird Ende März die erste Occasionen-Ausstellung durchgeführt, mit rund sechzig sorgsam ausgesuchten Autos. Die verkauften Modelle werden sofort durch andere ersetzt, was während der neun Tage des Anlasses für die Erneuerung sorgt.

Es fällt auf, dass das Zubehör mehr und mehr Platz beansprucht. Es reicht von Werkzeug über Pneus, Schmiermittel, Schneeketten, Radios, Karosserie- und Innenraumdekoration bis zu verschiedenen Zusatzausrüstungen. Wer genug Autos gesehen hat, kann die Raumkapsel Gemini oder das Segelboot «Genève» von Mermod bewundern.

1969 ist ein Hybridfahrzeug, der Hoverhawk zu sehen. Er funktioniert nach dem Prinzip «Overcraft», das heisst dem Gleiten über Land (bei Geschwindigkeiten bis 72 km/h) oder auf Wasser (bis 56 km/h). Der Zweiplätzer – mit Passagierabteil aus Kunststoff auf einem Luftkissen angebracht – wird von zwei seitlich eingebauten Motoren angetrieben.

Salonfrequenz

Die Debatte über die zweijährige Austragung des Salons verschärft sich. Amag-Direktor Hans Stanek ist kategorisch für eine weniger häufig an einem geographisch zentraleren Standort (Luzern oder Bern) stattfindende Veranstaltung. Der Zürcher Importeur J. H. Keller meint, dass der Genfer Salon mit der Zweijährigkeit an Attraktion einbüssen würde, weil er weniger eine Verkaufsausstellung als viel mehr eine Motorisierungs- und Autoveranstaltung darstelle. «Der Salon gehört nach

⇧ Dank eines Abkommens mit den übrigen Alliierten konnten die Sowjets die Fabrik des Opel Kadett nach Moskau übersiedeln. Der in Moskwitsch umbenannte Wagen aus russischer Produktion wird zu einem konkurrenzlosen Preis in den Westen exportiert. Hier das Armaturenbrett des Moskwitsch Scaldia am Genfer Salon 1963.

⇦ 1962. Renault 4L. Nach dem Vorbild der kleinen Autos der Marke setzt er dank der Heckklappe auf hohen Nutzwert.

Geschichte des Salons | 155

1960 1969

Genf, gleich wie die Mustermesse nach Basel gehört.» Es gibt ausserdem keine andere Schweizer Stadt, die ein ähnlich grosses Ausstellungsgelände bieten könnte. Die Frankfurter Veranstaltung findet alle zwei Jahre statt, aber die Ausstellungen von Paris, Turin und London sind auf Begehren der nationalen Hersteller weiterhin jährlich in der Agenda. Laut Emil Frey sind die Konstrukteure zum Schluss gelangt, dass sie «in Genf mit gleichen Waffen antreten.»

Salonbesucher

Die Hersteller sind nicht die einzigen, die Jahr für Jahr zahlreicher zum Genfer Salon pilgern. Es gibt auch immer mehr nationale und ausländische Journalisten; 1964 werden mehr als 1000 Reporter gezählt. Das Besucherwachstum geht ebenfalls voran, einschliesslich der Zahl der Kinder. Diese sind die eifrigsten Sammler von Souvenirs, die in verschiedenen Formen angeboten werden: die am leichtesten erhältlichen Ansteckknöpfe, die selteneren Krawattennadeln, und die Manschettenknöpfe, die den besten Kunden vorbehalten bleiben. Der 1964 etablierte Kindergarten nimmt anfangs 300 kleine Kunden auf, wird aber schnell auf 500 Plätze ausgedehnt. Internationale Persönlichkeiten geben sich am Salon die Ehre, von Michel Simon über Jim Clark bis zu Audrey Hepburn. 1969 wird von den Hostessen des Salons erstmals eine Miss Auto gewählt. Die Gewinnerin, Doris Jakob, ist eine zwanzigjährige Thurgauerin mit Wohnsitz in Onex. Die Hostessen sind in diesen Jahren mehrheitlich Schweizerinnen, kommen oft aus der Ostschweiz und leben in Genf oder besuchen eine Mannequin-Schule. Andere sind Studentinnen, Übersetzerinnen oder Berufshostessen.

⇧⇧ Ein Abzeichensammler 1967.

⇧ 1966 genügt den akkreditierten Journalisten auch ein nackter Raum als Pressezentrum. Unten rechts der Generalsekretär des Autosalons, Gabriel Jaque-Dalcroze, mit Reportern am Vorabend der Eröffnung.

1960
1969

⇧ Weltmeister Jim Clark in einem Ford Cortina Lotus. 1964.

⇧⇧ Auch wenn man das schottische Lächeln vertritt, ist die Hostessen-Tätigkeit höchst ermüdend. Im Hintergrund die schöne Silhouette des von Pininfarina gezeichneten Lancia Flaminia.

⇧ Der Schriftsteller Georges Simenon und Frau Denise begeistern sich für komfortable Autos.

⇧ Ein Besucher weiss die Rolls-Royce zu würdigen…

Geschichte des Salons | 157

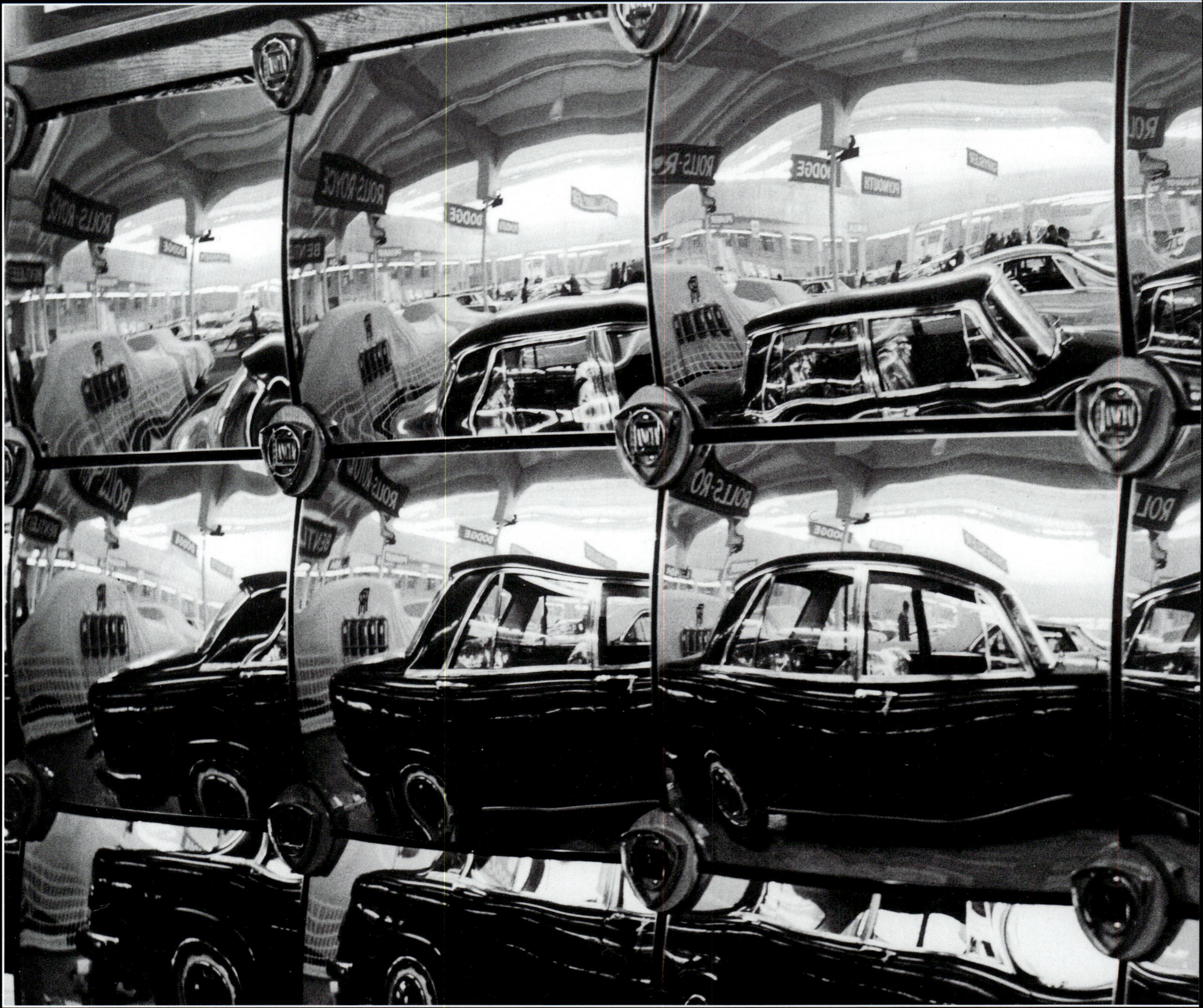
DODGE
ROLLS-ROYCE

1960
1969

Automobil-industrie

Auch wenn eine gewisse Stagnation bei den europäischen Exporten und Zulassungen zu verzeichnen ist, so befindet sich die Autobranche dennoch in voller Expansion. Das Auto ist jugendlicher, lebhafter, praktischer und auch sicherer geworden.

1961 kann die 100'000-Schwelle der Neuzulassungen in der Schweiz überschritten werden. Es handelt sich gänzlich um ausländische Modelle, denn es gibt schon lange keine eidgenössische Autoindustrie mehr. Die Schweiz ist auch aus diesem Grund zum Testmarkt Europas avanciert. Mehr als die Hälfte aller Zulassungen stammen aus Deutschland, dann aus Frankreich, Italien und England. Die USA machen nur noch 5 % der Verkäufe aus, während sich Volvo und Saab 2511 schwedische Verkäufe teilen.

Frankreich wendet sich den kleinen Hubräumen mit Modellen wie Renault Ondine oder Simca 1000 zu, weil die Steuerbelastung mit der Motorengrösse zunimmt. Die am Salon gezeigten neuen Renault Floride S und Caravelle sind mit einem neuen 4-Zylinder mit fünffach gelagerter Kurbelwelle und 956 cm^3 Hubraum ausgestattet. Es sind die ersten französischen Serienmodelle mit vier Scheibenbremsen. Weitere Höhepunkte des Salons 1963 sind die Simca 1500 und 1300, die gleichen Autos mit verschiedenen Motoren. Der Viertürer Innenlenker mit um die Ecken gezogenen Stossstangen fällt wegen seiner grossen Fensterflächen und der symmetrisch ausgebuchteten Windschutz- und Heckscheibe auf und verfügt über Windabweiser an den Seitenfenstern. Panhard-Levassor präsentiert den 24 (in Erinnerung an die Siege bei den 24 Stunden von Le Mans benannt), dessen moderne, sportliche Linie Anklang findet. Ein Jahr später verschwindet die Marke von der Bildfläche der Autohersteller und wird von Citroën absorbiert. Der 24 wird bis 1967 in 28'651 Exemplaren produziert. 1964 renoviert Opel seine Modellreihen und bereitet den Weg für den Commodore. Der luxuriöse, schnelle und kräftige Wagen wird günstiger angeboten als die Amerikaner. Er ist technisch zwischen Rekord und Kapitän angesiedelt.

Compacts und Pony Cars

Die amerikanische Autoindustrie richtet sich mit der Vorstellung der «Compact cars» von General Motors (Chevrolet Corvair), Chrysler (Valiant) und Ford (Falcon) neu aus und nähert sich damit der technischen Linie der Europäer. Diese Modelle fallen punkto Hubraum, Verbrauch und Dimensionen zwischen die europäische Mittelklasse und die grossen Amerikanerwagen. Der Corvair verdient sich nach seiner Lancierung 1960 den Titel «Auto des Jahres» von *Motor Trend* und wird 250'000 Mal verkauft. Die Amerikaner setzen aber auch auf die «Pony cars»,

⇧ Der Stand von Lancia, 1966. Ein grosser Erfolg für den Lancia Flaminia Super Sport.

⇧ Datsun, 1967. Der erste Wagen der Firma trug 1913 den Namen DAT, die Anfangsbuchstaben der Firmengründer K. Den, R. Ayoma und A. Takeuchi. Die Firma wurde anschliessend in Datson, für «Sohn von Dat» umbenannt. Weil aber die japanische Aussprache von «Son» auch «Verlierer» bedeutet, gab es 1932 die Änderung in Datsun. Das Unternehmen wurde 1933 von Nissan Motor übernommen, deren erster Datsun eine Lizenzanfertigung des Austin Seven war.

Automobilindustrie | 159

1960 1969

Viersitzer-Coupés mit sportlichen Linien, die nach dem Ford Mustang (1964) benannt sind. Dieser geht auf die Initiative eines einzigen Mannes zurück: Lee Iacocca, der kometenhaft bei Ford Karriere gemacht hatte und 1965 als 40jähriger zum Vizepräsidenten aufstieg. Unter den sportlichen Autos sind zu nennen: Dodge Dart, Chevrolet Camaro, Ford Thunderbird, Pontiac Firebird und vor allem Studebaker Avanti (1963). Dieser unterscheidet sich von seinen Zeitgenossen durch eine asymmetrische Front, das Fehlen eines sichtbaren Kühlergrills, sein vom Flugzeugcockpit inspiriertes Armaturenbrett und durch die vier Einzelsitze. Die revolutionäre Karosserie, ein Entwurf von Raymond Loewy, besteht aus 130 Kunststoffteilen, einschliesslich des Überrollbügels über den Sitzen.

Leider fällt die Vorstellung des Modells mit einer schwierigen Periode für die Marke zusammen. Weder seine Silhouette noch sein avantgardistisches Konzept reichen zum Erfolg. 1964 schliesst Studebaker die Pforten und siedelt die Produktion nach Kanada über.

Bleibt noch ein amerikanisches Luxusauto zu erwähnen, und zwar für seine politische Dimension: Ab 1961 verwendet das Weisse Haus den aristokratischen Lincoln Continental als Staatskarosse. Auf dem Rücksitz dieses viertürigen Cabriolets von 6,4 Meter Länge wird Präsident John F. Kennedy am 22. November 1963 in Dallas erschossen.

Italienisches Design

Der italienische Stil dominiert bei allen Herstellern der 60er Jahre. Engländer, Franzosen, Deutsche und Amerikaner wenden sich an Pininfarina, Bertone, Zagato, Michelotti oder Ghia für das Design ihrer Coupés ebenso wie für Einsteigerautos. Auch Volvo geht für die Gestaltung des neuen P1800 erstmals ausser Haus und engagiert den Italiener Frua. Das Sportcoupé wird auf der Leinwand durch die Abenteuer des «Simon Templar», dargestellt von Roger Moore verewigt. Pininfarina tritt 1963 gleich mit vier Weltpremieren an: Fiat 2300 Cabriolet mit zwei Sitzen und abfallender Motorhaube, um die Ecken gezogenen Stossstangen und vor allem dem Hardtop, mit dem es in ein Coupé zu verwandeln ist; Alfa Romeo 2600 Spezial-Coupé mit zwei Sitzen, aerodynamisch und praktisch; Ferrari 400/Super America, ein sehr schlankes, nach vorn geneigtes Coupé, das optisch Kraft ausstrahlt; sowie Chevrolet Corvair, sehr niedrig und fein, der verspricht, das amerikanische Kleinserienauto von Morgen abzugeben.

Der italienische Erfolg führt zur Vereinheitlichung der Autoformen und es wird schwierig, die Herkunft eines Modells zu bestimmen. Es gibt aber verschiedene Designrichtungen. Da ist zunächst die «Ponton»-Form (eine Spezialität des Schweizer Karossiers Hermann Graber) mit glatten Flanken, gerundeten Enden und gewölbtem Dach. Beispiele sind Renault Dauphine, Peugeot 403, Morris, Jaguar, Rover oder Panhard. Dann die geradlinigen Wagen mit kantigem Abschluss wie Fiat 1800 mit seinen überlagerten Trapezen, Alfa Romeo 2000, Lancia Flavia, Peugeot 404, Mercedes-Benz 220, Triumph Herald oder Ford Anglia. Schliesslich, nach diesen zwei Extremen, die Wiederentdeckung der gewölbten und aerodynamischen Formen wie bei Ford Taunus und Citroën DS. Dazu kommen die «Nutz»-Formen mit der Ablehnung ästhetischer Ansprüche zugunsten wirtschaftlicher Vorgaben wie Citroën 2 CV, VW Käfer, Fiat 500 und 600, quasi als Gegensatz zu den amerikanischen Karosserien mit ihrer Mischung von Kurven und Geraden, Kanten und Rundungen, der vertikalen und der geneigten Flächen.

Die italienischen Hersteller stehen derweil nicht still. 1963 gibt es den Lancia Fulvia und den Alfa Romeo Giulia zu bewundern, während Ferruccio Lamborghini seine Autofirma gründet. Nach einem Streit mit Enzo Ferrari entscheidet er sich, selber bessere Autos zu bauen. Das erste, der Lamborghini 350 GT, wird 1963 in Turin vorgestellt. Vier Jahre später folgt in Genf der Concept car Marzal mit Bertone-Karosserie. Er bietet auf kaum 110 cm Höhe futuristische Linien mit Schmetterlingstüren (die über das Dach geöffnet werden) und lässt nach dem Beispiel von Hubschraubern über verglaste Teile (selbst unter der Gürtellinie) viel Licht ins Interieur. Fiat zeigt 1965 als Weltpremiere den 850 mit Vierzylinder-Heckmotor, der sich als Sport Coupé und Spider (1968), kleiner Fünfplätzer und Zweisitzer-Cabrio als unwiderstehlich herausstellt. 1968 versucht sich Fiat mit dem Dino zum ersten Mal an einem Prestige-Sportwagen, der nach dem verstorbenen Sohn von Enzo Ferrari benannt ist. Die muskulöse und kompakte Form kleidet entweder den von Pininfarina gezeichneten Spider oder das luxuriöse 2+2-Coupé von Bertone ein. Der gleiche V6-Motor wird auch in einen Formel 2-Rennwagen eingebaut. Der Fiat Dino Ginevra Berlinetta von Pininfarina ist ein sportliches Modell, dessen Name den Genfer Salon ehrt. Das Design weist in eine völlig neue Richtung und die Scheinwerfer sind zur Hälfte von beweglichen Jalousien verdeckt.

⇦⇦ Pininfarina-Karosserie des Ferrari 400 Superamerica, 1962. 50 Exemplare des 400 Superamerica wurden gebaut, 32 davon mit diesen typisch aerodynamischen Formen.

⇦⇦ Der Österreicher Karl (Carlo) Abarth gründet 1950 eine eigene Fabrik und spezialisiert sich auf die Herstellung von Zubehör für Fiat und für andere Firmen. Fünf Jahre später fängt er mit der Fahrzeugfertigung an. Von 1960 bis 1964 gewinnt die Marke ununterbrochen die 1000 km für Sportwagen am Nürburgring mit dem Fiat Abarth 1000.

⇦ 1960 engagiert Zagato den Designer Ercole Spada. Unter seiner Führung entstehen innovative Formen für denkwürdige Modelle wie dieses Alfa Romeo Giulia TZ Coupé, das 1963 in Genf präsentiert wird.

1960
1969

Luxusrevolution

Weitere Neuheiten in Genf betreffen mehrere Luxusmodelle. Jaguar präsentiert den Type E, ein sehr niedriges Coupé und Cabriolet, dessen Stil den konservativen Gemütern zu weit geht. Das Modell wird 1961 nicht in London, sondern in Genf lanciert, um Jaguars internationale Ansprüche zu demonstrieren. Highlights sind das mutige Design und die überragenden Fahrleistungen (260 km/h Spitze). Sein Preis (27'000 Franken) unterbietet die Konkurrenz deutlich und sichert dem E einen langwährenden Erfolg, denn er wird bis 1975 gebaut. Der Mercedes 300SE als Coupé und Cabriolet (1962) ist ein Luxusfahrzeug mit technischen Besonderheiten wie Leichtmetallmotor mit Einspritzung, vier Scheibenbremsen mit Servo, 4-Stufen-Automatik, Servolenkung und Luftfederung.

Daimler bringt 1963 eine neue Repräsentationslimousine mit selbsttragender Karosserie heraus, den 2,5 V8, der eine Luxusversion des Jaguar-Gegenstücks mit kräftigem Motor darstellt mit einer Spitzengeschwindigkeit von 180 km/h. 1966 zeigt Rolls-Royce am Salon den Silver Shadow und Bentley den Corniche, nach denen sich die Schweizer wie die ausländischen Käufer geradezu reissen. Der Erfolg ist derart unerwartet, dass die Firma 18 Monate braucht, um den Bestellungen nachzukommen. Das gleiche Fieber ist an anderen englischen Ständen zu beobachten, besonders bei BMC und Rover.

1967 startet die Schweiz einen neuen automobilen Versuch mit dem Monteverdi High Speed 375, einem luxuriösen Vierplätzer des Baslers Peter Monteverdi mit Fissore-Karosserie und Chrysler-Motor. 1968 zeigt die rührige Holländermarke Daf das neue Coupé Daf 55 mit seiner innovativen Keilriemen-Stufenlosautomatik.

⇧ Weltpremiere des Lamborghini Marzal von Bertone, dem zukunftsweisendsten Auto des Salons 1967. Das Vierplätzer-Coupé ist mit zwei riesigen Flügeltüren versehen. Der hinten quer eingebaute Reihensechszylinder mit zwei obenliegenden Nockenwellen leistet 175 PS bei 6800/min.

⇗ Die Weltpremiere des Jaguar E versetzt die Autobranche und das Publikum in Erstaunen. Kein Lob scheint übertrieben: Schönheit, Originalität, Moderne… Aber der Clou ist der Preis: Nie zuvor in der Geschichte des Automobils gab es einen 240 km/h schnellen Sportwagen, der zum halben Preis der Konkurrenz angeboten wurde. Der E verkörpert das moderne Grossbritannien, jung, innovativ, Heimat der Pop-Art in Massenmedien, der Werbung und der Beatles.

⇨ Mercedes-Benz 300 SE Cabriolet; Sechszylindermotor mit Einspritzung und 185 PS. 1962.

1960
1969

Automobilindustrie | 163

1960 1969

Freizeitautos

Bei den Grosserienautos sind die 60er Jahre vom rasanten Aufstieg der Kombis geprägt mit Saab 95, VW 1500, Ford Cortina, Fiat 1100 Familiare, Opel Caravan 1000 oder Willys Wagoneer (als Kreuzung von Geländekombi und Station Wagon). Der 1965 in Genf als Weltpremiere gezeigte Renault 16 verbindet dank seiner Heckklappe die optischen Vorgaben für eine Limousine mit der Funktionalität des Kombi. Nach dem Vorbild beweglicher Wohnzimmer-Trennwände lässt sich die Hecksitzbank verstellen und erlaubt die Wandlung des Innenraums. 1968 stehen mehr als 100 Kombimodelle in Genf mit Bezeichnungen wie Kombi, Break, Familiale oder Estate, zu Preisen von 6 200 bis 20'000 Franken. Der Microbus von Volkswagen wird zum Symbol der «Blumenkinder» in den USA, während ihn die Aussteiger in leuchtenden Farben bemalt und teppichausgeschlagen zu fahrenden Hütten für die lange Reise einsetzten. Bruce Meyer erfindet 1964 den Dune Buggy auf verkürzter Käfer-Plattform, der mit einer aus Plastik geformten Passagierwanne für Strand- und Dünenausflüge geeignet ist. Citroën folgt 1967 mit dem Méhari, einem simplen Gefährt mit Kunststoffkarosserie und grosser Ladefläche, das auch schlimmste Naturpisten befahren kann und bis 1987 produziert wird.

1967 sehen die Besucher in Genf den italienischen Kleinstwagen Urbanina, der einem Insekt gleicht. Er ist 196 Zentimeter lang, und seine drehbare Karosserie erlaubt das Öffnen der Türen in engsten Parklücken nach vorn oder nach hinten. Mit 198 cm³-Benzinmotor erreicht das Fahrzeug 65 km/h, mit einem Bosch-Elektromotor mit 1000 Watt sind es 50 km/h bei einer Reichweite von 90 Kilometern. Es ist mit drei Karosserien lieferbar, einer geschlossenen, grosszügig verglasten Variante sowie zwei Offenmodellen für den Sommer; eines davon aus Rohrgeflecht. Der «Stadtfloh» ist viel langsamer als ein Lamborghini und kostet 23 Mal weniger. Ähnliches bietet der Schweizer Ingenieur André Thaon 1969 mit seinem Drôlette, einem Einsitzer mit Bosch-Elektroantrieb, der dem Verlangen nach kleinstem Platzbedarf und geringerer Umweltbelastung folgt. Eine Zukunft ist diesen Modellen nicht beschieden.

Japan tritt auf

Die 60er Jahre markieren auch das Japanische Wunder, nach dem Wirtschaftsaufschwung und der 1959 vom Finanzministerium eingeleiteten Handelsliberalisierung. Die Konstrukteure konnten ihre Zusammenarbeit mit europäischen Firmen abbrechen (Hino mit Renault, Nissan mit Austin, Isuzu mit Hillman) und sich ganz der Entwicklung und Produktion ihrer eigenen Modelle widmen. Die japanische Industrie begründet rasch automatisierte Systeme und gründet Fabriken ausschliesslich für Personenwagen. Ausserdem wird ein «Just-in-time»-System eingeführt: das montagefertige Material wird in der benötigten Menge zeitgenau zum Verwendungsort angeliefert. 1947 werden in Japan 110 Personenwagen gebaut, 1955 sind es 20'628. 1966 steigt die Zahl auf 770'000, davon 100'000 für den Export. 1967 überschreitet die Jahresproduktion erstmals eine Million Einheiten, wird im nächsten Jahr verdoppelt und übertrifft 1971 zehn Millionen.

Der 1964 lancierte Nissan Silvia ist das Werk des deutschen Designers Albrecht Graf Goertz. Honda baut seit 1962 auch Autos und stellt 1966 den S800 vor, der zu einem Exportschub führt. Im gleichen Jahr präsentiert der Karrossier Ghia am Salon Genf ein für Isuzu entworfenes Coupé mit vier Sitzen. In den folgenden Jahren nimmt die Modellflut aus Japan sintflutartig zu. 1967 zeigt Honda den N500, ein sparsames, wenig Platz beanspruchendes Stadtauto (er ist kleiner als der Mini), das mit guten Beschleunigungswerten gefällt. Es hat Vorderradantrieb und vier Gänge und kommt mit damals erstaunlichen 4 Litern auf 100 km aus. Seine baldigen Nachfolger sind die kräftigeren S 600 und vor allem 800; letzterer auch als Cabriolet oder Coupé.

Der Toyota Publica verkörpert ab 1961 das Massenauto. Die Marke befindet sich 1965 in voller

⇧ Spektakuläre Inszenierung zum Marktdebüt von Toyota in der Schweiz am 17. Februar 1967: Auf einem Restaurant-Parkplatz in Adliswil bei Zürich beschleunigt ein Auto auf einer Schanze, hebt ab, durchbricht eine riesige japanische Fahne aus Papier und landet sanft innerhalb der auf dem Boden aufgemalten Konturen der Schweiz.

⇦ Von links nach rechts: Walter Frey, Emil Frey und Theo Vinzenz mit dem Toyota 2000 GT.

Expansion und stellt den 2000GT vor (den ersten Gran Turismo eines japanischen Herstellers), der seither zum Sammlerstück avanciert ist. 1966 folgt der Corolla, doch ist die Marke erst ab 1967 in der Schweiz durch Emil Frey AG vertreten. Der Corolla soll das erste japanische Auto werden, das in mehr als 15 Millionen Exemplaren produziert wird. Am Genfer Salon 1967 feiert der Corona 1500 seine Weltpremiere.

Datsun, Teil der Nissan-Gruppe, dem grössten Fahrzeugproduzenten Japans, stellt die Modelle 1300 und 2000 vor. Letzteren gibt es als Limousine mit 6 Sitzen oder als Kombi mit 8 Sitzen. 1969 kommt der Datsun 1000, ein Mittelklassewagen, der sich an die Jungen, an Frauen und an Kunden richtet, denen die einfache und klassisch-sportliche Linie gefällt. Der 1600 hingegen verdient sich den Übernamen « Wolf im Schafspelz ». Er unterstreicht die gängige Tendenz, den Mittelklassemodellen durch Einbau von sportbprobten Elementen mehr Kraft und Sicherheit zu verleihen. Der 1600 hat vier unabhängig aufgehängte Räder und bietet ein Interieur mit Luxusakzenten. Die japanische Nummer drei, Mazda, kommt 1968 auf den Schweizer Markt. Die Marke erwirbt 1964 die Japan-Lizenz für den Wankelmotor mit Rotationskolbentechnologie, der im Cosmo-Coupé Einbau findet. Daihatsu führt als erster japanischer Hersteller die Benzineinspritzung in einem Serienmodell ein. 1967 unterzeichnet Daihatsu einen Zusammenarbeitsvertrag mit Toyota. Im gleichen Jahr fusioniert Isuzu mit Mitsubishi. Japan ist zur industriellen Weltmacht aufgestiegen.

Übernahmen und Fusionen

Ende der 60er Jahre finden die internationalen Konzerne der Autoindustrie eine derart grosse Verbreitung, dass dies zu einer ersten Epoche der Fusionen führt. Citroën übernimmt Panhard (1965) und Maserati (1968), Fiat schluckt Autobianchi (1967), dann Lancia und Ferrari (1969), Chrysler kauft Simca (1963) und Rootes (1967), noch bevor 1970 Chrysler Europe gegründet wird. In Grossbritannien übernimmt Jaguar Daimler (1960) und Rover, Alvis (1965). 1966 schliessen sich Jaguar und BMC zur British Motor Holding zusammen, die später mit Leyland Motors Corporation (mit Rover, Standard und Triumph) zur British Leyland Motor Corporation fusioniert. Volkswagen hat bereits NSU übernommen und kauft 1965 Auto Union von Daimler-Benz.

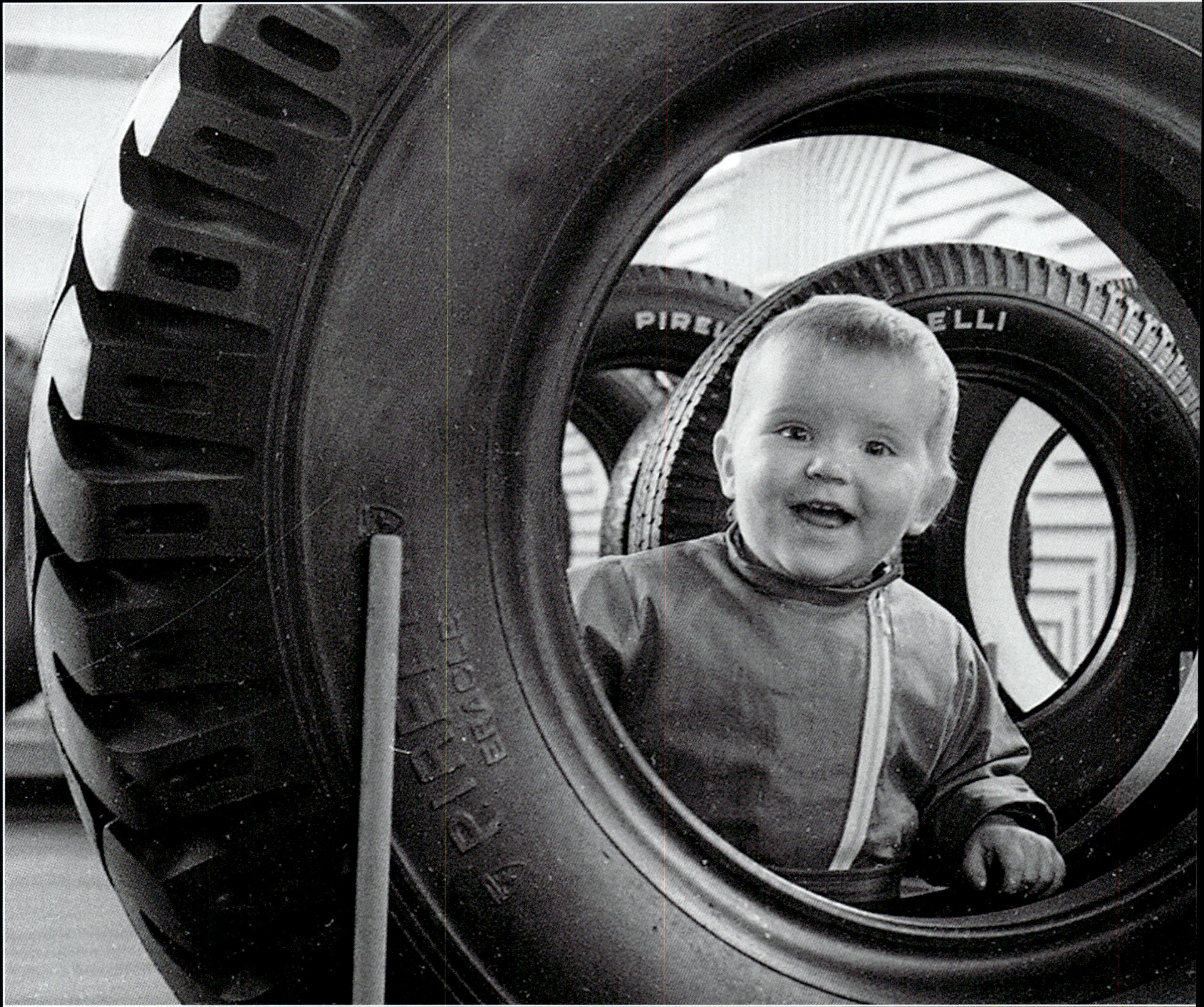
PIRELLI
ERACLE

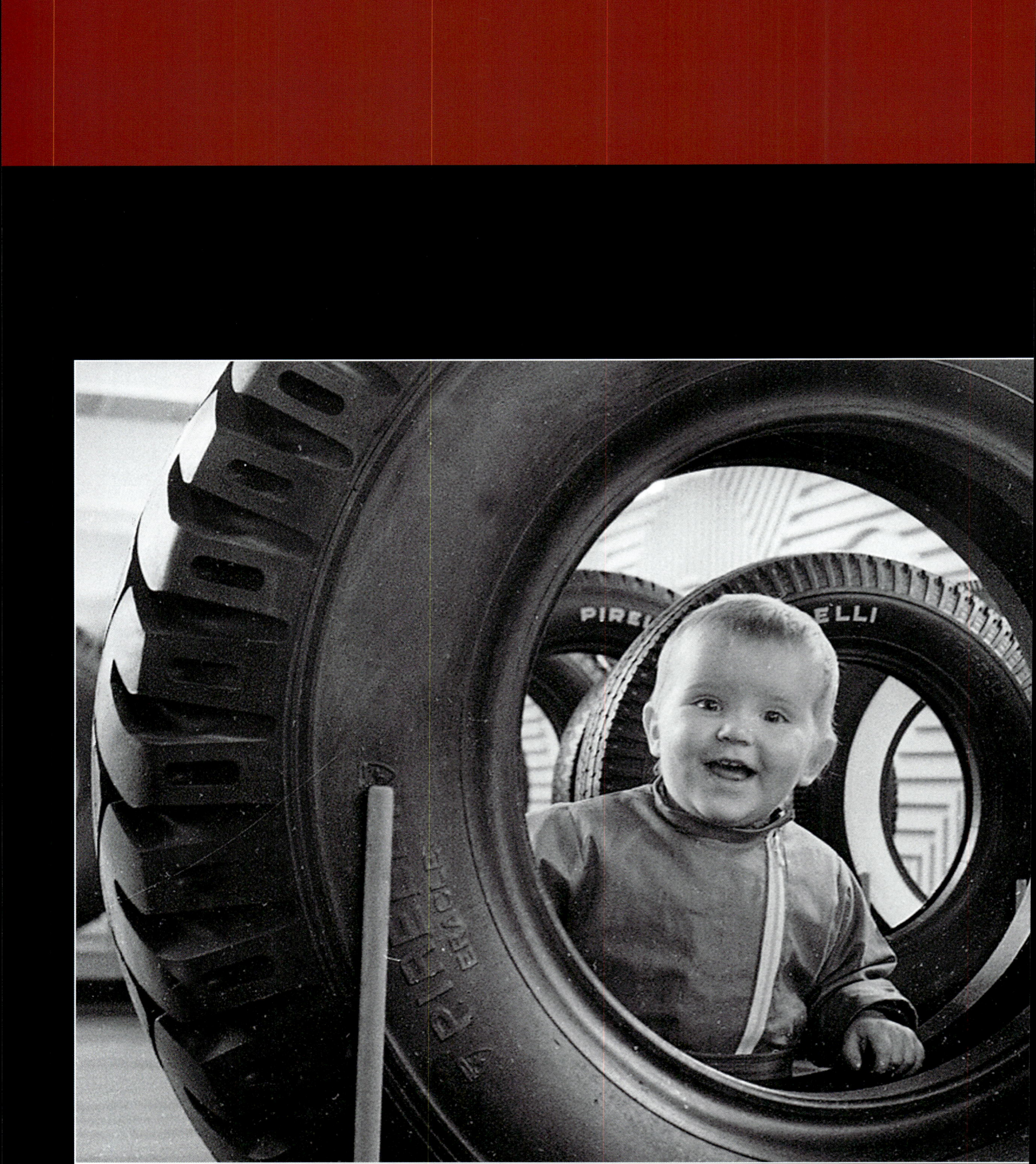

Technische Fortschritte
1960–1969

Die Tendenz geht zur progressiven Weiterentwicklung und Perfektionierung der bestehenden Modelle: Unterhalt und Benützung des Fahrzeugs sollen vereinfacht, der nutzbare Raum vergrössert und die Leistung erhöht werden. Es gibt Fortschritte bei Getriebe, Scheibenbremsen und Reifen zu verzeichnen.

Die Karosserien sind nüchterner, unnötige Elemente und extravagante Zier entfallen. Die Entwickler legen Wert auf rationelle Nutzung des verfügbaren Raums, und nicht auf die schnell aus der Mode kommenden Formen. Die bessere Sitzpolsterung führt zu bequemeren Langstreckenfahrten, und Lehnen erhalten Verstellmechanismen. Verkleidungsstoffe werden durch leichter zu reinigendes Kunstleder ersetzt, das aber unangenehm heiss ist im Sommer und kalt im Winter.

Das «Frisieren» hat seine Anfänge; das Wort steht für Verbessern, Modifizieren von Karosserie oder Mechanik eines Fahrzeugs. Edgar Schwyn ist ein solcher Betrieb, der Sonderzubehör für den Simca 1500 entwickelt, aber es gibt vor allem eine grosse Auswahl an Vergasern, Zylinderköpfen und Nockenwellen für den BMC Mini.

Der Triumph Herald ist ein grosser Erfolg des Salons 1960; das moderne Auto wartet mit neuen Lösungen auf wie niedrigen Unterhaltskosten, in sieben Teilen demontierbarer Karosserie, leichter Zugänglichkeit der Mechanik, drehfreudigem Motor, geruchloser Warmwasserheizung, Kühlung per Kaltluft, längsverstellbarem Lenkrad und aussergewöhnlichem Komfort.

Der 1963 eingeführte Wankelmotor findet trotz seiner revolutionären Rotationskolben-Technologie keine grosse Verbreitung. Er hat viele Vorteile (vibrationsfrei, kompakt, weniger bewegte Teile), zeigt aber auch Schwächen punkto Dichtigkeit und Verbrauch. Viele Hersteller kaufen die Lizenz, aber nur Citroën, Mazda und NSU entwickeln Serienmodelle.

Der Vorderradantrieb gewinnt nach der Geburt des Mini an Boden, der die Technik verbessert und popularisiert. 1969 findet man auf der ganzen Welt Modelle mit Vorderradantrieb. Heckmotorautos haben den Vorteil, dass die Mechanik weniger Platz beansprucht, das Konzept hält sich aber nur in alten Modellen wie VW Käfer, Renault 8 oder Fiat 850.

Die Transistoren-Zündungen der englischen Marke Lucas, der Franzosen Ducellier und der Deutschen Bosch erobern rasch den Markt. Marchal bringt 1962 die Halogen-Lampen zur Serienreife, welche die Lichtausbeute revolutionieren.

Das Bemühen um Rationalisierung und Perfektionierung macht auch vor den Garagenbetrieben nicht Halt, in denen Einrichtungen zur Arbeitserleichterung Einzug finden. Es gibt etwa Waschstrassen, welche die Karosserie nicht beschädigen, Hebebühnen, die als Kran oder als Plattform verwendbar sind, Kontrollinstrumente, Tanksäulen mit Geldautomaten oder Infrarot-Trockner.

Das Unterhaltungsfach entwickelt verbesserte Radios in Mono und Stereo, die mit Tonbandgeräten kombiniert werden, teils mit dem 8-Spur-Gerät. Der Senderempfang macht grosse Fortschritte und der Fahrer kann leicht die Wellenlänge wechseln oder das Klangbild anpassen. Auto-Vox stellt 1968 sogar ein Gerät vor, das die Radiosender elektronisch findet.

⇧ Mit 21 Fabriken in Argentinien, Brasilien, Ägypten, Deutschland, Grossbritannien, Spanien, Italien, Türkei, Venezuela und den USA deckt die Pirelli-Gruppe die Bedürfnisse aller Fahrzeugtypen ab.

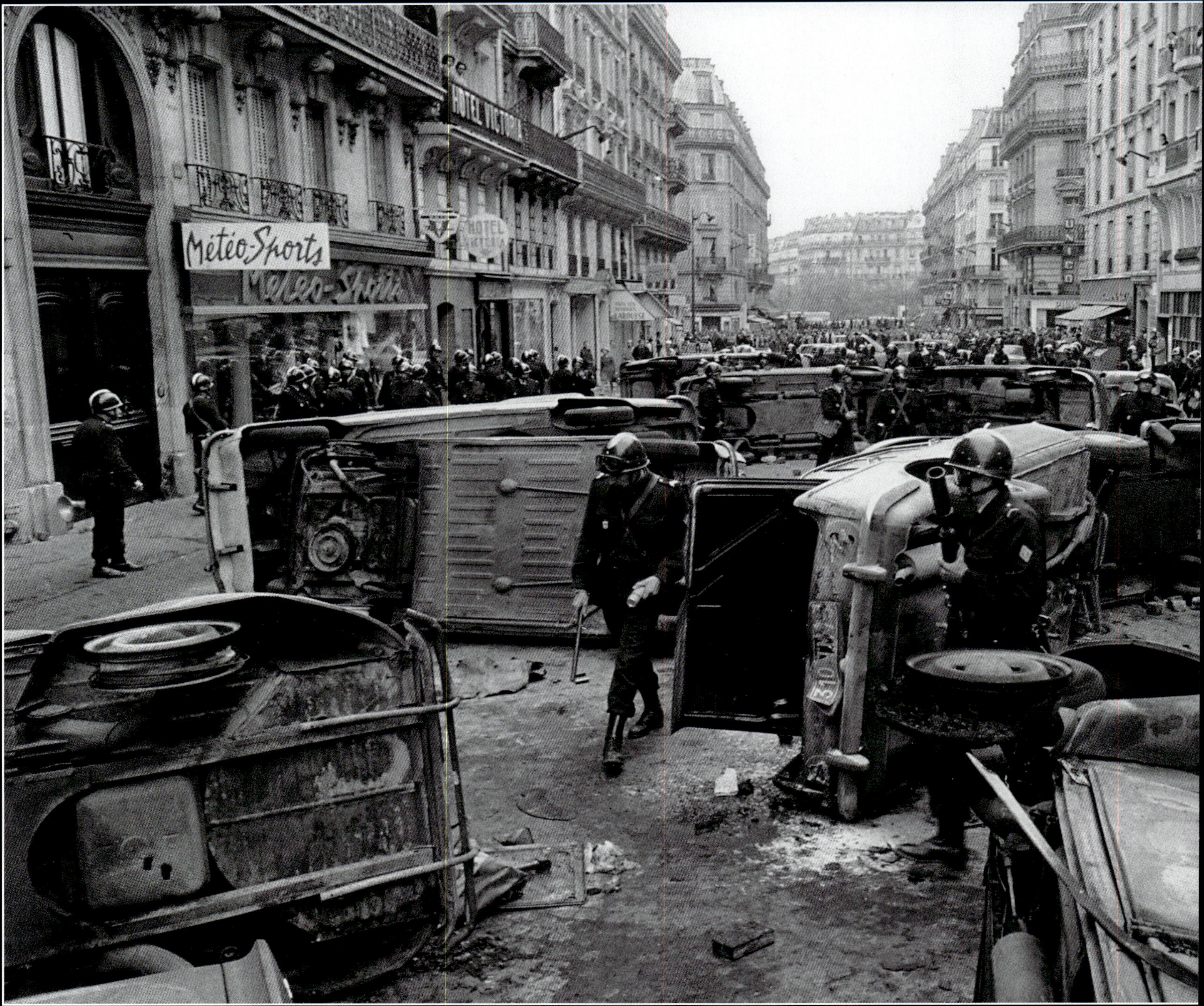
Météo-Sports
HOTEL VICTORIA

1960
1969

Automobil und Gesellschaft

Bundespräsident Max Petitpierre gibt mit seiner Eröffnungsrede zum Salon von 1960 den Ton an. Das kommende Jahrzehnt wird im Zeichen des Fair-play und der Sicherheit stehen. «Das Automobil fördert nicht immer den Ausdruck der Tugend und der Freundlichkeit. Es führt zu oft zur schlechten Laune und manchmal gar zur Feindseligkeit zwischen zu schnellen Fahrern und denen, die es langsam angehen lassen. Es sind Leute, die eine übersteigerte Vorstellung von dem haben, was sie als ihr Recht empfinden, während der Strassenverkehr eine nuancierte Sache ist; sie nehmen keine Rücksicht auf Andere und schaffen mit ihrem Verhalten Gefahr. Die Selbstbeherrschung und eine gewisse Einstellung sind für einen Fahrer genauso unabdingbar wie die Beherrschung seines Autos.»

Die Sicherheitsneuheiten betreffen alle Strassenbenützer, vom Automobilisten bis zum Fussgänger. 1962 wird ein Knopf an den Fussgängerampeln angebracht, mit dem die Signale zum sicheren Überqueren der Fahrbahn gewechselt werden. Der Kindersicherheit dienen 1963 vorgestellte spezielle Gurten, und Volvo baut den ersten entgegen die Fahrtrichtung montierten Kindersitz ein.

1963 können am Stand des TCS Sehtests mit einem Rodenstock R3-Apparat mit sofortigem Resultat unternommen werden. Sie zeigen auf, dass fast die Hälfte aller Geprüften eine leichte bis schwere Sehschwäche aufweist, von der sie nichts wissen. Mit Hilfe eines Apparats von Beck werden auch Reaktionsprüfungen durchgeführt. Er misst in Hundertstel Sekunden, wie schnell der Prüfling auf ein Signal reagiert; in einem Programm auf Tonsignale, in einem anderen auf Lichtsignale, und dann auch in einer Kombination. Die Versuche belegen, dass etwa

⇧ Mai 1968, Paris. Überall werden Demonstrationen abgehalten. Hinter den Streiks und den Barrikaden steckt die Hinterfragung der industriellen Gesellschaft und ihrer Zukunft. Jean-Paul Sartre stachelt die Renault-Arbeiter auf firmeneigenen Grund von Billancourt auf. Dutzende von Automobilen werden als Symbole der dekadenten Gesellschaft und der Entfremdung umgekippt und angezündet. Die Pseudo-Revolution führt zu einer Bewusstseinsänderung gegenüber dem Automobil, nicht wirtschaftlich, sondern psychologisch und gesellschaftlich.

⇧ Der vom Modeschöpfer Paul Smith dekorierte Mini. Der Kleinwagen ist ein Geniestreich von Alec Issigonis und wird zum Symbol der 60er Jahre. Er ist eines der wenigen Autos, die fast unverändert in das 21. Jahrhundert überwechseln. Seine Sportversionen (Cooper und Cooper S) konnten sich gar an der Rallye Monte Carlo durchsetzen.

Automobil und Gesellschaft | 169

1960
1969

⇧ 1966. Das Auto von James Bond zieht die Massen an den Stand von Aston Martin an.

⇧⇧ Die ersten Sicherheitsgurte waren 1902 in einem Baker-Rennwagen zu finden. Für die Strasse wurden sie durch Nash Anfang der 50er Jahre verbreitet. Ford bot sie ab 1955 in den europäischen Modellen als Option an, und Volvo serienmässig ab 1957.

⇗ Ein in der Schweiz montierter Chevrolet Corvair vor dem Genfer Hafen. Das Modell wird zum Gegenstand der These von Ralph Nader.

⇨ Die Schweizer Illustrierte verkündet stolz: «Dank einer für die Schweizer Presse einmaligen Leistung können wir Farbbilder der am Autosalon präsentierten Fahrzeuge zeigen, noch bevor die Tore der Veranstaltung geschlossen werden». Auf dem Titelblatt: Ein Chevrolet Camaro mit allen Sicherheitseigenschaften. Zweikreis-Bremssystem, energieabsorbierende Lenksäule, Armaturenbrettpolsterung, selbsttragende Karosserie.

die Hälfte der Kandidaten eine normale Reaktionszeit aufweist, 25 Prozent reagieren schneller und 25 Prozent langsamer.

Sicherheitsprioritäten

Zur gleichen Zeit tritt ein neues Schweizerisches Strassenverkehrsgesetz in Kraft. Es verbietet etwa das Überqueren von ausgezogenen Mittellinien, im Gegensatz zu unterbrochenen Linien. 1965 kommen die ersten Alkoholtest-Geräte zum Einsatz, vor allem aber ist es das Jahr des weltweiten Bewusstseins über die Gefahren im Strassenverkehr. Mit der Zunahme der zugelassenen Fahrzeuge und der Zahl der Unfälle nehmen sich die Autohersteller des Themas Sicherheit an. Der amerikanische Anwalt Ralph Nader veröffentlicht in der Zeitung The Nation seine «Akte Corvair». Sie wird das erste Kapitel seines Buchs Unsafe at Any Speed (Unsicher bei jedem Tempo). Er verurteilt die schlechte Strassenlage des Corvair. Die Kritik hat einen solch deutlichen Effekt auf die Zulassungen, dass Chevrolet den Verkauf des Modells einstellt. Präsident Johnson reagiert auf die während 25 Jahren 1,5 Millionen im Strassenverkehr Getöteten und verabschiedet im September 1966 die «Safety act»-Sicherheitsgesetzgebung.

Der TCS sieht in die Zukunft und empfiehlt zwölf Sicherheits-Ausrüstungen, über die jedes Auto verfügen sollte: Sicherheitsgurten wenigstens vorn; beim Unfall ungefährliche Lenksäulen und Lenkräder; der Geschwindigkeit und der Ladekapazität angepasste Reifen; leicht erreichbare Bedienungselemente; mindestens einen Aussenrückspiegel; Scheibenwischer; Sicherheitsschlösser; keine vorstehenden Kanten und Bleche im Innenraum und an der Karosserie; verstellbare Sitze; verriegelbare Sitzlehnen; wirksame Heizung und Belüftung; ein Bremssystem, welches das vorzeitige Blockieren der Hinterräder verhindert.

Der Club gibt sich aber damit noch nicht zufrieden und zählt die Ausstattungen auf, die in den nächsten Jahren in die Fahrzeuge eingebaut werden sollten: Sicherheitsgurten für alle Insassen; in die Sitzlehnen integrierte Kopfstützen; solide Stossstangen auf Normhöhe; Sicherheitssitze oder Gurten für Kinder; feuerabweisende Innenraummaterialien; Warnblinker; ein Antiblockier-Bremssystem; unfallgeschützten Treibstofftank; Zweikreis-Bremssysteme; eine steife Fahrgastzelle, die aber Aufprallenergie absorbieren kann; besseres Windschutzscheiben-Verbundglas, das nicht splittert.

Am Salon 1968 formulieren 90 Vertreter europäischer und japanischer Hersteller ein Begehren an die Regierungen zur Verbesserung der Fahrzeug- und Strassensicherheit und fordern den offiziellen Beitrag zur Aufklärung der Bevölkerung. In den USA sind 1968 die Normen der «National Highway Traffic Safety Agency» in Kraft getreten und werden 1969 ausgeweitet (betreffend Pneus, Bremsen, Windschutzscheiben). Alle neuen oder importierten Fahrzeuge sind diesen neuen Bestimmungen unterworfen.

Autobahnbau

Die Sicherheitsfragen sind um so dringlicher, als sich das Strassennetz weltweit ausdehnt. So wird im Landesausstellungsjahr 1964 die Autobahn zwischen Genf und Lausanne eröffnet. Zur gleichen Zeit werden die ersten Leitplanken und

Notrufsäulen auf deutschen und auf schweizerischen Autobahnen installiert. 1967 werden die ersten eidgenössischen Autobahnraststätten eingeweiht. Die Zahl der in der Schweiz zugelassenen Autos übersteigt eine Million.

Ein grosses europäisches Autobahnnetz wird angedacht. Dessen Bedarf ist vielerorts zu spüren, aber drei Hindernisse stehen einem echten internationalen Fernstrassennetz im Weg: die Politik, die Europa in zwei Lager teilt; die Finanzierung, die den Bau jeder neuen Autobahn hinauszögert; sowie die bergige Topographie, auch wenn die Eröffnung des Grossen-St.-Bernhard-Tunnels 1964 und des Mont-Blanc-Tunnels 1965 als erste Siege der Strassenbauer gegen die Natur zu sehen sind. Man spricht bereits über einen Tunnel unter dem Ärmelkanal, der England mit dem Kontinent verbinden würde.

James Bond 007 ab 1962. Die Co-Stars sind Sunbeam Alpine *(Dr. No)*, Aston Martin DB5 *(Goldfinger* und *Im Dienst Ihrer Majestät)*, Toyota GT2000 Cabriolet *(Du stirbst nur zwei Mal)*, dann Hornet, Lotus und BMW. Andere Filme der Epoche zeigen das Motorfahrzeug als Symbol der Freiheit, wie *Easy Rider* von Dennis Hopper (1969) oder *Macadam Cowboy* von John Schlesinger (1969), oder aber als Alptraum in *Week-end* von Jean-Luc Godard (1967).

In Genf wird am Quai du Cheval-Blanc das *Musée de l'Automobile, de la motocyclette et du cycle* eröffnet. Es ist auf das Engagement des Sammlers Charles Marcoux zurückzuführen.

Automobil und Erotik

Wenn das Automobil die Realität abstreift und in die Welt der Phantasie eintaucht,
dann assimiliert es die Kraft und die Erotik, wie etwa 1964 mit dem Entstehen des ersten Pirelli-Kalenders, oder dem Film-Zusammenspiel mit

Automobil und Gesellschaft | **171**

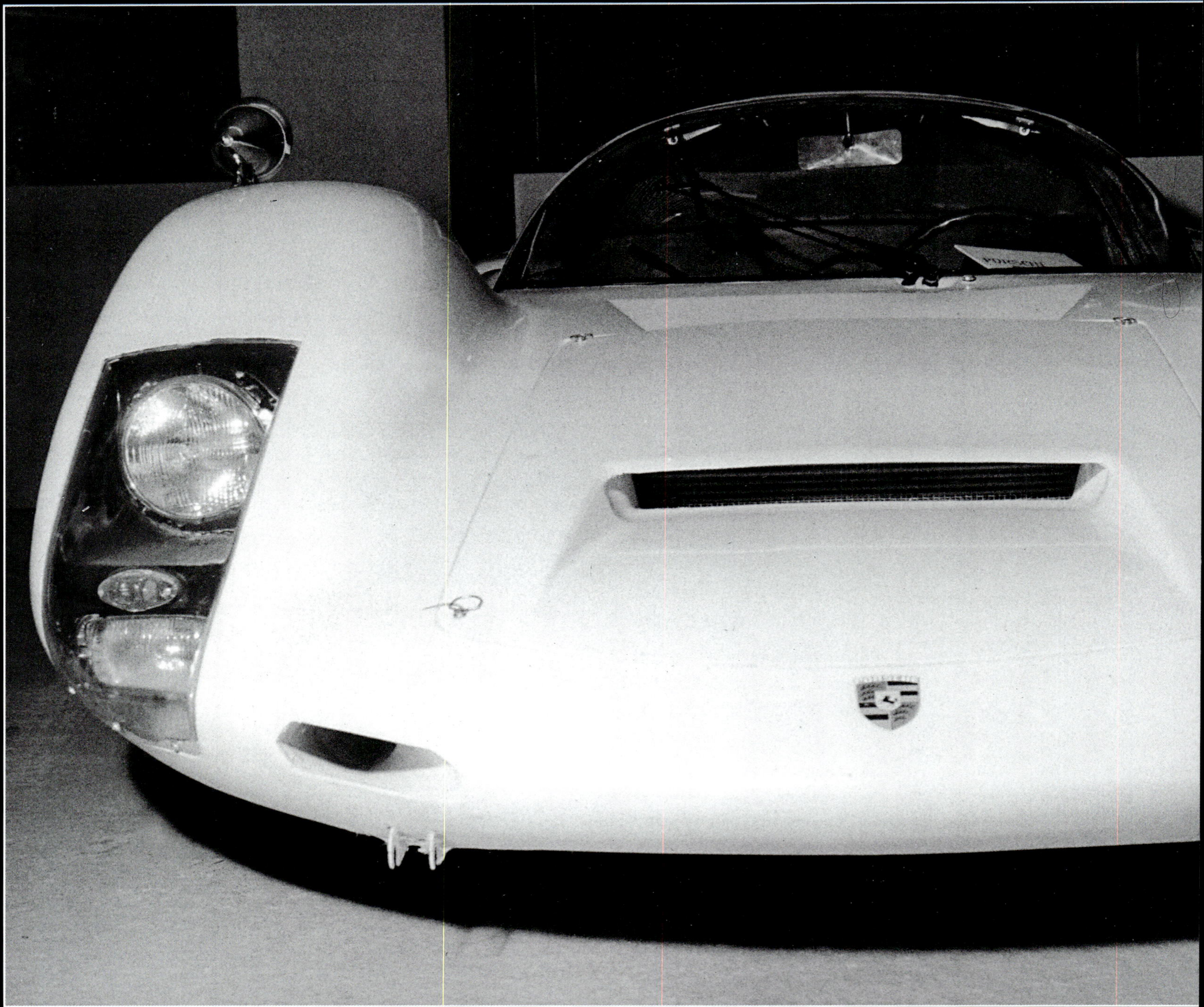

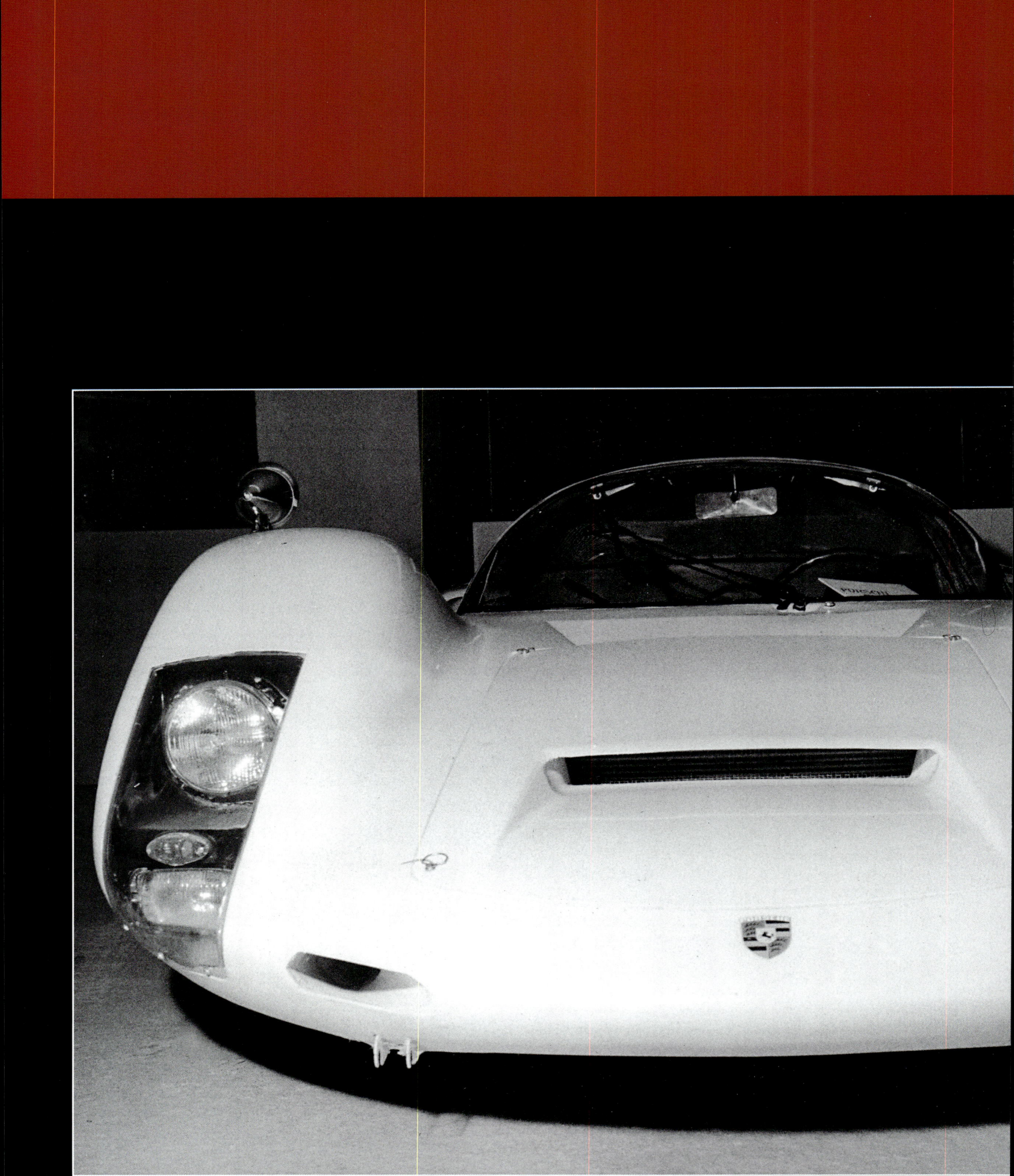

Rennsport

1960
1969

Die Sicherheitsbedenken machen auch vor dem Rennsport nicht Halt, ganz besonders nach den tödlichen Unfällen der ersten Weltmeisterschaften.

Formel 1

Ab 1962 – und bis 1965 – wird der Hubraum der Rennwagen auf 1,5 Liter beschränkt, mit dem Gedanken, dass die geringere Leistung der Sicherheit zuträglich sei. Ferrari ist das einzige Team, das wirklich bereit ist, mit 1,5 Liter Hubraum anzutreten. Die englischen Teams fühlen sich benachteiligt, und mit Recht: Die WM 1961 ist ein spannender Zweikampf zwischen den Ferrari-Piloten Phil Hill und Wolfgang von Trips. Hill gewinnt den Titel unter tragischen Umständen in Monza, als der Wagen von Trips von der Piste abkommt und gegen eine mit Zuschauern besetzte Böschung prallt. 14 Zuschauer und der aus dem Rennwagen geschleuderte Fahrer finden den Tod.

1962 wird der Schotte Jim Clark zum neuen Star im Lotus Type 18, der ultraleicht gebaut wurde und als Vorläufer moderner Rennwagen gelten kann. Clark gewinnt die Weltmeisterschaften 1963 und 1965 und verpasst den Titel zwei Mal nur knapp, bevor er 1968 auf dem deutschen Hockenheimring ums Leben kommt.

Die WM 1964 ist weit umstrittener, mit drei englischen Fahrern auf Tuchfühlung bis zum Grossen Preis von Mexiko. Am Ende triumphiert John Surtees im Ferrari. Das Rennen sieht auch die Premiere eines asiatischen Rennwagens, und der Honda gewinnt im kommenden Jahr den GP Mexiko, der auch der letzte der Formel 1500 ist.

Zu dieser Zeit sind sich alle Einsitzer in Aussehen und technischem Aufbau sehr ähnlich. Die zehn Läufe zur WM weisen quasi einen Gleich-

⇧ Porsche bringt 1966 ein neues Wettbewerbsfahrzeug heraus, den Carrera 6 mit Sechszylindermotor und 1991 cm³, obenliegenden Nockenwellen und 210 PS an der Bremse. Die Karosserie besteht aus glasfaserverstärktem Polyester.

⇧ 1962 fordert der Journalist Henri-François Berchet Georges Filipinetti auf, ein «Schweizer National-Team» des Rennsports aufzuziehen, um den jungen Schweizer Piloten Jo Siffert zu fördern. Der ACS hält nichts von der Bezeichnung «national» für ein Privatteam, und es wird auf Vorschlag von Claude F. Sage Scuderia Filipinetti getauft. Als Emblem dient das Wappen des Schlosses Grandson, dem Sitz des Teams. Sechs Jahre lang, bis zum Tod des Gründers am 3. Mai 1973, sind die rot-weissen Autos auf den Rennstrecken der ganzen Welt anzutreffen. Hier Georges Filipinetti und Enzo Ferrari beim Handschlag.

1960
1969

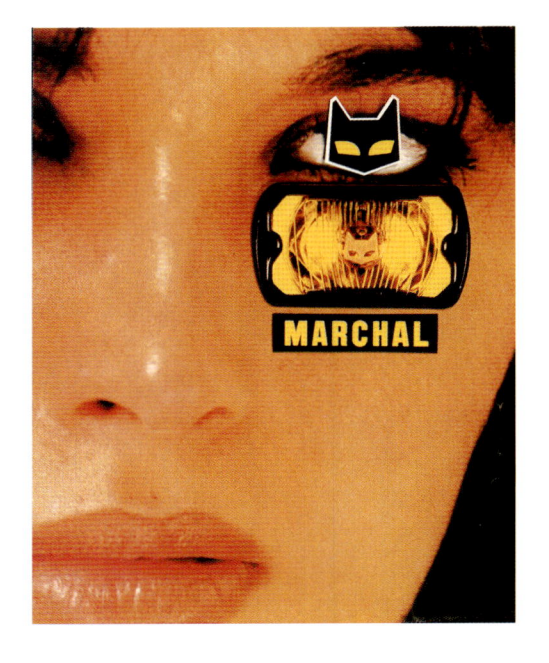

⇧ Henry Ford II gratuliert Claude Marchal zum Sieg seines Produktes bei den 24 Stunden von Le Mans 1963.

⇧⇧ Die Werbung von Marchal entwickelt sich. Zunächst hatte die Schwarze Katze, das Symbol der Marke, Zündkerzen als Pupillen. Jetzt sind die Augen der jungen Twisterin der 60er Jahre in Form einer Katze modifiziert.

⇗ Ferrari 250 P5, ein provokatives Einzelstück von 1968. «Mein Vater versuchte seine kreative Intuition mit Produkten von ausgezeichneter Qualität zu verknüpfen… Ferrari war die schönste Gelegenheit, die sich ihm bot: eine noch junge Marke, die sich aber bereits sportlichen Ruhm und Prestige erworben hatte, und die ihm erlaubte, etwas wirklich Neues zu entwerfen. Kein anderer Auftrag, auch nicht von den angesehensten Marken, hätte ihm dermassen viel Freiheit gelassen und Stimulation beschert. Ferrari war eine Königin mit noch nicht entwickelten Zügen, und mein Vater hatte die Intuition, ihr eine klar definierte Physiognomie zu verleihen. «Seine» Ferrari wurden zum Symbol des Sportwagens par excellence. Das war das Ideal, das er anstrebte.» Sergio Pininfarina, «Zeuge und Akteur», 1990.

stand zwischen Ferrari, BRM, Lotus, Brabham, Cooper, BRP und Honda aus. Alle verwenden einen 1500er V8, die Leistungen liegen zwischen 200 und 210 PS. Einspritzungen verdrängen die Vergaser, und die meisten Chassis werden durch selbsttragende Monocoque-Karosserien ersetzt.

Die WM 1966 ist für einen Hubraum von 3 Litern offen, aber die Hersteller brauchen eine Zeit, die Wagen den höheren Leistungen anzupassen. Brabham gewinnt 1966 und 1967 und muss die Ehre in den folgenden zwei Jahren Lotus mit Graham Hill und Jackie Stewart überlassen.

Sportwagenrennen

Die Tragödien bei den Rennen halten die Sicherheitsüberlegungen im Vordergrund. Man sieht zu viele Wagen, die schneller und schneller, aber auch gefährlicher und schwerer zu beherrschen sind. Die Sportbehörde schafft die Kategorie Prototypen, die 1962 erstmals an den 24 Stunden von Le Mans teilnehmen. Diese Fahrzeuge müssen in Serie gebaut werden, bestimmte Dimensionen einhalten und strengen Zulassungsbestimmungen entsprechen, aber die Praxis sieht anders aus. Statt Vorläufer von werksgebauten Gran Turismo zu werden, bleiben diese Prototypen mit zwei Sitzen, aerodynamischer Karosserie mit Stummelheck ein Selbstzweck für die Rennstrecke; gelegentlich ist gar nicht nachvollziehbar, dass der Hersteller

je ein entsprechendes Serienmodell planen würde.

Für die Tourenwagenrennen müssen die Fahrzeuge folgende Bedingungen erfüllen: Herstellung von 1000 einheitlichen Modellen punkto Mechanik und Karosserie in zwölf aufeinander folgenden Monaten (ab 1966 werden 5000 Einheiten verlangt), laufende Produktion oder nicht mehr als vier Jahre nach Produktionsende. Es ist allerdings nicht realistisch zu glauben, dass die Tourenwagen mit ihren Serienmodellen identisch wären. Die Leistungssteigerungen erfolgen etwa über andere Auspuffanlagen, Stossdämpfer und Räder. Die Serienwagenrennen sind in den USA unter der Bezeichnung «Stock cars» besonders beliebt. In Europa führt die FIA die Tourenwagen-Meisterschaften ein.

Sport-Rennwagen

Die FIA-Kommission schafft 1968 die Kategorie Sportwagen mit Hubraum bis 5 Liter, basierend auf einer Kleinserie von 25 Stück. Ford erfüllt die Bedingungen mit dem GT 40, ebenso wie Ferrari. Die angezettelte Schlacht geht zu Gunsten von Ford aus. Die Amerikaner setzen sich 1968 und 1969 bei den 24 Stunden von Le Mans durch, bevor sich Porsche 1969 bis 1971 mit dem 917 in Szene setzt. Die Stuttgarter haben das Modell klammheimlich entwickelt und in 25 Einheiten produziert. Es wird 1969 am Salon von Genf vorgestellt. Der 917 wird vom ersten luftgekühlten

12-Zylinder-Boxer der Marke angetrieben und erreicht mehr als 330 km/h Höchstgeschwindigkeit.

Auf der technischen Seite setzen sich die von Lucas entwickelten Transistorzündungen in den Rennmotoren durch. Die Reifenaufstellfläche übersteigt etwa bei Firestone 20 cm, während die Raddurchmesser kleiner wurden. Die Bodenhaftung ist um so grösser, je mehr Kautschuk auf die Fahrbahn zu liegen kommt.

Die Rennwagen der Saison 1968 haben Frontspoiler, Heckflügel mit verstellbarem Neigungswinkel und bewegliche Schürzen, welche den Druck und damit die Bodenhaftung verbessern (ein Teil der Vorrichtung ist über hydraulische Schalter verstellbar).

Am Genfer Salon 1969 wird der Sigma Grand Prix gezeigt, ein Prototyp eines sicheren Rennwagens, der durch eine internationale Arbeitsgruppe auf Initiative der *Automobil Revue* von Pininfarina gebaut wurde. Das Fahrzeug soll nicht nur die technische Sicherheit für Wettbewerbswagen, sondern auch für Serienautos fördern.

Ende der 60er Jahre tauchen die ersten Sponsoren in der Formel 1 auf. So trägt der Lotus die Farben der Zigarettenmarke «Gold Leaf».

⇧ Grosser Preis von Mexiko 1965. Erster Sieg von Honda in der Formel 1.

⇧⇧ 1964 nimmt die Scuderia Filipinetti mit Herbert Müller und Claude F. Sage im Porsche 904 GTS an den 24 Stunden von Le Mans Teil. Sage, Vizepräsident des Salons von 1997 bis 2003, dann Präsident von 2003 bis 2005, war damals Redaktor bei der Revue Automobile und will beweisen, dass ein Journalist am 24-Stunden-Rennen teilnehmen kann. Das Team kommt auf den 11. Rang des Gesamtklassements und wird 3. in der Kategorie mit 309 Runden, oder 4155,830 km mit 173,160 km/h Durchschnitt.

◊ 1969 wird am Genfer Salon der Sigma Grand Prix präsentiert, ein von der Automobil Revue initiiertes Projekt. Ferrari ermöglichte die Realisierung mit technischer Beratung und mit der Zurverfügungstellung der mechanischen Komponenten. Pininfarina zeichnete für den Aufbau verantwortlich.

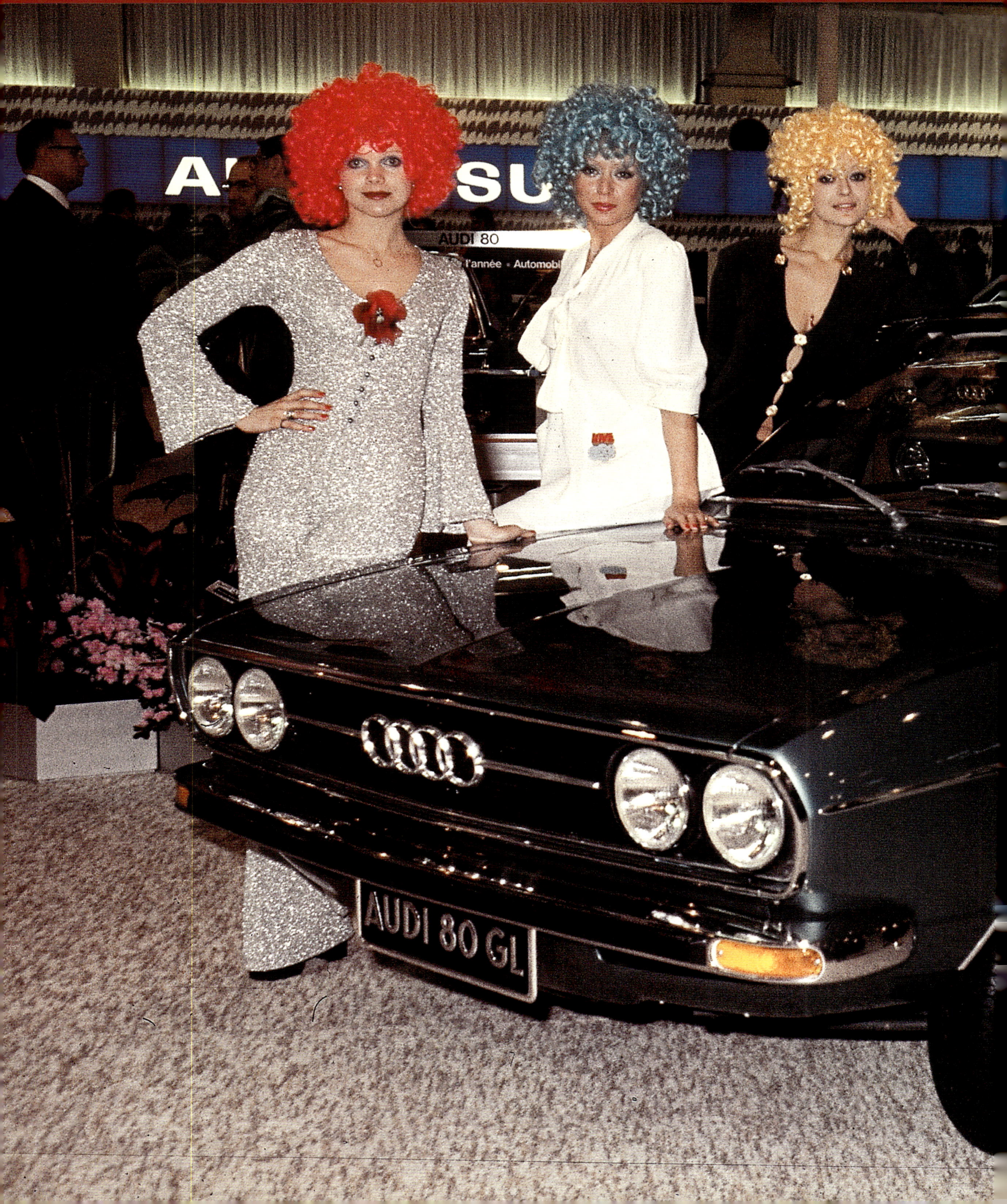
AUDI 80
AUDI 80 GL

1970
1980

BAUMGARTNER
WEPLA
BOSCH
50 1924 1980
LONGINES
CYCLES 1er ETAGE et HALLE 4
MOTOS ACCESSOIRES
VOLVO
FIAT
FORD
OMEO

1970
1980

Geschichte
des Salons

Die Konkurrenz zwischen den europäischen, amerikanischen und japanischen Herstellern führt in den 70er Jahren zu weitreichenden finanziellen und industriellen Restrukturierungen. Es sind die Anfänge dessen, was später Globalisierung genannt werden soll. Aber es sind auch Rezessionsjahre, besonders nach der Ölkrise von 1973. Die erdölproduzierenden Länder erhöhen den Rohölpreis um 68 %, was die Autoindustrie stark zu spüren bekommt. Europa und die USA werden sich ihrer Abhängigkeit vom Öl bewusst und realisieren, dass die Zeit des billigen Benzins vorbei ist. Was die Automobilverkäufe anbelangt, sind die traditionellen westlichen Märkte gesättigt, und die Versprechen der Entwicklungsländer und der Ostblockstaaten ist Zukunftsmusik.
Bescheidenheit ist angesagt: die Hersteller müssen neue Sicherheitsauflagen, Lärm- und Abgasreinigungsnormen erfüllen und Funktionalität statt Höchstleistungen bieten.

Um die Platzprobleme zu lösen, wird der Salon 1970 zum ersten Mal seit 41 Jahren wieder in zwei Anlässe aufgeteilt: die Nutzfahrzeuge vom 31. Januar bis 8. Februar, die Personenwagen vom 12. bis 22. März. Die Lösung findet Anklang bei Ausstellern und beim Publikum, und der Salon verzeichnet wieder Höchstmarken bei Besucherzahlen und Verkäufen. 34 Architekturbüros folgen 1972 dem Aufruf des Salons und unterbreiten ein Projekt für das Palexpo; 11 Entwürfe kommen in die nähere Auswahl und 5 werden erworben. Die Kriterien für den Wettbewerb: Harmonie mit der Umgebung; rationelle Organisation der Gebäude mit Ausbaumöglichkeit; flexible Zugänge und Parkflächen; Struktur, Aussen- und Innenarchitektur; wirtschaftliche Realisierung und Betrieb. Im September gewinnt das Projekt «Troene» der Architekten Georges Brera und Jean-Jacques Gerber. Der Bau des neuen *Palais des Expositions* unter Salonpräsident Francois Péyrot ist eingeleitet. Péyrot gilt als aussergewöhnlich energisch und dabei bescheiden. Er wurde 1918 in eine Architektenfamilie geboren und verfolgt eine politische Karriere; zuerst 1961 als Genfer Staatsrat, dann 1971 als Nationalrat. Sein Interesse an Bauprojekten führt zu seiner Berufung als Leiter des Departements für öffentliche Bauten. Er tritt 1962 dem Stiftungsrat des Salons bei, übernimmt die Präsidentschaft nach dem Tod von Raymond Deonna 1973, und amtet bis 1986.

⇧ Gesamtübersicht vom Salon 1973. Die Hallenmitte ist immer mit besonderer Aufmerksamkeit dekoriert.

⇧ Fahnendekorierte Fassaden entlang dem Boulevard du Pont d'Arve.

Geschichte des Salons | 179

1970
1980

⇧ Die Tombola stellt jedes Jahr eine grosse Attraktion dar, denn es gibt täglich ein Auto zu gewinnen, und sogar zwei an den Tagen mit Abendöffnungszeiten.

⇗ Vor seinem Bau ist das Palexpo Gegenstand verbissener politischer Kämpfe.

Salonfrequenz

Das Salonkomitee diskutiert wieder lebhaft die Frage der Häufigkeit der Salondaten. Die Genfer sehen hinter dem vorgeschlagenen Zweijahresmodus eine Gefährdung des Salons in ihrer Stadt. Sie können aber auf die Unterstützung mehrerer starker Deutschschweizer Persönlichkeiten zählen. Robert Braunschweig, Chefredaktor der *Automobil Revue*, verteidigt in einer brillanten Rede die jährliche Durchführung der Veranstaltung. 1974 meint Dr. Peter Suter im Namen der UPSA, dass es «verhängnisvoll wäre, vom jährlichen Modus des Salons abzuweichen. Wir gehen in eine Rezession, und es wäre unvernünftig, in einem Moment mit langstehenden Traditionen zu brechen, wenn sich viele sichere Werte auflösen. Das Automobil braucht heute mehr denn je die Werbewirkung, die ihm der jährliche Internationale Autosalon von Genf bietet.»

Um die seit 1960 währende Debatte abzuschliessen, treffen sich das Salon- und das Ausstellerkomitee am 17. April 1975 zu einer Sondersitzung. Die Teilnehmer hören nochmals die wirtschaftlichen, technischen, sozialen und politischen Argumente der beiden Seiten. Sie stimmen mit 44 gegen 18, bei zwei Enthaltungen, für die Beibehaltung des jährlichen Autosalons. Die Befürworter des internationalen Renommees bei Profis und Öffentlichkeit, der Genfer und der Schweizer Wirtschaft, der Ausstellerprofite und des Veranstaltungserfolgs haben sich gegen die Spargelüste in schlechten Zeiten durchgesetzt. Der Fokus kann auf das Gelände Sarasin und den Bau des Palexpo gerichtet werden.

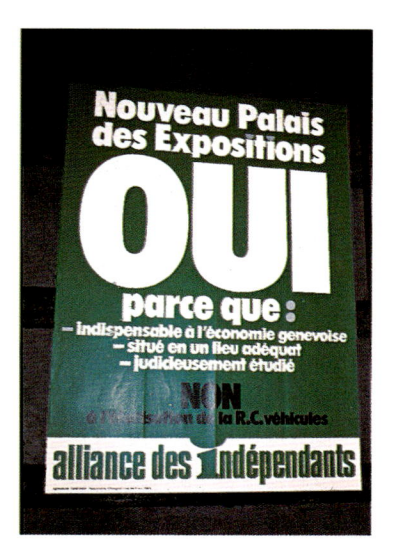

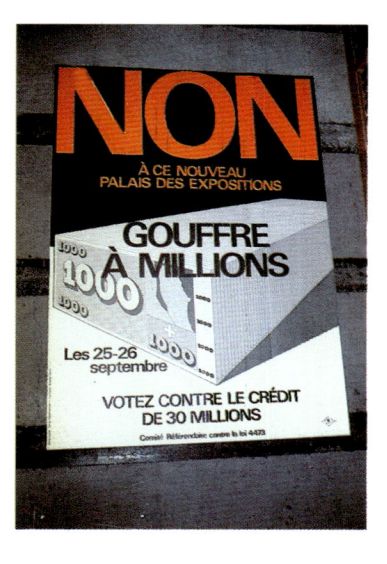

Referendum zum Palexpo

Der Kredit über 30 Millionen Franken vom Grossen Rat für das künftige Palais veranlasst die Gegner, ein Referendum gegen den Bau des Palexpo zu unterbreiten. Sie brauchen 7000 Unterschriften in Genf, bringen aber 16'000 zusammen. Die Kampagne wird mit Demonstrationen, Pamphleten, Leserbriefen und sich hitzenden Ansprachen lanciert. Die Gegner sind aus der Anwohnerschaft von Grand-Saconnex, Geschäftsleute des Quartiers Plainpalais, Umweltschützer, die rechtsextreme Partei Vigilance (als einzige politische Partei, die sich gegen das Projekt stellt) und einige Arbeiterbewegungen. Für die einen gilt es, Grünflächen zu erhalten, für andere kommen extravagante Projekte während einer Wirtschaftsflaute ungelegen. Gewisse Gegner glauben nicht, dass Genfs Prestige vom Autosalon abhängt; ein Umbau oder eine Renovation des gegenwärtigen Palais sei die bessere Lösung. Wieder andere behaupten, dass der Profit nur in private Hände fallen würde, dass das Budget unterschätzt oder dass die Rentabilität des Baus nicht sichergestellt sei.

Die Befürworter kontern, dass das Projekt auf festen finanziellen Füssen stehe, und dass es in der Rezession für die Genfer Wirtschaft unabdingbar sei. Die Kosten belaufen sich auf 110 Millionen, 45 Millionen davon sind Kantonsgelder. Die Hälfte des Geländes Sarasin (110'000 m²) wird als Grünfläche erhalten, während die Gebäude 50'000 m² überdachte und 15'000 m² Freiluft-Ausstellungsfläche bieten. Dazu kommen Restaurants und Mehrzweckhallen, wie ein Kongresszentrum mit 2000 Plätzen und Büros sowie 1800 Parkplätzen im Untergeschoss. Das aktuelle *Palais des Expositions* ist nicht nur zu klein, zu alt und technisch ungenügend, sondern trägt auch zur Verstopfung des Stadtzentrums bei.

Palexpo würde Genf auch zum Ausstellungs- und Fremdenverkehrszentrum machen. Die Stadt ist seit langem auf einem internationalen Kreuzweg, hat Genf doch im 14. und 15. Jahrhundert Messen organisiert und seine Rolle im 20. Jahrhundert als Sitz der grossen internationalen Organisation ausgedehnt.

Damit sich die Bürger eine eigene Meinung bilden können, wird ein Modell ausgestellt. Es finden öffentliche Debatten zwischen beiden Lagern statt, man erstellt Informationsstände, verteilt Prospekte, lädt die Pressevertreter ein. Gelegentlich kommt es gar zu Handgreiflichkeiten. Die Auseinandersetzung ist nichts Neues: im 15. Jahrhundert wurden die Genfer durch Gegner eines neuen Getreidespeichers bei Molard aufgestachelt. Sie fürchteten, dass der Bau des Lagerhauses nur einer von vielen weiteren Grossbauten sein würde...

1970
1980

⇑ Offizielle Zeremonie zur Grundsteinlegung.

⇑⇑ März 1978. Die Gebäude nehmen Form an. Das ausgewählte Projekt für das neue Palais des Expositions sieht eine Hauptstruktur mit drei quer zur Startbahn des Flughafens stehenden Hallen vor, mit angefügten Zufahrtsstrassen und Strukturen.

Beginn der Arbeiten

Am 26. September 1976 stimmen die Genfer zu Gunsten des Neubaus eines Ausstellungsgeländes. Die Initiative wird knapp abgelehnt, mit 28'984 gegen 27'550 Stimmen, also einer Differenz von 1434 Stimmen. Einige Monate später wird ein Referendum der Geschäftsleute des Quartiers Plainpalais, die das Palais in der Nähe haben wollen, mit 7 zu 1 vom Tisch gefegt.
Die Planierungsarbeiten für das Palexpo beginnen im Juli 1977.

Im folgenden Jahr wird eine spezielle Technik verwendet, um das Dach aufzuziehen. Die Metallstruktur wird zunächst am Boden zusammengefügt, dann zwei Meter angehoben, damit die Techniker Beleuchtung, Lüftung, Brandverhütungssysteme und Isolation einbauen können. Schliesslich werden die 90 x 170 Meter grossen und mehr als 1500 Tonnen schweren Elemente auf die Tragstützen gehoben. Der Dachgiebel ist etwa 25 Meter über dem Boden. Die Gesamtheit der drei Dächer (für jede der Hallen) entspricht der Metallmenge des Eiffelturms.

Orgexpo

Im Mai 1976 wird die Stiftung Orgexpo gegründet. Sie soll die Veranstaltungen verwalten, die noch im *Palais des Expositions* durchgeführt werden, und sich um die Entwicklung des Immobilien-Grossprojekts Palexpo kümmern. Orgexpo setzt sich zusammen aus Vertretern des Autosalons mit Präsident Rodolphe Huser, der Sesam (Société d'exploitation des arts ménagers), dem Fremdenverkehrsamt, der Industrie- und Handelskammer, der Swissair sowie ande-

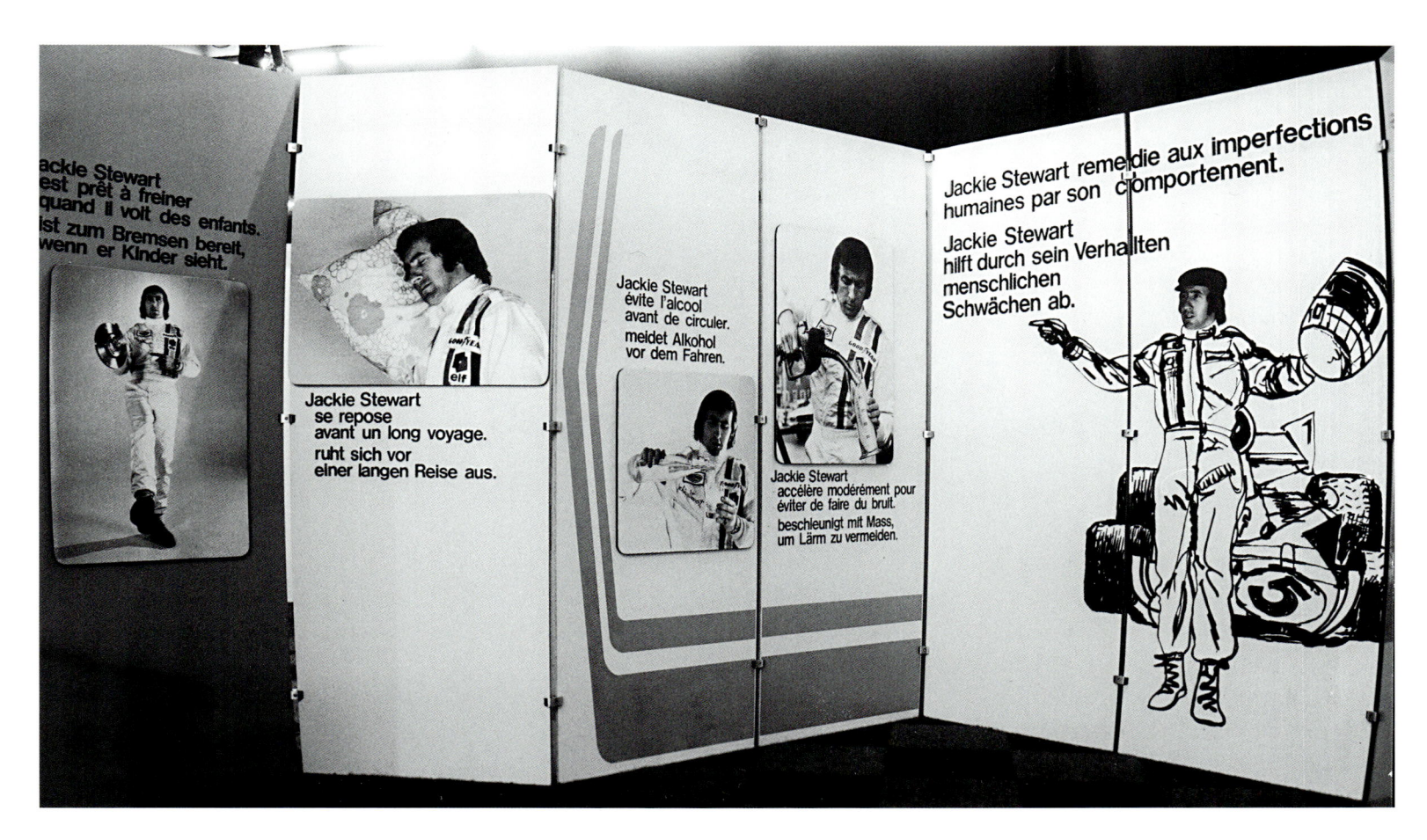

Schwergewichte Sicherheit und Umweltschutz

Das Thema Sicherheit führt zu aussergewöhnlichen Präsentationen. 1971 können sich Salonbesucher einem Frontalaufprall unterziehen – glücklicherweise angegurtet –, um die Wirksamkeit der Gurten selber zu erfahren. Die Passagierzellen zweier Austin Mini werden verstärkt und mit zwei progressiven Stossdämpferwülsten versehen, welche das Verformen der Karosseriefront beim Aufprall simulieren. Der Innenraum ist gepolstert und die Sitze weisen Kopfstützen und verstellbare Sicherheitsgurten auf. Fünfzig Insassen können jede Stunde am Versuch teilnehmen. Ohne Gurt wird der Passagier bei jeder stärkeren Verzögerung nach vorn gegen die Windschutzscheibe geschleudert oder rutscht mit zusammengepressten Knien vom Sitz und setzt sich Verletzungsgefahren aus. Angeschnallt ist der Aufprall für die Insassen weniger eindrücklich; sie fühlen deutlich den Druck des Schulter- und des Beckengurtes, der den Körper im Moment der Kollision im Sitz hält.

⇧ 1971. Die Beratungsstelle für Unfallverhütung (bfu), die Schweizer Rettungsflugwacht und die Schweizer Gesellschaft für Sicherheitsgurten bieten den Salonbesuchern eine spektakuläre Demonstration. Ihre Anlage lässt zwei Autos frontal aufeinander prallen, und die Versuchsteilnehmer erfahren am eigenen Leib, wie die Sicherheitsgurten bei der Kollision schützen.

⇧⇧ Nach seinem Unfall 1966 verschreibt sich Jackie Stewart der Sicherheitsverbesserung. Er wird der Fahrervertreter gegenüber den Sportbehörden im Bestreben um sicherere Rennstrecken. Er stellt seine Prominenz auch in den Dienst der Unfallverhütung im Strassenverkehr.

1970 1980

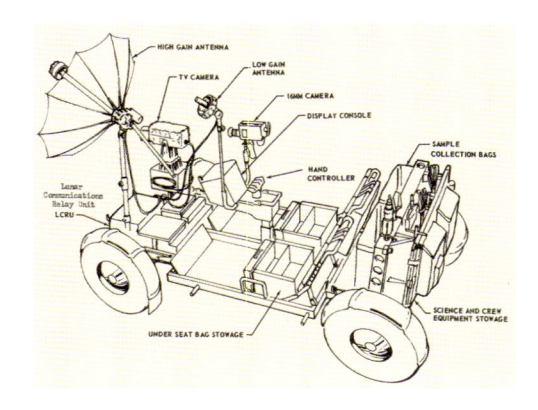

Präsident Deonna nimmt sich in seiner Eröffnungsrede 1972 des Problemkreises Luftverschmutzung und Lebensqualität im Zusammenhang mit dem Automobil an. «Das Auto ist zum gängigen Konsumgut geworden, was die Verkehrszunahme und die divergierenden Reaktionen der Öffentlichkeit gegenüber dem Privatverkehr erklärt. Manche halten das Automobil als einzig für Lärm, Luftverschmutzung, Unfälle und die Strassenverstopfung in den Städten verantwortlich. Die Probleme können nur mit gemeinsamen Anstrengungen von Privatpersonen, Gesetzgebern und Industrie gelöst werden.» Raymond Deonna fordert zudem strengere regelmässige Motorfahrzeugkontrollen und das rigorose Ausmerzen der nicht verkehrstüchtigen Autos.

In diesem Sinn führt der Salon 1972 eine Ausstellung durch mit dem Thema «Unsere Luft in Gefahr?» Wer hätte gedacht, dass dieses delikate Problemfeld im Rahmen einer Autoausstellung behandelt werden könnte. Die Präsentation erklärt die Rolle der Luft in unserem Leben; welches die giftigen und harmlosen Gase sind, die durch Motorentreibstoffe produziert werden; wie die Behörden den Abgasen den Kampf angesagt haben – in der Schweiz noch in bescheidenem Masse – und die von der Industrie getroffenen Massnahmen. Es gibt Ratschläge, wie Autofahrer Abgase reduzieren können. Die Jagd ist offen auf Kohlenmonoxid, unverbrannte Kohlenwasserstoffe, Sulfate, Ozon und Blei. Die Probleme sind in der übermässigen Fahrzeugkonzentration in den Städten und in den häufigeren Staus und Kolonnenfahrten begründet.

Das abgasfreundlichste (und langsamste) Fahrzeug am Salon ist das Lunar Roving Vehicle (LRV). Das Vehikel wird für die nächste Mondexpedition verwendet, kostete 19 Millionen Dollar und wird von Batterien betrieben, die auf der Erde geladen werden. Im Kontrast dazu weist das mächtigste Auto am Salon, der Cadillac Fleetwood Sixty Special Brougham, 8 Zylinder und 7729 cm^3 Hubraum auf…

1973 gibt es eine Sonderschau zur Sicherheit. Salonpräsident Raymond Deonna hatte selbst das Thema ausgewählt; tragischerweise kamen er und seine Gattin am 10. September 1972 bei einem Verkehrsunfall zwischen Lausanne und Genf ums Leben. Ihr Wagen wurde von einem ausser Kontrolle geratenen Fahrzeug auf der Höhe von Allaman gerammt.

Apéro und Canapé

Die Jahre 1970-1974 sind der Lebensfreude gewidmet. Die Hersteller sparen nicht an Appetithäppchen und Geschenken, um Medien und Prominenz anzulocken. Eine böse Zunge kritisiert anonymerweise den Essensüberschuss, den Champagner und die an den Presseanlässen verteilten Souvenirs: «Es ist vielleicht, weil die Schweiz keine eigentliche Autoindustrie hat, dass die Hersteller aller anderen Länder die Eidgenossen einladen, mittels gastronomischer Festlichkeiten am Autoboom teilzuhaben.» Der Satiriker Squibbs spottet besonders über die «Mitesser», die sich an den Buffets breit machen: «Jedes Jahr schicken die Hersteller einen Spitzenmanager zu einer der vielleicht fünfzehn Pressekonferenzen, die zu Essorgien auszuarten drohen […]. Man staffiert die Bankettahllen der noblen Genfer Paläste aus und lässt die Firmenvertreter über ihre Werke und Neuheiten sprechen. Sie informieren über die politischen Absichten und Handelsziele, ihre Schwierigkeiten und Fortschritte in der Schweiz und weltweit. Das alles ist sehr interessant und sogar faszinierend. Aber gleichzeitig stopft sich die Hälfte der Gäste mit Würstchen und Whiskey voll, hört nicht zu und spricht fast so laut wie der Redner. Kein Wunder, dass diese ausgehungerten Esser den ausgestellten Neuheiten und anderen Modellen kaum Aufmerksamkeit schenken; die Buffetgraser und selbstdeklarierten Schreiberlinge tauchen in die Menge der Eleganten und Noblen ein, die den Ton angeben. Die Konferenz ist nichts anderes als eine Abendgala. Die Ansprachen werden durch Filmvorführungen ersetzt, und es gibt sogar Geschenke, um die man sich reisst.»

Die Autofirmen machen grosse Anstrengungen, um das Publikum anzuziehen: Ein Feld gelber Tulpen für die Präsentation des Citroën GS, ein Wasserbecken mit Spritzdüsen bei Ford, Bilder

◊ Der riesige Stand von General Motors präsentiert einen Nachbau des Lunar Roving Vehicle, das von den Astronauten der Mission Apollo XV verwendet wurde. Das elektrisch angetriebene Gefährt rollt auf seltsamen Rädern, die mit Metallgeflecht versehen sind. Das sehr leichte LRV wurde im Auftrag von Boeing bei der GM-Tochter Delco Electronics gebaut und weist Zink-Silber-Batterien für eine Reichweite von 92 km auf.

⇧⇧ Die Zeitung La Suisse hat von Anfang an den Salon unterstützt und sich stark für den Bau des Palexpo eingesetzt. Jedes Jahr gibt es auf ihrem Stand eine unterhaltsame Attraktion zu sehen.

kontrollierter Drifts am Rallye Monte Carlo bei Alpine, ein Film über Sicherheit bei Volvo.

Als erster Salon nach der Ölkrise steht die Veranstaltung 1974 im Zeichen der Sparsamkeit und Nüchternheit. Die Hersteller meiden das Spektakuläre, und die einzigen zwei Weltpremieren sind VW Scirocco (Coupé-Ableitung des Passat mit Heckklappe) und Ford Capri II (Heckklappe, einzeln umlegbare Sitze). Beide setzen auf Funktionalität und erhöhten Nutzwert.

Shows und Wettbewerbe

Die einzigen, die allen Vorzeichen zum Trotz lachen, sind die Kinder, die immer als erste zur Salonöffnung kommen. Sie stehen jedes Jahr früher auf und campen vor dem Eingang, um einen Preis aus den Händen von Salondirektor Rodolphe Huser zu ergattern. Der Gewinner von 1977 hatte acht Stunden vor der Türe ausgeharrt. Er gewinnt ein Skiliftabonement und eine lebenslange Eintrittskarte zum Salon.

Ende der 70er Jahre macht man sich Gedanken über neue Unterhaltungsmittel am Autosalon. Die *Automobil Revue* schlägt 1978 vor, die ausgestellten Autos immer offen zu halten, mehr Musik, Forumsdiskussionen, Widmungsveranstaltungen, Filme, Wettbewerbe und andere Animationen vorzusehen. Man müsse «eine echte Publikumsbeteiligung anstreben und ein umfassendes Schauspiel organisieren, das während der gesamten Öffnungszeit stattfindet.» Die Besucher verweilen im Durchschnitt während vier Stunden, und mehr als die Hälfte kommt zum Autokauf oder zu dessen Vorbereitung. Nur 20 % sind Frauen, und 35 % kommen aus der Deutschschweiz.

1980 kehren wieder bessere Zeiten am Salon ein, und die fünfzigste Ausführung wird mit Stolz gefeiert. Mehr als 2 000 Journalisten berichten in diesem Jahr von der Veranstaltung. Das Salonplakat ist ein Werk des Schweizer Künstlers Hans Erni, und die Post legt eine Sonderbriefmarke auf, wie dies bereits zum 25. Jubiläum vorgemacht worden war.

1970
1980

⇧ Alle Geschäfte der Stadt feiern das fünfzigste Jubiläum des Salons mit einem automobilen Thema in ihren Schaufenstern. Von links nach rechts und von oben nach unten: Schweizer Bankverein; Motorphilex an der Rue des Corps-Saints; Confiserie Mercure, rue du Marché; Papeterie Brachard, la Corraterie. In den Strassen der Altstadt zeigt die Société Générale d'Affichage ausgezeichnete Plakate zum Thema.

⇨ Ein Geburtstagskuchen, der mehr als 200 kg wiegt und der den Geist der Salonorganisatoren versinnbildlicht. Abgesehen vom Konkurrenzdenken spannen die Vertreter aller Marken, aller Kantone und aller Länder zusammen, feiern den Anlass in kreativer Umgebung und tragen durch den Erfolg ihrer Marke zum Gelingen der gesamten Veranstaltung bei.

1970
1980

Geschichte des Salons | 187

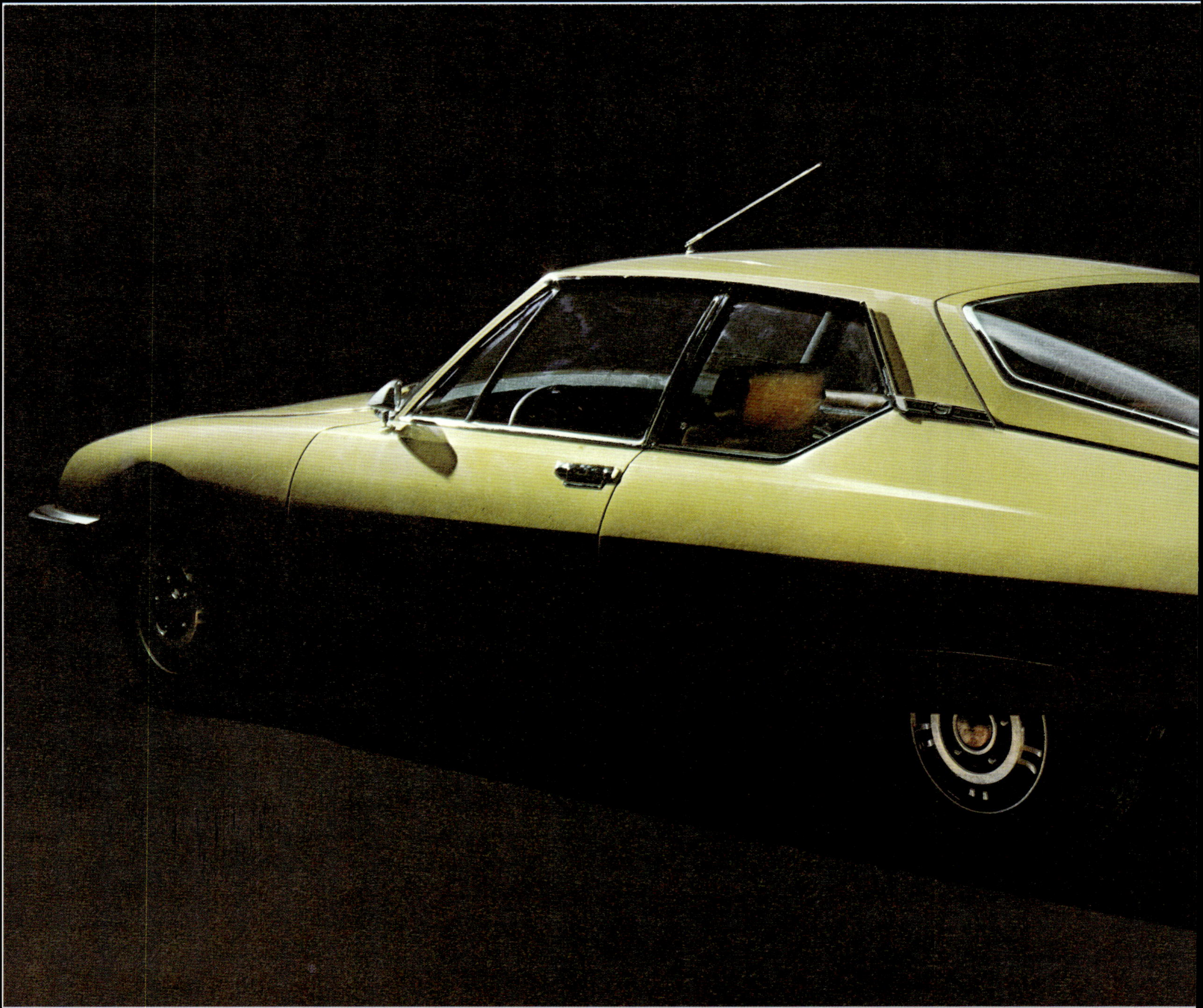

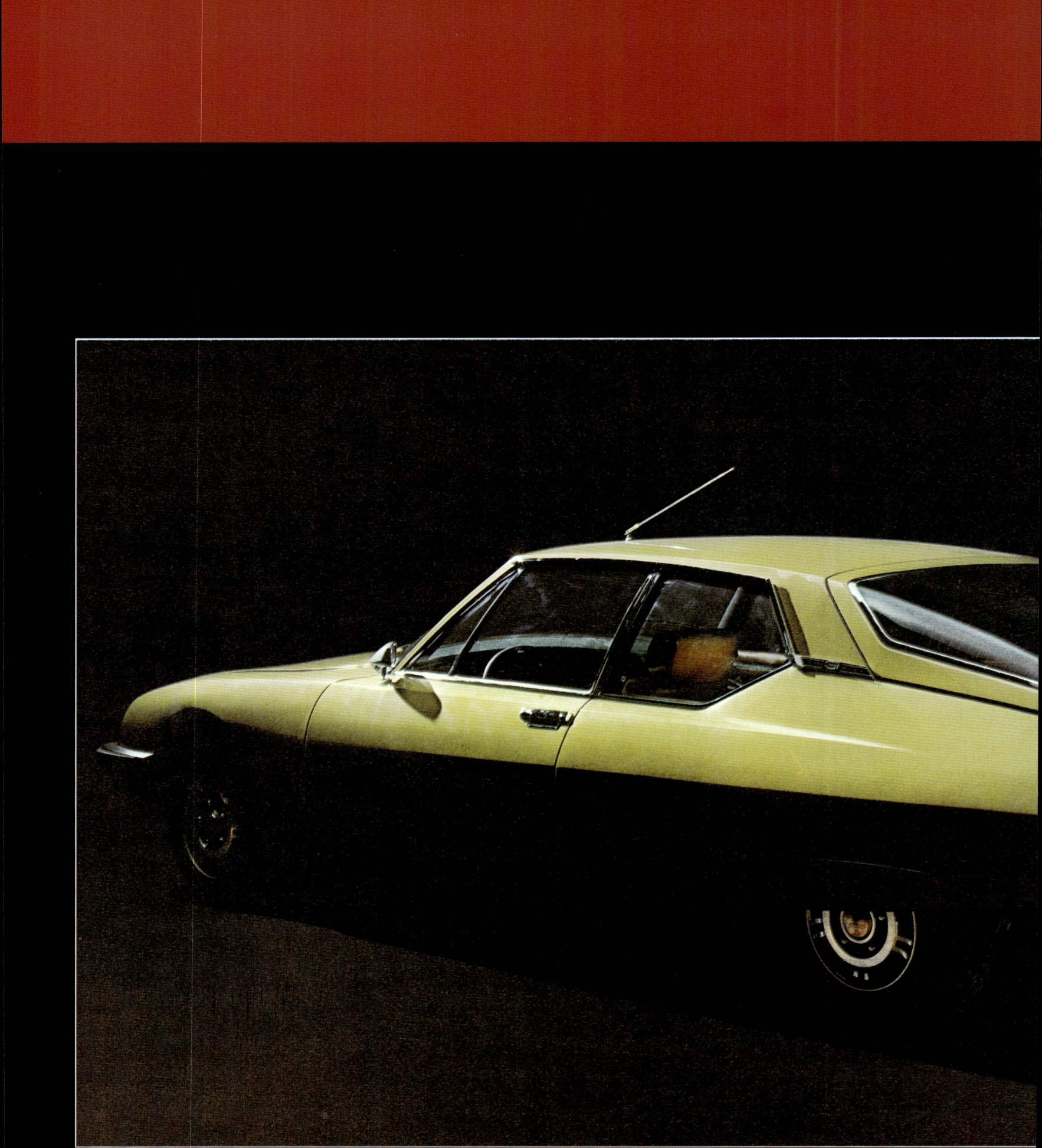

1970–1980
Automobil-industrie

Nach den Unruhen vom Mai 1968 und nach dem Vietnam-Krieg bekunden die europäischen und amerikanischen Autos Mühe, sich zu definieren. Sie mischen Töne und Themen und verlieren allgemein an Ausdruck. Dennoch tauchen gelegentlich aussergewöhnliche Modelle auf. Das ist der Fall bei der grossen Premiere des Salons 1970: Citroën präsentiert im Hotel President den revolutionären SM. Ein V6-Leichtmetallmotor mit obenliegenden Nockenwellen von Maserati treibt die Vorderräder über ein 5-Gang-Getriebe an. Die variable Servolenkung wird mit zunehmender Geschwindigkeit schwergängiger, was dem Fahrer den Eindruck besserer Präzision vermittelt. Für die Federung ist die inzwischen bekannte Hydropneumatik zuständig. Der SM ist für ein Sportcoupé ziemlich geräumig und kann vier Erwachsene mit bestem Komfort verwöhnen.

Rover stellt eine neue Art Fahrzeug vor, mit vier angetriebenen Rädern und der Fähigkeit, auch unwegsames Gelände zu überwinden. Doch das wirklich Neue am Range Rover sind die Fahreigenschaften auf befestigter Strasse, und nicht die militärischen Wurzeln: Strassenlage, Leistung, Innenraumkomfort. Er entwickelt sich zum Statussymbol.

Traumwagen

Unter die Besonderheiten fällt der Excalibur 35 X, eine von Guy Storr realisierte Replik eines Bugatti der 30er Jahre, sowie der Ford Fairlane als 500 Station Wagon. Die Hecktüre wird auf «Magic door gate» getauft und kann nach Aussen abgeklappt oder an seitlichen Scharnieren aufgeschwungen werden. Die Heckscheibe ist

⇧ Der Citroën SM weist unter der Haube einen Maserati-Motor aus Leichtmetall mit vier obenliegenden Nockenwellen auf und hat Vorderradantrieb und ein 5-Gang-Schaltgetriebe. Die variable Servolenkung wird mit zunehmendem Tempo schwergängiger und bietet damit gute Rückmeldung.

⇧ 1972 präsentiert Rover ein neues Geländefahrzeug, den Range Rover. Dieser ist ein Land-Rover, der aber punkto Komfort und Karosserie weit näher an der traditionellen Limousine ist. Der V8 Motor leistet 156 PS und erlaubt 150 km/h Höchstgeschwindigkeit.

1970 1980

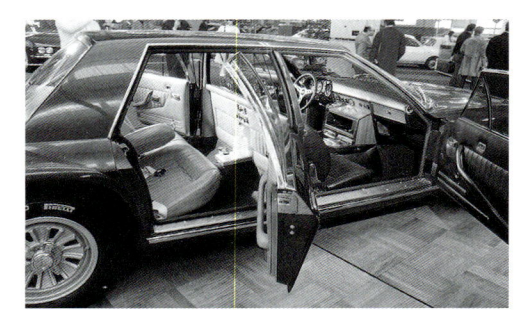

⇧ Luxuriöses Lederinterieur mit Bar im Monteverdi 375/4. Weltpremiere 1971.

⇩ Der Renault 5 ist einer der bekanntesten Kleinwagen der 70er Jahre. Er unterscheidet sich durch seinen längs eingebauten Motor, der schon im 4, 6 und 12 mit verschiedenen Hubräumen zur Anwendung kam. Er ist ebenso geeignet für Stadtfahrten wie für den Einsatz auf dem Land.

versenkbar, und bei umgelegten Sitzen entsteht eine Ladefläche von 226 cm Länge.

Anfang der 70er Jahre sind die Designer noch nicht durch Sicherheits- und Sparvorgaben eingeschränkt und können an Prototypen ohne Verkaufsabsichten arbeiten. Diese Autos werden je nach Zeit und Ort «Idea cars», «Concept cars» oder «Dream cars» genannt. Sie sind futuristisch und entsprechen mehr der Utopie als der Realität. Ein Beispiel ist der Modulo, ein Monolith aus zwei Schalen mit Ferrari-Mechanik. Pininfarina zeigt diese mit 93 cm Höhe ultraflache Kreation 1970 als Weltpremiere in Genf.

Der Maserati Bora stellt einen ästhetischen und technischen Höhepunkt der luxuriösen Sportwagen seiner Zeit dar. Weitere Publikumsmagnete sind der Alfa Romeo Montreal, ein Sportler mit hohen Fahrleistungen, und der Monteverdi Hai 450 SS (Verkaufspreis 100'000 Franken).

Wirtschaftliche Autos

Kleine Autos fallen aus der Gunst, ausser wenn sie als Zweit- oder Drittwagen für Kurzstrecken in der Stadt eingesetzt werden. Eine Ausnahme bildet der Renault 5, der sich ab seinem Debüt 1972 zu einem der meistverkauften Autos Europas entwickelt. Der sympathische Stil, die Leistungsfähigkeit in der Stadt und Überland gefallen einer neuen Kundenschicht: den berufstätigen, unabhängigen Frauen. Der R5 verfügt über verformbare Kunststoffstossstangen und kann als günstige Grundversion oder als spritziger und luxuriöser GTL geordert werden. Der kuriose Gremlin ist von American Motors als Antwort auf den Erfolg der Importwagen auf dem US-Markt gedacht.

Welches sind die günstigsten Modelle von 1971? Gemäss der *Automobil Revue* kosten nur zwei Autos weniger als 5000 Franken: der Citroën 2 CV und der Fiat 500. Für tausend Franken mehr liegen ein Mini, ein Fiat 850, ein Renault 4, ein Triumph Herald oder ein Simca 1000 drin. Zwischen 6000 und 7000 Franken vergrössert sich die Auswahl

190 | 100 Jahre Automobile Fortschritte

auf Opel Kadett, Fiat 128, VW Käfer, Ford Escort und Daf 33. Diese Preisklasse ist auch das Betätigungsfeld der kleinen japanischen Autos wie Datsun 1000, Honda 600 N, Mazda und Toyota.

Globalisierung

Die kleinen Modelle von Chrysler zwischen 1971 und 1977 sind ausländischen Ursprungs. Der Plymouth Cricket ist nichts anderes als ein Hillman Avenger, und diverse Mitsubishi werden als Plymouth Arrow oder Dodge Colt verkauft.

Während Amerika versucht, in Europa Fuss zu fassen, vielerorts Fabriken baut sowie kleinere Modelle vorstellt, belegen die Japaner den weltgrössten Markt. Sie verfügen nun über eine komplette Zulieferindustrie mit Reifen, Vergasern, Elektrikanlagen, Bremsen und Nebenaggregaten. Die robusten und einfach zu wartenden Autos vereinen Qualität und Zuverlässigkeit. Sie entsprechen den Erwartungen der Käufer in Sachen Technik, Stil, Grösse und Abgaswerten. Zum gleichen Preis wie ein europäischer Wagen bietet das Japan-Modell serienmässig eine Luxusausstattung wie etwa Rückfahrscheinwerfer und Scheibenwischer mit zwei oder drei Stufen. Rund 70 % der produzierten Fahrzeuge gehen in den Export.

1970 werden 15'028 japanische Autos in der Schweiz verkauft, 1971 sind es mit 28'761 fast doppelt so viele.

1973 wird der Honda Civic eingeführt, das erste Auto, das die ab 1974 geltenden Abgasnormen erfüllt (ohne auf einen Katalysator angewiesen zu sein). Sein CCVC (Compound Vortex Controlled Combustion) getauftes System wurde zur allgemeinen Überraschung vor allen anderen Herstellern zur Serienreife gebracht. Die optimale Verbrennung der Luft-Benzin-Mischung erlaubt eine Reduktion der giftigen Abgase auf ein Minimum. Der Civic ist unter den Japanern seiner Klasse auch ein Pionier des quer eingebauten Motors und des Vorderradantriebs. Er wird als Limousine und Kombi rasch ein weltweiter Bestseller.

⇧ Datsun. 1978.

⇩ Mazda-Werk in Hiroshima. Das erste Auto von Mazda, das Coupé R 360, geht auf 1960 zurück. Es wurde von Werkzeughersteller Tokyo Fugio gebaut, der 1920 gegründet wurde und ab 1931 Dreirad-Lastwagen herstellte. Tokyo Fugio wird 1984 zur Mazda Motor Corporation.

1970
1980

Krisen und Konkurse

Die Hersteller begnügen sich nicht mehr damit, eine Ausstattungsvariante jeden Modells anzubieten, sondern bauen ein ganzes Spektrum. So kann der Kunde innerhalb einer Modellreihe bei gleichem Grundfahrzeug zwischen einem Extrem und dem andern wählen. Das Aufkommen der rechnerunterstützten Entwicklung (Computer Aided Design CAD) erlaubt den Autofirmen, mehrere Kombinationen von Motor, Karosserie und Ausstattung vorzusehen.

Die Krise von 1973 trifft die ganze Industrie, besonders aber die der USA. Ford, der zweitgrösste Hersteller, schliesst kurzfristig 14 Montagewerke und 7 Lastwagenfabriken. Im Januar 1974 zählt man in Detroit 274'000 arbeitslose Autoarbeiter, oder mehr als 40 % der gesamten Branche. GM entlässt 91'000 Angestellte, ein Drittel des Personals. Das GM-Montagewerk in Biel schliesst ebenfalls seine Tore.

Im gleichen Jahr meldet Rolls-Royce Konkurs an, und die Firma wird zu Anteilscheinen von 90 Pence, damals 7 Franken, an die Öffentlichkeit verkauft. Die Automobilabteilung macht Gewinn, aber die Forschungs- und Entwicklungskosten des Luftfahrtsektors waren eine zu grosse Belastung für das Unternehmen.

Auch im «schwarzen» Jahr 1973 gibt es einige Neuheiten, wie den VW Passat, der eine Karriere von mehr als 30 Jahren antritt.

Die Neuwagenzulassungen in der Schweiz sind 1974 wieder tiefer. Der Aufschwung ist zäh und ungewiss, aber Honda Schweiz lässt sich in Genf nieder, und VW kommt mit dem designierten Käfernachfolger Golf heraus. Er ist völlig modern, mit quer verbauter Motor-Getriebe-Einheit, Schalthebel am Boden, kompakter Karosserie und von Anfang an mit fünf Türen lieferbar. Die ab 1976 angebotene sportliche Version GTI überzeugt mit Fahrleistungen, Handlichkeit, Robustheit und guter Strassenlage. Diesmal kann die ganze Familie transportiert werden. Der Golf ist das Werk von Ital Design, 1968 von Giorgetto und Aldo Mantovani gegründet, die mit der Verbindung von Stil und Funktionalität in die Reihen der grossen italienischen Designer vorstossen konnten.

Die Autoindustrie fährt etwas benommen aus der Krise, aber manche Hersteller kommen gleich mit Luxusautos heraus. Rolls-Royce enthüllt 1975 den Camargue (für mehr als 200'000 Franken), von dem 50 bis 60 Stück verkauft werden, noch bevor die Kunden den genauen Preis kennen. Er ist für eine jüngere Käuferschaft von Selbstfahrern gedacht und ist mit automatischer Klimaanlage und – wie immer – mit Edelholzarmaturenbrett ausgestattet.

Renault stellt mit dem 30TS eine Repräsentationslimousine vor, generiert aber nicht so viel Aufsehen am Genfer Salon wie Peugeot mit dem 604, einem Oberklassemodell mit Sechszylindermotor,

⇑ Der Peugeot 604 wird von 1975 bis 1986 produziert und hat den gleichen PRV-Sechszylinder wie der Volvo 760. 1974 hatten Peugeot, Renault und Volvo die Kooperation zum gemeinsamen V6 beschlossen.

⇑⇑ Die Allianz Peugeot-Citroën von 1974 reduziert die französische Autoindustrie auf zwei Konzerne. Hier der Renault 30, der mit dem gleichen PRV V6-Motor ausgestattet ist wie der Peugeot 604 und der Volvo 760/780.

⇑⇑⇑ «Wenn je ein Fahrzeug die Vielseitigkeit des Ford T erreicht, dann wird das der Ford Capri» schreibt Petersen's Import Buyer's Guide 1971. Das von Ford Europa in Belgien, Deutschland und Grossbritannien gebaute Coupé wird in den USA als Mercury Capri verkauft. Die Vierplätzer verfügen über Mac Pherson-Federbeine vorn, Zahnstangenlenkung und vordere Scheibenbremsen. Der letzte Capri läuft 1987 vom Band.

↗ Abschrankungen halten gewöhnliche Besucher von den Rolls-Royce fern. Die Marke symbolisiert mehr denn je Reichtum, Macht und Prominenz.

grösser, schwerer und luxuriöser als der 504. Peugeot hatte die Vorpremiere im letzten Moment entschieden, um Renault auszustechen; in den Verkauf gelangt der 604 erst im September. Das Duell zwischen den beiden grossen französischen Marken spielt sich gleichzeitig mit der Übernahme von Citroën durch Peugeot ab. Citroën soll auf eine finanziell gesunde Basis gestellt werden. Renault ist seit Jahren Marktführer auf dem französischen Markt, während sich Peugeot und Citroën um den zweiten Rang streiten.

Heckklappe und Rücksitzbank

Die amerikanischen Konzerne begehen neue Wege mit Autos wie dem Vauxhall Chevette mit zwei Türen und – erstmals bei einem Modell von GM Europa – einer Heckklappe. Der kurze, breite American Motors Pacer hat ein ungewöhnliches Design. Die Japaner wagen ebenfalls Ungewöhnliches: Toyota präsentiert den ersten modernen Minivan, den MP-1 mit seitlichen Schiebetüren, sechs drehbaren Einzelsitzen und behindertenfreundlichem Zugang. Subarus Evening Star für den amerikanischen Markt hat eine noble Ausstattung (Velourstoffe, Kunstleder, getönte Scheiben) und einen 1400er-Motor, der die US-Abgasgesetze erfüllt. Die Schlagworte der Stunde sind Heckklappen, Raumausnützung und variabler Einsatzzweck des Automobils. VW bringt 1974 den Scirocco zur Weltpremiere nach Genf. Er vertritt eine neue Generation von Coupés mit fünf Plätzen, zwei breiten Türen und grosser Heckklappe. 1976 präsentiert Honda den Accord, eine geräumige Limousine ebenfalls mit Heckklappe, aber mit umklappbarer hinterer Sitzbank für grössere Transportkapazität. Das Saab 99 Combi Coupé kommt mit fünf Türen, hinterer Klappe und drittem Seitenfenster.

Offenautos in Gefahr

Die Sicherheitsbewegung setzt den Cabriolets schwer zu. Aber auch die Kundenwünsche nach Stereo- und Klimaanlagen setzt die Offenen ins Abseits. Techniker bestehen darauf, Cabrios für den Insassenschutz mit Überrollbügeln zu versehen. Aber der offene Wagen ist ein Symbol der Alltagsflucht, der Freizeit, und verträgt sich nicht mit der Funktionalität. Die Openairfans lehnen das störende Strukturteil ab. 1970 werden in Genf lediglich fünfzehn Offenautos gezeigt, eines davon ist der Porsche Targa, der die neue Tendenz des abnehmbaren Dachs mit fester B-Säule und Heckscheibe aufzeigt. Sogar Cadillac stellt 1976 die Produktion seiner Cabriolets ein (sie werden 1984 wieder belebt). Aber während die Grosshersteller den Cabriomarkt vernachlässigen, bauen die Karosserieschmieden diese auf Bestellung. In den 80er Jahren kommen die Offenautos wieder: Cadillac Eldorado, Chevrolet Cavalier und Pontiac Sunbird 1984, Corvette 1986 und Camaro 1987.

⇧ Saab ist der erste Hersteller eines Grossserien-Turbomodells. Die Kraftspritze drängt sich durch die immer strengeren (und leistungsvermindernden) amerikanischen Abgasvorschriften auf.

⇧⇧ Der Pacer von American Motors ist eines der originellsten Autos seiner Zeit. Der 1975 gezeigte Wagen hätte ursprünglich mit einem Wankelmotor von GM ausgestattet werden sollen. Als dieser aber gestrichen wurde, setzte AMC auf einen eigenen Sechszylinder mit 3,8 und 4,2 Liter Hubraum. Die überbreite Käsglockenform der Karosserie überzeugt aber nicht viele Kunden und es werden nur 72 158 Exemplare zugelassen.

↘ Der von Giugiaro entworfene VW Golf ist das bedeutendste Auto des Jahrzehnts. Der 1978 lancierte Diesel ist besonders erwähnenswert. 1979 zeigt VW in Genf als Weltpremiere das Golf Cabriolet.

1970
1980

Zweikampf USA-Europa

Die Hersteller betreiben Fabriken in verschiedenen Ländern, um die Auswirkungen von Streiks, sozialen Unruhen und Wirtschaftskrisen zu verringern. Ford lässt sich in Deutschland, Spanien und Grossbritannien nieder. Chrysler verkauft 1977 sein erstes Weltauto unter verschiedenen Bezeichnungen in Europa und in den USA: der Simca Horizon wird zum Plymouth Horizon und Dodge Omni. General Motors produziert ab 1975 den Chevrolet Chevette, technisch eng verwandt mit dem Opel Kadett. Die Europäer Opel Ascona und Vauxhall Cavalier sind die Basis für Chevrolet Cavalier, Pontiac Sunbird, Oldsmobile Firenza und Buick Skyhawk.

Die Konkurrenzsituation ist äusserst schwierig für die europäischen Hersteller, denn die amerikanischen Konzerne haben Niederlassungen auf dem gesamten Alten Kontinent und steigern ihren Marktanteil auf 28 %. Die Amerikaner profitieren für ihre Mittelklasse- und Kleinwagen aus Europaproduktion auch von einem unterbewerteten Dollar. Die Europäer wehren sich mit dem Fiat Ritmo (1979), der grosse Plastikstossdämpfer und unabhängige Aufhängungen für alle Räder aufweist; aber auch mit dem Opel Senator/Monza, einer Oberklasselimousine mit 6 Zylindern, dem Lancia Beta, BMW 7er, Renault 18 Break, einem eleganten Familien-Freizeitkombi und vor allem ab 1980 mit dem Audi Quattro, dem ersten in grösseren Serien gebauten Personenwagen mit permanentem Allradantrieb. Die zukunftsträchtige Technik und die sportlichen Linien machen ihn zu einer der meistbeachteten Weltpremieren von Genf.

Asiatische Offensive

Die asiatische Industrie erobert weitere Anteile auf dem Weltmarkt. Chrysler interessiert sich als erste amerikanische Firma für eine japanische Beteiligung und übernimmt 1971 15 % des Kapitals der ein Jahr vorher gegründeten Marke Mitsubishi (drei Diamanten). Mitsubishis Debüt in der Schweiz erfolgt 1977. Toyota ist zum drittgrössten Autohersteller der Welt avanciert und stellt die neuen Modelle Cressida, Starlet, und besonders den Tercel vor, der eine

⇧⇧ Die koreanische Marke Hyundai ist ein Geschäftszweig eines Hochbau- und Schiffsherstellungskonzerns. Sie wagt sich 1975 mit dem von Ital Design entworfenen Pony an die Autoherstellung. Das veraltete Konzept mit hinteren Blattfedern und Hinterradantrieb verkauft sich dank niedriger Preise gut und wird in der Folge modernisiert.

⇧ Kia stellt 1974 als erstes Auto den Brisa S-1000 vor. In der Schweiz fasst die Marke erst zwanzig Jahre später Fuss.

⇗ Franco Sbarro nimmt 1972 erstmals am Genfer Salon teil und wird rasch zu einem der Animatoren der Veranstaltung mit seinen erstaunlichen, mutigen und gelegentlich provokativen Schöpfungen.

Europäisierung der Produkte einleitet: es handelt sich um den ersten Wagen mit Frontantrieb der Marke, mit rundum unabhängiger Aufhängung. Honda bringt den Prelude und den Accord, einen luxuriösen Viertürer.

Im Herbst 1980 haben die Japaner fast ein Fünftel des amerikanischen Marktes mit günstigen Preisen, gefälligen Formen, geringem Verbrauch und mit ihrer Anpassungsfähigkeit gewonnen. Die US-Hersteller kämpfen derweil mit Umweltnormen, Sicherheitsbestimmungen und Treibstoffreduktion. Erstmals in der Geschichte bauen die Japaner mehr Autos als die Amerikaner.

Kia («Asiens Wacht») wurde 1944 gegründet und ist Koreas ältester Autohersteller. Die Firma produzierte zunächst Motor- und Dreiräder, entwickelte 1973 ihren ersten Benzinmotor und präsentiert 1974 ihr erstes Auto, den Brisa. Er wird in der Pritschenversion auch exportiert. 1978 baut die Firma ihren ersten Dieselmotor in Serie und beginnt ein Jahr später mit der Lizenzfertigung von Peugeot 604 und Fiat 132.

Hyundai stellt 1977 das Modell Pony in Genf vor und kündigt den Europaexport an. Die koreanische Industrie wird durch einen kleinen Heimmarkt mit hoher Besteuerung benachteiligt und weist deshalb eine Überkapazität auf. Obgleich 1975 nur gerade 35 Automobile ausgeführt werden, erklärt die Regierung ihre Absicht, bis 1981 zu den zehn grössten Exportländern aufzusteigen. Und das atemberaubende Tempo übersteigt gelegentlich sogar die Vorhersage.

Schweizer Wiederbelebung

Die Schweiz feiert dank Monteverdi, Felber und Sbarro ihren Wiedereintritt zu den Autoproduktionsländern.

Monteverdi lanciert 1971 als Weltpremiere den High Speed 375/4, ein Luxuscoupé mit 7,2-L V8 von Chrysler und 230 km/h Höchstgeschwindigkeit. 1975 folgt das Cabriolet Palm Beach und ein Jahr später der Allrad-Geländekombi Safari. 1977 präsentiert der Basler die kräftige Limousine Sierra mit fünf Sitzen, Klimaanlage, elektrischen Fensterhebern, getönten Scheiben, Zentralverriegelung und Lederinterieur.

Der erste Felber ist Enzo Ferrari gewidmet und wird als grosse Premiere am Genfer Salon 1972 gezeigt. Trotz des Einstandspreises von über 90'000 Franken findet er zehn Käufer. Der Hersteller bringt 1977 auf Basis des Pontiac Firebird TransAm ein Cabriolet und ein 2+2-Luxuscoupé Excellence heraus. Speichenräder, grosszügig verchromte Front, aggressiver Seitenauspuff und Zweifarbenlackierung locken eine Kundschaft, zu der Prinzen, Emire und Jetsetter gehören. Auf Wunsch können die Instrumentennadeln und das FF-Signet auf der Motorhaube mit Edelsteinen besetzt werden.

Die aufsehenerregendsten Schweizer Autos kommen vom ehemaligen Chefmechaniker der Scuderia Filipinetti, Franco Sbarro. Er zeigt ab den 70er Jahren seine mutigen und gelegentlich provozierenden Gebilde am Genfer Salon. 1972 ist es die Weltpremiere des Safety Vehicle SV 1, eines sportlichen Coupés, das den amerikanischen Sicherheitsbestimmungen entspricht. 1973 präsentiert Sbarro das Coupé Stash, das auf Wunsch mit 147-PS-Turbomotor ausgestattet werden kann. Im gleichen Jahr kommt nach internationaler Kundenbefragung eine Replica des BMW 328 der Vorkriegszeit. 1978 können die Salonbesucher den Super Stash HS mit Kunststoffkarosserie und 6,7-L V8 von Mercedes bewundern, sowie den Windhound, den ersten Allradler der Firma. Kurz darauf eröffnet Franco Sbarro ein neues Werk in Grandson.

Sbarro interessiert sich auch für Elektroautos und kreiert 1977 die Karosserie des Pilcar, den der Genfer Victor Perrenoud mit Fiat-Mechanik aufbaut. Zwei Jahre später folgt der Elektrowagen Carville der Gesellschaft «Véhicules électriques Suisses» (VESSA), welche die Servicestellen für das Modell auszuweiten plant. Der Carville wird wie der Pilcar für 16'000 Franken angeboten und erreicht 85 km/h.

1978
1988

Allradmode

Ende der 70er Jahre kommen die Geländewagen gross in Mode. Sie werden vom Luxusfahrzeug bis zum Sparmodell in allen Variationen gebaut. Die für Schnee, Schlamm und Gelände nützlichen Fahrzeuge sind besonders bei Militär, Förstern, Bauern und Rallye- wie Offroad-Fans beliebt. Aber die Mehrzahl der Käufer braucht die besonderen Eigenschaften der Allradler gar nicht und begnügt sich damit, von den nun möglichen Expeditionen zu träumen.

Die Neuheiten umfassen etwa den Lamborghini Cheetah, einen robusten und leistungsfähigen Geländekombi mit grossem Chrysler-V8, Rohrrahmenchassis und Stoffverdeck. Das Schweizer Geländewagenangebot wächst mit Daihatsu Taft F10 und Aro 244 (aus Rumänien), Toyota Land Cruiser und Jeep Wrangler Golden Eagle, VW Iltis, Mercedes G («Gelände») und Monteverdi Safari. Nicht weniger als 16 Marken stellen 1980 Allradler in Genf aus, fünf Mal mehr als 1978.

Gegen Ende des Jahrzehnts tauchen auch vermehrt die «Function cars» mit sechs Rädern auf. Der erste ist ein Mercedes-Lastwagen, der in Genf als ein in ein rollendes Direktionsbüro umgebautes Fahrzeug präsentiert wird. Der Sbarro Function Car auf Basis des Cadillac Eldorado ist 710 cm lang, 205 cm hoch und wiegt drei Tonnen.

⇧ Geländekombi sind die grosse Mode am Salon 1979. Sogar Volkswagen macht mit und zeigt als Weltpremiere die Zivilversion des VW Iltis.

⇧⇧ Mit schier unzerstörbarem Chassis und genieteter, nicht rostender Alukarosserie kommt der Land Rover in den abgelegendsten Ecken der Welt zum Einsatz.

⇦ Die Schweizer Firma Monteverdi baut in den 70er Jahren den Luxus-Allradler Safari.

Automobile Signete

Mit der Vervielfachung der Modelle und Ausführungen ist Kreativität bei den Symbolen und Markenzeichen gefragt. Manche Hersteller benützen Monogramme, vor allem im Fall eines Doppelnamens wie Rolls-Royce, andere Signete (wie die Wildkatze von Jaguar), geometrische Formen (Rhombus von Renault, Doppelwinkel bei Citroën, Dreistrahlen-Stern bei Mercedes-Benz), Schriftzüge wie Fiat oder Ford sowie Tiersymbole für Kraft (Ferrari-Pferd, Peugeot-Löwe, Lamborghini-Stier).

Viele Markennamen erinnern an den Gründer: Citroën, Austin, Chevrolet, Dodge, Daimler, Opel, Peugeot, Porsche, Olds, Renault, Rolls und Royce und Benz. Andere sind Abkürzungen für eine Autofirma wie Alfa, Simca, Fiat. Modellnamen stammen aus verschiedenen Kategorien: Militär- und Seefahrtvokabular (Admiral, Commando, Chieftain, Escort, Kadett, Commodore, Kapitän, Major, Patrol) oder Adel (Le Baron, Crown, Dauphine, Imperial, Majestic, Marquis, Rex, Savoy, Windsor). Weitere Möglichkeiten sind menschliche Tugenden (Challenger, Civic, Cavalier, Dynamic, Elan) oder Städte (Deauville, Granada, Seville, New Yorker, Mannheim) und Geographie (Dolomite, Malibu, Riviera, Sahara, Skoda, Tatra, Volga), aber auch berühmte Rennen (Carrera, Daytona, Indy, Monza). Sie können einen Wind ehren (Bora, Khamsin, Passat, Scirocco, Zephyr) oder ein Tier (Mustang, Bagheera, Cougar, Tiger, Falcon, Bluebird, Barracuda), sich von der Astronomie inspirieren lassen (Gemini, Cosmo, Stratos, Polara, Nova, Zodiac) oder von der Mythologie (Apollo, Electra, Pallas, Elf, Demon) und Musik (Jazz, Accord, Prelude, Quintet).

⇧ Der Citroën-Stand ist jedes Jahr reich mit den Fresken von Salchli dekoriert.

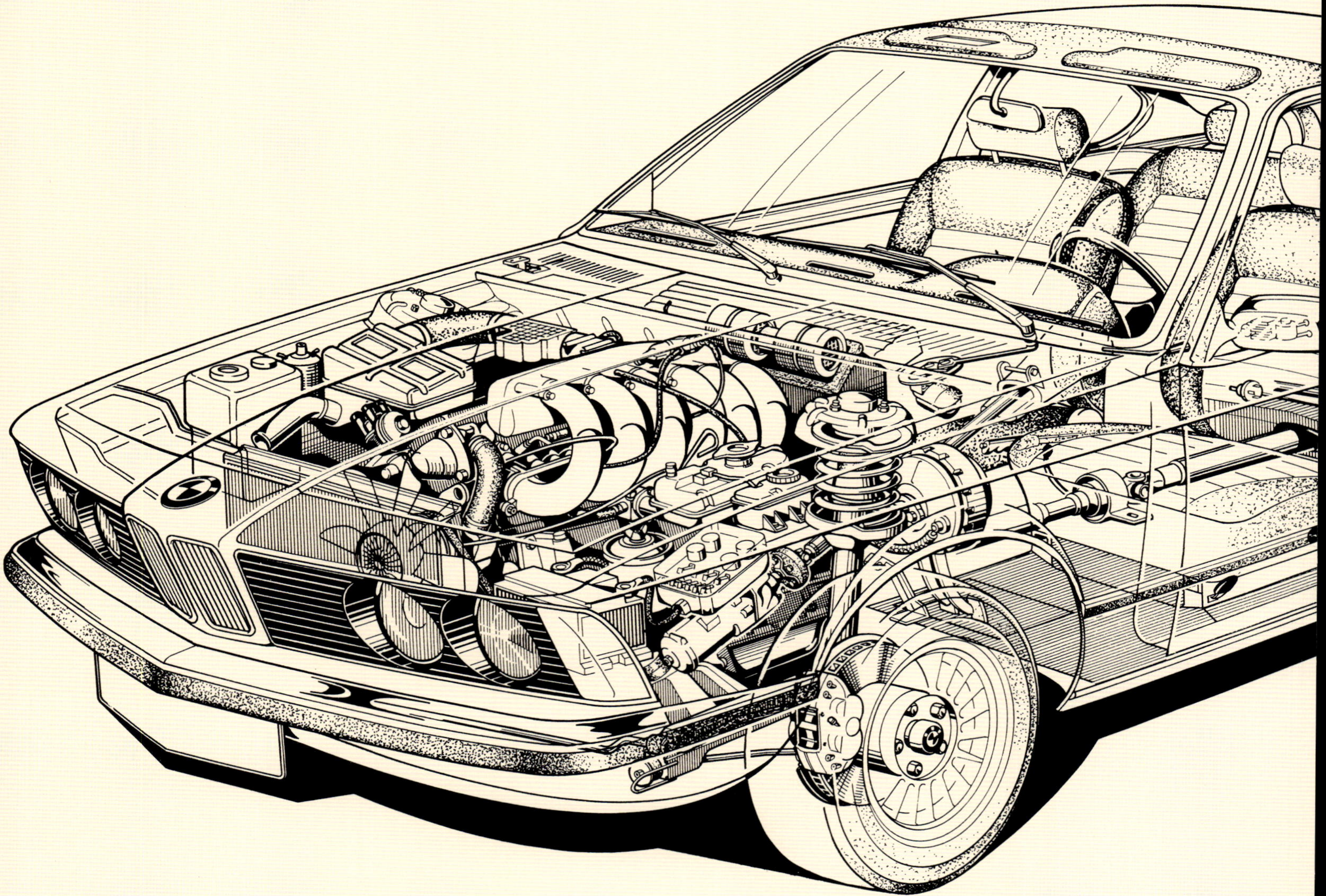

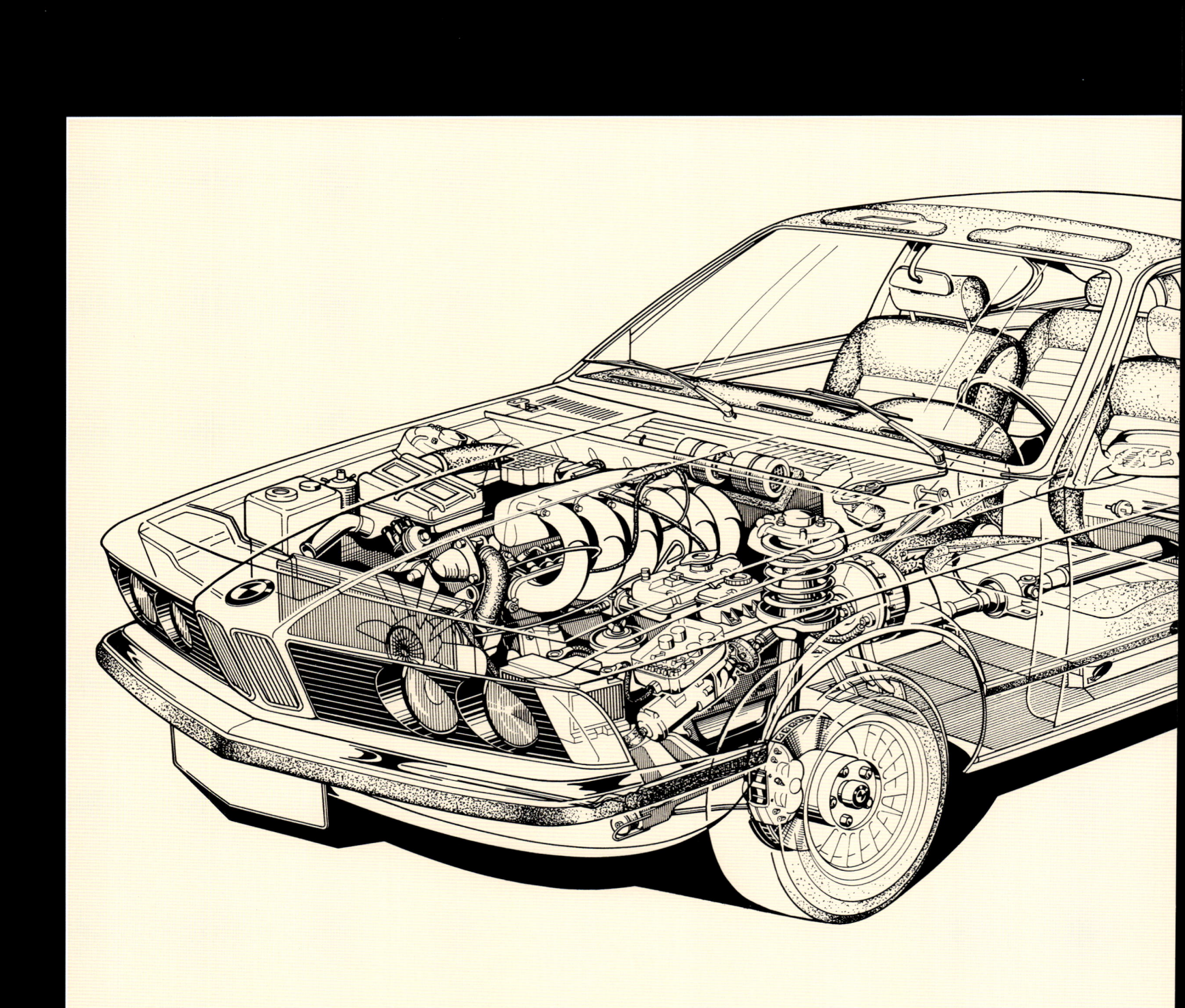

1970
1980

Technische
Fortschritte

Die 70er Jahre sind von den Nutzformen geprägt, insbesondere mit der Zweivolumenkarosserie (das traditionell für Gepäcktransport vorgesehene Heck ist durch eine Klapptür zugänglich). Die Fahrzeuge sind kleiner, verfügen aber über mehr nutzbaren Raum.

Die technische Forschung zielt auf geringere Abgase: Experimente an Zylinderkopf, Brennraum, Wärmeführung, chemische Katalysatoren im Abgastrakt, Vergaser mit Temperaturregelung und variabler Dosierung, elektronisch geregelte Einspritzung.

Turbo und Diesel

Neben den Abgasnormen müssen die Ingenieure ihr Augenmerk wegen der Benzinverteuerung auch auf den Treibstoffverbrauch richten. Der Motorwirkungsgrad wird verbessert durch angepassten Zylinderbrennraum, Ansaugtrakt, neue Einspritz- und Zündsysteme sowie durch Mikroprozessoren.

1972 stellt BMW in einem vom Franzosen Paul Bracq entworfenen Prototypen den ersten Turbo vor. Bei der mit diesem Motor versehenen Studie erbringt der Turbo durch Überdruck auf der Einlassseite mehr Leistung bei gleichem Hubraum. Ein Jahr später wird das System im BMW 2002 Turbo und 1974 im Porsche 911 eingebaut. Saab legt als erster Hersteller 1977 mit dem 99 Turbo eine Serienfertigung auf. Der Turbo verspricht eine besonders harmonische Einheit mit Dieselmotoren abzugeben. Peugeot zeigt 1979 den ersten Turbo-Diesel im 604. Die Turboaufladung mittels Abgasdruck erlaubt eine dichtere Zylinderfüllung und damit die Einspritzung einer grösseren Treibstoffmenge, was die

⇧ Schnittzeichnung des BMW 630 CS / 633 CSi, welche das neue Karosserie-Sicherheitskonzept der Marke veranschaulicht. Gut sichtbar der grosszügig bemessene Überrollbügel über der Fahrgastzelle, in die Struktur integrierte hintere Kopfstützen und der vergrösserte Kofferraum.

⇧ Houston, 1973. Dieser Pontiac 52 Custom hat handbemalte Sitze und eine Vielzahl von Chrom- und Zierteilen. Der Künstler, welcher mehrere Jahre in das Auto investiert hat, will anonym bleiben.

1970 1980

Verdichtung erhöht und für Mehrleistung sorgt. Der Turbo bedient sich der Auspuffgase. Die verbrannten Gase treiben eine Turbine an. Diese ist mit einem zweiten Turbinenrad verbunden, welches die Ansaugluft verdichtet und dem Zylinder zuführt.

Der PW-Dieselmotor findet ab 1974 grössere Verbreitung. Er kam schon seit den 30er Jahren bei Mercedes und seit den 60er Jahren in Nutzfahrzeugen von Peugeot zum Einbau und setzt sich trotz des höheren Produktionsaufwands in allen Anwendungen als wirtschaftlich durch. Nach Mercedes-Benz, Peugeot und Renault sind es Volkswagen, Ford, Audi und Opel, die mit Dieselversionen folgen. Einzig die Amerikaner bleiben gänzlich unbeeindruckt

Während Benzinmotoren zunächst das Luft-Treibstoff-Gemisch in den Zylinder ansaugen, ist es beim Diesel die Luft. Diese wird anschliessend verdichtet, was die Temperatur im Brennraum ansteigen lässt, so dass sie durch das mit Hochdruck eingespritzte Öl zur Verbrennung gelangt. Das Prinzip wurde von Rudolf Diesel entwickelt. Die Leistung ist bescheiden, aber der Treibstoff ist billiger als das Benzin. Dieselmotoren eignen sich besonders für Fahrzeuge im Langstreckenverkehr. Die Selbstzünder wurden bereits 1929 entwickelt, konnten aber besonders nach dem Zweiten Weltkrieg perfektioniert werden. Die Verbreitung in den 70er Jahren ist auf den geringeren Verbrauch zurückzuführen. Die Entwickler gewinnen dem Prinzip mehr Leistung ab, haben aber noch an Lärm, Vibrationen, Gewicht, Geruch und vor allem an den Kosten zu arbeiten. Die Mehrkosten eines Dieselmotors sind erst nach einer langen Einsatzdauer amortisierbar.

Andere Neuheiten

Zur gleichen Zeit kommen vermehrt 5-Gang-Schaltgetriebe in schnellen Autos zum Einbau, und der Wankelmotor findet mehr Beachtung. Seine erste sportliche Anwendung erfolgt im Mazda 110S von 1967 bis 1972, quasi als Versuchslabor, bevor der Drehkolbenmotor in einigen wenigen Serienautos eingebaut wird.

Man sieht nun vermehrt Scheibenbremsen, welche die Vorteile geringeren Gewichts, besserer Kühlung, der Selbstreinigung und des vereinfachten Unterhalts bieten.

1978 bauen BMW und Mercedes-Benz das ABS (Antiblockier-System) von Bosch in manche ihrer Fahrzeuge ein. Alle anderen Hersteller folgen schnell nach und bieten das System serienmässig für die Oberklassemodelle und gegen Aufpreis bei den übrigen Autos an. Die Vorrichtung verhindert das Blockieren der Räder bei einer Vollbremsung. Sobald sich ein Rad festfährt, gibt ein Sensor die Information an einen Mikroprozessor weiter, der den Bremsdruck für einen Sekundenbruchteil zurücknimmt. Auf trockener Fahrbahn verringert das ABS nicht die Anhaltedistanz, aber bei Nässe verhindert es lange Rutschpartien mit blockierten Rädern und das Fahrzeug bleibt kontrollierbar.

Bosch ist die dominante Firma bei den Kontrolleinheiten elektronischer Einspritzungen und führend bei den modernen Zündsystemen. Man sieht mehr und mehr Digitalanzeigen, die aber nicht immer so gut ablesbar sind wie Analoginstrumente. Sie eignen sich besser für Anzeigen mit langsam wechselnden Werten (Thermometer, Ölstand, Uhr). Die Fahrzeughersteller müssen auch Prioritäten setzen zwischen wichtigen, stets sichtbaren Armaturen-Informationen und solchen, die nur periodisch angezeigt werden müssen. Es gibt die ersten sprechenden Anzeigen, die etwa «zu tiefe Öltemperatur» melden oder den Fahrer anweisen: «Bremsflüssigkeit kontrollieren».

Ford offeriert 1976 serienmässig ein Sicherheitspaket mit Radialreifen, automatisch aufrollenden Sicherheitsgurten, einstellbaren Kopfstützen, Verbundglas-Windschutzscheibe, beheizter Heckscheibe, Halogenscheinwerfern, Rückfahrlicht und blendfreiem Innenrückspiegel.

Beurteilungskriterien

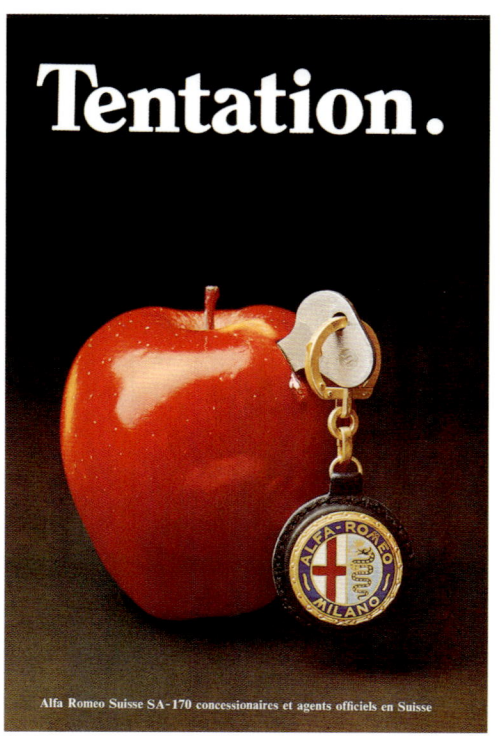

Die technischen Daten sind Teil der seit 1932 durchgeführten Tests der *Automobil Revue*. Zum 40. Jubiläum der Prüfungen werden 1972 die Leistungen und Analysen dank modernen, elektronischen Messinstrumenten verbessert. Die Bewertung eines Autos ist in drei Kategorien unterteilt: Stehende und dynamische Messungen, Praxistest bei unterschiedlichen Lade- und Klimabedingungen und detaillierte Basisdokumentation. Man kann zwar noch immer nicht Langlebigkeit, Zuverlässigkeit oder Betriebskosten bewerten, doch gibt es Aussagen zu Strassenlage (Ausweichen, Kurvenfahrt, Antriebsschlupf, Bremsverhalten), Sicherheit (Radschlupfsensoren, Vibrationen), Komfort (Innenraum, Ausstattung, Lärmdämmung, Belüftung, Sparsamkeit).

⇧ Die Innovationen von Bosch haben die Autogeschichte geprägt. Der weltgrösste Zulieferbetrieb zeigt an seinem Stand jedes Jahr alles, was das Auto sicherer, sauberer und sparsamer macht.

⇨ Auch wenn die Schweiz keine eigentliche Autoproduktion mehr aufweist, so gibt es hier eine gesunde Maschinenindustrie. Vilver zeigt seit 30 Jahren am Salon Hebebühnen, Wagenheber und Reifenmontiergeräte aus Schweizer Herstellung.

⇦ Die Werbung ist voller Innovation : das Auto muss nicht mehr in jedem Fall abgebildet werden.

CARTE DU RÉSEAU
DES AUTOROUTES SUISSES
OUVERTES À LA
CIRCULATION,
EN CONSTRUCTION
OU PROJETÉES

1978 1980
Automobil und Gesellschaft

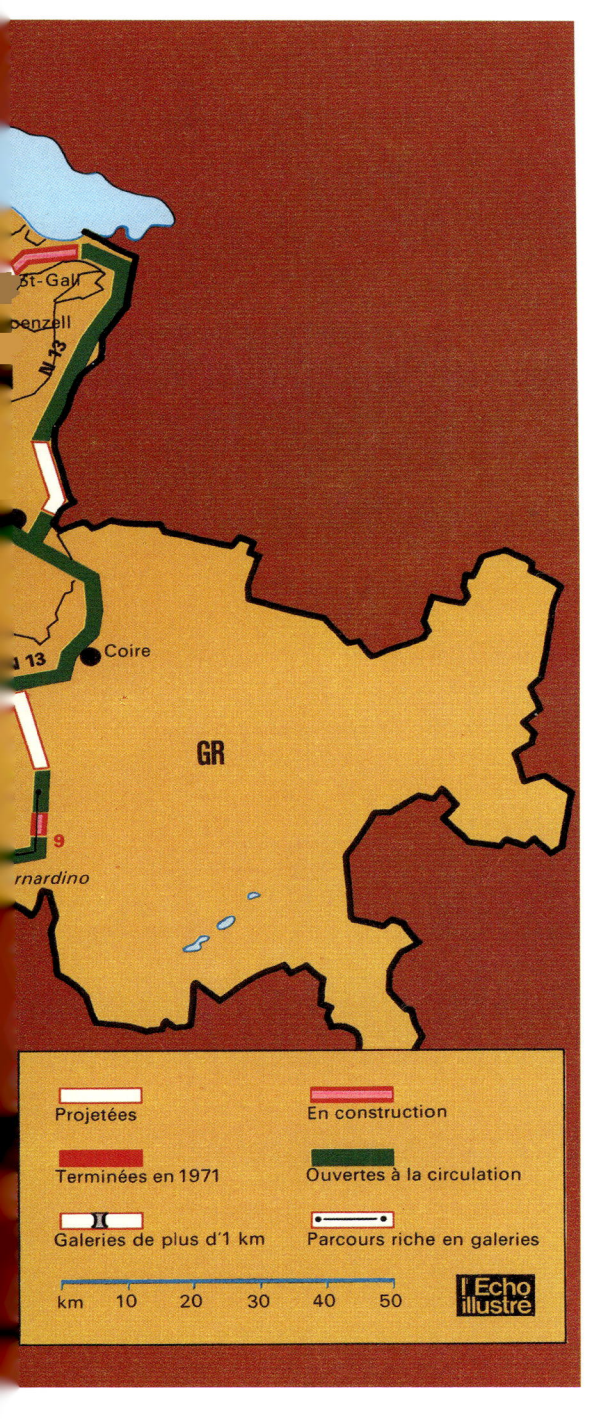

Das wachsende Umweltbewusstsein der Öffentlichkeit führt zur Gründung vieler Organisationen, die sich mit Abgasproblemen, Energiesparen und Sicherheitsfragen auseinandersetzen. Die Hersteller vertiefen Forschungsprogramme (Bremsen, Sicht, Lenkung), Politiker engagieren sich für die Verbesserung des Strassenzustands, der Beleuchtung und der Beschilderung. Schweizer Führerscheinbewerber müssen einen Kurs zur Nothilfe für Verkehrsunfallopfer absolvieren.

Das Schweizer Volk verwirft 1978 zwei Initiativen aus Umweltschutzkreisen, eine «für mehr Demokratie im Strassenbau», die andere, «Albatros», für strengere Lärm- und Abgasgesetze. Anschliessend müssen sich die Stimmbürger noch zu «verkehrsfreien Sonntagen» äussern. Die Initianten argumentieren, dass die Strassen durch den Verkehr überlastet sind und dass das Schweizer Autobahnnetz unzureichend ist. 1980 wird der Gotthardtunnel eröffnet. In der Deutschschweiz sind die Autobahnverbindungen schon recht komplex, aber die Situation im französischsprachigen Landesteil ist rudimentär und die Verbindung zwischen Ost und West ungenügend. 80 % der Berufsfahrten werden mit dem Auto absolviert, 76 % der Einkäufe, 79 % der Ferienreisen, 87 % der Weekend-Ausflüge. Frauen erwerben den Führerschein in bis anhin unbekannter Zahl und entwickeln sich zu einer wichtigen Kundengruppe für die Hersteller.

Mit dem Auto als bevorzugtem Ferientransportmittel kommt der Hallwag-Verlag auf die Idee des Radio-Guide, einer Karte, die alle in den Regionen zu empfangenden Radiofrequenzen auflistet. Der Autofahrer kann leichter die Verkehrsinformationen finden, die vor allem am Wochenende vermehrt an Bedeutung gewinnen.

⇧ Der Bau der Schweizer Autobahnen fängt spät an. Die «Automobil Revue» beschreibt die Lage 1956 in einer Sondernummer zum 50. Jubiläum der Zeitung. Die Motorisierung hat einen hohen Stand erreicht und Verkehrsprobleme zeichnen sich bereits deutlich ab. Es gibt in der Schweiz nur gerade ein Teilstück einer Autobahn bei Luzern – «so breit wie lang», wird gespottet. Die Autobahnverbindung zwischen Genf und Lausanne wird 1964 für die Schweizer Landesausstellung in der waadtländer Metropole fertiggestellt.

⇧ Während Prinz Fahd von Saudi-Arabien und Aussenminister James Callaghan im Londoner Claridge Verhandlungen führen, hält hinter der Luxuslimousine des Prinzen ein «ökonomisches» Fahrzeug an, das eine Lösung der Ölkrise suggeriert. Oktober 1975.

Das bessere Motore
Firestone
EQUIPPED
Firestone
Firestone

1970 1980 Rennsport

Gary Gabelich stellt 1970 auf dem Salzsee von Bonneville mit dem Raketenauto Blue Flame einen neuen Geschwindigkeitsweltrekord mit 1 001,667 km/h auf. Ein Jahr später wird der Lancia Stratos an der Rallye-WM eingesetzt. Er wird von einem Ferrari V6-Motor angetrieben und verfügt über eine Bertone-Karosserie, entworfen von Marcello Gandini. Der Designer zeichnet auch für den Lamborghini Countach (Ausdruck der Bewunderung im Piemonteser Dialekt) verantwortlich, der am selben Genfer Salon vorgestellt wird. Der Sportwagen debütiert mit einem 440 PS starken V12, dessen Leistung 1978 wegen Abgasrestriktionen auf 353 PS sinkt, um später durch Hubraumerhöhung auf 455 PS gebracht zu werden. Er wird bis 1990 gebaut und dann durch den Diablo ersetzt.

1976 führt Lotus den Wing-car in der Formel 1 ein, dessen Seitenschürzen zum besseren Anpressdruck beitragen.

Gefährlicher Sport

Die Weltmeisterschaft wird von intensiver Konkurrenz zwischen den Konstrukteuren geprägt, aber auch von mehreren Tragödien. 1970 liegt der Österreicher Jochen Rindt nach fünf Grand Prix weit in Führung, als er im Training in Monza tödlich verunfallt. Keiner der übrigen Fahrer kann den Punktevorsprung aufholen, und Rindt wird posthum noch Weltmeister.

⇧ 1971 stellt ein Stand mit Rennwagen eine Attraktion am Salon dar. Hier der Griffon MC 1801, ein neuer Prototyp des Genfers Jean-Louis Brugnard mit 1 000 cm³ und 130 PS. Hinten der Lola T/210, mit dem Joakim Bonnier die Europameisterschaft bis 2 Liter Hubraum gewann.

⇧ Jacky Ickx, Gewinner von Paris-Dakar 1980, mit Rodolphe Huser vor seinem Mercedes.

1970 1980

Im folgenden Jahr gewinnt der Schotte Jackie Stewart auf Tyrrell. Er wiederholt die Leistung 1973, nachdem er sich 1972 vom Brasilianer Emerson Fittipaldi auf Lotus geschlagen geben musste, der mit 25 Jahren zum jüngsten Weltmeister avanciert.
Ferrari kehrt mit Siegen des Österreichers Niki Lauda 1975 und 1977 an die Spitze zurück. Ferrari ist bis zu diesem Zeitpunkt der einzige Konstrukteur, der Chassis und Motor baut. 1977 tut es Renault den Italienern nach.

1979 hebt Thierry Sabine Paris-Dakar aus der Taufe, ein Offroad-Rennen in Nordafrika mit Durchquerung der Sahara. Es wird mit Autos, Motorrädern und Lastwagen sowie Amateuren und Profis ausgetragen. Paris-Dakar gewinnt ungemein an Popularität und zieht viele Prominente an (Claude Brasseur, Johnny Halliday, Prinzessin Caroline von Monaco usw.); das Rennen wird immer professioneller; gemäss dem Journalisten Serge Bellu: «eine Karawane der Privilegierten, die mit Vollgas durch die ärmsten Regionen der Erde rasen».

⇧ McLaren 1971.

⇗ Sportwagenausstellung 1973. Ein CD mit Peugeot-Motor als Leihgabe des Musée du Mans.

⇨ Salonbesuch von Jackie Stewart, Weltmeister 1969, 1971 und 1973.

⇨⇨ Die sprichwörtliche Handlichkeit verhalf dem Alpine A 110 zu unzähligen Rallye-Siegen. Als Nachfolger präsentiert Alpine 1971 den A 310 mit ähnlicher Struktur, aber neuem Design.

1970
1980

SPA 1912
Vitesse 130 km/h

CD à moteur Peugeot 1966
Vitesse maximum 247 km/h.

Rennsport | 207

Palexpo
AÉROPORT
AUTOCARS TAXIS
ET AYANTS DROIT
SEULS AUTORISÉS
COMITÉ
ADMINISTRATION
VISITEURS
SERVICE
EXPOSANTS

1981
1990

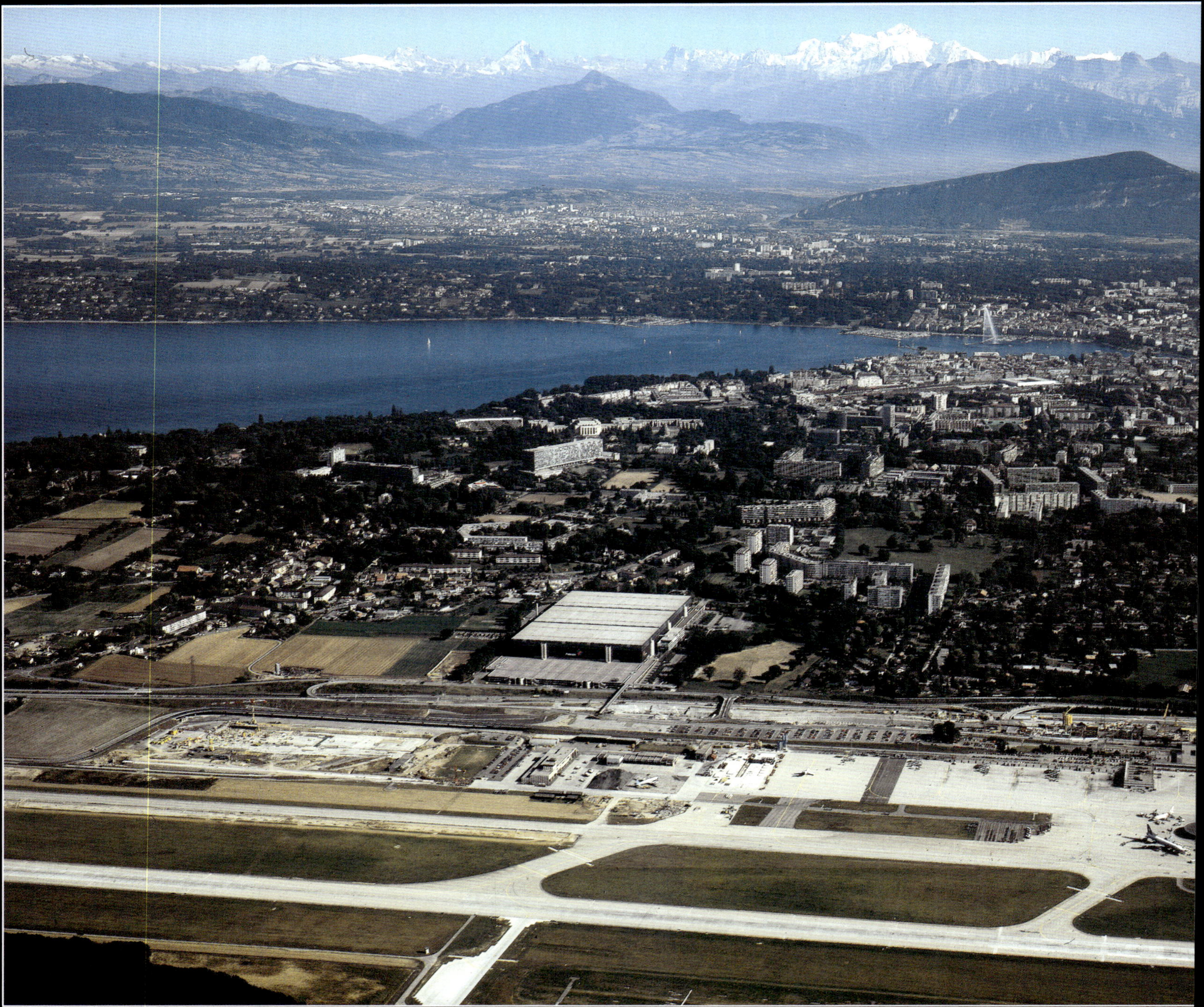

1981
1990

Geschichte des Salons

Das Jahrzehnt beginnt mit den wirtschaftlichen Problemen, die auf die zweite Ölkrise von 1980 zurückzuführen sind. Die Automobilindustrie reagiert mit vermehrten internationalen Zusammenschlüssen, globaler Präsenz und der Standardisierung der Modelle.

Die amerikanischen und europäischen Autohersteller leiden unter der Konkurrenz der Japaner und führen protektionistische Massnahmen ein, um den Schaden zu begrenzen. In der zweiten Hälfte des Jahrzehnts wird der Aufschwung sichtbar, während gleichzeitig fast überall strengere Abgasnormen in Kraft treten.

Am 18. Dezember 1981 wird das Palexpo mit viel Pomp eingeweiht. François Peyrot fasst in seiner Rede die Vorteile des Geländes zusammen: eine verkehrstechnisch ausgezeichnete Lage, die Vielseitigkeit und Flexibilität für verschiedene Veranstaltungen, und ein erfahrenes Team für technische und administrative Dienstleistungen. Genf kann zudem mit einer guten Übernachtungskapazität, hochwertigen Tourismusdiensten, internationalem Renommee und einem wirtschaftlich und sozial stabilem Klima aufwarten.

Die Rechnung für das in vier Jahren erstellte Palexpo beläuft sich schliesslich auf 145 Millionen Franken (100 Millionen für die Gebäude und je 15 Millionen für das Gelände, für die Parkgarage und für die Zufahrtswege). Die Finanzierung wurde mit 45 Millionen vom Kanton (Geländekauf, Bau von Garage und Zufahrten sowie Anteil am Bau der Ausstellungshallen), aber auch durch die Stiftungen *Palais des Expositions* und Autosalon sowie durch Bankdarlehen sichergestellt.

⇧ Luftaufnahme des neuen Palais des Expositions. Vorn Startbahn des Flughafens und die Autobahnverbindung mit Frankreich und zum Rest der Schweiz. Im Hintergrund der Mont Blanc.

⇧ Das Signet des Palexpo stellt die drei Hallen in ihren jeweiligen Farben dar. Es war Gegenstand eines Wettbewerbs, den der Genfer Graphiker Georges Calame gewann. Die Beschriftungen mit Piktogrammen innen und aussen sind ebenfalls sein Werk.

1981
1990

Das Ausstellungsgelände ist eine der Anstrengungen des Kantons Genf und der ansässigen Wirtschaft zur Infrastrukturerweiterung. Neben den neuen Zufahrtsstrassen zum Palexpo werden auch eine zusätzliche Buslinie zur Stadtmitte, eine Eisenbahnstrecke zwischen Bahnhof Cornavin und dem Flughafen wie auch der neue, 1987 eingeweihte Bahnhof Cointrin gebaut. Der Zug bringt die Besucher quasi vor die Tore des Palexpo, sie gelangen über eine Überführung in wenigen Minuten zur Ausstellung. Als nächstes wird nur noch die Fertigstellung der Umfahrungsautobahn erwartet. Die Region des Palexpo zählt nun drei Geschäftszentren und mehrere Hotels.

Die Orgexpo als Interessenvertretung der Ausstellungs- und Kongressorganisatoren von Genf beschäftigt rund sechzig Angestellte und Arbeiter, die Konzeption, Organisation und technische Durchführung der Veranstaltungen im Palexpo sicherstellen. Generaldirektor Rodolphe Huser kann 1982 14 Ausstellungen im Palexpo ankündigen, von denen sieben erstmals durchgeführt wurden. Das Palexpo erlebt seine Feuertaufe vom 22. bis 31. Januar 1982 mit dem Nutzfahrzeugsalon.

Erster Autosalon im Palexpo

Der erste Autosalon in den neuen Gebäuden wird ein voller Erfolg, auch wenn sich bereits Parkplatzprobleme zeigen, besonders mit dem Massenandrang am Wochenende. Die Staus sind beträchtlich, und manche Autofahrer parken für den Salonbesuch gar auf dem Pannenstreifen der Autobahn. Im folgenden Jahr regelt die Polizei den Verkehrsandrang. Die Besucher werden angehalten, den öffentlichen Verkehr zum Besuch des Tempels des Individualverkehrs zu benutzen. 1985 ist das Palexpo bereits zu klein für den Autosalon oder für die Nutzfahrzeugausstellung, und sogar für die Telecom. Die Entscheidung fällt für eine zusätzliche Halle mit 16'000 Quadratmetern, denn es ist abzusehen, dass die 6000 m² der neuen Ausstellfläche nicht mit den Platzbegehren der Firmen Schritt halten kann. Diese Halle 5 veranlasst die französischen Journalisten der *Équipe* zur Bemerkung, Genf degradiere Paris und Frankfurt zu provinziellen, Tokio zu kommunalen Veranstaltungen. Die Vergrösserung kommt auch den Zubehöranbietern höchst gelegen, zeigen sie doch 200 Neuheiten allein im Elektroniksektor (z. B. Autoradios und Zentralverriegelungen mit Fernbedienung).

Der Genfer Autosalon wird von den Herstellern zur Präsentation vieler Weltpremieren benützt, was den internationalen Vorrang der Veranstaltung unterstreicht. Als Weltpremiere werden komplett neue Modelle, eine neue Modellreihe oder grundlegend erneuerte Varianten angesehen. Das Produkt darf sich nicht im Verkauf befinden und nicht vorher der Öffentlichkeit gezeigt worden sein. Einzig die Presse kann Vorausinformationen erhalten. Anfang der 80er Jahre gibt es in Genf wenige bedeutende Weltpremieren, denn die italienischen Hersteller hal-

⇧ Eine der Hallen des Palexpo kurz nach der Eröffnung. 34 Projekte wurden auf die Ausschreibung hin unterbreitet. Die Architekten Brera-Ellenberger-Gerber-Leman und Styjenski kamen in die Endauswahl. Die Arbeiten dauern vier Jahre, vom Frühjahr 1978 bis Dezember 1981.

↘ Eröffnung der Eisenbahnverbindung zwischen der Stadtmitte von Genf und dem Flughafen und damit dem Palexpo. 31. Mai 1987.

⇨ Wegen der Energiekrise sagen Pessimisten bereits das Ende der durstigen Sportwagen voraus. Die Zeiten sind auch wirklich schwer für die englischen Marken, aber Fiat und Alfa machen gute Geschäfte, lange, nachdem die Entwicklungskosten amortisiert sind. Miss Schweiz 1983 präsentiert den Alfa Romeo Spider Veloce mit Ursprung in den 60er Jahren, der aber bis 1991 gebaut wird.

52ᵉ Salon de l'auto
Accessoires - Cycles et motos
Genève 4 - 14. 3. 1982

ten sie für den Turiner Salon, die Japaner für Tokio und die Franzosen für Paris zurück. Aber das ändert sich gegen Ende des Jahrzehnts, und der Genfer Salon wird wieder zur Schaubühne neuer Modelle, welche die besondere Aufmerksamkeit der internationalen Presse auf sich ziehen.

Zürcher Versuchung

1986 schlagen die Importeure Amag und Emil Frey eine Autoausstellung für November 1987 in Zürich-Oerlikon vor. Sie reservieren die Züspa-Hallen mit ihren 40'000 m² Fläche für vier Tage. Die Amag vertritt VW, Audi und Porsche, die Emil Frey AG Subaru, Toyota, Austin, Rover und Jaguar. Aber eine ganze Reihe von Konkurrenten verweigert ihre Präsenz, darunter Mazda, Honda, Fiat, Citroën und sogar die in Zürich ansässigen Mercedes und Renault. Das alte Kriegsbeil zwischen Genf und Zürich wird wieder einmal ausgegraben. François Peyrot reagiert aber rasch und setzt sich vor der Syndikalkammer für eine Ablehnung der Veranstaltung ein, die dem Reglement der Branche widerspreche. Der für Genf einstehende Luzerner Rodolphe Huser pariert entschieden alle Angriffe aus der Deutschschweiz.

1981–1990

⇧ 1988 sind im Untergeschoss des Palexpo zur Freude der Ästheten und der Fans sechs Duesenberg zu bewundern. 1928 war der unvergessliche Type J eingeführt worden, und die Stars von Stumm- und Tonfilm waren begeistert. Die Isotta-Fraschini der Stummfilmzeit waren vergessen. Hier war endlich ein Wagen, der ihrem Renommee entsprach. Blieb der Firma nur noch, Europa zu erobern. Die Schweizer entdeckten den J am Genfer Salon 1930. Die Marke eröffnete aber nie eine Handelsvertretung auf dem Alten Kontinent, was erklärt, dass Hermann Graber als einziger Karrossier ein Chassis erwarb. Er kleidete insgesamt drei Duesenberg ein.

⇗ Castrol zeigte am Salon 1971 erstmals einen Dragster. 1974 folgt ein weiteres derartiges Geschoss, das «Dragster Bike». Beides sind Einzelanfertigungen für 400-Meter-Beschleunigungsrennen. Der 1974 in Genf gezeigte Olympus II schaffte die Viertelmeile in 9,64 Sekunden, bei einer Endgeschwindigkeit von 264 km/h. Das Gerät wird von zwei parallel geschalteten Zweizylindermotoren 6T-Triumph-Morgo mit je 740 cm^3 angetrieben. 1981 gibt es die «Fast Lady» zu sehen.

Nach 14 Jahren Präsidentschaft tritt François Peyrot 1986 nach Austragung des Salons zurück. Der Visionär hat den Kauf des Geländes Sarasin eingefädelt, zwei Referenden gegen den Bau des Palexpo bekämpft und den Autosalon gegen verschiedene Gegner aus Politik und Wirtschaft im In- und Ausland verteidigt. 1987 wird Jean-Marie Revaz sein Nachfolger. Der Anwalt mit Walliser Abstammung beweist ein besonderes Talent für die delikaten Eröffnungsreden. Er kann zur Verteidigung der Autobranche Spitzen gegen die Behörden einbringen und seine Sicht offen und elegant formulieren. Der Ski- und Golfbegeisterte trägt wesentlich zum finanziellen und populären Erfolg der Veranstaltung bei.

Traditionen am Salon

Jeder Salon wird durch ein Eröffnungsbankett eingeleitet. Die Liste der Eingeladenen umfasst hohe Bundesfunktionäre, National- und Gemeinderäte, Konsuln, Journalisten und natürlich Repräsentanten der Autoindustrie. Das Organisationskomitee erhält im Voraus Begehren von Leuten, die neben dieser oder jener Persönlichkeit sitzen oder jemanden meiden wollen. Zum Salonbeginn beklagen sich manche über den Platz oder den Tisch, der ihnen zugeteilt wurde; man sass bei einem Eingang, war nicht neben einem Prominenten oder anderseits Nachbar eines Politikers statt eines Branchenkollegen. Die Stimmung ist immer ausgezeichnet, unterstützt vom reichen Mahl und einer hochstehenden Weinauswahl.

Die Essensfrage betrifft aber alle Besucher. Der Andrang ist 1990 so gewaltig, dass 650'000 Besucher verköstigt werden müssen, ohne das Standpersonal zu zählen. Gut zwanzig Restaurants – von der Crêperie bis zur Braustube – tischen in zehn Tagen 210'000 Mahlzeiten auf. Zur Feier seines sechzigsten Jubiläums lässt der Salon eine spezielle Auswahl Genfer Weine (Chardonnay, Pinot Noir und Gamay) keltern. Die Etikette der 12'000 Flaschen übernimmt das Motiv des Ausstellungsplakats.

Die andere Tradition am Salon ist die berühmte Abschluss-Tombola, die 1990 dreizehn Autos verlost; die erste Verlosung hatte nur ein Fahrzeug als Hauptpreis.

Sonderausstellungen

Parallel zu den Neuwagen führt der Autosalon auch Sonderausstellungen durch. Ab den 70er Jahren kann das Publikum jedes ungerade Jahr Renn- und Sportwagen bewundern. 1981 sind es ein Williams, ein Renault RE 20 Turbo, ein VW-Rekordwagen, ein Fiat 131 Abarth und ein Dragster «The Fast Lady». 1983 findet eine Retrospektive zu einem halben Jahrhundert Langstreckenrennen statt, mit Zweisitzer-Rennwagen der Jahrgänge 1928 bis 1982, von Mercedes SSK über Bentley 4 1/2 -Litre, Jaguar D, Porsche 917, Ford GT 40 bis Alfa Romeo Tipo 33. 1985 ist das Thema «die Weltmeister des Jahres», mit dem McLaren MP 4/2 Porsche TAG von Niki Lauda, dem Lotus 23 und dem Audi Sport Quattro. Es ist das letzte ungerade Jahr mit einer separaten Rennwagenausstellung, und die Boliden werden künftig auf den normalen Ständen präsentiert.

1986 gibt es 100 Jahre seit der Erfindung des Automobils zu feiern, am folgenden Salon gilt die Sondershow den «Custom cars», von Privatpersonen gebauten Schmuckstücken. Mit ihrer phantasievollen Konzeption und exotischen Technik sind sie für die Zulassung in der Schweiz undenkbar. Die Besucher bewundern elf Modelle, darunter mehrere des Amerikaners Darryl Starbird, wie den Ford-Cadillac. 1988 wird die Marke Duesenberg geehrt, mit sechs zwischen 1920 und 1930 gebauten Autos, zu denen auch das Lieblingsmobil von Greta Garbo gehört. Sotheby's organisiert erstmals eine Sammlerwagen-Auktion mit Hispano-Suiza, Delahaye und Bugatti. 1989 sind Geschwindigkeits-Rekordautos die Stars einer Sonderausstellung: der Jet-Dragster Showdown von 1984 oder Goldenrod, Wantbird und Cyclops mit mehr als 1 000 PS, die beim Losfahren eine blaue Wolke und taube Ohren zurücklassen... Zum Ausklang des Jahrzehnts gibt es eine Retrospektive der Einzelmodelle und Prototypen der Jahre 1947 bis 1967.

Welch eine Vielzahl von Sonderveranstaltungen der Autosalon den Besuchern bietet! Die *Automobil Revue* vom 4. März 1982 bringt es auf den Punkt: «Was ist wohl der Zweck des Automobilsalons? Ist er ein internationaler Termin? Eine zur Tradition gereifte Ausstellung, die Hoffnung auf neue Märkte schürt? Ist er ein bevorzugtes Klassentreffen der Autobranche, ein Lackmustest der Schweizer Importeure? Oder dient er als reiner Wallfahrtsort, als Ausflugsziel, wie die Landesausstellung, Olma oder die Basler Mustermesse? In Tat und Wahrheit ist er etwas von all dem.»

SUBARU
La voiture au service de l'homme – Das Auto im Dienste des
ASC
TWR S.V.O.
KUNZ MOTORSPORT
ARDEN
BMW ALPINA
CIZETA MORODER
MAZDA
HORAG
GEMBALLA
DAIHATSU
ISDERA
CITROËN
LADA
MERCEDES-BENZ
SUBARU
SCHWEIZ
1979

1981
1990

Automobil-industrie

In den 70er Jahren hatte Ford ein Werk in Spanien eröffnet, das den Fiesta baute, und Opel eine Fabrik für den Corsa. Zehn Jahre später nehmen die strategischen Verbindungen noch zu, besonders bei den mechanischen Komponenten: Peugeot, Renault und Volvo entwickeln gemeinsam den PRV-Sechszylindermotor, Ford kauft Dieselmotoren bei Peugeot ein, Volvo bei VW. Lancia, Fiat, Saab und Alfa Romeo verwenden eine gemeinsame Plattform für die Limousinen Thema, Croma, 9000 und 164. In Grossbritannien wird Jaguar privatisiert und 1989 von Ford übernommen. Die Vickers-Gruppe kauft Rolls-Royce und General Motors schluckt Lotus. Fiat steigt in Spanien bei Seat aus, was den Weg für Volkswagen ebnet. Der VW-Konzern steigt damit zur europäischen Nummer eins auf. Seat bleibt aber auch künftig bei der Tradition, Modelle nach spanischen Städten zu nennen: Cordoba, Ibiza oder Toledo.

Japans Eroberungszug

Die japanischen Hersteller bauen Produktionswerke in Europa, um die Importbeschränkungen mehrerer Länder und die US-Protektionsmassnahmen zu umgehen. Japan exportiert 1980 5,97 Millionen Fahrzeuge, ein Zuwachs von 30 % innert Jahresfrist. Die grössten Abnehmerländer sind USA, Saudi-Arabien, Deutschland und Australien. Honda lässt sich in Grossbritannien nieder, Suzuki und Nissan in Spanien.
Honda, Nissan, Toyota, Mazda, Subaru, Mitsubishi und Isuzu gründen auch Fabriken in den USA. Das führt beispielsweise zum Honda Ac-

⇧ Subaru ist die japanische Bezeichnung der Plejaden, den am besten sichtbaren Sternen im Sternzeichen des Stiers. Die sechs Sterne im Markenemblem stellen die Firmen dar, die sich 1953 zu Fuji Heavy Industries zusammenschlossen. Der erste Subaru wurde 1958 gebaut. 1979 kündigt Bernhard Russi in Fernsehwerbung und Druckinseraten die Premiere der Marke Subaru in der Schweiz an. Das erste Modell ist der 1600 4WD. Zehn Jahre später wird der 100'000ste Subaru importiert.

⇧ Der Honda Legend V6 hat 24 Ventile und eine obenliegende Nockenwelle pro Zylinderreihe. 1988 werden in den USA unter dem Markennamen Acura 70 770 Legend verkauft.

cord Kombi von 1990 exklusiv aus amerikanischer Fertigung, mit US-Konzeption und Design, von dem die Hälfte der Produktion nach Europa verkauft wird.

Innocenti und Daihatsu treffen ein Abkommen zur Herstellung eines gemeinsamen Modells, das in Italien gebaut, aber mit japanischem Motor ausgestattet wird. Ford und Toyota gehen einen ähnlichen Weg mit einem leichten Nutzfahrzeug. Der Erfolg der japanischen Industrie beruht auf dem hohen Automatisierungsgrad der Fabriken und auf der kostengünstigen Zulieferindustrie.

Italien erlebt eine Blütezeit mit Maserati, Lamborghini und vor allem Fiat. Der Konzern übernimmt Lancia, Alfa Romeo, Autobianchi und Ferrari. Fiat verfügt über dreizehn ausländische Montagewerke und über Kooperationen mit mehreren Marken: Yugo in Jugoslawien, Polski-Fiat in Polen, Lada in der Sowjetunion und Premier in Indien.

Die Designunternehmen im Grossraum Turin gehen neue Geschäftsbeziehungen ein: Pininfarina mit Cadillac und Skoda, Bertone mit Volvo und Opel. Ital Design erhält einen Auftrag von Hyundai.

Ford verkauft 1988 Fahrzeuge aus sechs Ursprungsländern: Südkorea, Mexiko, Kanada, Deutschland, Grossbritannien und den USA; zwei Jahre später kommt noch Australien hinzu. Honda übernimmt 1989 20 Prozent der Rover Group. General Motors geht 1990 einen Kooperationsvertrag mit Saab ein, Renault mit Volvo, und Fiat schluckt Maserati. Weitere Abkommen führen zu Zwillingsmodellen von Mitsubishi und Chrysler, Dodge und Mitsubishi, American Motors und Renault und zeigen den hohen Auslandanteil der Autobranche in den USA auf.

Amerikanische Probleme

Die US-Autoindustrie durchlebt in den 80er Jahren eine ihrer schwierigsten Zeiten. Die Gesetzesvorschriften zur Senkung des Treibstoffverbrauchs bevorteilen die Importmarken, die Investitionen der Hersteller zeitigen kaum Gewinn, der Produktionsprozess und die Werksanlagen sind veraltet. Ford ist zu Massenentlassungen gezwungen, Cadillac liefert technisch peinliche Fehlkonstruktionen.

1981 präsentiert Chrysler die K-Cars, ein Neuanfang und Hoffnungsschimmer für den Hersteller. Dodge Aries und Plymouth Reliant sind Mittelklassewagen mit Vorderradantrieb und Vierzylindermotoren. Sie sind rund 1000 kg leicht, aber immerhin 174 cm breit.

Seit den 70er Jahren rationalisiert General Motors die Produktion auf einige wenige Grundmodelle, Chrysler beschränkt sich auf vier Karosserien und sieben Motoren für 35 Modelle. Die 1982 lancierten J-Cars von GM zielen direkt auf die kleinen, qualitativ hochwertigen ausländischen Modelle wie den Honda Accord. Sie werden in internationaler Zusammenarbeit entwickelt und verwenden die gleiche Plattform für die fünf US-Marken des Konzerns. In Grossbritannien werden sie ausserdem als Vauxhall Cavalier, in Deutschland als Opel Ascona und in Australien als Holden Camira verkauft. Es gibt eine Limousine mit 4 oder 5 Türen, einen Kombi und ab 1984 ein Cabriolet. Ab 1986 kommt in manchen Modellen ein V6-Motor zum Einbau. Der Chevrolet Cavalier ersetzt auf dem amerikanischen Markt den Chevrolet Monza.

Pininfarina und General Motors unterzeichnen 1982 einen bedeutenden Vertrag für die italienische Herstellung von 8000 Cabriolet-Karosserien für Cadillac von 1986 bis 1991. Das derart entstandene Modell Allanté bringt für das Modelljahr 1987 die Hoffnung zum Retablieren der Marke als etwas Besonderes und lässt die zu starke Anlehnung an die anderen GM-Produkte vergessen. Das Zweiplätzer-Cabrio mit V8-Motor auf Basis des Eldorado soll mit dem Mercedes 500 SL konkurrieren. Die Chassis werden per Flugzeug zu Pininfarina nach Turin angeliefert, dort mit der Karosserie versehen und zurück nach Detroit zur Endmontage befördert. Speziell ausgerüstete Boeing-Jets dienen dem «längsten Fliessband der Welt». Das schlägt sich auch auf den Preis von 54'000 Dollar nieder. Doch die Verkäufe erfüllen nicht die Erwartungen (1987 sind es 1651 statt der projektierten 4000 Bestellungen). Die Allanté-Ingenieure haben zudem Probleme mit Hardtop, Undichtigkeit und Hupe zu lösen.

Die US-Hersteller haben Anfang der 80er Jahre auch Mühe, die neuen Schweizer Abgasvorschriften zu erfüllen, weil sie auf andere technische Lösungen in Verbindung mit bleifreiem Benzin setzen. Chrysler ist fünf Jahre lang nicht am Salon vertreten und kommt erst 1985 mit den Frontantrieb-Modellen und Katalysator wieder (New Yorker und Le Baron), während General Motors den Katalysator serienmässig einbaut. Ein Comeback der amerikanischen Industrie ist erst 1989 in Sicht.

Europa meldet sich zurück

Die europäische Autoindustrie glänzt auch nicht. In Frankreich verzögern soziale Unruhen die Auslieferung der Fahrzeuge. Die Hersteller feiern aber ab 1984 Erfolge mit den Genfer Weltpremieren des Renault 25 (Oberklasse), Peugeot 205 GTI (aggressiver Kompaktwagen mit Schalensitzen und Sportlenkrad) und vor allem mit dem Renault Espace.

Italien hält sich besonders gut mit modischen Modellen, innovativen Ausstattungen und breitem, verführerischen Angebot. Deutschland setzt auf wirtschaftlichere, leichtere und leistungsstarke Autos. Grossbritannien bekundet Mühe mit dem ungünstigen Devisenkurs des Pfunds und mit den Schweizer Abgasvorschriften.

Die Ostblockländer (Ungarn, Polen, DDR, Rumänien, Tschechoslowakei, UdSSR, Jugoslawien) bauen unauffällig ihre Autos in erheblichen Stückzahlen; 1979 sind es fast 3,5 Millionen, oder 8,2 % der Weltproduktion. Die Sowjetunion hatte die Personenwagen bis in die 70er Jahre vernachlässigt, produziert nun aber 5,2 % aller Autos.

⇧ Der Peugeot 205 debütiert 1983. Es ist nicht übertrieben zu sagen, dass der 205 Peugeot nach den finanziellen Schwierigkeiten gerettet hat, die aus der Übernahme von Chrysler Europa resultierten. Der 1984 in Genf präsentierte 205 GTI wird der rasante Kompaktwagen für Sportfans schlechthin.

↘ Franco Sbarro baut so gut wie nie zwei identische Fahrzeuge. Der erste Challenge ist mit einem Mercedes V8 Turbo motorisiert, der zweite mit einem Porsche V8 mit anderem Armaturenbrett. Der dritte kommt wieder auf einen Mercedes-Motor zurück, legt aber den Allradantrieb ab, usw.

1981
1990

↑ 1987. Europapremiere des Daihatsu Charade mit unabhängigen Radaufhängungen vorn und hinten und 5 Plätzen.

⇑⇑ Matra entwickelt und baut den Espace für Renault. Er verfügt über einen Reihen-Vierzylinder mit 1995 cm³ und Vorderradantrieb. Die Linie der kurzen, steil abfallenden Motorhaube wird direkt in die Windschutzscheibe weitergezogen. Gegen Aufpreis können drei Sitzreihen installiert werden, die Vordersitze sind drehbar.

Japan stolpert

Die japanischen Firmen erzielen riesige Gewinne aus dem Autogeschäft. Ab 1984 erweitern sie ihre Palette um kostspieligere Modelle mit innovativen Eigenschaften und produzieren auch grossvolumige Limousinen und Geländekombis. 1986 fährt Japans Autoindustrie aber in ihre erste Krise. Ihre Produkte sind wegen der hohen Transportkosten und des Yen-Wechselkurses nicht mehr konkurrenzfähig, die Firmen haben sich mit vielen ausländischen Werken verzettelt, und der Kostendruck auf Teile- und Zubehörlieferanten wächst. Nissan meldet die ersten Verluste seiner Geschichte, und Entlassungen sind plötzlich kein Fremdwort mehr.

Fokus auf Kleinwagen

Anfang der 80er Jahre spielen Kleinwagen eine Hauptrolle. 1980 bringt Fiat den von Ital Design entworfenen Panda, Honda den hohen und kurzen City (Jazz in Europa), mit seiner 338 cm Länge ideal für die verstopften Strassen. Peugeot folgt im Februar 1983 mit dem 205, gemäss der Werbung «eine tolle Nummer». Das jugendliche Design ist die Frucht einer Zusammenarbeit des internen Styling unter Gérard Welter mit dem italienischen Karrossier Pininfarina. Zur Wahl stehen drei Motoren von 45 bis 80 PS. Einige Monate später folgt die aufregende Sportversion GTI, die nach dem gleichen Muster konzipiert wird wie der Trendsetter Golf GTI: viel Kraft in einer unscheinbaren Verpackung, nur durch einige rote Zierstreifen erkennbar.

Lancia enthüllt 1985 als Weltpremiere den kleinen Y10 mit Steilheck und Fiat-Mechanik. Er misst nur gerade 340 cm. General Motors ersetzt den Chevette durch einen umbenannten Suzuki Swift, alias Chevrolet Sprint. Es handelt sich um einen kleinen Wagen mit Frontantrieb mit Dreizylindermotor.

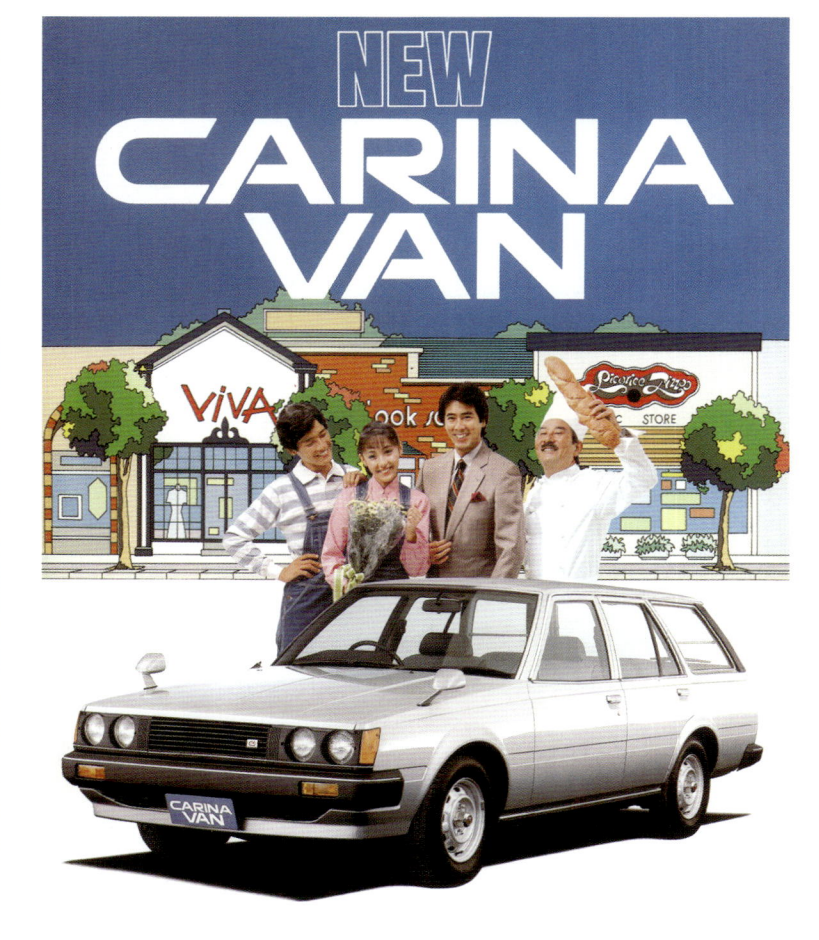

Minivans und Pick-ups

Die Entdeckung des Jahrzehnts ist zweifellos der Minivan.

Nissan stellt 1982 den Prairie vor, einen erhöhten Kombi mit kurzer Motorhaube, Schiebetüren hinten und geräumigem, wandelbaren Interieur. Das Konzept übernimmt die bereits 1975 im Toyota MP-1 Prototyp gezeigten Eigenschaften für die Serie.

1984 heben Renault und Matra den Espace aus der Taufe, ein futuristisches Fahrzeug in Einvolumenform mit vier konventionellen Türen. Gemäss dem Werbeslogan von Renault ist das ein «Auto zum Leben». Praktisch gleichzeitig präsentiert Chrysler den Plymouth Voyager. Der durchschlagende Erfolg ruft die Konkurrenz auf den Plan: Mitsubishi, Ford Aerostar und Chevrolet Astro. Diese Gattung von Fahrzeugen bekräftigt den Trend zu Familienwerten, zum Verwöhnen und zur Lebensfreude. Der Individualismus entwickelt sich in den 80er Jahren und führt zu sozialer Diversifikation. Das zwingt die Hersteller, Nischenmodelle für verschiedene Lebensstile anzubieten: praktisch denkende Junge, Aussteiger, Geniesser und Sportfahrer. Minivan und Pick-up erfüllen das Bedürfnis nach Freizeitaktivitäten und Familiensinn.

In den USA wird der Pritschenwagen Ford F-150 das meistverkaufte Fahrzeug, vor allen Personenwagen. Das leichte Nutzfahrzeug mit offener Ladefläche ist ein Bindeglied zwischen Arbeit und Freizeitwelt, und macht 1984 36 Prozent der Neuzulassungen aus. Ford verkauft die meisten Pickups, gefolgt von Chevrolet. Das robuste Vielzweckmobil ist in schier endlosen Varianten erhältlich: Sechs- und Achtzylinder, Hinterradantrieb und 4x4, diverse Gewichtsklassen, Radstände, Kabinen und Pritschengrössen. Es gibt eine komplette Farbenpalette, Sport- und Chromverzierung, Karosserieverkleidungen und Vielzweckzubehör.

1981 zeigen Puch und Daimler-Benz den Geländewagen G, der in Stuttgart und in Graz (bei Steyr-Daimler Puch) gebaut wird. Es gibt ein grösseres Allradangebot, was die Preise senkt. 1983 renoviert Land Rover das Modell 110 mit technischen Neuheiten wie obenliegender Nockenwelle, permanentem Allradantrieb und Schraubenfedern.

Die volkstümlichen Allradmodelle richten sich an junge Kunden, die vom Abenteuer träumen, die Oberklasse an Käufer, die sich die Kombination von Luxus und unbeschränktem Durchkommen und gar Sportlichkeit leisten können; letztere Modelle umfassen etwa den Monster G von Sbarro (1987), einen Supercar mit 14 Zoll breiten Goodyear-Reifen, oder den Offroader Lamborghini LM 002 mit V12-Motor (1988).

⇑ Amüsante Werbung für den Toyota Carina: das Dekor erinnert an eine italienische Pizzeria, der Schnauz des Kochs eher an Mexiko, die Baguette in seiner Hand ist französisch; die jugendliche Einrichtung gemahnt an wohlhabende Bürgerlichkeit, das Blau des jungen Mannes links an einen Sonntagsbastler.

⇖ Nach langen Überlegungen, ob ein derartiger Einsteigerwagen überhaupt Sinn mache, präsentiert Opel im September 1982 den kleinen Corsa. Das in Spanien gebaute Auto findet innert Jahresfrist 250 000 Käufer und wird zum Exportschlager des Landes.

1981–1990

Aufschwung und Neuheiten

Das Umfeld der 80er Jahre ist wieder günstiger für den Aufschwung und für echte Neuheiten. Volvo präsentiert 1985 das von Bertone karrossierte Coupé 780 mit V6 und Turbo. Bertone ist mit 50 Prozent am Projekt beteiligt und baut das Auto in seinem Turiner Werk. Der geräumige und luxuriöse Zweitürer verfügt über gut ausgeformte und serienmässig mit Leder bespannte Sitze.

Subaru stellt 1985 das Coupé XT mit Turbomotor und Allradantrieb vor, während sich der Saab 9000 durch seinen riesigen Kofferraum (500 l) und äusserst umfangreiche Serienausstattung hervorhebt. Bei Ford gibt es den windschlüpfigen Taurus mit neuer Motorisierung zu entdecken. Honda führt 1987 im Prelude 4WS als grosse Neuheit die Vierradlenkung ein. Die Hinterräder drehen sich zunächst entgegen dem Uhrzeigersinn, ab einem Lenkradwinkel von 140° wechseln sie zum Parallelprogramm. Doch die komplizierte Technik setzt sich nicht durch. Hyundai präsentiert 1988 den Sonata in drei Versionen, alle mit Zentralverriegelung, elektrischen Fensterhebern, höhenverstellbarem Fahrersitz, elektrischem Schiebedach und Klimaanlage.

Luxus und Lebensfreude

Die Engländer behalten sich eine starke Position bei den Luxusautos bei, während die Autoverkäufe zurückgehen. 1981 stellen Rolls-Royce und Bentley den Silver Spirit und den Mulsanne vor mit technischer Verwandtschaft zu Corniche und Silver Shadow. Der Opel Commodore Voyage feiert seine Weltpremiere 1981. Er ist ein geräumiger und luxuriöser Kombi mit 2,5-L Sechszylindermotor, quasi eine Kreuzung aus Rekord Caravan und Commodore Limousine. Die Salonbesucher bewundern die Schweizer Prestigelimousine Felber Roberta auf Basis des Lancia Delta mit handgenähtem Veloursinterieur, Stereo und Bar als Ausdrucksform von Modeschöpferin Roberta di Camerino. Der Talbot Tagora von der PSA-Gruppe verfügt über Vier- oder Sechszylindermotoren und Hinterradantrieb und konkurrenziert das andere Topmodell des Konzerns, den Peugeot 604.

Ein Zeichen der rosigen Zeiten sind in den USA ab 1983 die Chauffeurlimousinen. Ihre Ausmasse nehmen um mindestens einen Meter zu, einige spektakuläre Anfertigungen können auch 7,6 m auf acht Rädern übertreffen: sie haben gelegentlich an Stelle des Kofferraums ein Sprudelbad und sind mit Bett, Bar, Telefon, Fernsehgerät oder Sofas ausgestattet. Als Basisfahrzeuge dienen Lincoln Town Car und Cadillac Fleetwood Brougham.

1988 wird in Grossbritannien der Lagonda Rapide unter Aston Martin wiederbelebt und erhält eine futuristische, eckige Karosserie von Zagato. Das Coupé mit V8-Motor kombiniert britische Klassik mit italienischer Eleganz.

Es gibt immer mehr und immer individuellere Anbauteile. Manche Firmen bieten aerodynamische Spoilerkits mit integrierten Zusatzscheinwerfern an, andere Karosserieschutzleisten, Heckflügel, Edelholzapplikationen, Hi-Fi und Videoanlagen, Kühlfächer, CD-Wechsler, Lenkräder mit Stereobedienungstasten, elektrische Cabrioverdecke. Die «Frisierer» heissen AC-Schnitzer oder Alpina zur Individualisierung eines BMW, AMG und Brabus für Mercedes, Arden für Jaguar und Hörmann für Fiat und Lancia. Sobald die Anpassungen, Verbesserungen und Individualisierungen durchgeführt sind, gilt es nur noch, sie durch die restriktive Schweizer Motorfahrzeugkontrolle zu bringen.

Japanische Oberklasse

Honda lanciert 1987 ein Oberklassemodell, den Legend, der in den USA unter der Marke Acura einen sofortigen Erfolg zeitigt. In Europa wird auch ein Schwestermodell des 2,7-L als Rover 800 in Form einer Limousine und eines Coupés angeboten. 1989 folgen Nissan mit Infiniti und Toyota mit Lexus mit eigenen Entwicklungs- und Designabteilungen.

Honda hat für die amerikanische Strategie die Weichen gestellt: die in Ohio gebauten Civic und Accord werden als Honda verkauft, die Oberklassemarke Acura verkauft Legend und NSX. Nissan und Toyota lancieren ebenfalls ein eigenes Vertreternetz für ihre Luxusmarken und arbeiten mit separaten Werbeagenturen zusammen.

Ventile und Flügel

Die sportlichen Modelle erfahren 1981 noch eine Steigerung, beispielsweise mit dem Opel Manta 400 mit 16-Ventil-Motor oder dem De Lorean DMC aus nordirischer Produktion. Letzterer geht auf die Initiative des ehemaligen Pon-

tiac-Chefs John Z. De Lorean zurück. Er beauftragt Ital Design mit dem Karosserieentwurf, Lotus mit der technischen Konzeption, und übernimmt den PRV- (Peugeot/Renault/Volvo) Sechszylinder für seinen Mittelmotor-Zweisitzer.
Pininfarina präsentiert 1982 als Weltpremiere den Spidereuropa. Es ist das erste Mal, dass nicht nur die Karosserie, sondern ein komplettes Auto unter der Marke Pininfarina angeboten wird, auch wenn es sich dabei um das bisherige Fiat 124 Cabriolet handelt. Von 1982 bis 1985 rollen mehr als 10'000 Exemplare vom Band.
Porsche 959 (1983) und Ferrari F40 (1987) sind Zeichen der wiedergefundenen Hochstimmung. Aufgrund der limitierten Produktion und handverlesenen Zuteilung werden sie zu Spekulationsobjekten. Die Marktgesetze werden aber durcheinandergebracht, als auch andere Hersteller dazu übergehen, auf wenige Hundert Fahrzeuge limitierte Supercars mit höchster Leistung zu bauen. Ein Beispiel ist der Jaguar XJ220. Er wird mit V12-Motor angekündigt, dann aber mit V6-Turbomotor ausgeliefert. Das veranlasst viele Kunden zur Annullierung des Vertrags, und der Wert des 220 fällt in den Keller.
Der Ford Sierra Cosworth von 1985 fällt mit seinem riesigen Heckflügel auf. 1986 stellt Saab einen neuen Langstrecken-Temporekord über 100'000 km mit einem Durchschnitt von 213,299 km/h auf.

Kurioses

Der Salon ist auch eine Schaubühne für automobile Phantasien. 1983 kann das Publikum den Schwimmwagen RMA Amphi-Ranger bewundern. Im gleichen Jahr zeigt Sbarro seinen Porsche 928-Golf. Statt einen Golf in einen Porsche zu verwandeln, verkleidet Sbarro in diesem Fall einen Porsche 928 mit einer Golf-Karosserie. 1985 gibt es mehrere ungewöhnliche Autos zu sehen: den Isdera Spider, den Bitter SC4 (ein deutsches Luxuscoupé) oder den Albar Sonic (ein Coupé auf Basis des VW Käfer mit Kunststoff-Karosserie). Albar enthüllt 1990 das extravagante Cabriolet Targa Sonic mit V6-Motor vom Renault Alpine. Teilhol präsentiert den Tangara auf Basis des Citroën AX, der gleichzeitig Cabriolet und Pick-up mit Offroadeigenschaften sein will.
Der Salon widmet den Concept cars immer mehr Platz. Diese Einzelstücke laden durch ihr Design, ihre Leistung oder ihren Einfallsreichtum zu Zukunftsträumen ein. Die Italiener haben kein Monopol mehr auf Prototypen. Andere Hersteller spielen jetzt mit, etwa Mitsubishi, Toyota oder VW. Die Prototypen sind immer eine grosse Attraktion am Salon, schon weil fast ausgeschlossen werden kann, sie je im Strassenverkehr zu sehen. Sie bleiben fast ausnahmslos Einzelanfertigungen.

Trotz aller Neuheiten und der Vielfalt erstellt die *Automobil Revue* 1989 eine Liste mit dem Titel «was auf dem Salon fehlt»: Ein Nachfolger für den Citroën 2 CV; mehr Spass und weniger PS; Coupés zu vernünftigen Preisen (Ford Capri und andere sind aus dem Katalog verschwunden); mehr günstige Kombis (der Opel Kadett Caravan hat kaum Konkurrenz); Schweizer Zulassung gewisser origineller Amerikaner (unter anderem Lincoln Mark VII) und Leistungsprotze wie Porsche Turbo und Ford Sierra Cosworth (ausgeschlossen wegen Bürokratenartikeln); mehr Dieselmodelle und Automaten.

⇦ Der Ford Sierra Cosworth RS macht Ernst: Neben grosszügiger Karosserie für Fünf bietet er einen 2-L Motor mit doppelten obenliegenden Nockenwellen, was ihn mit 240 km/h schneller macht als die ganze Konkurrenz der Hubraumklasse.

⇨ Der Volvo 740/760 wird 1982 präsentiert und in 10 Jahren 1,2 Millionen Mal gebaut. Hier der GLT von 1988.

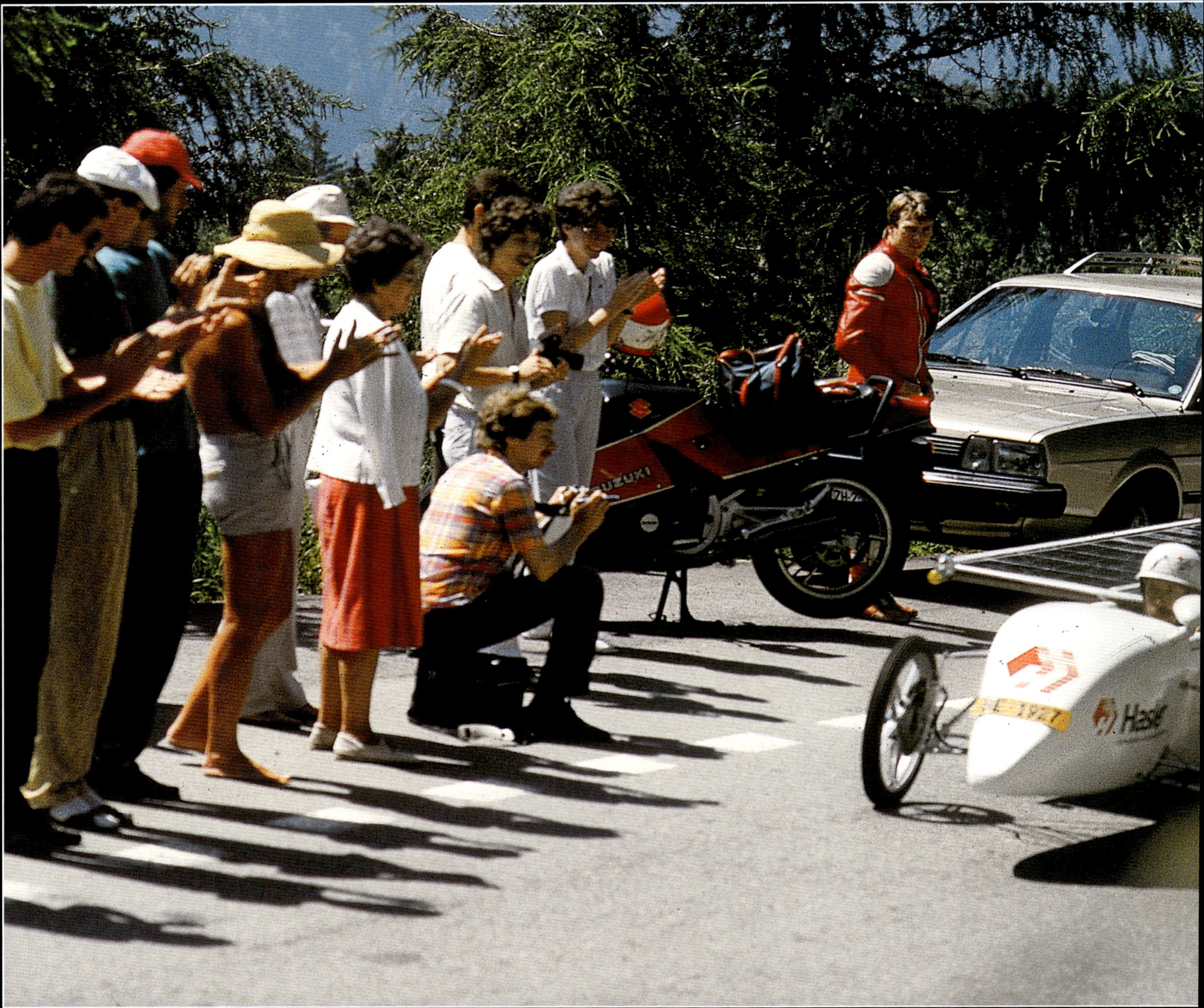
SUZUKI

1981
1990

Technische Fortschritte

VW stellt 1981 die Spar-«Formel E» für die Modelle Polo, Golf, Derby und Jetta vor: sie setzt auf einen 1,1 Liter-Motor mit 50 PS, der für Superbenzin konzipiert ist. Passat, Audi 80 und 100 werden mit einer Anzeige für sparsames Fahren und Motorabstell-Automatik versehen.

Am 1. Oktober 1982 treten in der Schweiz neue Abgasnormen in Kraft, die sich von denen der übrigen europäischen Länder unterscheiden. Importeure und Hersteller ärgern sich über die Lösung. Das Reglement gilt nur für neu in der Schweiz zugelassene Fahrzeuge und nicht für die bereits im Verkehr befindlichen Autos oder die 50 Millionen ausländischen Fahrzeuge, die jährlich durch Helvetien fahren. Die Autoindustrie hat bis zum 31. März 1983 Zeit, sich den Normen anzupassen. Zum Salon 1983 stachelt Veranstaltungspräsident François Peyrot den Bundesrat zur Entscheidung an, die Abgase zu diesem Zeitpunkt zu limitieren. Der «Alleingang» der Schweiz könnte sich für die Industrie, für den Autosalon und für die Importeure als gefährlich erweisen. Der Bundesrat entgegnet, dass die Schweiz als Beispiel dienen wolle, gesteht aber ein, dass es noch keine internationale Koordination gebe. Die Rededuelle zwischen Politikern und Vertretern der Autoindustrie finden in den traditionellen Eröffnungsansprachen des Bundespräsidenten und des Salonpräsidenten ihren Niederschlag. Das Wortgefecht beginnt zwischen François Peyrot und Kurt Furgler in Sachen Abgasnormen und verlagert sich später zu Jean-Marie Revaz und Otto Stich betreffend die politische Koordinierung der Transporte von 1988.

Die Autohersteller müssen in äusserst kurzer Zeitspanne neue Produkte entwickeln, die den

⇧ 73 Konkurrenten nehmen 1986 an der Tour de Sol teil, die von Freiburg im Breisgau über Bern und Luzern nach Suhr führt. Im Bild Werner Lüthi vom Team Hasler in voller Aktion.

⇧ 1988. General Motors zeigt den Solar-Prototyp GM Sunraycer als Weltpremiere.

Technische Fortschritte | 225

1981
1990

Normen entsprechen, oder in manchen Fällen bestimmte Modelle anpassen und andere aus wirtschaftlichen Gründen ganz aus dem Angebot nehmen. Trotz allem bleiben 1983 mehrere Tausend unverkaufte Fahrzeuge der alten Normen am Lager, die nicht verkauft und nicht an die Hersteller zurückgegeben werden können. Sie müssen vor dem 31. März 1983 von den Händlern zugelassen werden. Im Nachhinein zeigt sich, dass die Schweizer Autobranche durch die Probleme zu fahren vermag; alle Hersteller besitzen bereits die nötige Technologie (den Katalysator) und die Preiserhöhungen werden akzeptiert.

Katalysator-Gesetz

Die Bundesbehörden machen es sich 1984 zur Aufgabe, die Höchstgeschwindigkeit auf Autobahnen auf 100 km/h und auf Überlandstrassen auf 80 km/h zu beschränken. Mehr als 50'000 Salonbesucher geben ihre Unterschrift zum Beibehalten des Status quo.

1986 verlangt ein neues Schweizer Gesetz den Katalysator für alle Neuwagen. Als Resultat steigen die Preise deutlich. Es gibt keine neuen Fahrzeuge für unter 10'000 Franken mehr. Der Kat findet immer mehr Verbreitung in Europa. Jean-Marie Revaz kündigt 1989 an, dass innerhalb von zwei Jahren 50 % der Schweizer Autos einen Katalysator haben werden, 1995 sollen es 100 % sein. Die meisten Hersteller haben Katalysatorautos im Angebot, aber bestimmte Modelle und manche Marken verschwinden aus dem Verkauf. Skoda zeigt 1987 seine neuen Modelle, aber der Importeur weiss noch nicht, welche Art Kat eingebaut werden soll. In der Zwischenzeit kann die tschechische Firma kein einziges, den Abgasnormen entsprechendes Auto verkaufen.
1986 werden zwei Volksinitiativen lanciert, «zur Förderung des Öffentlichen Verkehrs» und «für den Baustopp von Nationalstrassen». Beide werden vom Stimmvolk abgelehnt. Im gleichen Jahr wird die jährliche Auspuffkontrolle für Schweizer Personenwagen obligatorisch. Katalysatoren sind nur in Verbindung mit Bleifreibenzin wirksam. Die Erdölindustrie forscht deshalb nach Wegen zur Reduktion und Eliminierung des Bleis im Benzin. Das Blei war dem Treibstoff ab den 20er Jahren beigemischt worden, um die Verdichtung im Brennraum zu verbessern. Der Bleianteil wird zunächst auf 0,1 Gramm pro Liter herabgesetzt, ab 1986 dürfen es nur noch 0,05 g sein, 1988 nur noch die Hälfte dieses Wertes.

Das so genannte Bleifreibenzin enthält tatsächlich eine geringe Menge dieses Metalls. Die Europäische Wirtschaftsgemeinschaft beschliesst, die Katalysatoren und das Bleifreibenzin ab 1989 vorzuschreiben.

Das Tankstellennetz für Bleifrei wächst in ganz Europa. 1987 werden die ersten Karten mit Bleifreitankstellen veröffentlicht. Es fällt auf, dass die Tanksäulen in Südeuropa noch wenig verbreitet sind, und Touristen wird empfohlen, regelmässig vollzutanken und nie auf bleihaltiges

Benzin zurückzugreifen, das den Katalysator zerstört.

Ende der 80er Jahre bieten Ford und GM Fahrzeuge mit Methanol-Motoren an, die wenig Kohlenwasserstoff, dafür aber grosse Mengen Kohlendioxyd produzieren.

Vormarsch der Elektronik

Die Elektronik hält überall im Auto Einzug, vom Motor über das Getriebe bis zum Fahrgestell. Mazda stellt 1982 den Capella mit EVSA-System vor, das die Einstellung der Stossdämpferhärte erlaubt. Ein Jahr später präsentiert Toyota die Aufhängung TEMS (Toyota Electronic Modulated Suspension) und Mitsubishi das ECS (Electronic Control Suspension). Nissan folgt 1984 mit einem eigenen Dispositiv. Die Japaner preschen bei den Fahrgestellen, den Getrieben und den Vierradlenkungen voran, die Deutschen erarbeiten sich die Führung bei den Bremsen. 1984 erhält der Isuzu Aska das NAVI-5-System: ein Mikroprozessor notiert die Positionen von Schaltstock, Gaspedal und Motordrehzahl und koordiniert diese mit einem herkömmlichen 5-Gang-Getriebe. Dieses schaltet anschliessend wie ein erfahrener Experte. Subaru entwickelt eine computergesteuerte Magnetpulverkupplung.

Ventilvermehrung

Das Fahrzeugkonzept des Quermotors mit Vorderradantrieb, das der Ingenieur Issigonis 1959 für den Austin Mini 850 eingeführt hat, erobert die Welt. 1981 findet es beispielsweise im Fiat Panda und im Ford Escort Anwendung. Es umfasst einen leichten und verbrauchsgünstigen, rechnergesteuerten Vier- oder Sechszylindermotor, ergänzt durch elektronische Zündung und Vorderradantrieb. Dazu gehören eine sichere Stahlkarosserie, unabhängige Radaufhängungen, Zahnstangenlenkung, vier Scheibenbremsen, viel Nutzraum und eine komplette Sicherheitsausstattung.

Die Multiventil-Motoren (mit drei/vier/fünf Ventile pro Zylinder) etablieren sich allmählich, 1982 bei Toyota, bei Nissan und Honda 1983. Ende der 80er Jahre sind die Mehrventiler überall obligatorisch, auch weil sie eine bessere Brennraumfüllung zulassen, die für Sparsamkeit und geringere Abgasschadstoffe sorgen. Die Autos werden immer potenter, aber nicht nur zur besseren Beschleunigung oder zum Erreichen der immer mehr eingeschränkten Höchstgeschwindigkeit, sondern um das zunehmende Fahrzeuggewicht zu kompensieren. Zusatzausstattungen wie Servolenkung, Antiblockier-Bremssysteme, elektrische Scheibenheber, Zentralverriegelung, beheizte Sitze, elektrisch verstellbare Aussenspiegel, Schiebedach, all das bringt mehr Gewicht. Es treibt aber auch den Preis in die Höhe: von den 165 im Jahr 1990 in der Schweiz erhältlichen Modellen kosten nur gerade 37 Grundmodelle weniger als 20'000 Franken.

⇧ Volkswagen zeigt einen Golf Elektro-Hybrid. Je nach Leistungsbedarf wird automatisch zwischen Verbrennungs- und Elektromotor umgeschaltet.

⇧⇧ 1982. Renault bietet für den R30 diese Infrarot-Fernbedienung an, ein echtes «Sesam-öffne-dich».

↘ Die Neuwagenzulassungen sind in der Schweiz 1986 überdurchschnittlich, weil viele Kunden noch ein Modell ohne Katalysator kaufen wollen. Dieser wird für Neuwagen ab dem folgenden Jahr obligatorisch, während die Versorgung mit bleifreiem Benzin noch nicht flächendeckend sichergestellt ist.

1981
1990

1981
1990

Zubehör

Mercedes-Benz setzt 1981 auf die Sicherheit und versieht bestimmte Modelle mit einem «Airbag» (Luftsack) für den Fahrer und Gurtstraffer für den Beifahrer. Im gleichen Jahr beginnt Bosch die Serienproduktion des Antiblockier-Systems, das seit 1978 bekannt ist. Jetzt können bereits 100'000 Personenwagen mit der Vorrichtung ausgerüstet werden.

1985 zieht die Gesellschaft für Zubehörversorgung (Société Anonyme de Fournitures pour l'Industrie et l'Automobile, SAFIA) nach Bern in Gebäude mit grosser Ausstellungsfläche und einer Werkstatt um. Die Organisation war 1907 in Genf von Paul Buchet und Philippe Wieland gegründet worden und lieferte als erste in der Schweiz Batterien, Zündkerzen, Lichtmaschinen, Messinstrumente und anderes. Sie gründete Filialen in Zürich und Bern und stellte erstmals 1924 am Salon aus. Die SAFIA entwickelt sich in der Folge zur Lieferantin für alle Zubehörteile, aber auch Werkstattausstattungen (Hebebühnen, Kompressoren, Pumpen) und Garagenwerkzeug.

⇧ Der Salon ist die jährliche Gelegenheit der Zubehörbranche, ihre Produkte zu präsentieren und die Kunden zu treffen. Edgar Schwyn lässt sich von den Kosten nicht abhalten, einen zweistöckigen Stand aufzubauen. Er meint mit Humor, dass die Kunden den Umzug seines Geschäfts nach Genf sehen könnten; und wer ihn nicht kenne, meint, dass es sich um eine wichtige Firma handle.

Technische Fortschritte | 229

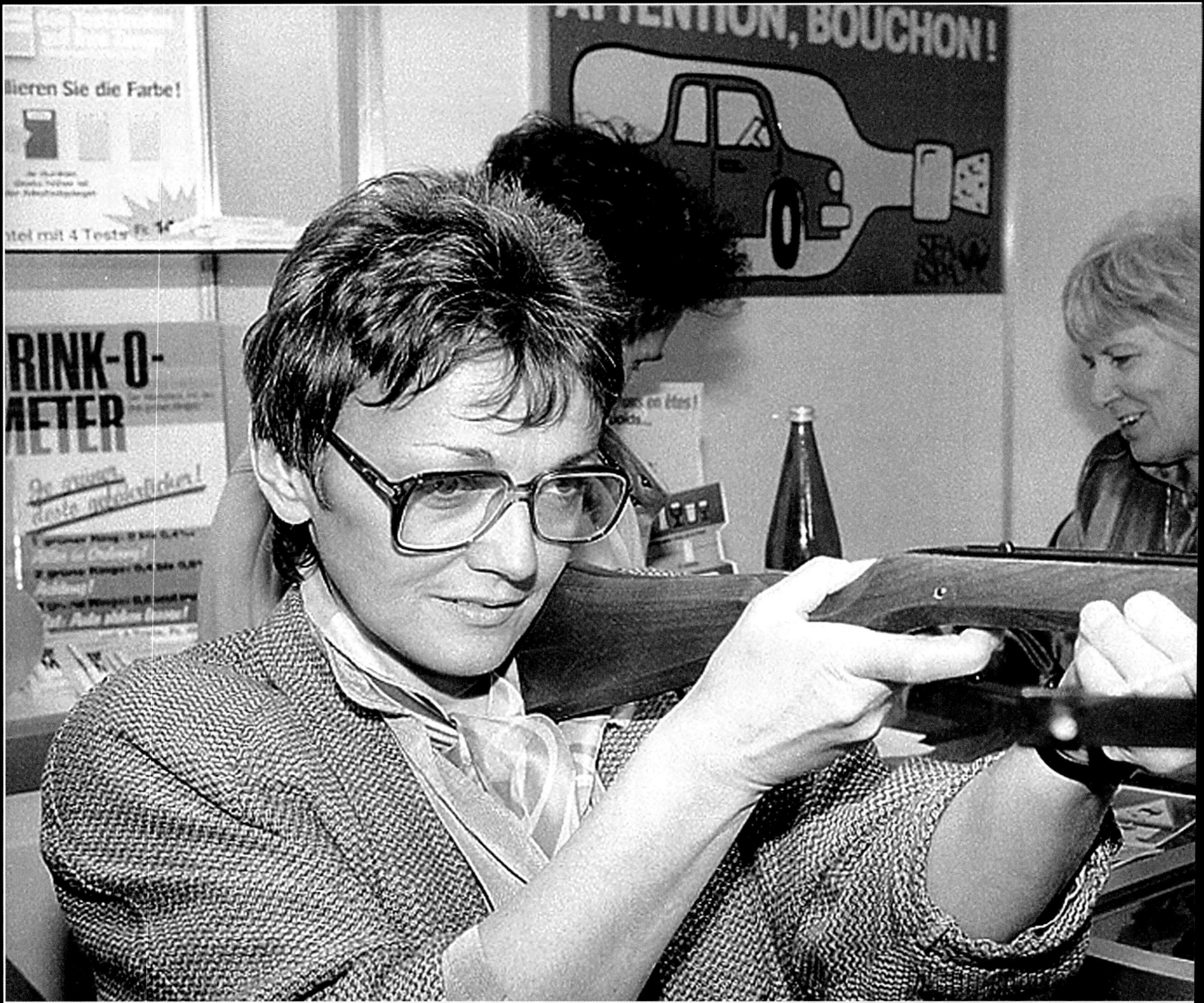
BOUCHON!
ieren Sie die Farbe!

1981
1990

Automobil und Gesellschaft

Immer mehr Autos fahren auf den Schweizer Strassen. 1988 repräsentiert die Motorfahrzeugbranche 18'000 Unternehmen, 300'000 Angestellte, 40 Milliarden Franken Jahresumsatz und 20 bis 25 Prozent des Bundeshaushalts in direkten und indirekten Steuereinnahmen. Der Schweizer Motorisierungsgrad nimmt weiter zu: 1950 kam ein Auto auf 30 Einwohner, 1970 waren es eines pro 4,8, und 1988 ein Auto pro 2,4 Einwohner.

Bundespräsident Kurt Furgler würdigt 1981 die Berufsleute, die den Behinderten per Personenwagen, Taxi und öffentlichen Verkehrsmitteln die Mobilität ermöglichen.

1982 wird ein Versuch mit dem ARI-System (Auto-Radio Information) durchgeführt, das Verkehrsteilnehmern über spezielle Radiodecoder automatische Staumeldungen per UKW-Sender in der durchfahrenen Region zustellt. Sechs Jahre später wird der Öffentlichkeit das RDS (Radio Data System) präsentiert, eine Frequenz, die das Radio in ein Informations- und Kommunikationssystem zu verwandeln verspricht. Das RDS sucht selbständig das stärkste Signal einer gewünschten Station und sorgt für sauberen Empfang.

Autotelephon

Die Schweizer Automobilisten können ab 1987 das Radiotelephon «Natel C» mit Vorwahl 077 für 5500 bis 7500 Franken erstehen. Das Dienstleistungsnetz wird zunächst in der Region Zürich aufgebaut, deckt aber bald alle grossen Städte und das gesamte Tiefland (ohne die Bergregionen) ab. Doch die Versprechen werden nicht sofort eingehalten: Zahlreiche Gegner verlangsamen das Aufstellen der Antennen, und die Preise sind noch zu hoch.

⇧ Die Schweizer Fachstelle für Alkoholfragen ist 1987 erstmals am Salon vertreten. Ganz im Geist von Wilhelm Tell können sich Besucher im Armbrustschiessen versuchen, allerdings mit einer Brille, die optisch Trunkenheit simuliert.

⇧ Ab 1985 führt die Eidgenossenschaft eine auf die Windschutzscheibe zu klebende Vignette für das Recht der Autobahnbenützung ein. Der Aufkleber ist auf der Post, in Tankstellen und an den Grenzübergängen erhältlich.

⇧ Das Ferrari Testa Rossa Cabriolet des Videospiels Auto Run stellt als Symbol der 80er Jahre die virtuellen Autorennen vor spektakulären Kulissen dar.

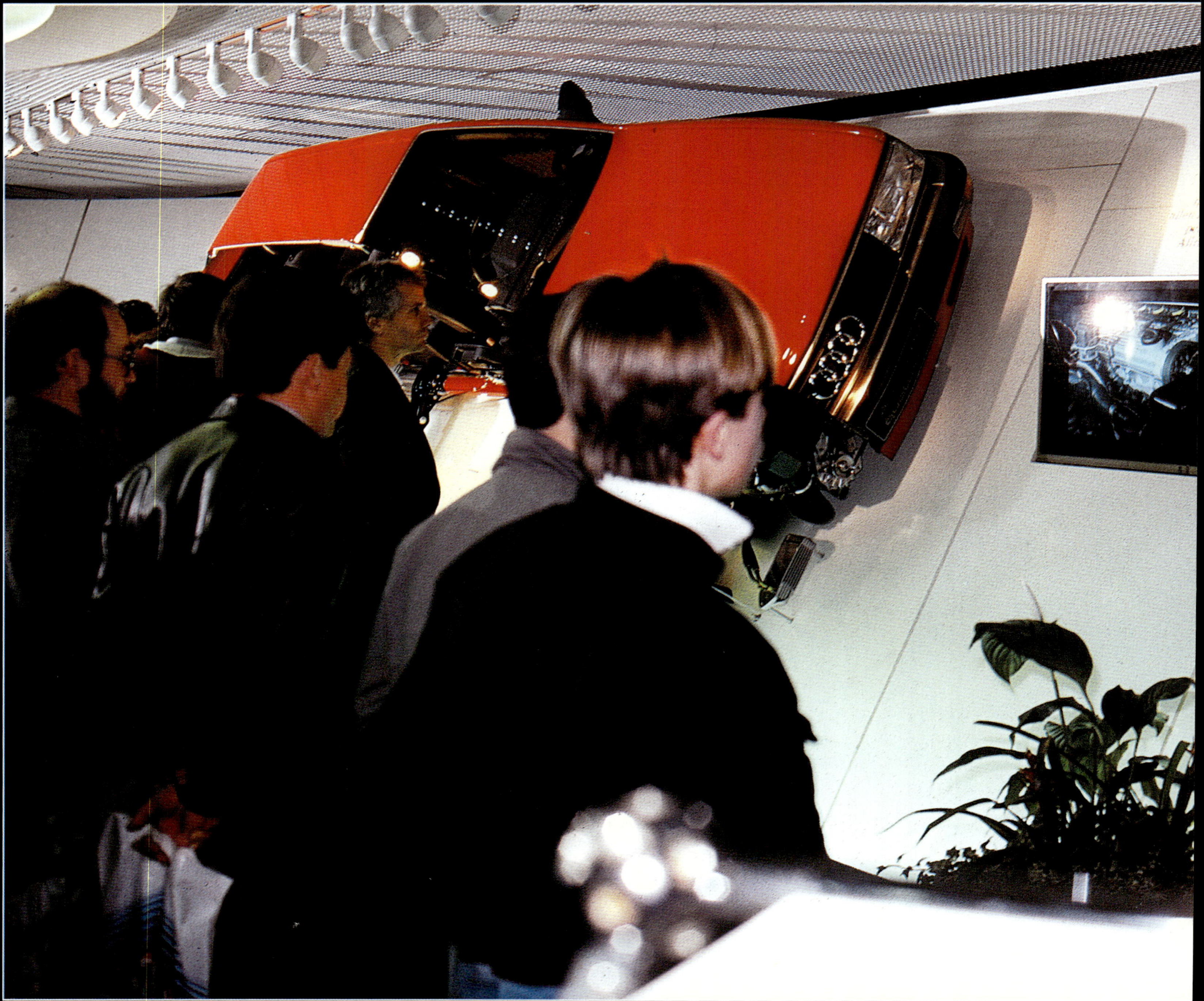

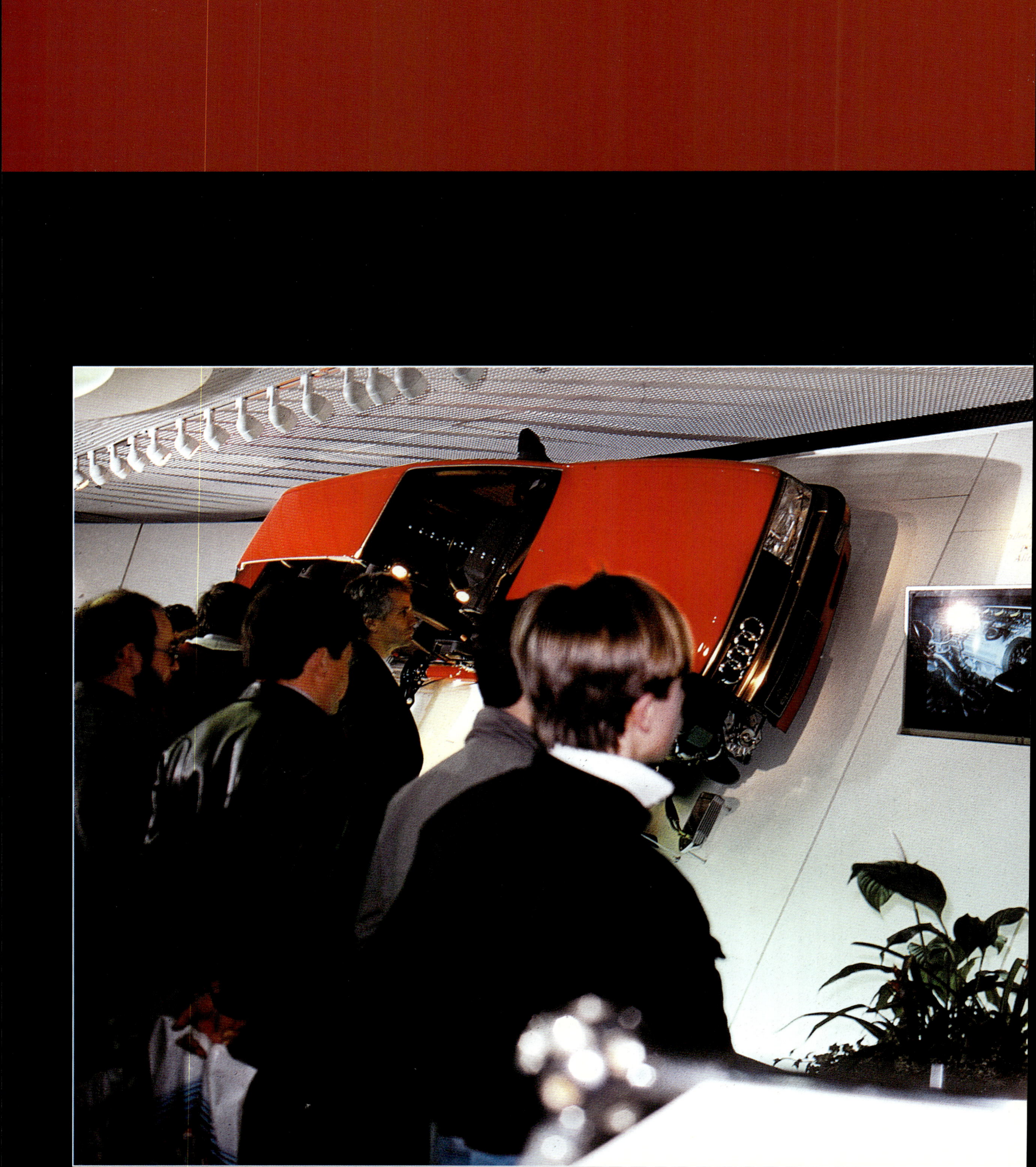

1981
1990

Rennsport

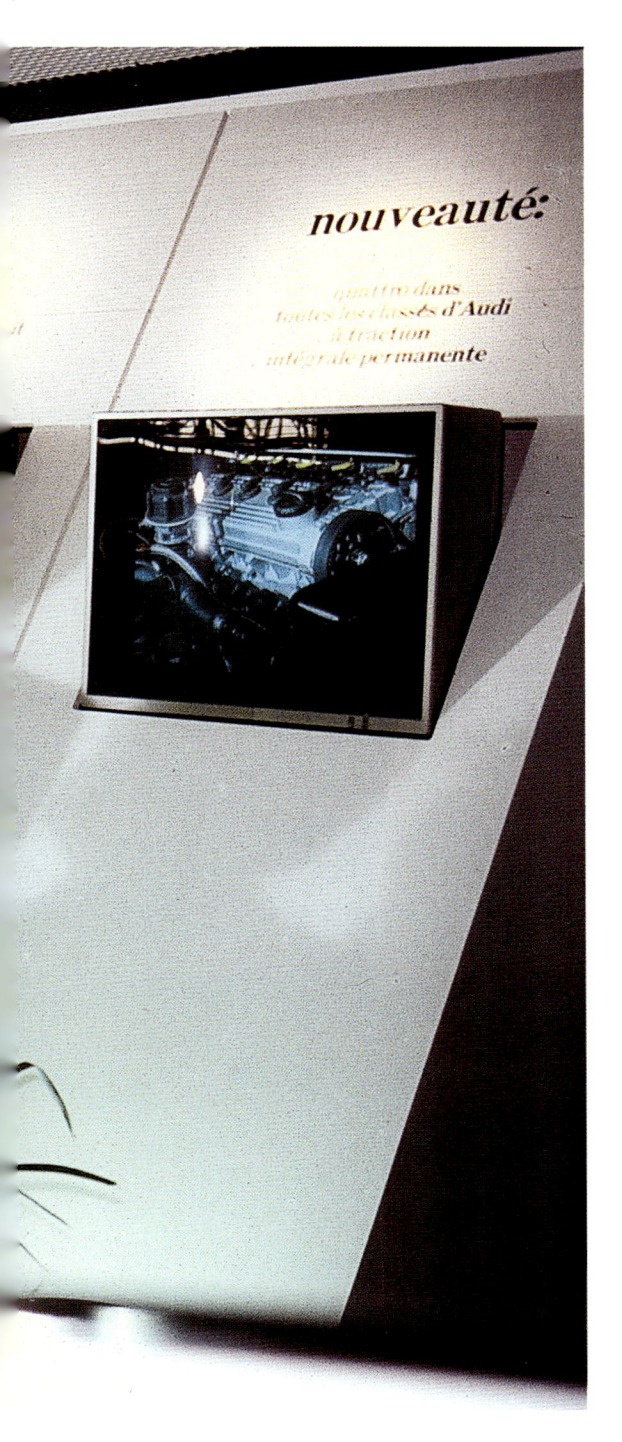

Williams holt sich 1980 mit Alan Jones seinen ersten Weltmeistertitel nach einem spannenden Kampf mit Ligier-Renault und Brabham mit Nelson Piquet. Alain Prost gibt ein bemerkenswertes Debüt im Renault, aber die fehlende Konstanz des Teams führt noch zu einem hinteren Tabellenplatz.

Es sind bewegte Zeiten in der Formel 1: 1981 wird der Lotus 88 verboten, weil sein Doppel-Chassis für illegal erklärt wird. Im folgenden Jahr gilt es, einen Streik in Südafrika, die tödlichen Unfälle von Gilles Villeneuve in Belgien und Riccardo Paletti in Kanada, das Boykott des Grand Prix von San Marino, Streitigkeiten zwischen Teams und Sportbehörde und die schweren Verletzungen von Didier Pironi zu verdauen. Der Finne Keke Roseberg gewinnt erstmals im Williams. Honda feiert 1983 sein Comeback in die Formel 1 und geht wegweisende Verbindungen mit den richtigen Leuten ein. Die Konstrukteure finden immer mehr PS, und der Turbo wird in den meisten Autos verwendet. 1984 gibt es eine Treibstofflimite von 220 Litern und Tankstopps sind verboten. So konzentrieren sich die Ingenieure auf die Verbesserung der Aerodynamik, und Bosch perfektioniert die Zündung, um den Benzinverbrauch zu drosseln. McLaren dominiert die WM 1984 mit Lauda und 1985 mit Prost; Williams kehrt 1987 dank Nelson Piquet an die Spitze zurück, bereits zweifacher Weltmeister 1981 und 1983. Der V6 Turbo von Honda und die Aerodynamik des Williams FW11B sind in diesem Jahr unschlagbar.

McLaren-Honda gewinnt 1988 fünfzehn von sechzehn Rennen, mit dem GP von Italien als

⇧ Der Audi Quattro feiert sein Debüt am Genfer Salon 1980. Er ist eines der markantesten Fahrzeuge des Jahrzehnts, nicht nur wegen seiner Rallye-Erfolge, sondern mit seinem Allradantrieb auch durch den technischen Vorsprung gegenüber anderen Personenwagen-Herstellern.

⇧ Salonpräsident Jean-Marie Revaz, Claude Sage und Rodolphe Huser heissen Weltmeister Alain Prost willkommen.

1981
1990

⇧ Die Saison 1988 beginnt für das Team McLaren-Honda unter günstigen Vorzeichen. Firmengründer Soichiro Honda umgeben von den besten Piloten der Welt, Ayrton Senna und Alain Prost.

⇧⇧ Lancias siegreicher Wagen an der 51. Rallye Monte Carlo 1983.

⇗ Seit dem Debüt von Subaru in der Schweiz 1979 ist Skiweltmeister Bernhard Russi Werbeträger der Marke. Er nimmt 1982 mit Beifahrer Christian Simonett an der Rallye Paris-Dakar Teil. Sein Subaru wird im folgenden Jahr am Genfer Salon ausgestellt.

Ausnahme. Das Team mit Alain Prost und Ayrton Senna (der Lotus verlassen hat) führt ein internes Duell mit wechselnden Siegern vor. Der Brasilianer sichert sich schliesslich den Titel, den er aber im folgenden Jahr wieder an Prost abgeben muss. Die spannenden Rennen der Teamkollegen setzen sich in die 90er Jahre fort, und Senna gewinnt 1990 und 1991, Prost 1993. Die Rivalität der Piloten im gleichen Stall droht den Rest der Formel 1 auszublenden.

Rallye-WM

Hersteller, die an der Rallye-Weltmeisterschaft 1982 teilnehmen wollen, müssen 200 gleiche Produktionsautos bauen. Die höhere Zahl bedingt eine echte Serienproduktion für die schwer zu verkaufenden Fahrzeuge. Es handelt sich hier um hochgezüchtete Rennwagen in Limousinen-Verkleidung. Audi Quattro Sport mit Allradantrieb, Ford RS200 und Lancia Delta geben sich die Ehre. Bei der Vorstellung des Modells 205 1983 kündigt Peugeot die Entwicklung einer Version Turbo 16

1981
1990

für die Teilnahme an der Rallye-Weltmeisterschaft an. Jean Todt (späterer Sportchef von Ferrari) hat die Projektleitung. Der Turbo 16 hat seine ersten Tests im Februar 1983 und Peugeot baut im folgenden Jahr die vom Reglement verlangte 200er-Serie. Der 205 Turbo 16 gewinnt in der Folge die WM 1985 und 1987.

Die Leistungsexplosion beunruhigt die Sportbehörden, was nach einer Serie von tödlichen Unfällen 1987 zu einem neuen Reglement führt. 1988 bis 1991 dominiert Lancia die als Gruppe B bezeichnete Kategorie.

Thierry Sabine ist nach der Teilnahme am Rallye Abidjan-Nizza von der Wüste fasziniert und organisiert ab 1978 ein Rennen, das durch die wilden Regionen von Algerien, Niger, Mali, Obervolta und Senegal führt. Die Geschichte der Veranstaltung hat so viele Höhen und Tiefen wie die Dünen und Ergs der Strecke.

Das Paris-Dakar von 1986 erlebt eine schwarze Stunde mit einem Hubschrauber-Unfall, bei dem fünf Leute ums Leben kommen, darunter Organisator Thierry Sabine, der Sänger Daniel Balavoine und der junge Schweizer François-Xavier Bagnoud. Trotz des Unglücks entwickelt sich das "Dakar" weiter und jedes Jahr versuchen sich rund 400 Teilnehmer am Abenteuer, das auf immer wechselnden Strecken ausgetragen wird.

Rennsport | 235

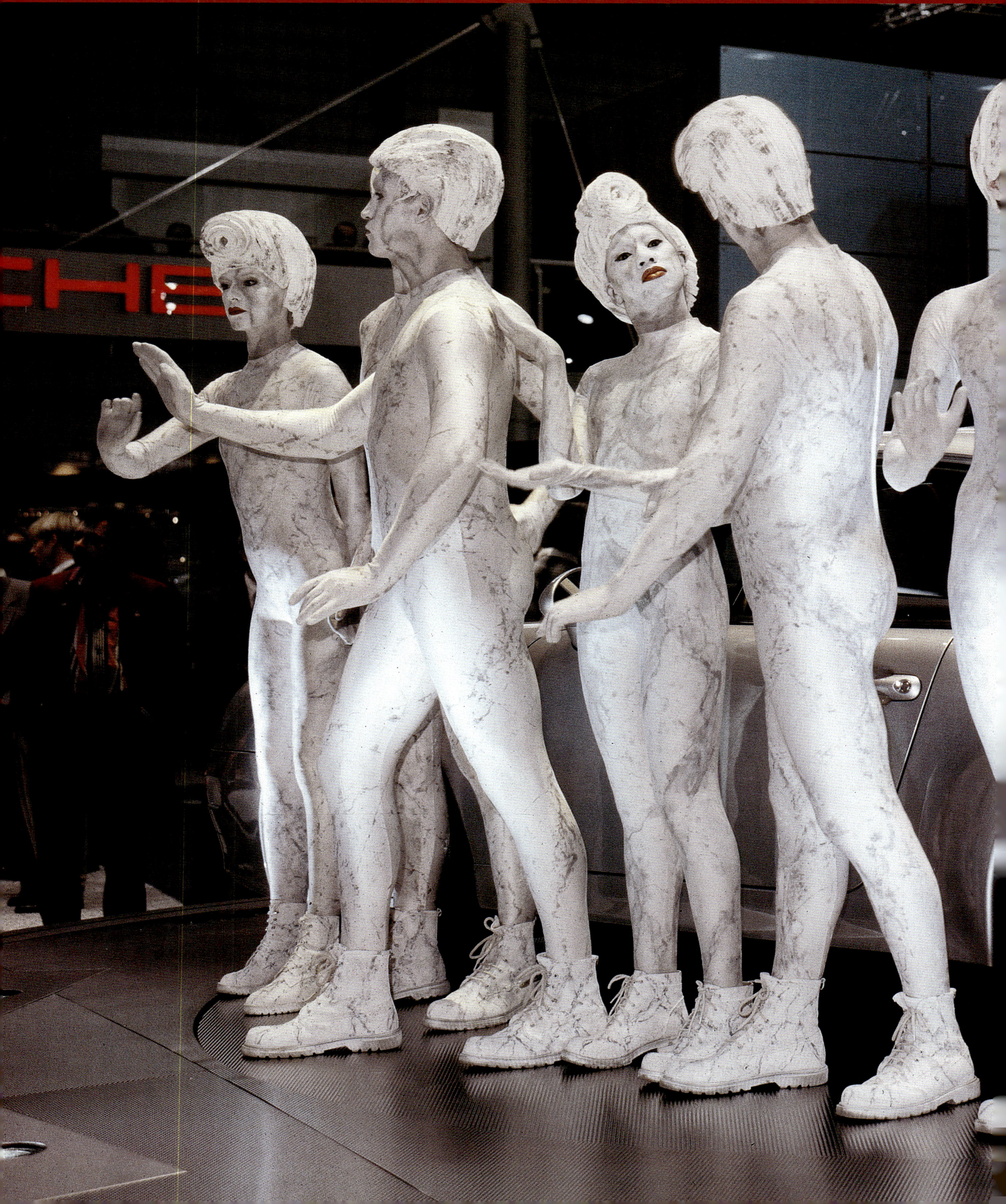

1991
2000

BOSSE DU COMMERCE
IMPACT DE BALLE FAIT PAR
UN MARI JALOUX
UNE GROSSE BAVURE
UN INTELLECTUEL DE GAUCHE
BOSSE ARTISTIQUE
complet
Cette voiture est blindée contre l'intolérance
avec cette voiture vous pouvez visiter sans risque
je me sens seul et vous?
pourquoi pas?
remplir l'espace
calandres grecs
Annie je t'aime
IL Y A TROP D'ART
il faut de tout pour faire un monde
ses dents de la route

1991
2000

Geschichte des Salons

Die 90er Jahre werden mit neuen Turbulenzen eingeleitet. Die Konflikte im Mittleren Osten flammen wieder auf und belasten die Autoindustrie schwer. In Europa, Japan und den USA nehmen die Produktionsauslagerungen und Fusionen nochmals zu. Die Katalysatortechnologie wird gar nicht mehr diskutiert, denn das umweltverträgliche Auto ist zur Selbstverständlichkeit geworden. Die Polemik konzentriert sich auf den Dieselmotor, dessen von den Bundesbehörden angekündigten Abgasnormen den Herstellern Kopfzerbrechen bereiten.

Nach zehn Jahren Existenz braucht das Palexpo eine zusätzliche Halle, um gegen die anderen Kongressstädte bestehen zu können. Die neue Halle 7 mit 16'000 Quadratmetern entsteht auf der anderen Seite der Autobahn und wird durch eine Passerelle mit den übrigen Gebäuden verbunden. Sie besteht aus Holz und misst 316,8 Meter in der Länge; daran schliesst sich noch eine Mehrzweckhalle von 69,15 Metern mit einer Sitzkapazität von 7000 Plätzen an. Es ist der grösste Holzbau des Landes. Die Beleuchtung erfolgt über Fensterflächen, die zwei Drittel des Schrägdachs ausmachen. Der Ausbau umfasst noch eine unterirdische Parkgarage mit drei Stockwerken für 1250 Abstellplätze, welche an die städtische Buslinie angeschlossen wird und die mit der Parkgarage Cointrin/Palexpo verbunden ist. Die Halle 7 wird 1995 eingeweiht, zusammen mit der Arena-Halle und dem *Musée de l'Automobile*, das auf zwei Niveaux unter der Halle 400 Sammlerautos ausstellt. Das neue Gebäude dient als Ausstellungsfläche für das Zubehör und die Garageausrüstungen. Ab 1995 ist Genf der einzige europäi-

⇧ Nissan zeigt 1995 sechs einmalige von Künstlern verzierte Micra unter dem Slogan Micr'art. Benjamin Vautier (Ben) hat den Kleinwagen mit Zeichnungen, Worten und Graffiti bemalt, auf Karosserie wie auch auf Armaturenbrett, Spiegeln und Stossdämpfern.

⇧ Die parallel zu Autobahn und Flughafenpiste liegende Halle 7 ist vorerst nur mit einer Fussgängerbrücke mit den anderen Hallen des Palexpo verbunden.

1991–2000

⇧ Die Weltpremiere-Fahrzeuge sind noch abgedeckt, damit keine Bilder vor der Freigabe an die Presse gelangen. Die Photographen drängen sich zu den besten Positionen, um den Augenblick der Enthüllung nicht zu verpassen.

♂ Die Marke stand stets im Zeichen des Rennsports. Die Brüder Maserati waren immer zuerst Rennfahrer und in zweiter Priorität Unternehmer. Der erste Sportwagen 3500 GT erscheint erst gegen Ende der 50er Jahre.

⇨ 1999 ist Bundespräsidentin Ruth Dreifuss die erste Frau, die den Genfer Salon eröffnet. Franco Sbarro erläutert ihr ein Strand- und Freizeitauto Citroën Berlingo «Calao», ein Werk seiner Schule Espera Sbarro in Pontarlier.

sche Autosalon, der jährlich abgehalten wird. Die Internationale Autohersteller-Vereinigung OICA (Organisation Internationale des Constructeurs d'Automobiles) hat vor allem aus finanziellen Gründen beschlossen, die übrigen Ausstellungen (insbesondere Paris und Turin) alle zwei Jahre durchzuführen. Genf stärkt seine Position als Fokus der Autowelt. Bereits 1998 wird der Bau der Halle 6 mit 22'000 m² vorgeschlagen, die über der Autobahn erstellt und damit die Verbindung zwischen Palexpo und der Halle 7 darstellen würde.

Laut Rodolphe Huser ist der Salon «das Rückgrat des Palexpo. Seine Gewinne haben zu einem grossen Teil die Finanzierung des Ausstellungsgeländes sichergestellt, das für eine globale Autoausstellung konzipiert wurde.»

Wirtschaftlicher Effekt

1991 gibt die Orgexpo eine Studie zur wirtschaftlichen Auswirkung der Palexpo-Aktivitäten auf den Kanton Genf in Auftrag. Gesplan und drei Schweizer Universitäts-Professoren als Autoren der Untersuchung kommen zum Schluss, dass der Automobilsalon der Region durch direkte und indirekte Beiträge einen Gewinn von 361 Millionen in vier Jahren einbringt, mehr als die Telecom, und weit vor allen anderen Ausstellungen. Die Forscher meinen, dass das Palexpo eine Gesamtinvestition von 200 Millionen Franken benötigt hat, die Hälfte davon aus Privatgeldern, dass aber der jährliche Profit allein für die Genfer Wirtschaft im Durchschnitt 400 Millionen Franken pro Jahr ausmache und sich in den zehn Jahren seines Bestehens gegen drei Milliarden Franken bewege. Die Nutzniesser sind mehrere Wirtschaftszweige, von der Hotellerie über den Einzelhandel bis zu Baugewerbe, Immobiliendienstleistungen, Dekoration, Reinigung, Restauration und Temporärarbeitsvermittlungen. 1996 ist der Autosalon gleichauf mit der Telecom (die aber nur alle vier Jahre stattfindet) mit 22,5 % am Gewinn des Palexpo beteiligt;

es folgen die Genfer Messe mit 11,1 %, der Nutzfahrzeugsalon mit 7,2 % und die Buchmesse mit 5,9 %, um die wichtigsten zu nennen.

Mehr Frauen

Zur Eröffnung des Palexpo 1981 beschäftigte die Orgexpo 55 Festangestellte. Die Zahl steigt 1990 auf 109 und 1996 auf 123, zu denen für die Dauer des Automobilsalons 400 Temporärstellen und 500 Angestellte in der Restauration hinzuzuzählen sind. Der Salon bringt auch vielen Studenten und Hilfskräften eine Verdienstmöglichkeit. So werden Hunderte junger Damen als Hostessen zur Präsentation der neuen Fahrzeuge eingestellt. Sie sind elegant, angenehm und freundlich. Aber es genügt nicht, nur eine heitere Gesinnung mitzubringen, um die beliebten Stellen zu ergattern: die Hostessen müssen mehrere Sprachen beherrschen (Französisch, Deutsch und Englisch; wenn möglich auch Italienisch und Spanisch, je nach der Fahrzeugmarke), in der Lage sein, stundenlang zu stehen, oft mit hohen Absätzen, und immer zu lächeln, was auch immer passiert.

Immer mehr Frauen besuchen den Autosalon (fast ein Drittel der Besucher) und sie haben eine wichtige Stimme beim Fahrzeugkauf. Der Salon 1999 ist klar der Anlass der Frau, halten doch erstmals zwei Damen die Eröffnungsreden: Bundespräsidentin Ruth Dreifuss und Genfer Staatsratspräsidentin Martine Brunschwig-Graf.

1991
2000

⇧ 2000. Sergio Pininfarina und Luca di Montezemolo vor einem Ferrari 360 Spider, der in Genf seine Weltpremiere feiert.

⇧⇧ Opel überrascht an seinem Stand mit einem Film, der den technischen Stand beim Bau eines Fahrzeugs zeigt. Die Sitze sind beweglich und geben dem Zuschauer den Eindruck, Teil des Geschehens zu sein. Auf der Seite sind Rückspiegelgehäuse, die zu Lautsprechern umfunktioniert wurden.

↗ Übersicht des Salons 2000.

Besuchermenge

Der Salon ist ein Volksanlass, selbst wenn nur einer von zehn Besuchern mit Kaufabsichten anreist. Der Eintritt kostet nur 10 Schweizer Franken. Vierzig Prozent der Besucher kommen aus der Deutschschweiz, und die Zahl der Franzosen, aber auch der Bürger anderer Länder nimmt laufend zu.

Als Zeichen seiner Bedeutung kann der Salon eine grosse Zahl Firmenchefs der internationalen Autounternehmen willkommen heissen, die hier ihre Weltpremieren vorstellen. 1998 sind nicht weniger als 4 200 Journalisten akkreditiert. Während der Dauer des Salons überwachen 90 Sicherheitsangestellte und Feuerwehrleute das Palexpo und die Umgebung. Es gibt wenig Vandalismus zu beobachten, aber Langfinger sind an den Ständen nicht selten. Der Schaltknauf ist das meistbegehrte Objekt, aber nicht die simplen Plastikkugeln, sondern jene mit Chrom, Vergoldung, Leder und vor allem diejenigen mit Markenemblemen.

Sonderausstellungen

Die Sonderausstellungen haben jedes Jahr einen grossen Erfolg. 1991 wird an die «Automobile Schweiz» erinnert. Zu sehen gibt es einen in

Genf gebauten Pic-Pic mit Gangloff-Karosserie von 1912, daneben einen Hispano-Suiza H6C Boulogne, ein Cadillac-Cabriolet V16 mit einer Karosserie von Willy Hartmann, einen 1934 von Hermann Graber eingekleideten Duesenberg J und einen in Worblaufen gebauten Delahaye. 1992 ist der Marke Isotta Fraschini gewidmet; dann folgen «Can Am», «Zurück in die Zukunft», ein Teil der Sammlung von Prinz Rainier von Monaco und 1996 eine Zusammenstellung der Fahrzeuge, die zwischen 1927 und 1957 an der legendären Mille Miglia teilnahmen. Hispano-Suiza ist die Verführung von 1997, während 1998 in die Vorgeschichte des pferdelosen Wagens geblickt werden kann. «Die Schätze der Maharadschas» faszinieren 1999 und «das Zeitalter der Cabriolets» 2000.

Von 1992 bis 1994 werden in einem Zelt auf 18'000 m² rund zwanzig Elektro- und Solarelektromobile gezeigt. Ab 1995 werden diese Fahrzeuge im Herzen des Palexpo ausgestellt.

Der 70. Salon

Im Jahr 2000 werden die Stände nach der Gruppenzugehörigkeit der Marken reorganisiert, was für 80 % der Hersteller zum Umzug führt. Die Informationskonferenzen stehen während der zwei Pressetage alle 15 Minuten von 7Uhr45 bis 18Uhr45 auf dem Programm. Die Marken übertreffen sich an Originalität und Aufwand, um Photographen, Kameraleute und Journalisten anzuziehen. Der 70. Autosalon steht im Zeichen der Zufriedenheit und des Wohlstands.

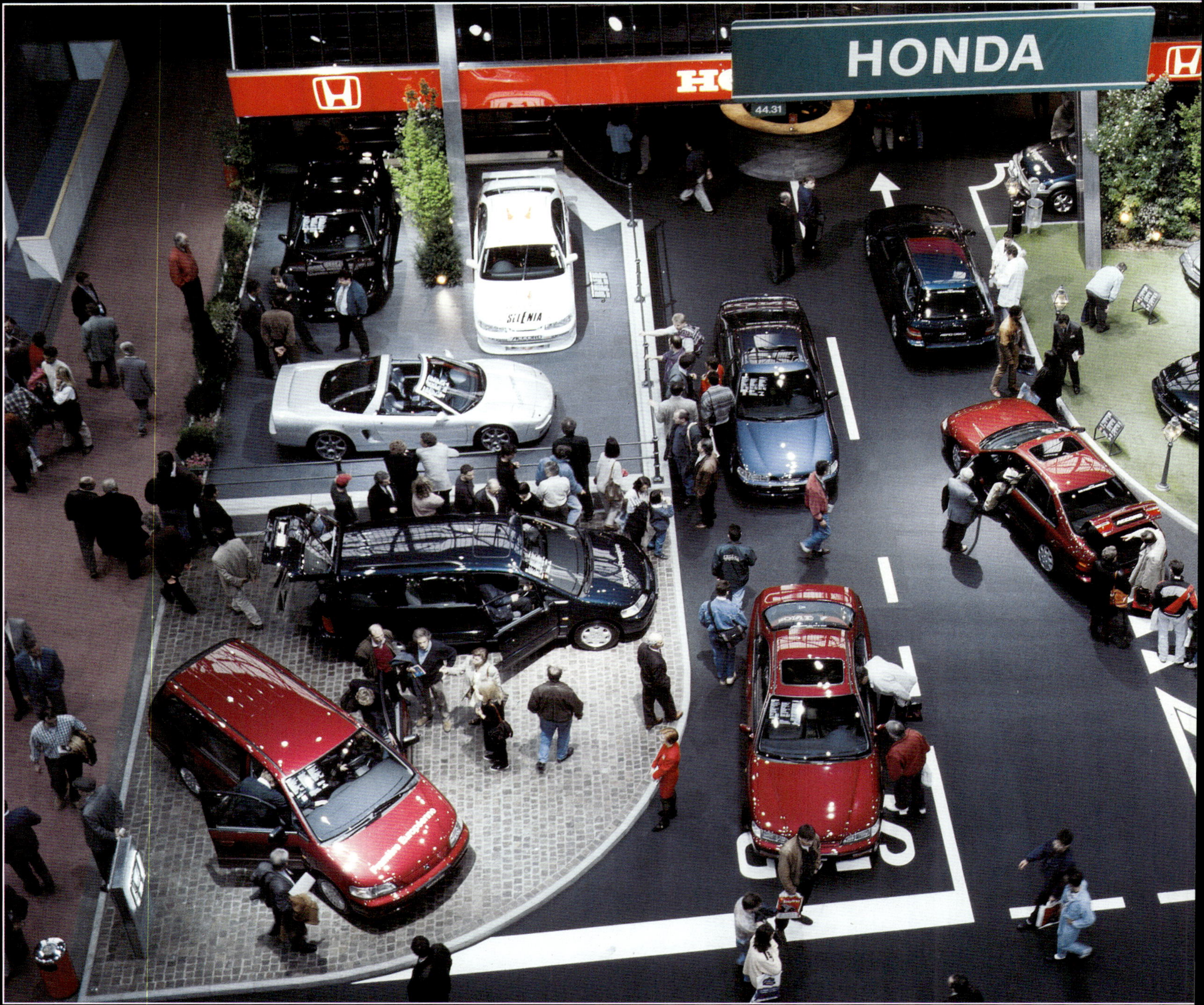
HONDA
44.31

1991–2000
Automobilindustrie

Nach einer Rezession zu Beginn des Jahrzehnts ist ein Aufschwung ab 1997 ersichtlich, auch wenn sich die Tendenzen noch nicht klar abzeichnen. Die Konsumenten gehen über die reine Funktionalität hinaus und verlangen nach Emotionen; man interessiert sich vermehrt für Grossraumkombi, Allradmodelle und Cabriolets, und weniger für herkömmliche Limousinen.

Erfolg der Kleinwagen

General Motors vermarktet ab 1990 eine neue Marke, um in den USA gegen die Importmodelle (Honda Accord/Civic und Toyota Camry/Corolla) anzutreten: Saturn. Der Name ehrt die Rakete, welche die Mondlandung ermöglicht hat. Die Marke darf eine von anderen Werken des Konzerns unabhängige Fabrik mit eigenen Komponenten betreiben. Sie befindet sich in Spring Hill (Bundesstaat Tennessee), ist klimatisiert, lärmberuhigt und unter einer vereinfachten Hierarchie aufgebaut. Es kommen weniger Fertigungsautomaten zum Einsatz als anderswo. Das Auto selbst folgt dem gängigen Muster: Vorderradantrieb, zwei 1900er-Motoren zur Wahl, Limousine oder Coupé. Das Marketing setzt auf die überlegene Dienstleistung der Servicestellen und auf ein Vertrauensverhältnis zwischen Kunden und Händler. In Erinnerung an das Desaster mit dem Ford Edsel, einem mittelmässigen Produkt der 50er Jahre, das von einem nie gekannten Werbeaufwand begleitet worden war, wendet Saturn kleine technische Probleme bei der Lancierung zu seinem Vorteil. Es wird mit offenen Karten gespielt, und bestimmte Modelle werden freiwillig ins Werk zurückbeordert. Saturn findet viele Fans, und die Autos werden auch nach Kanada und Japan exportiert.

⇧ Der Stand von Honda 1995.

⇧ Zum 100. Jubiläum der Marke werden alle Opel-Modelle in Form des Emblems aufgestellt. Ursprünglich war es nicht der Blitz, sondern ein Zeppelin, der den Kreis (als Symbol für das Rad) durchquerte.

1991 2000

Erwähnenswerte Kleinwagen der 90er Jahre sind auch Renault Twingo (1992), Opel Corsa (1993) Daihatsu Move, Ford Ka und Citroën Saxo – mit Genfer Weltpremiere – (1996), Seat Arosa (1997), Ford Focus und VW Lupo (1998), Toyota Yaris (1999) und natürlich der Smart.

Der Smart

Dieses Fahrzeug ist das Resultat einer Partnerschaft von 1994 zwischen dem Schweizer Uhrenhersteller Swatch und Daimler-Benz. Das Auto sollte ursprünglich Swatchmobil heissen, wurde dann aber auf Smart umbenannt, laut Nicolas Hayek ein Kürzel für «Swatch Mercedes Art». Der Smart geht 1998 in Produktion und verdankt seine Existenz unter anderem den strengeren Verbrauchsvorschriften. Um die auf das gesamte Modellangebot berechneten Flotten-Abgasnormen zu erfüllen, muss jeder Hersteller ein äusserst sparsames Auto im Angebot haben. Im Klartext: damit Mercedes weiter seine V12 oder V8-Kompressormodelle mit 500 PS und mehr anbieten kann, muss das Werk Hambach eine bedeutende Menge der Dreizylinder-Smart mit 50 bis 82 PS produzieren. Der ultrakompakte Zweisitzer misst nur 2,5 Meter, wartet aber dank steifer Fahrgastzelle und doppelten Airbags mit guter Sicherheit auf. Das Interieur des kleinsten in Grossserie gebauten Autos ist frech und hochklassig.

Globalisierung

Die Globalisierung führt zu weiteren Fusionen, Kooperationen und Produktionsverlegungen. BMW kauft Rover und Rolls-Royce, während

⇧ Der ursprünglich für den europäischen Markt konzipierte Ford Focus wird 1999 vorgestellt. Der komfortable, preisgünstige Mittelklassewagen wird in vier Karosserievarianten gebaut und verdient sich weltweiten Erfolg.

⇨ Für das Familienunternehmen Derendinger ist der Salon der Höhepunkt des Jahres, und die Gelegenheit, Kollegen und Kunden zu treffen.

246 | 100 Jahre Automobile Fortschritte

Volkswagen zu Bentley und Skoda greift; Chrysler und Daimler fusionieren. Renault und Peugeot produzieren Autos in Brasilien, die USA verschieben einen Teil der Produktion nach Mexiko. Fiat lässt den Palio in Indien, Brasilien, Polen, Nordafrika und China vom Band rollen. Honda adaptiert die Karosserie des Accord für vier verschiedene Märkte; Europa, USA, Japan und das übrige Asien.

1991 trifft die Wirtschaftskrise Japan mit voller Wucht. Die Autoproduktion fällt von 13,5 Millionen (1990) auf 10,5 Millionen (1994), ein niedrigeres Niveau als in den 80er Jahren. Die ausländischen Firmen profitieren von der Rezession, um in die Lücke zu springen. Gleichzeitig entwickeln sich neue Märkte in Lateinamerika, China und Indien.

Citroën gründet 1992 ein Joint-venture in China, die Dongfeng Citroën Automobile Company, und beginnt 1995 mit dem Autoverkauf, mit aufsteigender Tendenz. Amerika feiert mit verjüngten Modellen Anfang der 90er Jahre ein Comeback. General Motors hat die erfolgreichen Buick Skylark, Pontiac Grand Am und Oldsmobile Achieva im Angebot, alle mit neuem Quad-Four mit obenliegenden Nockenwellen. Buick LeSabre, Pontiac Bonneville und Oldsmobile 88 erhalten ein Facelifting. Ford führt das «Aerodesign» für den Taurus ein, der 1992 den Honda Accord als meistverkauften Personenwagen der USA ablöst.

Chryslers Revolution führt über die Vorstellung der LH-Reihe: Dodge Intrepid, Chrysler Concorde und Eagle Vision werden im gleichen Jahr lanciert und bieten eine nach vorn gerückte Kabine («Cab forward design»), was den Platz für den Motor einschränkt, die Räder in die äussersten Karosserieecken verbannt und mit längerem Radstand zu mehr Passagierraum führt. Für den Antrieb sorgt ein 24-Ventiler-V6.

⇧ Der Peugeot 206 CC von 2000. Achtzehn Monate nach der Einführung läuft der Millionste 206 vom Band.

⇦ Jacques Calvet, Präsident der PSA von 1984 bis 1997, präsentiert den Citroën Xantia.

1991
2000

Immer mehr gleiche Modelle werden über verschiedene Marken verkauft: Der Minivan Citroën Evasion, Fiat Ulysse, Lancia Z und Peugeot 806, ein Geländekombi von Nissan und Ford, die Minivans VW Sharan, Seat Alhambra und Ford Galaxy (1995-6), ohne die zahllosen amerikanisch-japanischen Zwillinge zu nennen. 1994 läuft der 318i als erster BMW von einem amerikanischen Fliessband, 1997 gefolgt von einem M-Klasse-Mercedes Geländekombi. Auch andere europäische Hersteller produzieren in Nordamerika für den amerikanischen Markt. Die US-Autoindustrie ist angeschlagen, aber die hier ansässigen Japaner gewinnen stetig an Marktanteilen.

Mitte der 90er Jahre zielen die Japaner auf die von Europa vernachlässigten Marktsegment wie Kleinwagen und Allrad-Personenwagen. 1999 übernimmt die Ford Motor Company Volvo Cars.

Limousinen nicht gefragt

Der Markt der Pick-ups, Minivans und Allradkombis macht in den 90er Jahren je nach Region zwischen einem Viertel und der Hälfte der Verkäufe aus. Die Nachfrage nach diesen Fahrzeugen ist den Modeströmungen unterworfen und entsprechend weniger voraussehbar und hierarchisch als die nach Limousinen.

Die Mittelklasseautos sind eine verschwommene Kategorie; die Oberklasse und die Einsteigerautos fallen zunehmend in diese Einteilung, und die kompakten Kombis geben sich immer luxuriöser. Es gibt ausserdem noch den Citroën Xantia mit eleganter Karosserie und originellem Heck, den Subaru Impreza, den Koreaner Kia Sephia oder den Proton, die erste Limousine aus Malaysia, unter Mitsubishi-Lizenz.

1996 lanciert Mercedes die C-Klasse, die der an Marktanteilen schrumpfenden Marke wieder Mehrverkäufe beschert. Im folgenden Jahr gibt die indische Marke Tata ihre erste Vorstellung in Genf mit dem Safari. Der Allradler verkauft sich im ersten Jahr in zwei Millionen Einheiten. Die Firma war 1945 als Lokomotivenfabrik gegründet worden und baute 1991 ihren ersten Personenwagen. Der Sierra fuhr eine Million Verkäufe ein, bevor Tata 1992 den Estate, 1994 den Grossraumkombi Sumo und 1998 den Indica präsentiert.

Erfolg des Minivans

Die Individualisierung führt zu Automobilen, die Freiheit, Freizeit und Alltagsflucht versprechen, sich dabei aber hochklassig präsentieren. Der zunächst als Oberklassealternative angepriesene Minivan findet volkstümlichere Anwendungen: Renault Mégane Scénic (1996) oder Fiat Multipla mit zwei Sitzreihen zu drei Plätzen. Mercedes feiert in Genf die Weltpremiere der kompakten A-Klasse, komfortabel wie ein Personenwagen, aber wandelbar wie ein Minivan. Aber die Markteinführung verzögert sich durch die von Journalisten aufgedeckten Fahrwerkschwächen.

Jede Marke braucht einen Minivan im Angebot. Die Neuheiten folgen sich in rascher Folge: Nissan Serena 1992, VW Sharan, Ford Galaxy, Ford Windstar, Mitsubishi Space Gear und Honda Shuttle 1995. 1996 folgt Mercedes-Benz mit der V-Klasse auf Basis des leichten Nutzfahrzeugs Vito, aber mit anspruchsvollen Fahreigenschaften. Im gleichen Jahr präsentiert Opel den Sintra aus amerikanischer Produktion. 1997 gibt es zusätzlich den ersten koreanischen Minivan, den Hyundai H1, den Suzuki Minibus und den Toyota Picnic. Selbst die Premium- und Sportwagenmarken planen ihre Auslegung des Themas Minivan.

Erste SUV

Immer mehr Kunden begeistern sich für Geländekombis, auch Leute, die kein echtes Bedürfnis nach den Offroadqualitäten haben. Die 4x4 sind eindrücklicher und höher als konventionelle Kombis. Sie tragen gelegentlich das Aggressive oder den Hauch der Wildnis mit sich, wie etwa der Hummer von AM General. Dieser wurde für das amerikanische Militär für den Einsatz in arktischer Kälte oder in der Wüstenhitze entwickelt und rückt während des Golfkriegs ins Auge der Öffentlichkeit, als 20'000 Humvee in die Schlacht ziehen. Der Name steht für die Abkürzung HMMWV, «High mobility multi-purpose wheeled vehicle», äusserst geländetaugliches Vielzweck-Radfahrzeug. Die Zivilversion legt die grün-graue Lackierung zugunsten von Zitronengelb und Neonblau ab, bleibt aber laut, unelegant und ein

⇧ Mercedes-Benz stösst mit der A-Klasse in die umkämpfte Kompaktklasse vor.

⇦ Volvo beginnt 1992 eine Zusammenarbeit mit Mitsubishi. Die Japaner wollen ihre Präsenz in Europa etablieren. Die Kooperation führt zu den Modellen Volvo S40/V40 und Mitsubishi Carisma.

⇗ Ein Vertrag von 1997 zwischen Mitsubishi und Pininfarina zur Entwicklung und Produktion eines neuen kompakten SUV führt 1999 zur Genfer Weltpremiere des Mitsubishi Pajero Pinin.

⇗⇗ Der Renault Kangoo von 1998 ist zu Beginn nur ein Lieferwagen, der aber bald eine eigene Freizeitauto-Gattung lanciert.

unersättlicher Säufer. Der Honda HR-V (1998) ist eine Kreuzung von Kombi und Coupé und ist mit Vorderradantrieb versehen, der unter schwierigen Traktionsbedingungen automatisch auf Allradantrieb wechselt. In Japan wird zum Ausklang des Jahrhunderts auf die Nüchternheit gesetzt. Neue Fahrzeuggattungen kommen auf, wie die Kreuzung von Kombi und Minivan, mit dem Suzuki Wagon R als Beispiel.

In den USA finden die «Light trucks», die leichten Nutzfahrzeuge, von Lieferwagen über Allradkombis bis zu den Pick-ups immer mehr Käufer. Es ist der Beginn der steilen Karriere für das «Sport Utility Vehicle», Zeichen des Abenteuers, der Lebensfreude und der (vermeintlichen) Sicherheit. Der SUV verkörpert die verschiedenen Kundenwünsche: Kompakter 4x4 als Suzuki Vitara, Familienkombi als Kia Sportage, Stadtwagen als Toyota RAV-4 oder Honda CR-V, Luxuskombi als Lincoln Navigator, Stimmungsmacher als Renault Kangoo oder Citroën Berlingo.

1991
2000

↑ Nuccio Bertone mit Frau Lili vor dem Kajak, den der Karrossier 1995 unbedingt am Salon Genf präsentieren wollte. Er basiert auf der Mechanik des Lancia Kappa und ruft mit seiner eleganten Silhouette die ruhmreichen Zeiten der Marke in Erinnerung.

Oberklasse

Die Japaner unternehmen grosse Anstrengungen zum Einstieg in die Prestigeklasse mit Lexus (Toyota), Infiniti (Nissan) und Acura (Honda). Mazda stellt 1992 den Xedos vor. Aber die etablierten Oberklassemarken sind ebenfalls aktiv: Mercedes-Benz lanciert das S500/600 Coupé, eine grosse Zweitürerversion der S-Klasse, dessen aufregendes Design und totaler Luxus das Gewicht vergessen lassen (um zwei Tonnen). Das S600 Coupé verfügt über zwölf Zylinder und Doppelverglasung, die im Interieur nur noch das Ticken der Uhr vernehmen lässt. Das Modell ist die Antwort auf den BMW 850i, ein luxuriöses 2+2-Coupé, ebenfalls mit einem V12. Noch schwerer ist der Bentley Arnage mit turbogeladenem BMW-V8. Trotz seiner 2,3 Tonnen beschleunigt der Trumm von einer Limousine in 6,2 Sekunden von 0 auf 100 km/h.
1998 gelingt Rolls-Royce mit der Premiere des 5,4 Meter langen Silver Seraph mit BMW-V12 die Überraschung von Genf. Die Herstellung des Armaturenbretts aus Edelholz beansprucht allein mehr als hundert Stunden, und die Ganzstahlkarosserie wird durch rechnergesteuerte Automaten Plasma-geschweisst und einer ausgeklügelten Rostschutzbehandlung unterzogen. Cadillac meldet sich 1999 mit dem Evoq zurück, einem Cabriolet mit kantigen Linien und wegfaltbaren Festdach.

Comeback der Cabriolets

Der Designer Luigi Colani präsentiert 1991 in Genf drei vom Rennsport inspirierte und in seinem Berner Atelier gebaute Kreationen: Einen Formel-1-Monoposto ohne Flügel, einen Gruppe-C-Boliden mit vorgesetzten Spoilern für verstärkten Anpressdruck, und eine Super-Corvette nach umgekehrtem Flugzeug-Tragflächenprinzip für die Strassenanwendung.
Mazda bietet den günstigen Sportwagen MX-5 an, nach dem Vorbild der Engländer der 60er Jahre. Das nächsthöhere Modell, der RX-7, ist

mit einem Zweischeiben-Wankelmotor versehen. Honda stellt 1992 den neuen NSX vor, der zunächst dem japanischen Markt vorbehalten bleibt. Der nur gerade 1 230 Kilo leichte Mittelmotorsportwagen mit 280 PS erreicht eine Spitze von 280 km/h und wird auch in einer Offenversion angeboten. 1995 feiert Ferrari mit der Präsentation des F50 sein 50. Jubiläum. Er ist mit ergonomischen Schalensitzen versehen, kommt auf 325 km/h Höchstgeschwindigkeit und ist wie ein Formel-1-Rennwagen auf einem Kohlefaser-Chassis aufgebaut.

Der sportliche Zweisitzer MG F markiert 1995 die Renaissance einer legendären Marke der 60er Jahre, die 15 Jahre lang von der Bildfläche verschwunden war und nun zu BMW gehört. Im gleichen Jahr wird der Renault Spider (ohne Windschutzscheibe oder Dach) geboren, der Fiat Barchetta, und ein modernisierter Alfa Romeo Spider. Das Spitzencabriolet Bentley Azure verfügt über ein vollautomatisch zu hebendes und versenkendes Verdeck, das nicht einmal mehr manuell verriegelt werden muss.

Pininfarina spezialisiert sich auf Cabriomechanismen, vor allem dank einem eigenen Windkanal, der die Analysen von Verwirbelungen, Dichtigkeit und Aerodynamik zulässt.

Der Sportmodelle melden sich stark zurück. Die Kunden wollen ein Fahrzeug, das sich von der Masse abhebt, das Spass bereitet und nicht zu teuer ist. Die Senkung der Produktionskosten wird durch die rechnerunterstützte Konzeption (Computer Aided Design, CAD) ermöglicht, aber auch durch Fertigungsautomaten und durch die Verwendung gemeinsamer Plattformen für mehrere Modelle. Die Nachfrage nach den GTI-Modellen geht deutlich zurück, sind diese doch zu gross, zu teuer und zu konventionell geworden.

1996 kommen Lamborghini Diablo SV und ein aktualisierter BMW M3 auf den Markt. Letzterer ist mit markanterem Heck, grösserem Flügel, vier Auspuffendrohren und Zweifarben-Armaturenbrett modifiziert. Toyota präsentiert das Paseo Cabriolet und Porsche den Boxster. Gleichzeitig feiert der Jaguar XK8 seine Premiere in Genf, 35 Jahre nach dem berühmten Type E. Der Sportler mit V8-Motor (eine Neuheit für Jaguar, nachdem der Reihen-Sechszylinder Tradition bei der Marke hatte) gefällt mit eleganten Linien und scheint zum Sprung anzusetzen. 1998 wagt sich Jaguar erstmals seit den 60er Jahren wieder an eine «kleine» Limousine, den Typ S. Honda feiert in diesem Jahr das 50. Jubiläum mit dem Roadster S 2000. Der Zweiplätzer mit 6-Gang-Getriebe ist für 241 km/h gut. Er erinnert an den S 600 aus der Frühzeit der Marke und gilt bei Honda als Kopfgeburt von Claude F. Sage, dem späteren Salonpräsidenten. Im Jahr 2000 präsentiert Ferrari den 360 Modena Spider und Opel den Speedster.

⇧ Mit dem vom Lotus Elan inspirierten MX 5 zielt Mazda weltweit auf den jungen, nach günstigen Sportwagen verlangenden Markt.

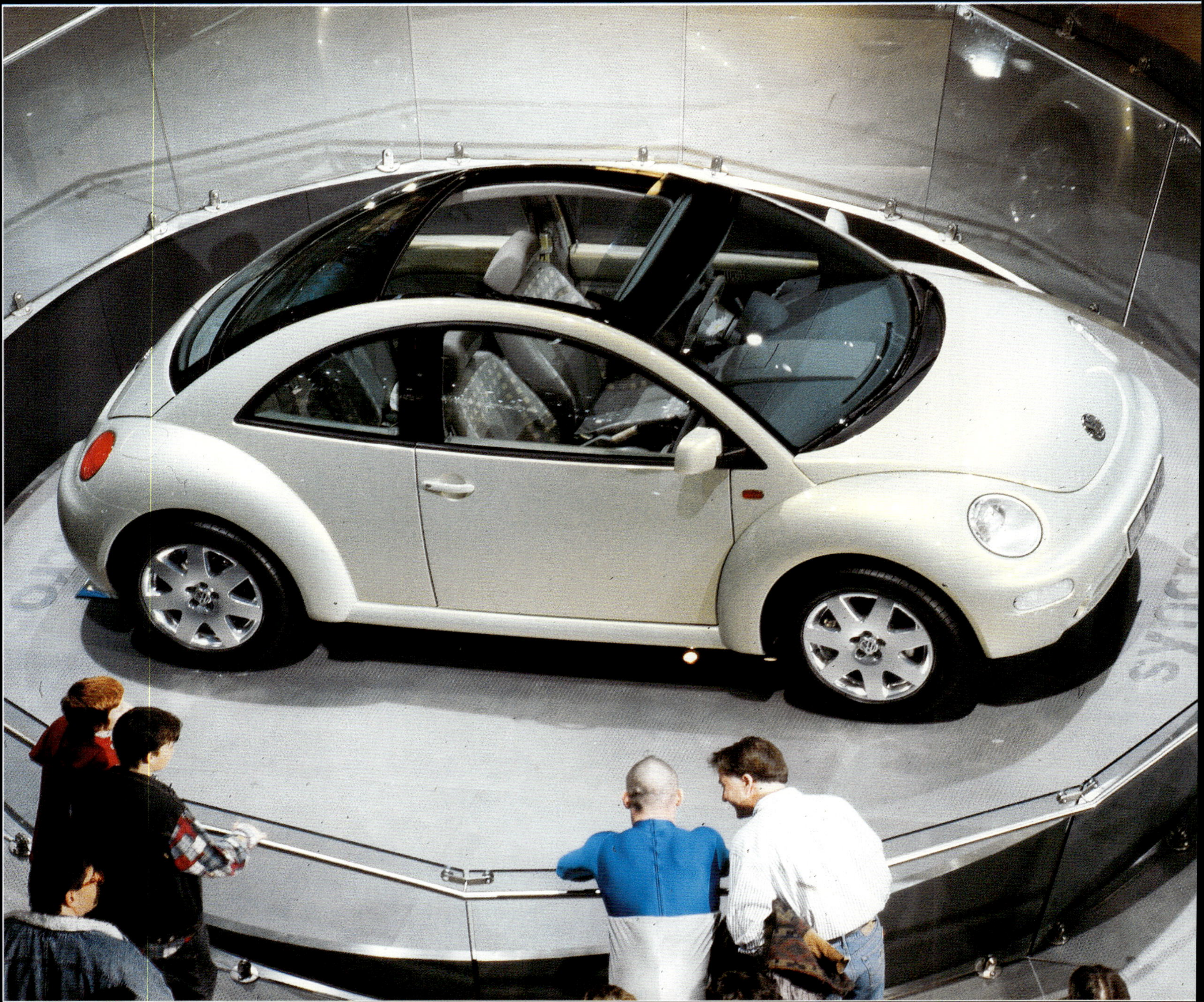

1991
2000

Technische Fortschritte

Das Design wird zu einer wichtigen Waffe im Wettbewerb der Hersteller um die Kunden. In den 90er Jahren ist die Rückkehr der Verzierungen, des Chroms und der komplexen Linien zu beobachten. Toyota gründet 1991 das Tokyo Design Center, nachdem die Firma bereits im Vorjahr in Brüssel ein Styling-Büro eröffnet hatte. Mercedes-Benz betreibt Studios in Kalifornien und in Japan.

Nostalgie und Chrom

Die Nostalgie gibt den Ton an, beispielsweise mit dem Mazda MX-5 von 1989, der sich vom Lotus Elan der 60er Jahre inspiriert, oder dem Cabriolet X-021 von Daihatsu, das an einen geschrumpften AC Cobra erinnert, aber auch mit der Renault-Studie «Fiftie», einer Wiederbelebung des 4 CV. Volkswagen bringt 1998 den Käfer als «New Beetle» wieder. Bevorzugte Farben sind Pastellgelb und Türkisblau. 1993 werden Aston Martin Lagonda Vignale und Bugatti EB112 gezeigt, die unverhohlen an eine vergangene Epoche erinnern. Peugeot bietet den Minivan 806 in den Farben des Kleinen Prinzen von Saint-Exupéry an: sternchendurchsetztes Hellblau aussen, Sandfarben und mit schäfchenverziertem Airbag innen. Der Chrysler PT Cruiser von 1999 bringt die 40er Jahre zurück.

Ford setzt seine neue Designsprache mit dem Ka (1996) und Focus (1998) um, während sich Renault mit dem Avantime und Vel Satis in die Oberklasse vorwagt. Audi geht Designwagnisse ein mit dem A8 von 1994 (Genfer Weltpremiere), dann mit dem A3 von 1996 und vor allem mit dem TT von 1998, einem sehr kompakten Sportler mit 180 PS. Der durchschlagende Erfolg des TT überrascht selbst den Hersteller. Der A8 besitzt eine Karosserie aus Aluminium, was eine Gewichtsersparnis von 140 kg bringt. Die Steifigkeit der Fahrgastzelle verbessert die Sicherheit. Das Tiptronic-System des automatischen Getriebes erlaubt die manuelle Vorwahl der Gänge.

⇧ Der New Beetle Ende der 90er Jahre ist nonkonformistisch, fröhlich und jung und weckt Emotionen. Seine Schöpfer, Freeman Thomas und J. Mays haben sich natürlich am Original-Käfer orientiert, aber es handelt sich weniger um eine Kopie als um eine Umsetzung des Wagens in die Neuzeit.

⇧ Der Audi A8 als Genfer Weltpremiere 1994 stellt die richtungsweisende Innovation einer Aluminiumkonstruktion dar. Es ist ein leicht wiederverwertbares Material, dessen Gewichtseinsparung eine Verbrauchssenkung ermöglicht.

Italienisches Design

1999 wählt Peugeot den 69. Genfer Salon für die Präsentation des revidierten 406. Das entsprechende Coupé stammt von Pininfarina. Am 70. Genfer Salon feiert auch Pininfarina das 70. Firmenjubiläum mit der Präsentation der Exponate, welche die verschiedenen Kooperationsstufen mit den Herstellern verkörpern. Das Peugeot 406 Coupé zeigt die volle Bandbreite, von Design über Konzeption, Entwicklung, Fabrikausrüstung bis zur Produktion. Der Designschwerpunkt wird durch Ferrari 360 Spider und Daewoo Tacuma repräsentiert. Die Produktionsvorbereitung stellt der Mitsubishi Pajero Pinin dar. Die Design-, Engineering- und Entwicklungsabteilungen von Pininfarina zeigen sich anhand des Songhuayiang Zhongyi, der in China in etwa 100'000 Einheiten jährlich vom Band läuft.

Nuccio Bertone, der Stammvater der «italienischen Autocouturiers» stirbt 1998 nach einer Karrossier- und Designkarriere von mehr als sechzig Jahren. Er hat 1950 durch den Alfa Romeo Giuletta Sprint Weltruhm erreicht und sich später mit Fiat 850 Spider, Citroën Xantia (1992) und Berlingo (1996) bestätigt. Sein Name ist ausserdem mit Lamborghini Countach, Lancia Stratos, Volvo 780 und VW Polo verknüpft, neben vielen anderen Erfolgen.

Airbag serienmässig

Der aufblasbare Luftsack, international als Airbag bekannt, ist anfänglich ein Frontschutz. Er wird anschliessend auch hinten eingebaut, dann auf der Seite (bei Volvo) oder im Windschutzscheibenrahmen (bei BMW).

Der Airbag wird auch kritisiert, rettet aber weit mehr Leben, als er gelegentlich Verletzungen verursacht. Seine ideale Schutzwirkung ist nur in Verbindung mit vorprogrammierten Knautschzonen und mit steifen Fahrgastzellen zu erreichen, die dem Front- wie dem Seitenaufprall widerstehen. Die Funktionsweise des Airbags: Sobald Sensoren eine im Voraus bestimmte Verzögerung erkennen, blasen sich die Luftsäcke innert Sekundenbruchteilen wie ein Schutzkissen zwischen Lenkrad und Fahrer, beziehungsweise zwischen Armaturenbrett oder Windschutzscheibe und Passagier auf und fangen grossflächig deren Kopf und Brust auf. Durch das Ablassen der Luft innert Hundertsteln vom Sekunden verlangsamt der Airbag die Vorwärtsbewegung von Kopf und Brust, fängt den Stoss auf und absorbiert die nach vorn gerichtete Energie progressiv. Beschleunigungskraftsensoren geben die Anweisung, ob und zu welchem Zeitpunkt der Airbag aktiviert werden soll, an den elektronischen Zünder weiter. Der Wechsel zum Entleeren erfolgt in 100 bis 120 Millisekunden, schneller als ein Augenzwinkern.

Neue Gurten

Zwei von drei Unfällen sind in den 90er Jahren Frontalaufprälle. Die Dreipunkt-Sicherheitsgurte bieten einen guten Schutz bei dieser Art Unfall. Sie sind mit Gurtstraffern ausgerüstet, die bei einer Kollision die Gurtlose zwischen Sicherheitsgurt und Körper eliminieren und den Passagier damit früher festhalten. Zu Anfang des Jahrzehnts wird der «passive» Sicherheitsgurt eingeführt, der sich automatisch anlegt, wenn Fahrer und Beifahrer ins Fahrzeug einsteigen. Honda schlägt den «Airbelt» (aufblasbaren Gurt) vor, Saab Kopfstützen, die dem Nackenschlag entgegenwirken, Volvo Schutzvorhänge entlang der Seitenscheiben.

Die Mehrzahl der Sicherheitstests wird nun im Computer durchgeführt, indem die Kollisionen simuliert werden, um Zeit und Geld zu sparen und die Sicherheit der Benützer zu verbessern.

Der Rechner berücksichtigt eine Vielzahl von Faktoren, von der Form des Fahrzeugs über die Materialwahl, den Verbrauch, Lärm und Komfort bis hin zur Aerodynamik. Nach dem virtuellen

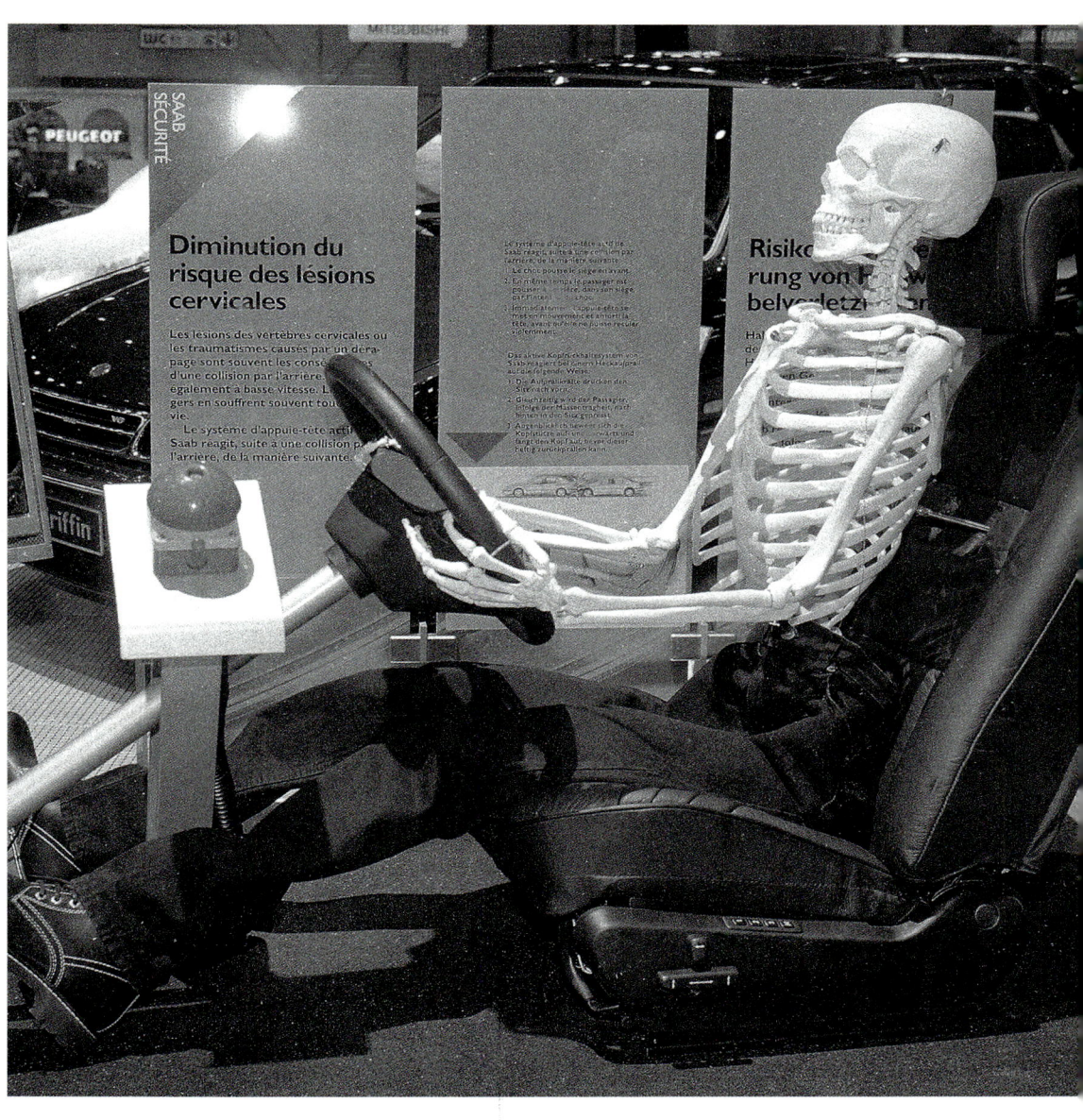

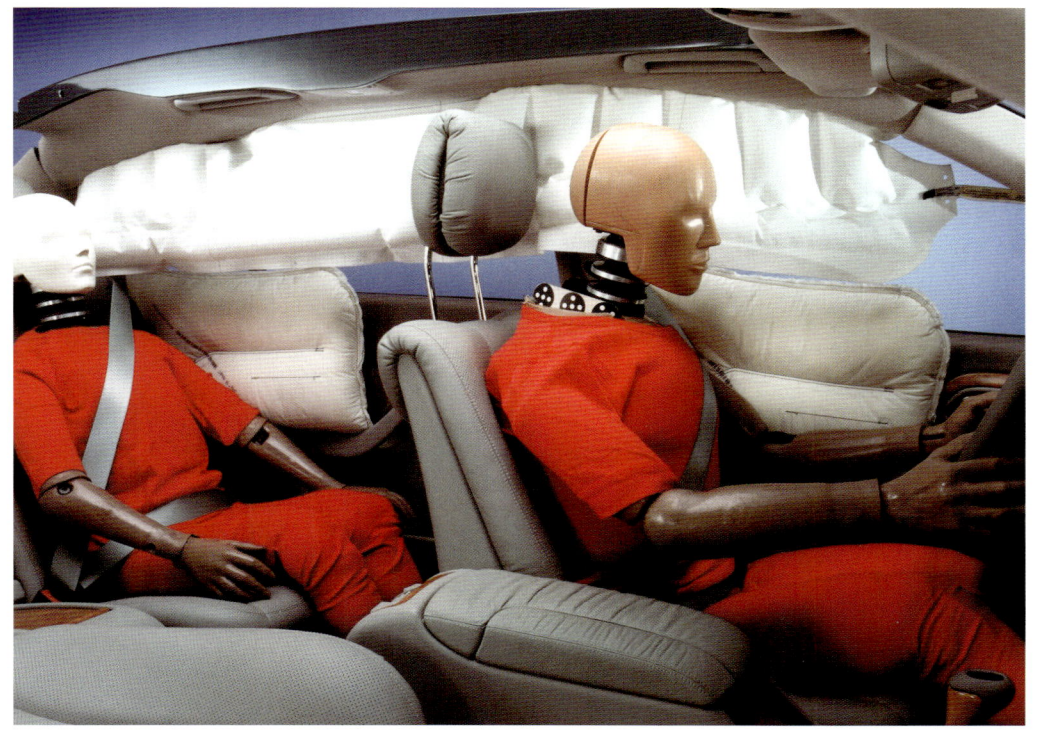

1991
2000

⇧ Überzeugende Demonstration der Nützlichkeit von Kopfstützen bei Saab.

⇘ Übersicht der Halle 7. KSU Technik.

⇐ Das Airbagkonzept stammt vom Amerikaner John Hetrick (1952) und dem Deutschen Walter Lindner (1953). Das erste Fahrzeug mit serienmässigem Airbag ist die Mercedes S-Klasse von 1981. Das Volumen des Luftkissens liegt bei 60 bis 70 Litern auf der Fahrerseite und bei 100 bis 140 Litern für den Beifahrer.

Technische Fortschritte | 255

1991 2000

Aufprall kann er exakt den Pedalwiderstand, das Verformen der Fahrgastzelle, die Gurtführung oder die Körperbewegungen berechnen. Aber die Hersteller richten auch ultramoderne, auf mehrere Hektare ausgebaute Versuchslabors ein, die es erlauben, Unfälle in allen Winkeln und mit jedem gewünschten Tempo nachzustellen, sei es zwischen Fahrzeugen oder auch mit Fussgängern (Testpuppen).

Gas, Elektrizität und Wasserstoff

In den 80er Jahren sind Konsumentenorganisationen und ein grösseres Bewusstsein zur Umweltbelastung dafür verantwortlich, dass sich die Bevölkerung mit den sozialen und ökologischen Kosten des Automobils auseinander setzt. Ab Anfang der 90er Jahre kommen die europäischen Regierungen überein, den Anteil der wiederverwerteten Materialien in der Produktion zu erhöhen.

Um geringeren Treibstoffverbrauch zu erreichen, sollen leichtere Fahrzeuge gebaut werden. Man experimentiert mit verschiedenen Stahllegierungen und verwendet glasfaserverstärkten Kunststoff für Heckklappen und Kotflügel. Dieses Material ist leicht, rostet nicht, absorbiert Lärm, widersteht kleinen Schlägen und ist leicht zu reparieren. Die noch stärkere Kohlefaser ist viel teurer und bleibt einigen Exoten vorbehalten. Auch das Aluminium findet vorerst nur in Oberklassemodellen wie Audi A8 oder dem diesbezüglichen Pionier Honda NSX Anwendung.

Die technische Forschung konzentriert sich auf zwei Ansätze: Reformulierung des Benzins, um es «grün» zu machen, Einführung des Katalysators und elektronische Motorsteuerung einerseits, Entwicklung neuer, sauberer Treibstoffe wie Flüssiggas, Butan-Propan-Gemisch oder Erdgas anderseits. Aber ersteres gibt es nur in geringen Mengen, und das Gas bereitet bei den kleinen Tanks der Autos Probleme.

Elektroautos sind am saubersten, weisen aber eine reduzierte Autonomie auf und sind schwer; zudem muss der Strom extern hergestellt werden, oft durch mehr Atomkraftwerke. Die Wissenschaft hat noch nicht die Wunderbatterie erfunden, die bei guter Reichweite leicht, billig, einfach im Unterhalt, langlebig und ungefährlich wäre. Die Elektroautos sind vorläufig teuer, weil sie sich selten verkaufen, und sie verkaufen sich selten, weil sie teuer sind… Citroën, Renault, Peugeot, GM/Saturn und andere bieten Modelle an, allerdings in kleinen Serien. 1992 sorgt in Genf ein Fiat 500 mit Elektroantrieb für Aufsehen, VW präsentiert den Chico, GM den Impact und Mercedes-Benz den 190. Peugeot entwickelt 1995 das System «Tulip» für die Elektroautomiete: Eine Zentralstelle übernimmt den Unterhalt, die Reservationen und die Verwaltung der Fahrzeuge und der Infrastruktur mit Ladestationen. Zuerst muss aber die Öffentlichkeit zum Aufbau des Netzes überzeugt werden.

Eine neue Lösung ist das Hybrid-System mit Elektromotor für Stadtfahrten und Verbrennungsmotor für die Überlandfahrt. Toyota verkauft als erster Hersteller ein Fahrzeug mit dieser Art Antrieb: den Prius von 1997.

Ein weiteres Problem stellt das Recycling der aus dem Verkehr gezogenen Fahrzeuge dar, denn nur 75 % der Teile werden wiederverwendet. Die zermahlenen Reifen dienen als Strassenbelag, das Blei der Batterien wird eingeschmolzen, Eisen wird zu neuen mechanischen Teilen umfabriziert. Die Verwendung des Aluminiums für Fahrzeugkarosserien erlaubt eine komplettere Wiederverwendung ohne Abfall oder Qualitätsminderung. Heute macht der Recycling-Anteil bereits mehr als 90 % aus.

Compact Disc und Telefon

Zwischen den Herstellern von Autoradios, CD-, DAT- und anderen Geräten herrscht ein harter Konkurrenzkampf. Ein Beispiel ist Roadstar mit einem robusten Radio-Kassettengerät, das feuchtigkeitsunempfindlich ist und harten Stös-

⇧ Honda profiliert sich als ein Pionier des Umweltschutzes. Die Firma entwickelt derzeit ein ZLEV (Zero Level Emission Vehicle). Dessen Besonderheit: Die Luft aus dem Auspuff ist sauberer als die Umgebungsluft.

⇧⇧ Mazda ist besonders aktiv in der Forschung nach Alternativenergien. Das Wasserstoff-Experimentauto Mazda HR-X2 wird 1993 gezeigt.

↘ Der Nissan Hypermini von 1997 ist einer der kleinsten Stadtwagen, dazu konzipiert, Umweltprobleme zu lösen.

sen zu widerstehen vermag. Es gibt immer mehr Natel-C-Modelle, denn das mobile Telefon ist kein Prestigeobjekt mehr und hat eine grössere Reichweite als zu seinen Anfangszeiten. Eine neue Generation von Alarmanlagen kommt auf den Markt, etwa Bloctronic von Bosch, dessen Code quasi nicht mehr zu knacken ist, und das zudem mit einer Wegfahrsperre kombiniert ist. Neue Navigationssysteme stützen sich auf Satellitensignale und Rechner ab, mit Anzeigen der idealen Fahrstrecke, Stauwarnung, vorgeschlagenen Umfahrungen und Adressen für Servicestellen.

Die kupplungspedallose Sequenzschaltung gibt Mitte der 90er Jahre ihr Debüt.

Die Reifenhersteller lassen mit ihren neuen Typen nie einen Genfer Salon aus: Breitreifen von Pirelli, Hochleistungspneus von Yokohama, und Bridgestone, Langlebigkeit, Treibstoffeinsparung und Strassenlage von Michelin, Offroad-Spezialitäten von Goodyear, Verbindung von Sport und Komfort von der Schweizer Marke Maloya.

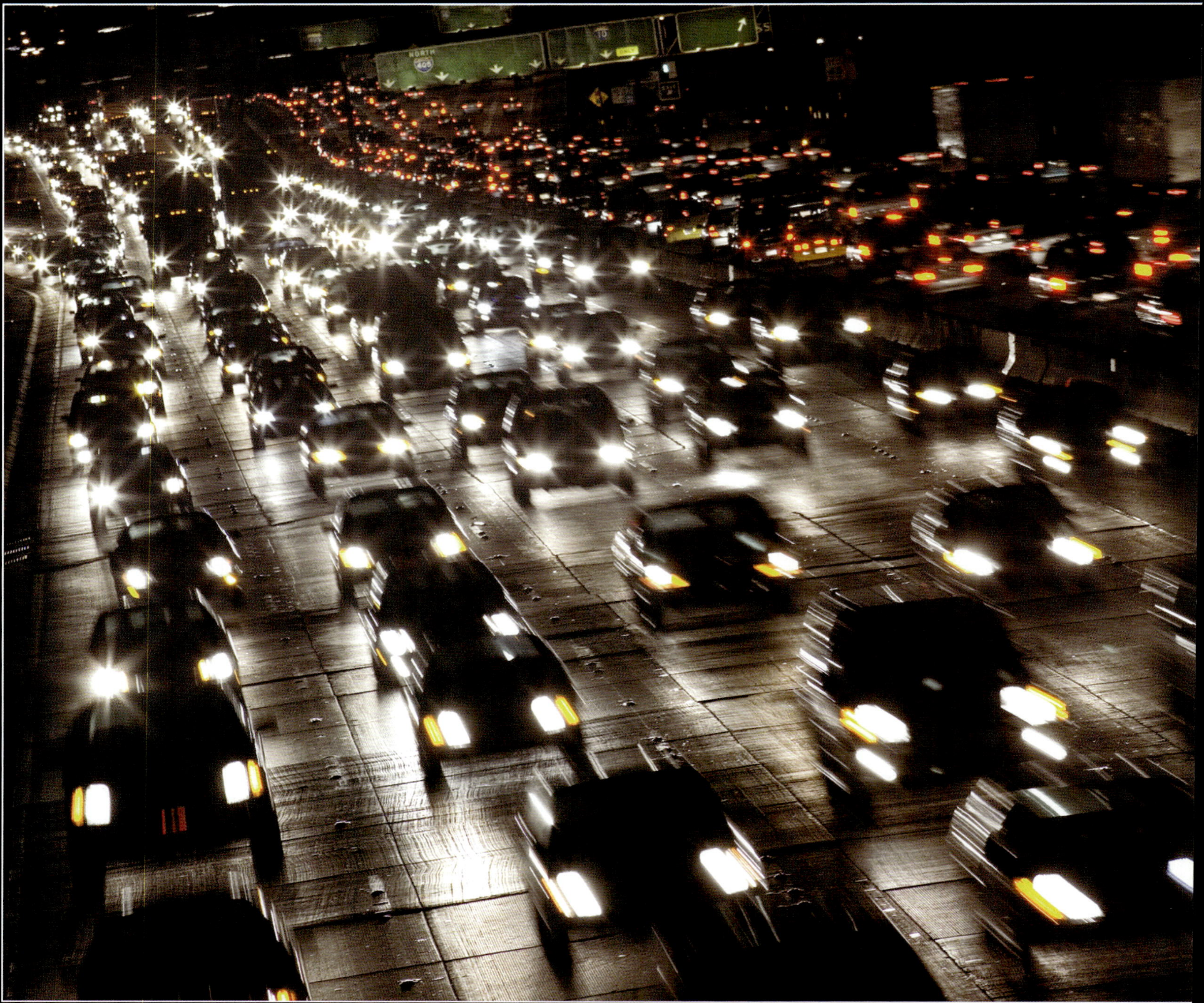

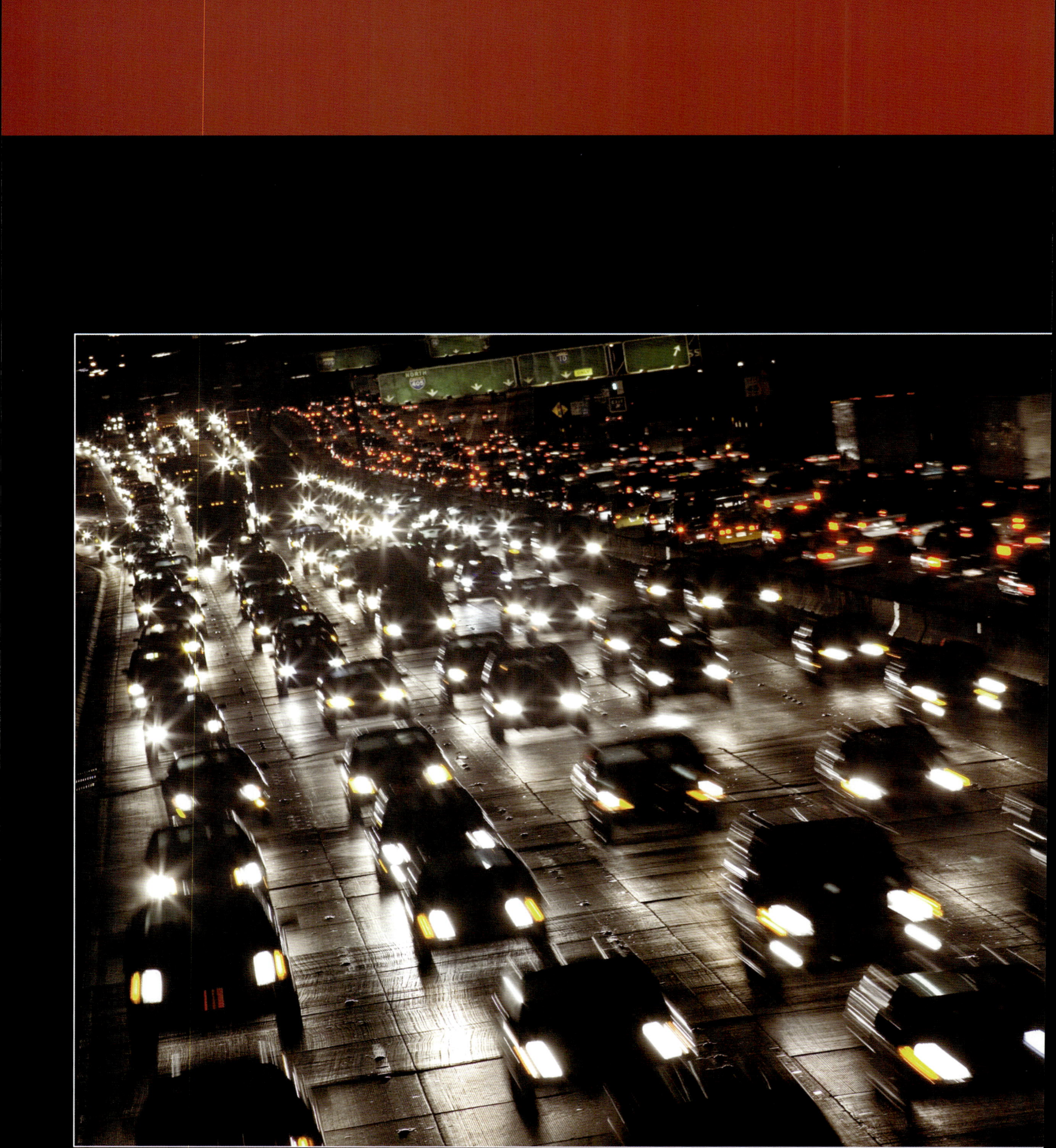

1991
2000

Automobil und Gesellschaft

Die Umweltverträglichkeit ist ein Hauptfaktor zum Ende des 20. Jahrhunderts. Die Hersteller können nicht nur neue Modelle einführen, sondern müssen auch Produktionsabläufe anpassen (biologisch-abbaubare Chemikalien, entgiftete Brennstoffe, Wasser- und Energieeinsparungen).

1992 gibt es alarmierende Nachrichten zum Loch in der Ozonschicht und zum Treibhauseffekt durch Abgase von Industrie, Heizungen, Elektrizitätswerken und vom Transportwesen.

Der Verkehr stockt in den meisten Metropolen: verstopfte Zentren, mangelnde Parkplätze, Abgase und Lärm. In Europa wird die Zufahrt in die Innenstädte immer mehr eingeschränkt, in Kalifornien wird das Mitfahren als Carpooling propagiert, in Mexiko gibt es ein System mit gerade/ungerade alternierenden Tagen. Allerorts wird der Öffentliche Verkehr propagiert. Alle Anstrengungen zeitigen wenig Wirkung. Die Hersteller entwickeln kleinere Fahrzeuge für den Stadtbetrieb. Die Kreisel-Kreuzungen nehmen in den 90er Jahren in der Schweiz sintflutartig zu; 1980 waren es gerade 20 Kreisel im ganzen Land. Die erste derartige Kreuzung wurde 1907 in Paris auf dem Place de l'Étoile eingeweiht. Durch die Verkehrsführung um ein Hindernis – in diesem Fall den Triumphbogen – werden die in einem Winkel aufeinander treffenden Fahrzeuge zum Fluss umgeleitet. Die Argumente für die vielgepriesene Lösung sind vielschichtig: Sicherheit, Verkehrsfluss, Unfallminderung durch gleiche Fahrtrichtung und tiefere Geschwindigkeit.

⇧ Die Stunden zur Stadtplanung schliessen die Installation automatischer Kontrollen nicht aus, die es gestatten würden, den Abstand zwischen den Fahrzengen zu kontrollieren und die Geschwindigkeit und den Konstant zunehmenden Verkehrsfluss einzudämmen.

⇧ Sechszylindermotor des Mercedes 300 SE/SL.

1991
2000

Gleichzeitig mit der Verstopfung der Strassen gibt es ein Ansteigen der Neuwagenverkäufe zu beobachten. Die Werbung wird geschickter, raffinierter und findet neue Ansätze: Sondermodelle, individuelle Produkte für die verschiedenen Lebensstile. Die Japaner bieten eine Vielzahl unterschiedlicher Karosserien auf der gleichen technischen Basis. Am Salon übertrumpfen die Verkäufer einander mit Geschenken, um die Besucher zum Kauf zu animieren: Gratisbenzin, grosszügige Inzahlungnahme des alten Fahrzeugs, Niedertarif-Leasing, Komplettausstattung… In der Schweiz werden 1993 fast 200 Millionen Franken für die Autowerbung ausgegeben, entsprechend 780 Franken pro verkauftem Fahrzeug. Die Marken mit den höchsten Ausgaben pro Auto sind Porsche, Jaguar, Saab und Suzuki, diejenigen mit den niedrigsten Werbekosten sind General Motors, VW, Rover, Opel und Renault. Die Werbeausgaben des Autosalons machen 1994 eine Million Franken aus, bei einem Gesamtbudget von 10 Millionen Franken. Die Frauen steigern ihren Anteil bei den Führerscheinbesitzern, besonders nach dem «Babyboom-Echo» (zwischen 1970 und 1974 Geborene). Die Zunahme ist in Europa, Japan und den USA klar ersichtlich. Die Frauen bevorzugen kleine Stadtautos und komfortable, familienfreundliche Grossraumkombis und pochen auf Sicherheitsausstattungen.

Verteidigung automobiler Interessen

1995 feiert der Schweizerische Strassenverkehrsverband (FRS) sein 50jähriges Bestehen. Der Verband zählt 41 Mitglieder, die sich aus Automobilverbänden, Interessengruppen des Strassenverkehrs, Autowirtschaftsvertretern, Kantonalligen des Individualverkehrs, aber auch aus Fahrlehrern, Versicherungen und Fremdenverkehrsprofis zusammensetzen. Seine Aufgabe ist, die gemeinsamen Interessen den Behörden und der Öffentlichkeit bekannt zu machen.

1996 können 50 Jahre des Katalogs der Automobil Revue gefeiert werden. Das Werk wird jährlich zur Salonöffnung veröffentlicht, und wurde erstmals 1947 aufgelegt. Das Nachschlagwerk ist einmalig durch seine lückenlose Aufstellung der technischen Daten, Dimensionen und Bildern von mehr als 1000 Automodellen. Der zweisprachige (deutsch und französisch) Katalog hat rund 600 Seiten und wird vom Hallwag-Verlag, ab 2000 von der Espace-Media-Gruppe publiziert.

⇧ Der im März 1994 präsentierte Renault Safrane Biturbo ist eine geräumige Limousine mit 268 PS und Allradantrieb. Hier mit Skiweltmeister Jean-Claude Killy.

⇨ Fast von einem Tag auf den anderen melden sich die Sportwagen nach einer langen Abwesenheit wieder zurück. Der Motor des Chrysler Viper GTS hat zehn mächtige Zylinder, die eine brachiale Gewalt auf Getriebe und Antriebsstrang ausüben.

1991
2000

Automobil und Gesellschaft | 261

Vainqueur GP d'Espagne, Barcelone

e Hongrie, Budapest

1991
2000

Rennsport

Im Jahre 1991 sichern sich McLaren-Honda und Ayrton Senna ihren zweiten Weltmeistertitel in Folge, vor Nigel Mansell im Williams-Renault, während Ferrari glücklos agiert. Im nächsten Jahr rüstet Williams sein Auto mit dem «Active ride» auf und gewinnt wertvolle Sekunden.

Renault holt sich sechs aufeinanderfolgende Titel dank dem RS8 V10-Motor: fünf mit Williams (1992 bis 1994, 1996 und 1997) und einen mit Benetton (1995). Fünf Piloten haben Teil an der Ausbeute: Nigel Mansell, Alain Prost, Michael Schumacher, Damon Hill und Jacques Villeneuve. Die Periode wird überschattet durch den Tod von Ayrton Senna beim Grand Prix von San Marino 1994, in seiner ersten Saison mit Williams-Renault. Die Emotionen schwappen über und Sportbehörden treffen Abklärungen, wie die Sicherheit durch tiefere Geschwindigkeiten verbessert werden kann. Die ganze Saison gibt es Proteste, Strafen und technische Kontroversen, bis schliesslich Michael Schumacher Weltmeister wird. Im folgenden Jahr lässt der deutsche Champion keinen Zweifel an seinem Talent und Kampfgeist: er fährt im Benetton neun Siege ein und sichert sich seinen zweiten Titel. 1996 wechselt Schumacher zu Ferrari, und das italienische Team steigt vom V12 auf einen V10 um. Der Brite Damon Hill ergreift seine Chance und gewinnt die Meisterschaft im Williams-Renault, gefolgt vom Kanadier Jacques Villeneuve, dem Sohn von Gilles, der sein Formel-1-Debüt gibt. Das Duell Schumacher-Villeneuve ist verbissen; beim letzten Grand Prix der Saison im spanischen Jerez versucht Schumacher, Villeneuve von der Piste zu drängen. Das Manöver misslingt, er katapultiert sich selbst aus der Kurve. Als Folge wird er von den Kommissären disqualifiziert, sein zweiter WM-Rang wird ihm wegen Unsportlichkeit aberkannt.

Die Formel 1 macht grosse Änderungen durch, besonders aus Sicherheitsgründen. Bodeneffektautos, die extreme Kurvengeschwindigkei-

⇧ Stand Mercedes. 2000.

⇧ Ein Bild mit Symbolcharakter. Am Morgen des 30. April 1994 setzt der brasilianische dreifache Weltmeister Ayrton Senna zum Überholen des unbekannten Österreichers Roland Ratzenberger an, der für das Team Simtek fährt. Das tragische Schicksal führt beide einige Stunden später im Leichenschauhaus von Bologna wieder zusammen.

1991
2000

264 | 100 Jahre Automobile Fortschritte

ten zulassen, werden verboten; die Reifenbreite wird reduziert und ein Profil vorgeschrieben; die neue Sequenzschaltung wird erlaubt, aber der Motorhubraum muss 1996 von 3,5 auf 3 Liter reduziert werden.

1998 schlägt wieder die Stunde von McLaren. Dank des Aerodynamik-Genies Adrian Newey sichert sich der Finne Mika Häkkinen zwei WM-Titel in Folge.

Mercedes kehrt über Ilmor mit einem V10-Motor in die Formel 1 zurück. Zusammen mit McLaren gewinnt Mercedes 1998 die Weltmeisterschaft. Ferrari fährt 2000 nach 21 Jahren endlich aus der Krise und Michael Schumacher sichert sich seinen dritten Titel.

Rallye-WM

Die Rallyes fallen wie die Formel 1 in die Zuständigkeit der FIA (Fédération Internationale de l'Automobile) mit Sitz in Genf. Die anspruchsvolle, auf schwierigen Strecken abgehaltene Serie verspricht schier grenzenlose Popularität zu erreichen; dies nicht nur in den 16 Austragungsländern auf vier Kontinenten, sondern dank moderner TV- und Kommunikationstechnologie in allen Ecken der Welt.

Die Weltmeisterschaft beginnt traditionell in Monte Carlo, der ältesten Rallye mit engen, oft vereisten Bergstrassen. Es folgen Rennen mit immer höheren Ansprüchen an Fahrer und Autos: Slalomstrecken in den Wäldern Neuseelands, Blindflüge durch den staubigen Sand von Zypern, Härteprüfung für die Mechanik auf den Fels- und Schotterpisten der Rallye Akropolis. Die Streckenführung über die Hügel Finnlands sorgt für eigentliche Sprungschanzen für die Wagen, Nebel und Nieselregen bei den Briten stellen taktische Herausforderungen dar, während Korsika die Präzision der Fahrer mit Hochgeschwindigkeitsetappen entlang schwindelerregenden Abgründen auf die Probe stellt.

Die Rallyeautos ähneln Serienmodellen, denn das Reglement der FIA verlangt, dass ein «World Rallye Car» von einem käuflichen, mindestens 25 000 Mal produzierten Fünfplätzer abstammt.

Das ist aber schon alles bei den Ähnlichkeiten. Die Wettbewerbswagen sind mit integriertem Überrollkäfig und ausgebuchteten Kotflügeln für die enormen Räder versehen. In der Hülle aus Stahl, Kohlefaser und Titan steckt ein 2-Liter Turbo mit mehr als 300 PS, alle vier Räder sind angetrieben und die Hochleistungsbremsen sorgen für brutale Verzögerung.

Anders als die Individualisten der Formel 1 kommen die Rallye-Weltmeister im Doppelpack. Der Beifahrer ist ein unverzichtbarer Dirigent, der die mehr oder weniger vorhersehbaren Hindernisse der Strecke notiert, mögliche Glatteisstellen, uneinsehbare Kurven. Ein fast blindes Vertrauen stellt sich bei den staub- oder nebelverhangenen Sonderprüfungen ein.

In diesem Jahrzehnt dominieren die Japaner die Rallye-Weltmeisterschaft: Toyota 1993 und 1994, Subaru 1995 bis 1997.

Mazda gewinnt die 24 Stunden von Le Mans 1991 mit dem 787B.

↘ 10. Juni 1997. Weltmeisterschaftslauf Rallye Akropolis (Griechenland). Michael Cooper auf einer Bergstrasse.

⇦⇦ Der Peugeot 905 ist dem FISA-Reglement entsprechend mit einer bei Dassault gebauten Honigwaben-Kohlenfaserstruktur versehen. Der Zehnzylinder-Mittelmotor mit einem Gabelwinkel von 80° und 3 499 cm³ Hubraum ist hinter dem Fahrer eingebaut. Nach einem Lehrjahr sichert sich Peugeot damit zwei Siege in Folge bei den 24 Stunden von Le Mans 1992 und 1993.

⇦⇦ Pressechef René Lambelet heisst einen der grossen Formel-1-Piloten, den Schweizer Clay Regazzoni, am Salon willkommen.

⇦ August 1991. Ein junger deutscher Pilot des Mercedes Junior Teams gibt als Ersatz für Bertrand Gachot im Jordan sein Formel-1-Debüt am Grossen Preis von Belgien: Michael Schumacher.

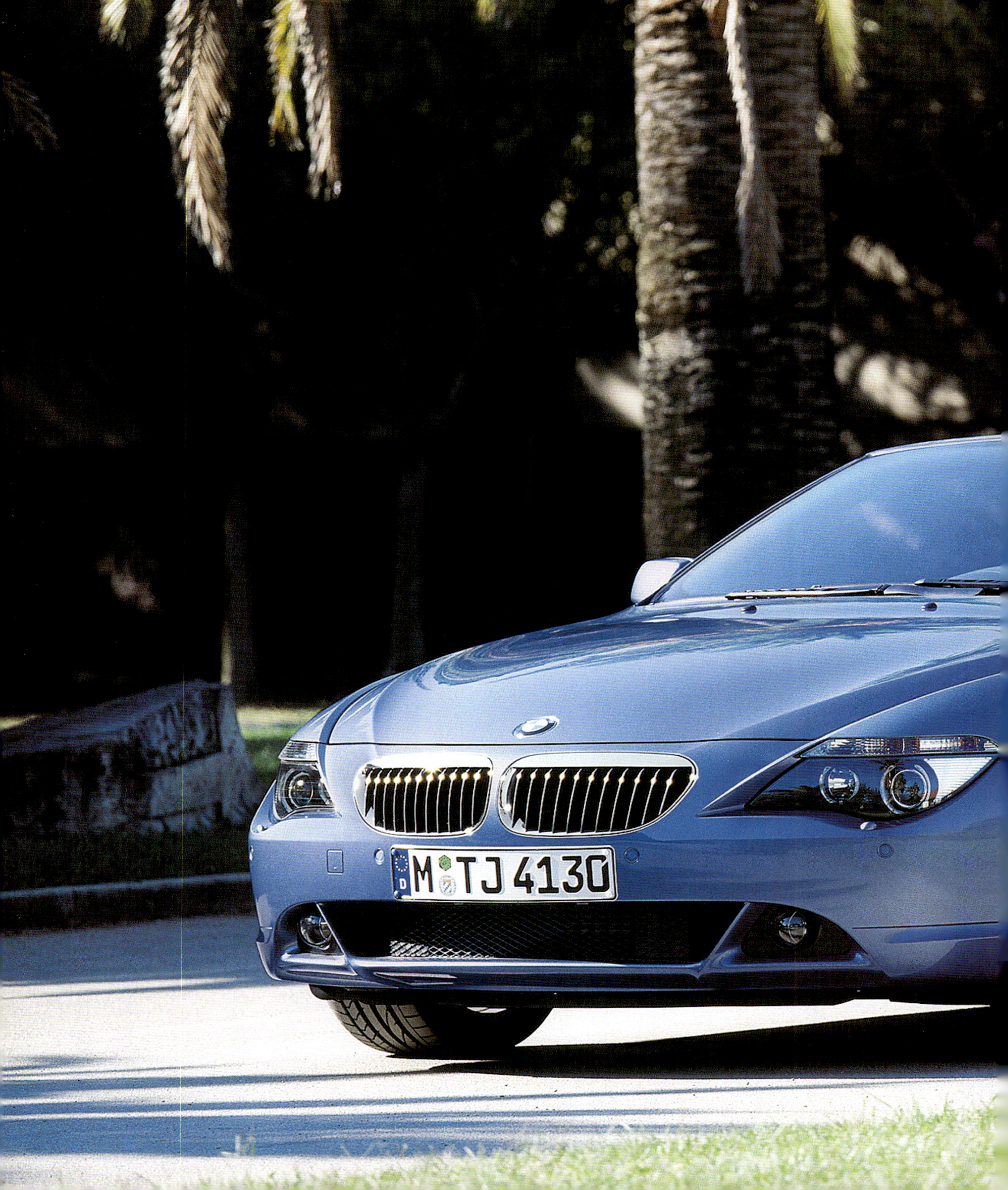
M TJ 4130

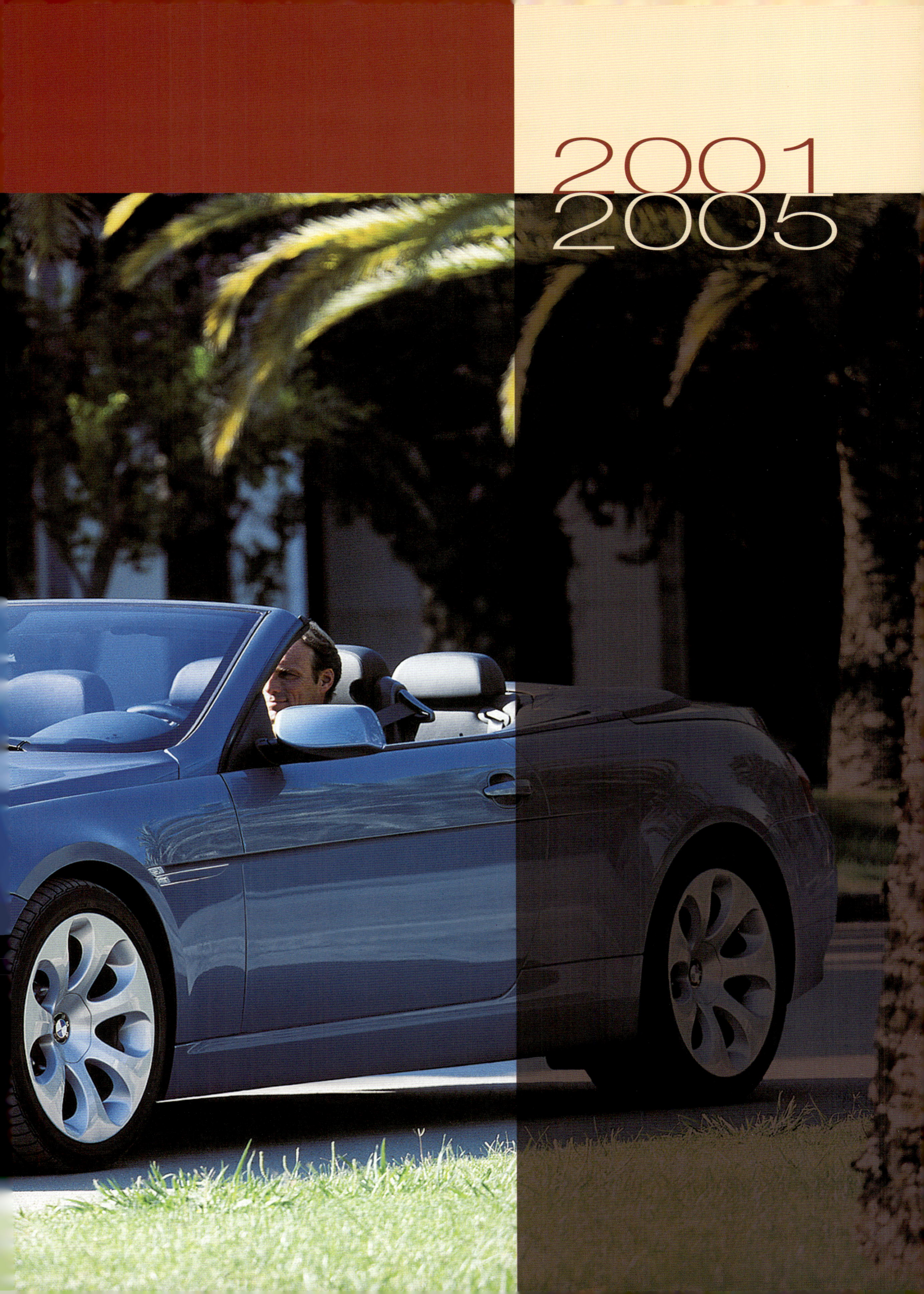

2001
2005

Continental GT

2001
2005

Geschichte des Salons

Der Anfang des dritten Jahrtausends steht im Zeichen der Innovation und der Mischformen: die Autoindustrie erkundet neue Ansätze in Design, zukunftsweisenden Technologien, Elektronik, Komfort und Sicherheit.

Die ersten Jahre des 21. Jahrhunderts stehen unter einem günstigen Stern. Um ein stärkeres Markenimage zu gewinnen, wird das Palexpo 2003 in Geneva Palexpo umbenannt. Im März des gleichen Jahres kann die Halle 6 eingeweiht werden, das Verbindungsstück zwischen den Hauptgebäuden des Palexpo mit den Hallen 1 bis 5 und der Halle 7 auf der anderen Seite der Autobahn. In der neuen Auslegung richtet sich das Ausstellungsgelände wieder gegen den Flughafen und den Bahnhof Cointrin aus. Die Überdeckung der Autobahn von 41'500 m^2 trägt die Ausstellhalle mit einer Fläche von 21'000 m^2 und ruht auf 300 Pfeilern, die 15 Meter in den Boden getrieben wurden. Die Kosten belaufen sich auf 157 Millionen Franken. 80 Millionen davon kommen vom Kanton, 40 von der Orgexpo, 20 von der Tourismusstiftung, 5 aus privater Hand und 12 Millionen von der Autobranche.

Das vergrösserte Palexpo vermag nun die grossen Veranstaltungen aufzunehmen – der Automobilsalon beansprucht sogleich das Flächentotal – und erlaubt eine grössere Flexibilität bei der Nutzung der Gebäude.

⇧ Bentley Continental GT, 2003. In der Eliteklasse sind die Auswahlkriterien nicht immer greifbare Werte. Prestige und Renommee stellen oft objektive oder emotionale Argumente in den Schatten.

⇧ Die brandneue siebte Generation des XJ, eine der berühmtesten Limousinen der Welt, nimmt am Genfer Salon 2003 einen Ehrenplatz auf dem Jaguar-Stand ein. Holzarmaturenbrett und Ledersitze von höchster Qualität gehören zur Serienausstattung, wie in Jaguar-Limousinen seit je üblich.

2001–2005

⇧ Wenn der Salon seine Tore öffnet, glänzen die Autos unter tausenden von Lichtern. Um die Ausstellung auf die Beine zu stellen, mussten zuerst fast Tausend Lastwagen mit 12 000 m³ Gütern entladen werden. Bevor die Träume vermarktet werden können, muss ausgepackt werden... Später sind im Hintergrund weitere Arbeiter tätig, um hunderttausende von Besuchern zu empfangen.

Im Juli 2003 wird die Zufahrtsachse zum *Palais des Expositions* in «Route François Peyrot» umbenannt, nach dem Mann, der durch sein Engagement und seine Weitsicht eine entscheidende Rolle bei der Realisierung des Palexpo gespielt hat.

Führungswechsel

Im Juli 2000 übergibt Rodolphe Huser die Führung der Orgexpo an Bruno Lurati. Der neue Generaldirektor bleibt bis Februar 2004 im Amt. Rudi Huser bleibt Präsident der Ausstellerkommission der Herstellervereinigung OICA (Organisation Internationale des Constructeurs Automobiles) mit Mitgliedern aus 36 Ländern und Sitz in Paris. Christian Meyer wird 2001 Präsident der Orgexpo.

Die Feierstimmung zur Einweihung der Halle 6 erfährt einen Dämpfer durch das Ableben von Präsident Jean-Marie Revaz am 23. Januar 2003 im Alter von 64 Jahren. Als Chef des Genfer Salons seit 1986 war er die treibende Kraft hinter dem international wachsenden Ruf der Veranstaltung, besonders durch das Anfügen dieser Halle 6, deren Fertigstellung er nicht mehr erleben sollte. Claude F. Sage, Vizepräsident seit 1997, wird zum Präsidenten berufen. Er war Fachjournalist, Rennfahrer, Teamchef, Sportwagenimporteur in Genf in den 60er Jahren, vor allem aber ab 1974 Gründer und Geschäftsleiter der Honda Automobile Schweiz. Er bringt eine historische, technische, wirtschaftliche und soziologische Perspektive in seinen Posten mit ein.

2004 stellt der Salon mit 729'629 Besuchern einen neuen Rekord auf. Kurz darauf erfahren die Verantwortlichen, dass die Telecom 2007 in Hong Kong abgehalten wird: ein harter Schlag für das Palexpo, dessen Ausbauten primär der Telecom dienen sollten. Der Bau des Kongresszentrums ist damit vorerst in Frage gestellt.

Eingespielte Abläufe

Die Vorbereitungen zum Salon beanspruchen Hunderte von Arbeitern zum Ausladen der 12'000 m³

Kisten, Container und Behälter. Eine Menge entsprechend 600 Lastwagenladungen des Ausstellungsmaterials trifft aus der ganzen Welt ein. Während mehrerer Wochen arbeiten ungezählte Leute mit Hilfe von Kränen und Hebebühnen am Aufstellen der Stände, Plazieren der Fahrzeuge und Perfektionieren des Dekors. Dann wird alles auf Hochglanz gebracht, bevor die Fachpresse (2004 waren es 5350 Journalisten) ihre Arbeit beginnt.

Die Auswahlkriterien der Aussteller richten sich nach dem Ansehen der Marke und der Position auf dem Welt-, dem europäischen und dem Schweizer Markt. Die begehrtesten Stände sind jene, die an eine Wand angrenzen, weil sie den Bau einer zweiten Etage erlauben. Sie sind oft den grossen Marken vorbehalten. 2004 betrug die Standmiete 120 Franken pro Quadratmeter Bruttofläche.

Die Dekoration der Stände wird immer aufwändiger und aufregender. Die Hersteller arbeiten mit Innenarchitekten, Designern, Gärtnern und Dekorateuren zusammen. Die grossen Marken

⇧ Ein bewegender Moment für Rodolphe Huser, der seinen letzten Salon als Direktor der Orgexpo eröffnet. Bundespräsident Adolf Ogi und Salonpräsident Jean-Marie Revaz links und rechts von Frau Huser.

⇧⇧ Am 11. Februar 2002 wird das Dach der Halle 6 langsam auf die vier Betonsäulen gehievt, an ihren endgültigen Standort 18 Meter über der Autobahnüberdeckung. Zentimeter um Zentimeter rücken kräftige Lastenheber das 24'000 m² grosse und 5'500 Tonnen schwere Gebilde in Position.

2001–2005

bauen mehrere Etagen mit Ausstellungsflächen und luxuriösen Empfangsterrassen für ihre Kunden mit Panoramasicht über den Salon.

Mercedes-Benz dekoriert die Decke der Halle 6 mit blauem Neonlicht, während Peugeot auf Blumen und Wasserfälle setzt. In den anderen Hallen erleuchten fast 7 000 Scheinwerfer die Karosserien.

Für ein angenehmeres Besuchererlebnis werden die Gänge zwischen den Ständen von 3 auf 4,5 Meter verbreitert, auch wenn das eine Einbusse von 5 000 m² Ausstellfläche bedeutet.

Die überfüllten Parkgaragen und die Staus um das Palexpo bleiben während des Salons ein Problem. Man verschiebt die Öffnungszeiten des Salons und passt sie dem übrigen Verkehrsgeschehen an, fordert die Besucher zum Benützen des Öffentlichen Verkehrs auf, bietet Sondertarife für Bus und Zug sowie für die entfernteren Parkgaragen an.

Gemeinsam stark

Der Verband der Autoimporteure, kurz «auto-schweiz», wurde 1978 als VSAI gegründet mit dem Ziel, die Interessen der Mitglieder gegenüber den Behörden, der Politik und der Öffentlichkeit zu vertreten. Er dient aber auch dem Informationsaustausch innerhalb der Branche. Zu den 36 Importeuren gehören alle bedeutenden Marken von Personenwagen und Nutzfahrzeugen.

Der erste Präsident des ursprünglichen VSAI war Oscar Moosmann, der 1981 durch Robert Braunschweig abgelöst wurde. Ab 1988 hielt Dr. André Arnaud die Funktion während neun Jahren inne, gefolgt 1997 von Rico Steinemann. Im Juni 2000 übernimmt Arnaud die Aufgabe vorübergehend nochmals auf Vorschlag von Vizepräsident und Ehrenmitglied Claude F. Sage. Seit Juli 2001 ist Tony Wohlgensinger Präsident der auto-schweiz.

Der SGM/SAA (Schweizerischer Grossisten Verband des Motorfahrzeuggewerbes / Swiss Automotive Aftermarket) nimmt seit 1953 am Genfer Autosalon teil. Der von Arthur Eggle gegründete Verband vertritt seit mehr als einem halben Jahrhundert die Interessen der Grossisten und Motorfahrzeugimporteure und kämpft gegen eine Monopolisierung des Zubehör- und Teilemarktes durch Kartelle.

Der Autogewerbeverband der Schweiz (AGVS) feiert 2002 sein 75jähriges Bestehen. Diese Interessenvereinigung der Garagisten setzt sich für fairen Wettbewerb und für die Berufsausbildung ein. Sie hat heute rund 4 100 Garagisten als Mitglieder, die Fahrzeuge verkaufen, warten und reparieren. Der AGVS spielt eine aktive Rolle beim Erarbeiten vorteilhafter Geschäftsbedingungen für die Autobranche. Er setzt hierfür Lobbying, Aus- und Weiterbildung ein, sorgt für ein gutes Ansehen (Ehrenkodex der Schweizer Garagisten) und bietet Informationen und Dienstleistungen. Der Verband ist auch das designierte Bindeglied zu den Behörden in Sachen Prüfungen, Lehrlingswesen und Weiterbildung.

⇧ Robert Braunschweig, Chefredaktor der «Automobil Revue» war entscheidend daran beteiligt, dass der Autosalon als jährliche Veranstaltung in Genf durchgeführt wird. Er amtete auch als Präsident der Autoimporteurvereinigung und der Pressekommission des Salons.

⇖ 4. März 2003. Für die Genfer Präsentation des Renault Scénic II nimmt die Firma die Dienste der Ballettschule Béjart in Anspruch. Der erste Scénic geht auf 1996 zurück und wurde in sieben Jahren mehr als zwei Millionen Mal in den Fabriken in Frankreich, Brasilien und Mexiko (in einer Nissan-Fabrik) gebaut.

⇗ Der Wagen von Adolphe Clément, 1905.

⇨ Der GT1 von Franco Sbarro.

100. Jubiläum

Im Vorfeld seines 100. Jubiläums und seiner 75. Ausführung präsentiert sich der Internationale Autosalon punkto wirtschaftlichem, kommerziellem und professionellem Erfolg kerngesund. Er kündigt zudem einen Aufschwung in der Automobilindustrie an.

Mehrere Marken feiern gleichzeitig mit dem Salon ihre Jubiläen. Sieben von ihnen weisen eine seit 1924 ununterbrochene Präsenz auf: Bentley, Bosch, Citroën, Fiat, Lancia, Peugeot und Renault. Es folgen weitere treue Aussteller mit mehr als 70 Teilnahmen: Touring Club der Schweiz, SAFIA, Rolls-Royce, Alfa Romeo, Opel, Chrysler, Ford, Automobil Club der Schweiz und Mercedes-Benz.

Das doppelte Jubiläum des Salons wird besonders auch mit der Herausgabe dieses Buchs gefeiert, sowie mit einer Sonderbriefmarke und zweier Gedenkmünzen des Bundes. Des weiteren gibt es eine Sonderausstellung zur Automobilgeschichte in der Schweiz und Präsentationen der Hersteller über ihren Werdegang, ihr Image und ihre Zukunftsvisionen.

Gedenkmünze

Ein Jahrhundert trennt die beiden auf den Münzen dargestellten Autos, ein Clément von 1905 und ein Sbarro GT1 von 2005. Der Maler, Grafiker und Designer Roger Pfund hat die Umsetzung der Fahrzeugformen zum Prägen unternommen. Mit Hilfe von präziser Digitaldarstellung unterstreicht er die Schönheit beider Objekte. Der Schnitt führt bei den Fahrzeugen durch den genau in der Mitte plazierten Scheinwerfer, von dem ausgehend man die verschiedenen Formen und Epochen beim gleichzeitigen Herausstellen der Eleganz würdigen kann, die ihnen gemein ist.

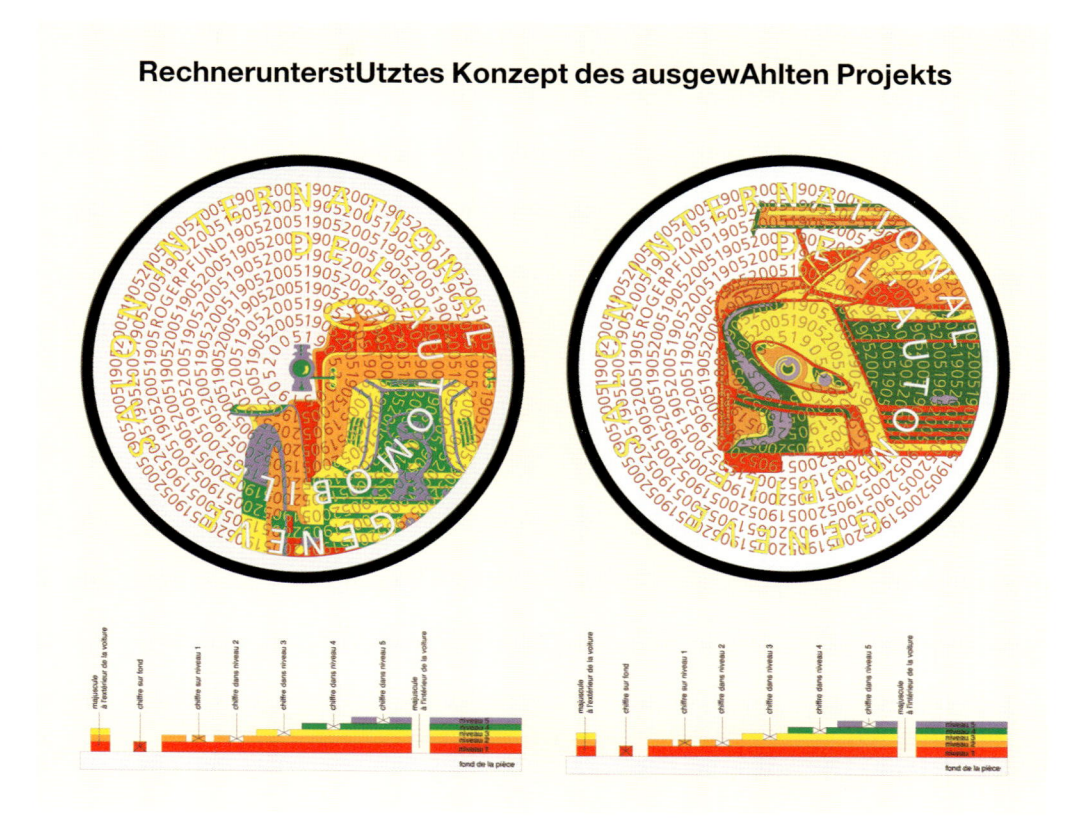

RechnerunterstUtztes Konzept des ausgewAhlten Projekts

50-Franken-Gold- und 20-Franken-Silbermünze

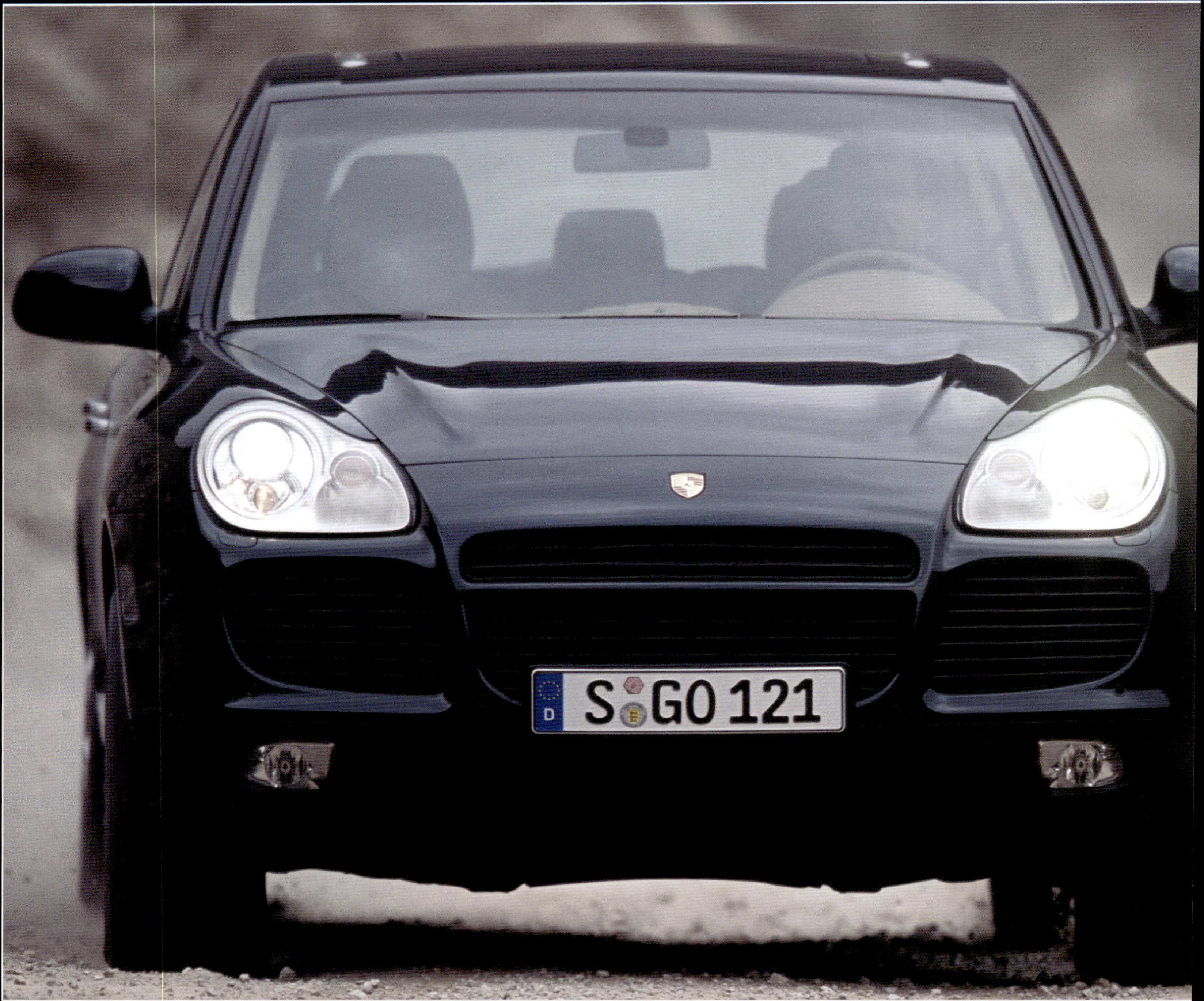
S GO 121

Automobil-industrie

2001 2005

Mit je fast 6,8 Millionen verkauften Fahrzeugen machen 2003 Ford und Toyota den zweiten Rang bei der weltweiten Herstellung untereinander aus. Nummer eins ist General Motors (mit den europäischen Marken Opel, Vauxhall und Saab) mit 8,59 Millionen. Hinter dem Spitzentrio folgen Volkswagen, Daimler Chrysler, PSA Peugeot-Citroën und Honda. Zusammenschlüsse und Fusionen haben die Statistiken kompliziert und erschweren das Klassement. Die Grenzen zwischen Oberklasse- und Massenherstellern verschwimmen ebenso, denn erstere müssen zum Einhalten der Flottenverbrauchsnormen kompaktere und günstigere Autos anbieten (BMW Mini und Mercedes A-Klasse), während letztere den Imagegewinn in der Luxusklassen erhöhen (z. B. Volkswagen Passat W8 und Phaeton). Der Einstieg in neue Segmente ist nicht immer vom Erfolg gekrönt: man erinnert sich der Pleiten Ford Scorpio, Citroën XM oder Renault Avantime.

Nischen und Crossover

Neue Modelle sprengen die Segmentgrenzen und mischen die Stilelemente. Ein gutes Beispiel stellt der Citroën C3 Pluriel dar, das Cabriolet des Jahres 2003, das sich chamäleonartig in fünf verschiedene Autos zu verwandeln vermag. Das Faltdach kann elektrisch nach hinten geöffnet und wie die Heckscheibe in einem Stück ausgebaut werden; beide finden Platz unter dem Laderaumboden. Die Hecksitzbank lässt sich nach vorn, die Kofferraumklappe nach hinten umlegen, was eine richtige Pick-up-Pritsche ergibt. Der polyvalente Viersitzer ist ein Werk des Karrossiers Giugiaro. Es stellt eine Annäherung an die einst als utopisch geltende variable Karosserie dar.

Die Abgrenzung zwischen Kombi und Minivan wird immer schwieriger: viele Modelle haben eine dritte Sitzreihe, einen erhöhten Fahrgastraum und eine variable Innenraumgestaltung, die sich für Familien-, Arbeits-, Freizeit- und Sportzwecke nutzen lässt. Dieses Segment ist hart umkämpft, und der Kunde hat die Qual der Wahl. Die indische Marke Tata wählt 2003 Genf für die Weltpremiere des Kombis Indigo. Jaguar fährt ebenfalls auf dieser Schiene und stellt mit dem X-Type Estate den ersten Kombi der Firmengeschichte vor. Honda beginnt mit der Herstellung eines Dieselmotors und bietet, wie auch Toyota, ein Hybridmodell mit kombiniertem Verbrennungs- und Elektromotor an.

SUV zwischen Kritik und Erfolg

Der SUV ist im europäischen Sprachgebrauch ein Freizeitkombi mit dynamischem Aspekt, der an Geländewagen erinnert. Mit der erhöhten Sitzposition erlaubt er eine gute Übersicht und kann in verschiedenen Grössen geordert werden. Trotz der gelegentlich ungerechtfertigten Kritik an ihrer Sicherheit und an ihrem Verbrauch steigen die Zulassungen der Kia Sorento, Toyota RAV4, Land Rover, Volvo XC90 usw. Letzterer verfügt über ein Sicherheitsdispositiv,

⇧ Fahrverhalten, Leistungsfähigkeit auf der Strasse, Dynamik, Sicherheit und Ästhetik – der Cayenne ist ein technischer und wirtschaftlicher Erfolg, mit dem Porsche in die Luxusklasse der Allradler einsteigt.

⇧ Im 19. Jahrhundert bezeichnete « Phaeton » eine luxuriöse Kutsche, die nicht vom Kutscher, sondern vom Herren selbst geführt wurde. 2003 übernimmt Volkswagen den Namen für seine Luxuslimousine.

2001 2005

das die Überschlaggefahr mindert, über aufblasbare Vorhänge, die beim Seitenaufprall schützen sowie optional über ein Nachtsichtsystem mit Infrarotkamera, welches das Strassenbild direkt auf die Windschutzscheibe projiziert.
Die Autoindustrie entwickelt auch die «Crossover vehicles», Fahrzeuge, die etwa Pick-up, SUV und Luxuswagen kombinieren. Zwei Beispiele sind Cadillac Escalade EXT und Chevrolet Avalanche. Mercedes wagt sich an die Allrad-Luxusautos, um neue Käufer anzulocken, will gleichzeitig aber die Treue der konservativen Kunden behalten. Nissan geht mit dem Murano ähnlich vor.
Porsche gelingt 2003 mit dem Cayenne eine Überraschung. Der Allradler mit V8 erfüllt bereits die europäischen Abgasnormen von 2005. Er kann Lasten von bis zu 3,5 Tonnen ziehen – Yacht- oder Pferdeanhänger –, bleibt dabei aber handlich und schnell, und verfügt vor allem über eine ausgezeichnete Strassenlage. Die mögliche Ausrüstung umfasst GPS und alle elektronischen Fahrhilfen (ABS, Schlupfregelung, automatische Differentialsperre, Stabilitätssystem). Die Turbo-Version erreicht 250 km/h. Der gemeinsam mit dem Cayenne entwickelte VW Touareg kann mit der gleichen pneumatischen Aufhängung versehen werden.

Beliebter Pick-up

Der erste Ford Pick-up der F-Serie von 1952 hatte nur eine einzige Option: ein grösseres Heckfenster. Der F-150 von 2004 verfügt über eine derart umfangreiche Zubehörliste, dass gegen Tausend mögliche Kombinationen anfallen. Darunter sind etwa DVD-Gerät für die Hintersitze, Trittbretter und ein Rammschutz. Die Variantenvielfalt ist einer der Gründe, weshalb Ford mehr Pick-ups verkauft als alle anderen Modelle. 2002 werden in den USA 813'701 Exemplare der F-Serie verkauft, fast doppelt so viele wie vom meistverkauften Personenwagen Toyota Camry. Ohne die jährlichen Gewinne von 2,4 Milliarden Dollar aus dem Pick-up-Geschäft würde Ford schlecht dastehen. General Motors hält ebenfalls einen kräftigen Anteil in diesem Segment.
Der Peugeot Hoggar, ein eindrücklicher Buggy mit zwei Vierzylinder-Turbodieselmotoren, die

⇧ Die bedeutende indische Industriegruppe Tata spezialisiert sich auf Lastwagen, Industriefahrzeuge, Busse und Geländewagen. Sie baut aber auch den Stadtwagen Indica und präsentiert 2003 in Genf den Kleinlieferwagen Indiva, an dem das italienische Designstudio I.D.E.A. mitgewirkt hat.

⇨ Der 1993 vorgestellte Mittelklasse-Geländekombi Nissan Terrano hält sich dank seinem Komfort und seiner Vielseitigkeit auch nach zehn Jahren noch gut auf dem Markt.

elektronisch synchronisiert sind, könnte fast eine Wand hoch klettern. Aber das mit Kat und Partikelfilter ökologisch korrekt ausgestattete Mobil kommt nicht in den Verkauf.

Luxus wird wieder « In »

Die von Mercedes-Benz 2002 wiederbelebte deutsche Marke Maybach enthüllt in Genf ihre Luxuslimousine. Sie ist mit fast einer Million Franken das teuerste Auto am Salon.

Der Bentley Arnage von 2002 erreicht ebenfalls ungeahnte Preishöhen, kann er doch nach Lust und Laune des Kunden nach Mass ausgestattet werden.

Unter den sportlichen Prestigemodellen sind 2004 zu bewundern: Ford GT, BMW 5er Touring oder BMW Alpina B7. Dieser kombiniert erstmals die Turboaufladung mit der Ventilsteuerung « Valvetronic », was trotz 500 PS zu annehmbaren Verbrauchswerten führt. Bugatti, 1998 von Volkswagen übernommen, präsentiert den Prototyp EB 16.4 Veyron mit V16-Motor, 64 Ventilen und vier Turboladern, der 400 km/h schnell ist. Er soll in limitierten Stückzahlen gebaut werden. Maserati zeigt 2004 den Quattroporte. Pininfarina kann nach 50 Jahren erstmals wieder der Dreizack-Marke sein Design verleihen.

Cabriolet in Mode

Die ersten Jahre des neuen Milleniums bringen das Aufleben des Cabriolets mit seiner Freizeitanmutung. Das Verdeckschliessen ist ein Kinderspiel und man denkt nicht mehr an die Funktionalität. Der Offenwagen ist wieder Symbol der Sorglosigkeit und kann praktische Auflagen ignorieren. Mit einer Trophäe ehrt der Salon nun regelmässig das « Cabrio des Jahres ».

Die meistverkauften Modelle wechseln zwischen volkstümlich und oberklassig, mit Peugeot 206 CC, Mercedes SL, Smart, Mini, Opel, Audi, Porsche, Honda und Mazda.

Der Streetka von Ford stammt von Pininfarina, während das Cabriolet des VW New Beetle mit seinen rundlichen und frechen Formen bei Karmann entwickelt wurde. Die deutsche Firma arbeitet seit den 50er Jahren mit Volkswagen zusammen. Sie ist auch für den Renault Mégane II CC mit faltbarem Festdach, das Mercedes-Benz CLK Cabriolet und das Audi A4 Cabriolet verantwortlich. Karmann hat auch den Chrysler Crossfire vorbereitet, ohne dass zuerst ein Prototyp entstanden wäre und baut ihn nur 18 Monate nach der Konzeption in 140 Einheiten pro Tag.

Seit mehr als achtzig Jahren spezialisiert sich der Karrossier auf Cabriolets, hat Modelle angeregt und produziert und sich das Vertrauen der Branche verdient. Weitere Kreationen aus dem Werk sind Porsche 356B Cabriolet (1961), VW Golf Cabriolet (1979) und Mercedes-Benz SLK. Opel präsentiert 2004 den Tigra Twin Top mit Metall-Variodach, das ihn zum Coupé oder Cabriolet macht. Lamborghini hat den Murciélago Barchetta auf dem Stand, Chevrolet den Corvette Roadster und Mini das lang erwartete Cabriolet.

⇧ Die begehrte Mittelklasselimousine Citroën C3 Pluriel kann sich in ein Cabriolet oder gar in einen Pritschenwagen verwandeln.

⇦⇦ Als Ford im März 2000 Land-Rover von BMW übernimmt, erhält der Konzern eine Marke mit einer reichen Geschichte. Aber der 1994 lancierte letzte Range Rover hat stark unter der deutschen Konkurrenz zu leiden. 2002 wird der erste « Range » der Ära Ford vorgestellt.

⇦ Lotus Elise mit quer eingebautem Mittelmotor, einem Reihen-Vierzylinder mit 1 796 cm³.

2001 2005

Sportliche Neuheiten

Das neue Jahrzehnt bringt den Ferrari Maranello und Lamborghini Murciélago hervor (2002), sowie den BMW Mini Cooper, in Erinnerung an John Cooper, der für die Sportmodelle des Original-Mini verantwortlich war.

Der Ferrari Enzo wird ab 2003 in einer auf 399 Exemplare limitierten Auflage gebaut und kostet eine Million Franken. Im gleichen Jahr zeigt Bertone den Concept car Birusa auf Basis des BMW Z8 als Beispiel der derzeitigen Technologien.

Pininfarina entwickelt den Enjoy, ein kleines, 750 Kilo leichtes Auto mit 135 PS, mit Beschränkung auf das Wesentliche und damit auf Fahrspass ausgelegt. Im folgenden Jahr zeigt die Firma auf ihrem Stand den Ferrari 612 Scaglietti, das erste 12-Zylinder-Modell der italienischen Marke, das ganz aus Aluminium gefertigt ist.

2004 feiert Audi die Premiere des neuen A8 6.0 Quattro, einer sportlichen Prestigelimousine mit zwölf Zylindern. Eine Besonderheit ist das Tagesfahrlicht, das sich dank elektrolumineszenten Dioden nicht negativ auf den Verbrauch auswirkt. Maserati präsentiert als Weltpremiere den GranSport.

↗ Der Traumwagen Ferrari Enzo wird in nur 399 Exemplaren gebaut, verfügt über einen V 12 mit 5'998 cm³ und 650 PS und erreicht 350 km/h Spitze.

⇨ Maserati Spyder. Der Dreizack im Firmenemblem des Ferrari-Rivalen wurde von der Neptun-Statue eines Brunnens in Bologna inspiriert. Die drei Brüder und Gründer der Marke hatten die Stadt für ihren Firmensitz gewählt.

Wirtschaftsturbulenzen

Fiat verliert ab den 90er Jahren an Boden, trotz einer Beteiligung von 20 % durch General Motors am italienischen Hersteller. 2003 verstirbt, am gleichen Tag wie Jean-Marie Revaz, der 83jährige Giovanni Agnelli, Enkel des Firmengründers. Er hatte in einem halben Jahrhundert ein multinationales Konglomerat aufgebaut, vor allem dank wirtschaftlicher, günstiger Autos (500, 600, 850, 128, 127 oder 1100). Während der Fusionswelle hatte Fiat Lancia, Alfa Romeo und Ferrari aufgekauft. Seit den 90er Jahren leiden aber die Profite. Giannis Bruder und Nachfolger an der Unternehmensspitze, Umberto, stirbt 2004, ohne das Autogeschäft des Konzerns saniert zu haben. Diese Aufgabe fällt dem neuen Chef Luca di Montezemolo zu.

Aber Fiat ist nicht die einzige problemgeplagte Firma. 2003 kündigt Matra das Produktionsende auf April 2004 an; in den USA läuft ein viertel Jahr darauf der letzte Oldsmobile vom Band.

Im Gegensatz dazu befindet sich China in voller Expansion beim Bau neuer Fabriken für europäische und japanische Autos, und die Verkäufe steigen kräftig an: 842'800 Zulassungen im ersten Halbjahr 2002. Citroën verkauft in diesem Jahr 85'100 Fahrzeuge in China, eine Zunahme von 60 % gegenüber dem Vorjahr. Bestseller der Franzosen ist die neue, speziell für den chinesischen Markt entwickelte Dreivolumen-Limousine Elysée. Während selbst Peugeot 2004 in Genf ein Modell aus chinesischer Produktion zeigt, so ist das erste rein chinesische Exportfahrzeug noch Jahre in der Zukunft.

⇧ 1995. Gianni Agnelli am Genfer Salon.

⇧⇧ Der Lancia Ypsilon feiert 2003 in Genf Weltpremiere und zieht Kunden an, die Originalität und Qualität suchen. Das Stadtauto kann in elf Karosserie- und acht Interieurfarben (in sechs Ausführungen) sowie fünf Typen Alurädern individualisiert werden. Nach dem Vorbild der höchstklassigen Modehäuser sollen jedes Jahr zwei oder drei Farben ausgetauscht werden, um spontan auf die letzten Modetrends einlenken zu können.

⇦ Laraki Abdeslam ist gleich durch die Hauptbereiche Konzeption und Produktionsplanung in die Autowelt eingestiegen. Hier der Sportwagen Fulgura, ein Zweiplätzer mit Mittelmotor. Der V8-Motor mit 5,5 Litern Hubraum, ursprünglich von Mercedes, wird kompressor-zwangsbeatmet und produziert 600 PS.

2001 2005

Grösser…

Zu Beginn des neuen Jahrhunderts ist eine Tendenz zum «Upsizing» zu beobachten, dem Wachstum in allen Dimensionen. Die Sicherheitssysteme und crashresistenten Karosseriezonen führen zum Grössenwachstum. So begnügte sich der erste Golf 1974 mit 3,70 m Länge. Neun Jahre später wird die 4-m-Grenze überschritten. Der Golf der vierten Generation hat 1998 mit 4,15 m fast schon den Passat eingeholt. Dieser war zu seinem Debüt 1973 4,19 m lang und wuchs 2002 auf 4,70 m. Jedes neue Modell steigt langsam aber sicher in die nächsthöhere Kategorie auf. Die zusätzlichen Zentimeter gehen auf den Wunsch einer älter werdenden Kundschaft zurück, das einem Modell treu bleiben will und danach strebt, bewusst in der Hierarchie aufzusteigen.

2002 wird eine weitere Regel gebrochen: herkömmliche Limousinen überschritten bis anhin nicht 140 cm Höhe. Ford Focus, gefolgt von Honda Civic, Peugeot 307 und Toyota Corolla, recken sich nach oben. Diese Entwicklung ist zweifellos auf die Mode der geräumigen Minivans und SUV zurückzuführen.

Die Autos werden immer breiter, ohne dass der Innenraum merklich zunimmt. Schuld sind Ausstattungen zur passiven Sicherheit, wie der Seitenschutz, der von der Europäischen Union vorgeschrieben wird, was zu dickeren Türen und solideren Schwellern führt. Der Renault Twingo misst in der Breite 163 cm, der VW Golf 174 und der Ford Mondeo 181. Das Wachstum macht auch vor den Rädern nicht halt. Felgendurchmesser steigen von 15 auf bis zu 22, in Extremfällen gar auf 26 Zoll an, teils, um grössere Bremsscheiben aufnehmen zu können.

… und kleiner

Es gibt aber auch das «Downsizing», das Schrumpfen der Dimensionen, wie es der Smart vormacht. Dessen 600 cm^3-Motor leistet 70 PS. Das aufgeladene Triebwerk erlaubt mit geringem Hubraum überlegene Verbrauchswerte. Smart präsentiert auch den Crossblade, einen Buggy ohne Türen oder Windschutzscheibe, der die Insassen der Frischluft aussetzt. Die Version

↗ PSA ist seit 1992 mit Citroën in China präsent und betreibt ein Joint-Venture mit DongFeng Motors (DFM). Die Niederlassung kam 2004 auf 5,1 % Marktanteil bei den Personenwagen. PSA und DFM haben ihre Zusammenarbeit ausgeweitet und 2001 eine Kapazitätsverdopplung des Werks Wuhan angekündigt. Damit ist nun auch die Marke Peugeot mit dem 307 in China präsent.

⇨ Frage: Ich habe kein Dach, keine Windschutzscheibe, keine Türen. Ich koste 25'116 Euro. Wer bin ich? Antwort: Der neue Smart Crossblade in limitierter Serie von 2'000 Stück, die gemäss «Auto-journal» «alle Modeverrückten in St. Tropez oder Ibiza in Hysterie versetzt».

⇨⇨ Zum 90. Jubiläum der Firma präsentiert Bertone in Genf im März 2002 das Concept car Novanta (auf Basis Saab 9-5). Neben den aggressiven Formen fällt er mit dem «Drive-bywire» der letzten Generation auf. Durch das Wegfallen der Pedale und des Lenkrads kann der Innenraum maximal ausgenützt werden.

Roadster Brabus komplettiert die Palette von Smart, wie auch der ForFour, ein Viertürer mit Vorderradantrieb ohne sichtbare Stossstangen, mit kunststoffumhüllter Stahlstruktur. Er ist modisch und bietet viel Fahrspass.

Gemeinsame Plattformen

Der Markt verlangt nach immer breiter gefächerten Modellreihen. Um die Entwicklungskosten amortisieren zu können, müssen möglichst viele Fahrzeuge auf der gleichen Plattform gebaut werden, mit identischen Aufhängungen, Lenkung, Treibstofftank oder Bremsen. Die Karosserien sind nicht besonders kostspielig und lassen sich vergleichsweise einfach individualisieren. Angepasst werden auch Mittelkonsole, Armstützen oder Türverkleidungen, die dem Modell innen Persönlichkeit verleihen. Der Konsument hat den Eindruck einer grossen Auswahl, kauft aber in Wirklichkeit die gleiche Basis, mit unterschiedlichem Chrom-, Holz- und Plastikmaterial garniert. Das ist zum Beispiel der Fall bei VW Golf, Bora, New Beetle, Audi A3, Skoda Octavia, Seat Toledo oder Leon. Daimler-Chrysler, Ford und andere schlagen in die gleiche Kerbe, nachdem sie bereits in den 80er Jahren separat gemeinsame Plattformen entwickelt hatten. Der Kunde muss entscheiden, ob er die Klone akzeptiert oder nicht. Jedenfalls zeigen die mit anderen Modellen verwandten Renault Mégane/Scénic oder Toyota Yaris/Yaris Verso, dass eine gleiche Plattform sehr verschieden ausgelegt werden kann.

Concept-cars und Träume

Am Genfer Salon sind viele Concept cars ausgestellt, die man sehen, anfassen, aber nicht kaufen kann. Sie sind oft Zukunftsstudien, doch die Einzelteile Motor, Karosseriedetails oder Innenraum können einmal für die Serie übernommen werden. Der Rinspeed Presto des Schweizers Frank A. Rinderknecht ist ein Vierplätzer von 3,7 m Länge, der sich innert Sekunden in einen 3-m-Zweiplätzer verwandeln lässt. Der Citroën C-Crosser stellt eine Kreuzung zwischen Geländewagen und Kombi mit Allradantrieb und sechs Plätzen dar. Das Fahrzeug kann von allen drei vorderen Sitzen gefahren werden. Der Nissan Yanya ist ein Kleinwagen mit Unterhaltungs- und Kommunikationsanlagen für die Ablenkung bei Staus, während die modernste Technologie des Toyota Pod das Fahrzeug der Fahrweise, dem Geschmack und dem Stil des Fahrers anpasst und sogar die Farbe gemäss der Laune der Insassen ändern kann.

Waren die Concept-cars einmal exzentrische Prototypen, so sind sie nun näher an der Realität der Modelle, die sie ankünden. Das gilt insbesondere für die amerikanischen Hersteller. So handelte es sich beim 1986 als «futuristische Studie» angekündigten Minivan Pontiac Trans-Sport um ein Modell, das drei Jahre später fast unverändert in den Verkauf gelangte. In manchen Fällen bleibt vom Concept nur der Name übrig (wie beim Renault Mégane von 1988), oder die Abstammung des Serienmodells ist nicht klar ersichtlich, etwa beim Renault Scénic, der 1991 gezeigt, aber bis zur Markteinführung 1995 gründlich geändert wird. In bestimmten Concept cars werden Technologien statt Designrichtungen aufgezeigt, beispielsweise bei Peugeot RC Pique und Cœur mit Benzin- und Dieselmotor, oder Honda Dual Note mit Hybridsystem.

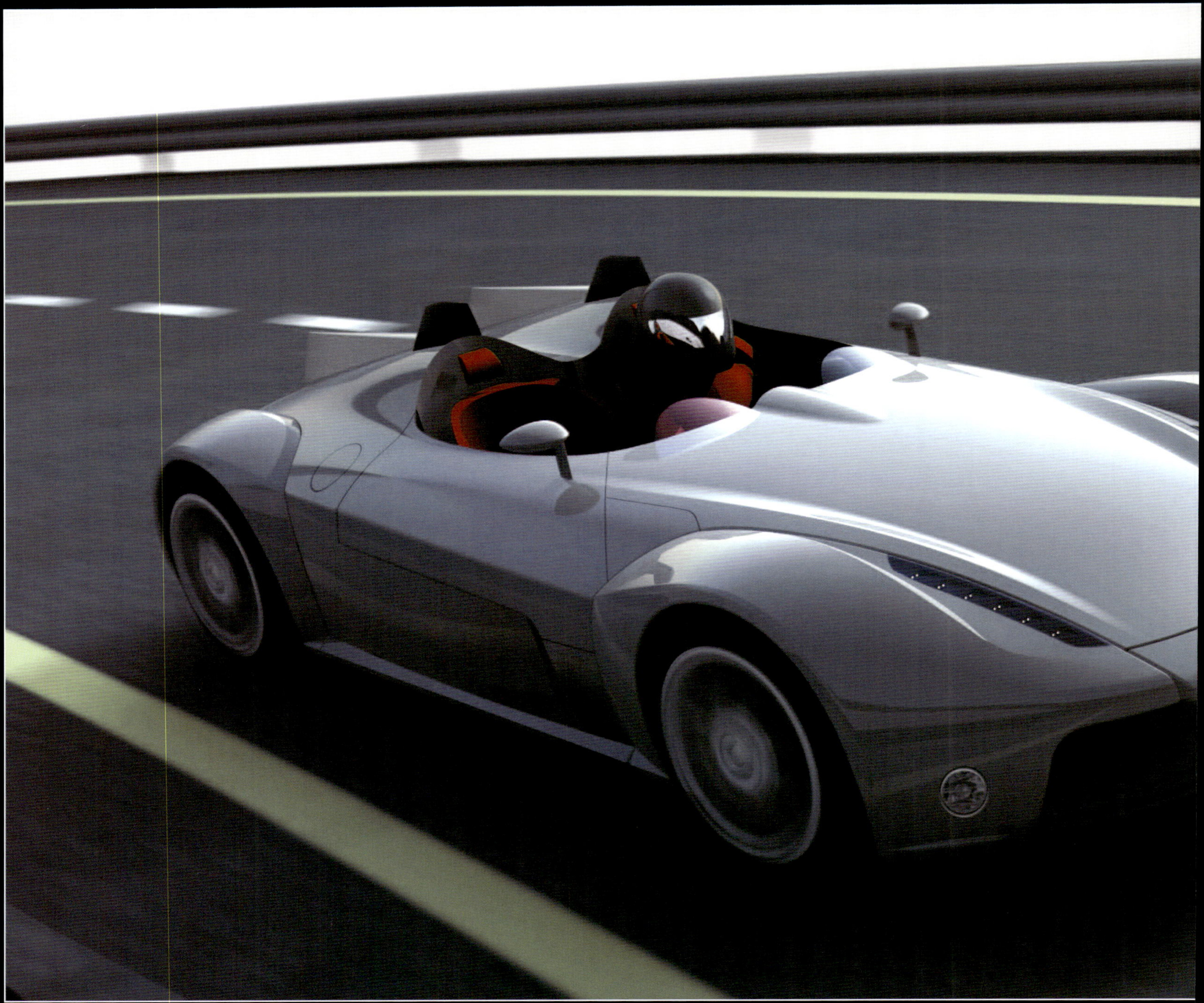

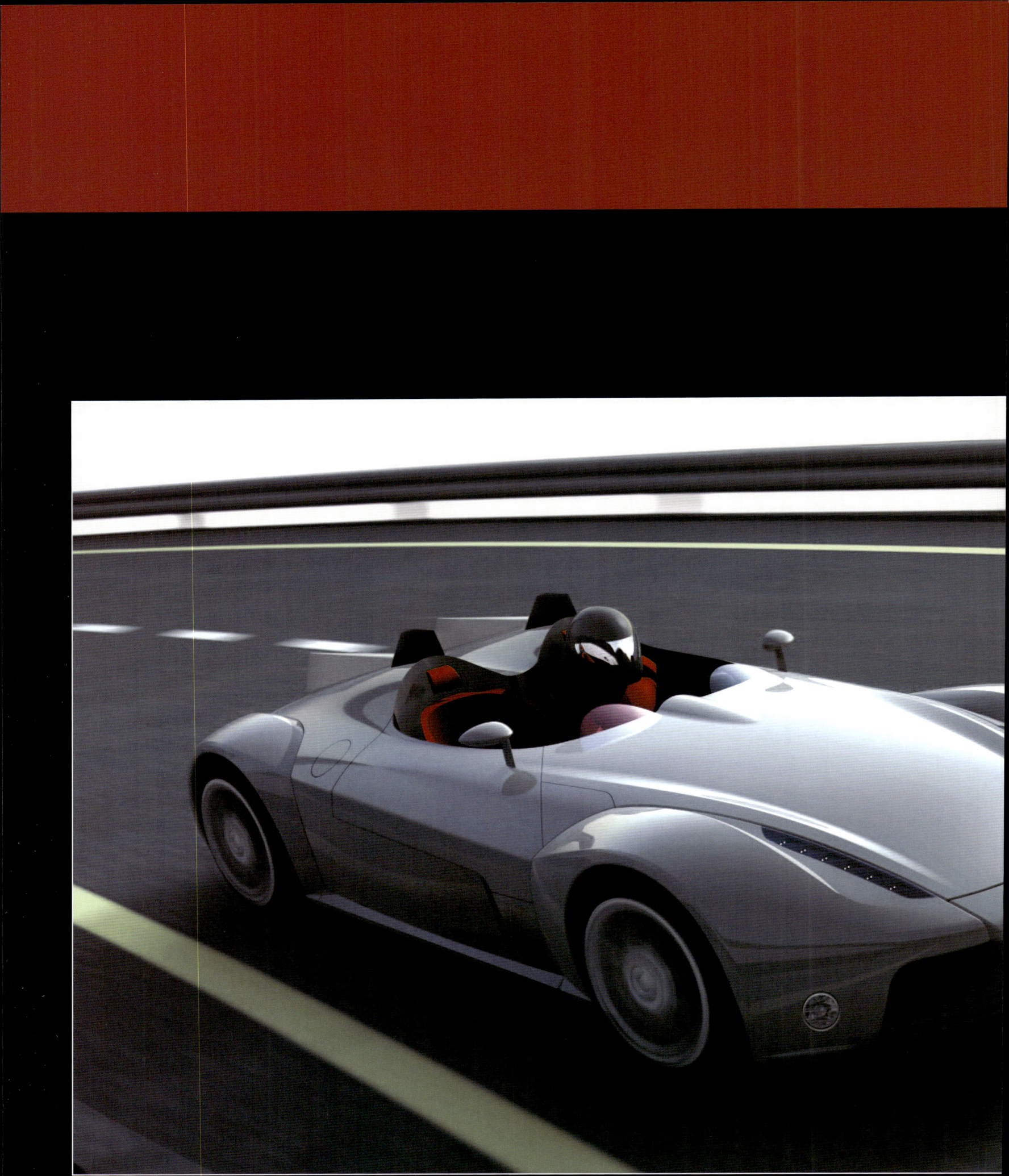

Technische Fortschritte

2001–2005

Sorgen bezüglich Umweltbelastung führen zur Effizienzverbesserung der Verbrennungsmotoren und zur Weiterentwicklung neuer Antriebsarten. Der Dieselmotor trägt zur Luftverschmutzung bei, weil er mit schwefelhaltigem Treibstoff betrieben wird und Rauch ausstösst. Die Partikelfilter sorgen für bedeutende Fortschritte und reduzieren die Emissionen um weit über 90 %, was die Gesetzesvorlagen klar übertrifft.

Die Hersteller wenden sich von den Elektroautos ab, weil diese mit der Abhängigkeit von Ladestationen die Konsumentenerwartungen nicht erfüllen. Die Wunderbatterie konnte nicht gefunden werden. Weltweit sind 2002 nur 30'000 E-Mobile im Verkehr. Ford und General Motors rufen ihre unverkauften Modelle zum Verschrotten zurück.

Erdgasantrieb

In der Schweiz gibt es noch wenige Autos mit Erdgasantrieb, aber eine vom Nationalrat angekündigte Steuerentlastung auf den Treibstoff sollte die Nachfrage stimulieren. Dazu muss auch die Zahl der Tankstellen dieses Typs erhöht werden, denn die 27 Säulen landesweit genügen nicht, um Skeptiker zu überzeugen. Die Vorgabe ist ehrgeizig: bis 2010 sollen 5 bis 7 % der Fahrzeugflotte mit Erdgas betrieben werden. Ein auf Erdgas umgestellter Opel Zafira 1,6 stösst 24 % weniger Kohlendioxid (CO_2) als ein gleicher Benziner, 17 % weniger als ein Diesel, vor allem aber fallen 90 % weniger CO_2 und Stickstoff an. Er verfügt über eine Reichweite von 350 Kilometern und bietet ähnliche Fahrleistungen wie ein Benziner. Beim Biogas (das auch Kompogas oder Naturagas genannt wird), wird kein CO_2 freigesetzt. Das Biogas ist technisch Methan, das durch Fermentieren von Grünabfall entsteht.

Ein Fiat Multipla Bipower fährt im Jahr 2000 von Turin nach Edinburgh, dann über Paris zurück nach Turin. Das Auto kann mit Gas und mit Benzin betrieben werden, und eine Analyse spricht

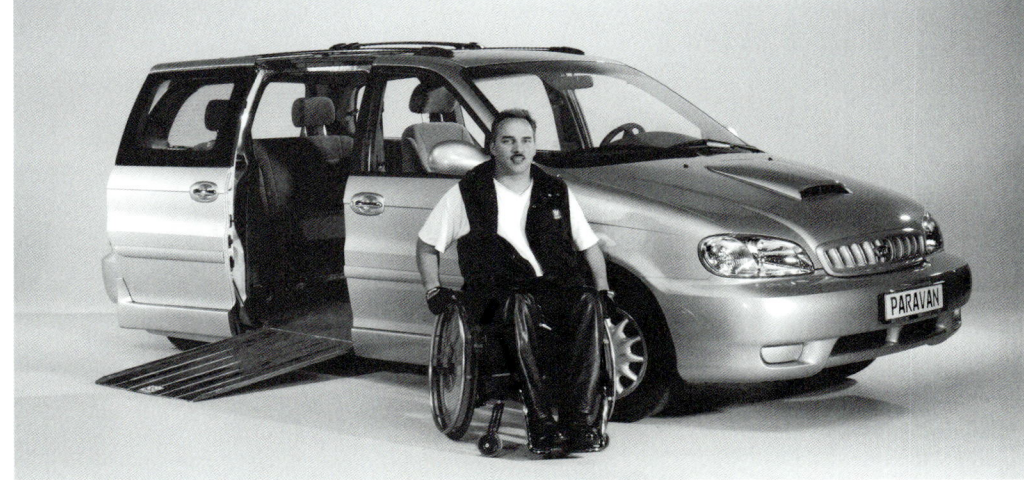

⇧ Zum 75. Jubiläum seines Unternehmens spannt Pininfarina mit dem Luxuskonzern Louis Vuitton zusammen. Das Resultat ist die höchst elegante Barchetta Enjoy, die dem Renommee der beiden Firmen würdig sein soll. Ab 2005 werden nur gerade 75 Exemplare für Vorzugskunden gebaut. Der Clou des Pininfarina sind aber die in wenigen Minuten abnehmbaren Kotflügel, die den Sportwagen in einen Rennwagen verwandeln.

⇧ Dieser Umbau des Kia Carnival-Minivans erlaubt den einfachen Einstieg für Rollstuhlfahrer. Der Behinderte sichert den Rollstuhl in selbstsperrenden Fixpunkten vor dem Lenkrad, so dass er als Fahrersitz dient.

dem Gas Vorteile zu: Eine Tankfüllung erlaubt 500 km Reichweite, aber das Nachfüllen muss sorgsam geplant werden, denn die Tankstellen sind in Europa noch dünn gesät. Das Fahrzeug brauchte auf den 4500 Kilometern rund 6 Kilo Gas pro 100 km, eine bessere Energieausbeute als mit Benzinbetrieb. Der Fiat produziert auch 20 % weniger Kohlendioxid als ein Normalauto. Die Durchschnittsgeschwindigkeit von 72,4 km/h fällt nicht aus dem Rahmen. Mehrere Marken bieten auf dem Schweizer Markt Gasmodelle an: Volvo, Fiat, Opel, Volkswagen, Citroën, Mercedes und Peugeot.

Biodiesel

Der Biodiesel ist eine Mischung aus Methanol (durch Destillieren von Biomasse gewonnener Alkohol), Lauge und Öl, die nur für Dieselautos zu verwenden ist. Der Treibstoff ist teurer als Benzin, aber weit ökologischer und verringert die Abhängigkeit vom Erdöl. Der Biodiesel funktioniert nicht gut bei tiefen Temperaturen und führt zu Stickoxid-Emissionen. In den USA ist er kaum zu finden.

Hybridantriebe

Toyota dominiert den Markt der Hybridautos (mit Benzin- und Elektromotor) mit den drei Modellen Prius, Estima (entspricht dem Previa) und Crown mit dem THS (Toyota Hybrid System). Der erste hat einen sparsamen 1500er-Motor gekoppelt mit einem Elektromotor, die zusammen den Antrieb über ein stufenlos variables Getriebe besorgen. Beim zweiten handelt es sich um einen Minivan mit Allradantrieb, der zwei Elektromotoren mit einem 2,4-L-Vierzylinder kombiniert. Er kommt mit 5,6 Liter Benzin auf 100 km aus und hat eine Reichweite von 1000 Kilometern. Der Dritte koppelt einen kleinen Elektromotor mit dem sparsamen Benziner und verfügt ebenfalls über ein Batteriepack und ein Steuermodul.

Im Stand wird der Benzinmotor aus Spargründen automatisch abgestellt. Der Elektromotor besorgt das Anfahren und startet anschliessend den Verbrennungsmotor. Der Elektromotor wirkt beim Bremsen als Generator und wandelt die Energie in Strom für die Batterien um. In der Stadt fährt das Auto vorwiegend mit Elektrokraft, quasi ohne Abgasemissionen. Auf der Autobahn sorgt der Verbrennungsmotor für den Antrieb und lädt gleichzeitig die Batterien nach. Der erste käufliche Oberklasse-Hybrid ausserhalb Japans ist der Lexus RX400h, der 2004 seine Weltpremiere in Genf feiert. Weitere Hybridautos sind der Zweiplätzer Honda Insight und eine Version des Honda Civic, ein Mittelklasseauto für fünf, dessen Benzin- und Elektromotoren anders als beim Toyota gleichzeitig, und nicht alternierend funktionieren. Für Europa liesse sich der Benzinmotor durch einen Diesel ersetzen, was zu einem Diesel-Elektro-Hybrid führen würde.

Brennstoffzelle

Das Prinzip der Brennstoffzelle wurde 1839 vom Engländer William Grove entdeckt. Als Treibstoff dient Wasserstoff, der im Kontakt mit Sauerstoff Stromspannung und Wärme erzeugt.

Die Brennstoffzelle produziert den Strom durch die Elektrolyse.

Wasserstoff ist eines der häufigsten Elemente auf der Erde. Er wird der Elektrode zum Abspalten des Elektrons zugeführt. Nur das positiv geladene Neutron durchquert die Membrane und reagiert mit den Atomen des Sauerstoffs. Die Membrane wird unter der Produktbezeichnung Nafion von DuPont hergestellt und muss nach 1000 Stunden oder rund 18 Monaten durchschnittlicher Fahrleistung ausgetauscht werden. Ohne die Membrane können Sauerstoff und Wasserstoff explosiv reagieren.

Der Spannungsunterschied zwischen den zwei Elektroden erzeugt den Strom, mit dem der Elektromotor betrieben wird. Der Vorgang produziert ausserdem Wärme, Wasserdampf und sauerstoffärmere Luft. Der Wasserstoff für die Brennstoffzelle kommt aus einem Tank, der ihn entweder in flüssiger Form bei Minus 253 Grad, oder komprimiert mit einem Höchstdruck von 700 Bar speichert. Im ersten Fall liegt die Reichweite bei 400 Kilometern, im zweiten bei 270 km. Erste Autos und Busse mit Brennstoffzellenantrieb sind bereits in den USA, in Europa, Australien und Japan in Betrieb.

⇦ Das Amphibienauto Rinspeed Splash besteht aus Kohlenstoffverbindungen und wird von einem 750 cm³-Zweizylinder angetrieben, der mit Erdgas auf 140 PS Leistung kommt. Im Wasser treibt ihn der Aussenbordmotor an, und hebt ihn auf den vorderen Kufen und den hinteren Flügel sechzig Zentimeter über die Wasseroberfläche.

⬈ GM HydroGen 3.

⇨ Honda Hybrid.

DaimlerChrysler und mehrere andere Hersteller haben schon Anfang der 90er Jahre die Brennstoffzellenentwicklung vorangetrieben. Im neuen Jahrhundert hat Daimler-Chrysler den Necar 5 vorgestellt, ein Fahrzeug auf Basis der Mercedes A-Klasse, das mit Methanol funktioniert.

Honda präsentierte 2003 den FCX, der seiner Zeit voraus ist, weil es noch kein Vertriebssystem für Wasserstoff gibt. Er wird aber in Japan und in Kalifornien lokal eingesetzt. 2004 werden Honda FCX-V4, Toyota Highlander FCV, General Motors Hy-Wire und HydroGen3 von Behörden in Japan und in den USA in Experimentprogrammen betrieben.

BMW entwickelt seit Anfang der 80er Jahre Motoren mit Wasserstoffantrieb. Die Firma hat bereits einen 7er und einen Mini derart ausgerüstet. Aber diese Art Motor hat noch mit ungelösten Problemen zu kämpfen.

Es bleiben Probleme

Die Herstellung des Wasserstoffs produziert Kohlendioxid, den Feind, den man zu besiegen trachtet. Bereits bei der Gewinnung des komprimierten Wasserstoffs fällt viel CO_2 an, aber noch viel mehr beim höchst energieaufwändigen Produzieren des flüssigen Wasserstoffs. Wird er aus dem Naturgas gewonnen, benötigt das mehr Energie, als unter dem Strich übrig bleibt.

In den vergangenen zehn Jahren wurden grosse Fortschritte bei der Leistungsfähigkeit, Zuverlässigkeit und Langlebigkeit der Brennstoffzellen für Automobile erzielt. Das Hauptproblem bleibt die Speicherung des flüssigen (oder gasförmigen) Wasserstoffs im Fahrzeug, aber auch die Preise der Technologie und der Materialien (Platin, Kohlenfaser), die für ein Kommerzialisieren noch viel zu hoch liegen. Das Platin für den Katalysator kostet mindestens 2000 Dollar pro Fahrzeug. Das Edelmetall existiert zudem in limitierter Menge auf der Erde, vorwiegend in Südafrika und der ehemaligen UdSSR. Bei vermehrter Nachfrage würden die Preise nur noch weiter ansteigen. Die Entwickler streben 75 Kilowatt Leistung aus der Brennstoffzelle an, also rund 100 PS. Derzeit erbringt eine Zelle weniger als 0,5 Kilowatt, was bedeutet, dass viele der Batterien für die nötige Leistung gekoppelt werden müssen. Die Schwierigkeiten werden ersichtlich, wenn man an die 150 bis 200 Kilowatt heutiger Autos denkt und an das entsprechende Platin im Wert von $5000. Die Abhängigkeit vom Erdöl könnte durch die Abhängigkeit vom Platin abgelöst werden, wobei letzteres wenigstens wiederverwertbar ist.

Schliesslich würde der Aufbau eines Verteilernetzes oder die Umwandlung der Benzintankstellen auf Wasserstoff Milliarden kosten. Der Verkauf von Brennstoffzellen scheint also vorerst noch Zukunftsmusik zu bleiben.

Recycling

Der Zwang zur Gewichtsreduktion für die Verbrauchssenkung führt zum vermehrten Einsatz von Aluminium, Kunststoffen und exotischen Materialien. Viele davon, mit Ausnahme der Metalle, bereiten Probleme bei der Wiederverwendung.

Auto Recycling Suisse zeigt 2004 auf seinem Stand das Modell der ersten europäischen Fabrik zum Verbrennen des schwer wiederverwertbaren Resh, dem beim Recycling anfallenden Abfällen. Die Anlage wird im Walliser Monthey errichtet.

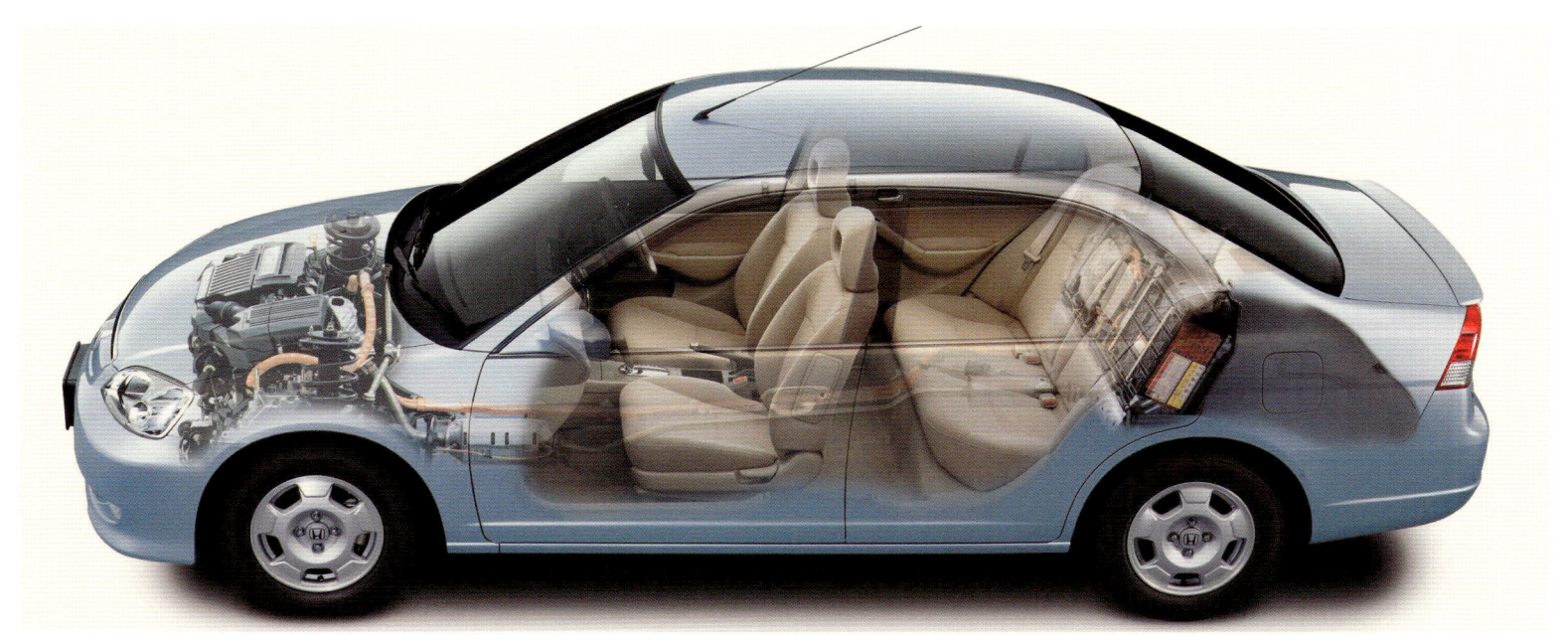

Design

Im neuen Jahrtausend fällt dem Design eine Schlüsselrolle in der Autoindustrie zu. In der Vergangenheit war das Styling nur einer von vielen Schritten bei der Realisierung eines Modells. Jetzt ist es im Zentrum des Unternehmens, und die übrigen Aktivitäten wie Planung, technische Entwicklung, Produktion, Dienstleistungen, Verkauf oder Werbung bilden das Umfeld. Da die rechnerunterstützte Entwicklung (Computer Aided Design CAD) zur Vereinheitlichung der Karosserielinien geführt hat, sind die Designer und Konzeptverantwortlichen unentbehrlich geworden, um den Modellen eine eigene Persönlichkeit zu verleihen. Unter ihnen findet man eigentliche «Gurus» der automobilen Modeströmungen. Sie brechen Tabus, bringen originelle Details ein, integrieren Wagemut und Humor in die Karosserielinien, um sich im harten Konkurrenzkampf von anderen Marken abzusetzen. Wie kann ich meine Marke auf 30 Meter erkennbar gestalten? Wie die konservativen Kunden bei der Stange halten und gleichzeitig junge Käufer ansprechen? Wie kann ein komfortables, gut ausgestattetes Interieur realisiert werden, ohne den Preis zu verdoppeln? – So viele Fragen, ganz abgesehen von den ästhetischen und aerodynamischen Vorgaben, welche die Designstudios in allen Ecken der Welt auf Trab halten. Um am Puls der Zeit zu bleiben, eröffnen die Hersteller Stylingniederlassungen in den USA (Kalifornien), in Europa (Italien, Deutschland) und anderswo.

Kazuo Mohoroshi, seit 1963 bei Toyota tätig, spricht dem Design eine grundlegende Rolle zu, wenn es um die Stärkung der Kokurrenzfähigkeit einer Marke auf dem Heim- wie auf den internationalen Märkten geht. Er strebt an, dass ein Passant auf den ersten Blick erkennen kann: «Das ist ein Toyota».

Neue Designer drücken den legendären Marken ihren Stempel auf: Gérard Welter bei Peugeot (407 Limousine mit Weltpremiere 2004 in Genf), Patrick Le Quément bei Renault (Twingo), Chris Bangle bei BMW (7er-Reihe), Jean-Pierre Ploué bei Citroën (C3 Pluriel) oder Walter de Silva bei Audi, Seat und Lamborghini. Wie in der Vergangenheit arbeitet Aston Martin für Sondermodelle mit Zagato zusammen.

Individualisierung

Zur Personalisierung der Fahrzeuge wenden sich mehr Kunden dem Tuning zu. Es dient der Unterscheidung des eigenen Autos von der Masse und kann eine eigene Ästhetik bedingen. Die Mehrzahl der Modifikationen betrifft die Optik und zeugt oft von viel Kreativität: Felgen, Spoiler, Scheinwerfer und Blinker, Chromteile, Auspuffendrohre, Lenkräder, Sitzbezüge, Aufkleber und Sonderlackierungen... Auf der anderen Seite stehen die technischen Eingriffe. Dieses weniger sichtbare «Frisieren» ist nicht immer gesetzlich zulässig und birgt seine Gefahren.

Sicherheit

Fast 90 % der schweren Unfälle gehen auf menschliches Fehlverhalten zurück. Zur Verbesserung der Sicherheit gilt es also, dem Fahrer mindestens so viel Aufmerksamkeit zu schenken wie dem Fahrzeug. Die Elektronik bietet dem Fahrer Hilfssysteme und Warnungen. Die Forschung entwickelt seit mehreren Jahren Mittel gegen die nachlassende Aufmerksamkeit oder den Sekundenschlaf am Steuer. Das Spurhalte-Warnsystem von Renault, Volvo und anderen überwacht die Geradeausfahrt in der Spurmitte und löst bei Gefahr Warnsignale aus. Das europäisch finanzierte Programm Prometheus aus den 80er Jahren entwickelt ein Unfallverhütungssystem. Die Verbreitung von Klimaanlagen hilft bei der Bekämpfung der Fahrermüdigkeit im Hochsommer und dient damit ebenfalls der besseren Verkehrssicherheit. Experten schätzen, dass eine Temperatur von über 30ºC die gleichen verlangsamenden Reflexe zur Folge hat wie ein halbes Gramm Alkohol im Blut, entsprechend leichter Trunkenheit.

Knautschzonen der Karosserien und immer mehr Airbagsysteme dienen der passiven Sicherheit. Die Airbags und Sicherheitsgurte werden «intelligent» und passen sich der Aufprallwucht und dem Körpergewicht der Insassen an.

Elektronischer Siegeszug

Ein Viertel der Gesamtkosten eines Fahrzeugs geht auf die Elektronik zurück, und der Wert steigt in den kommenden Jahren voraussichtlich auf 35 %. Die elektronische Grundausrüstung besteht aus Sensoren, welche die Informationen sammeln, aus programmierbaren Rechnern, die Daten analysieren und eine Handlung beschliessen, sowie aus Systemen, welche die Anweisungen des Computers physisch in die Tat umsetzen. Die Fahrzeugelektronik ist in drei Bereiche unterteilt: die dynamische Seite mit Steuerung von Motor, Getriebe, Aufhängung und Bremsen; die Karosseriefunktionen wie Scheinwerfer, Scheibenwischer und Türen; und den Innenraumkomfort wie Anzeigen, Klimatisierung und Audioanlage. Eine vierte Dimension mit Multimediabildschirmen, Internetzugang und Videospielen steht kurz vor der Einführung.

Schlüssel werden allmählich durch kodierte Mikrochips ersetzt, die durch Sensoren gelesen werden. Um den Blick nicht von der Strasse richten zu müssen, werden Informationen zu Geschwindigkeit, Temperatur oder Flüssigkeitstand nicht nur auf dem Armaturenbrett angezeigt, sondern auch auf die Windschutzscheibe projiziert; die akustische Führung übernimmt das Navigieren. Fahrerhilfen wie automatisch einschaltende Scheinwerfer beim Befahren dunkler Abschnitte (Parkgaragen, Tunnels) oder selbsttätig aktivierte Scheibenwischer beim ersten Regentropfen finden praktische Anwendung.

Den Heckpassagieren wird eine ganze Reihe von Multimedia-Ablenkungen geboten: DVD, Videospiele und Internetzugriff. Das Autoradio spielt alle gängigen Musikformate, einschliesslich DAB und MP3.

Der am Genfer Salon neue Aussteller Nav Tech zeigt ein Navigationssystem mit Flüssigkristallbildschirm, Landkarten auf CD und DVD-ROM, GPS und Sensoren. Die Einheit kann programmiert werden, den kürzesten, den schnellsten oder den Weg ohne Autobahnbenützung vorzugeben.

⇧ VW Kindersitz für die Heckbank.

↘ Bereits in den 30er Jahren übernimmt Ugo Zagato die Prinzipien der Aerodynamik für das Automobil. Er schlägt als erster die geneigte Frontscheibe und windschlüpfige Scheinwerfer vor – die er zunächst als Alu-Halbkugeln formt, später in die Karosserie integriert –, aber auch abgerundete Kofferräume und gelochte Felgen zur Bremsbelüftung. Hier der Aston Martin DB 7.

↗ Mit ihren sinkenden Preisen sind die Navigationssysteme überall im Zubehörgeschäft zu kaufen. Die Firma Sacom ist seit 1961 der erste europäische Generalvertreter der Freizeit-Elektronik von Pioneer.

⇨ Das innovative Michelin Pax-System erlaubt eine Weiterfahrt mit plattem Reifen bis 200 km bei 80 km/h.

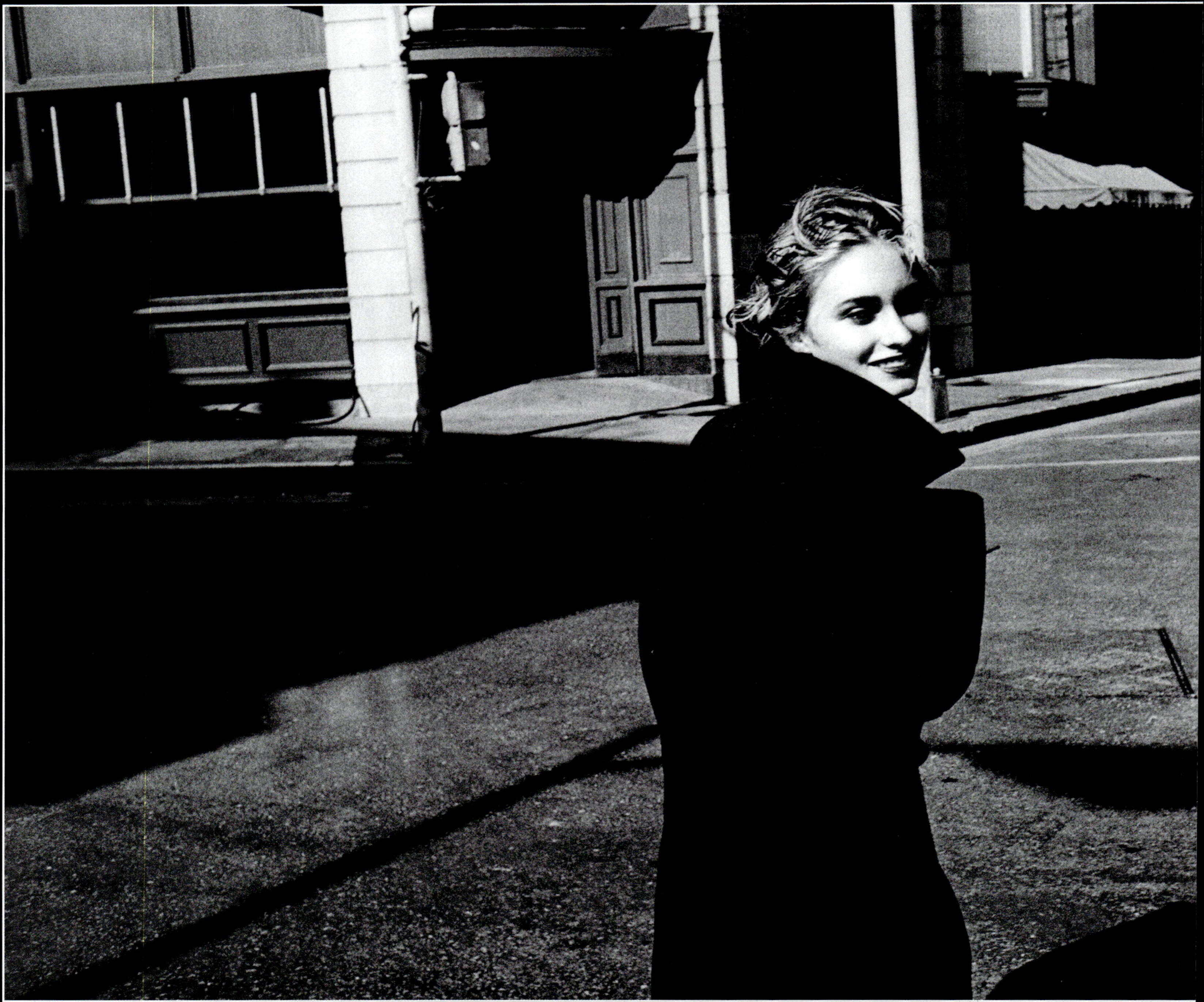

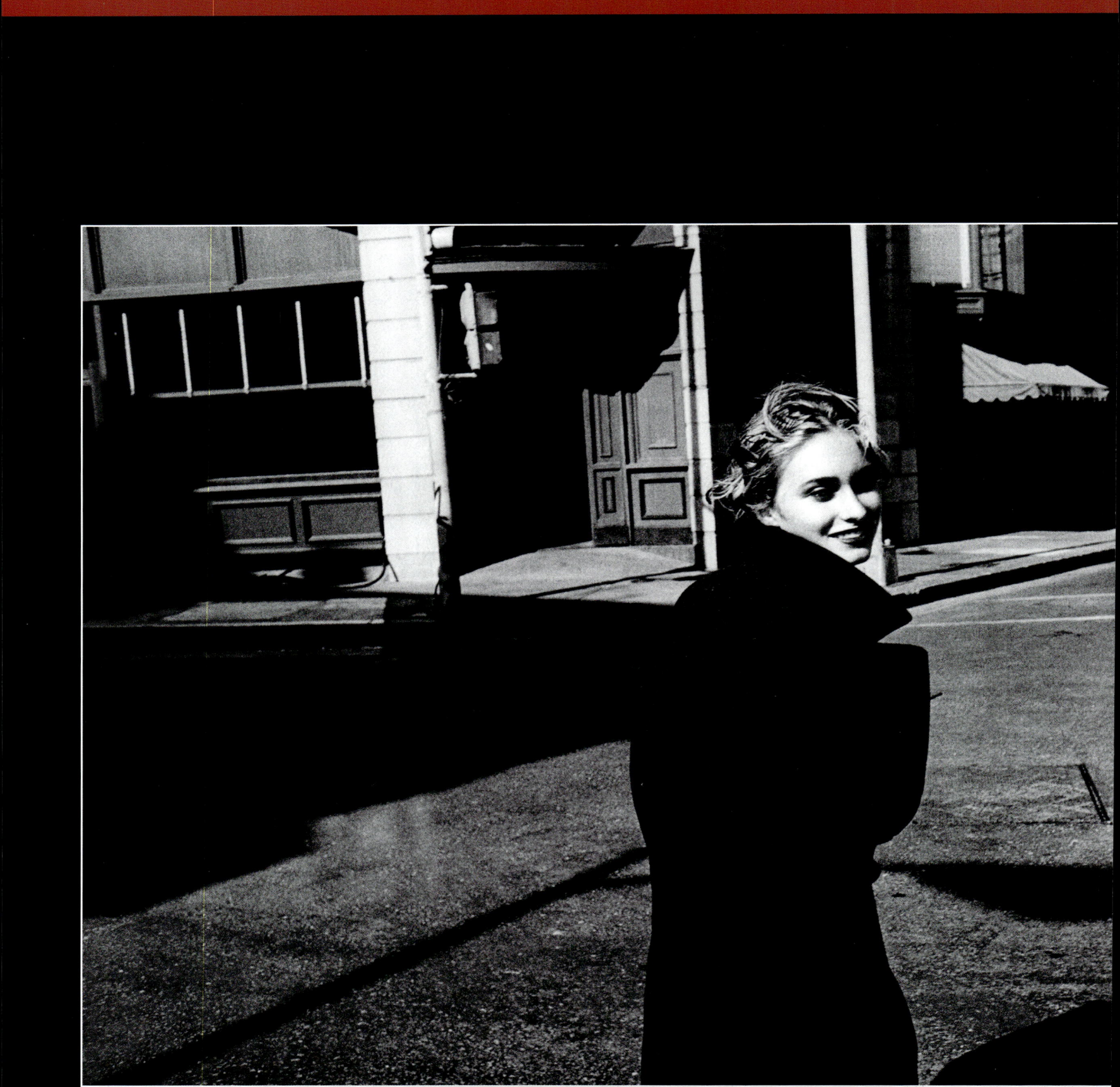

2001
2005

Automobil und Gesellschaft

Der Pirelli-Kalender

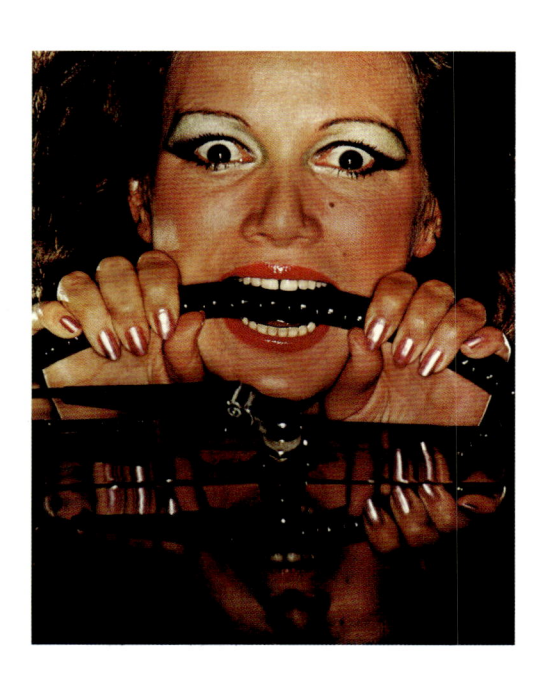

Der bekannte Kalender feiert 2004 sein vierzigstes Jubiläum. Es ist ein überwältigender Erfolg für die Publikation, die einst als simples Werbemittel begann, und die durch ihre künstlerische Qualität und die geschickte Selbstdarstellung ihrer Photographen zu einem Gesellschaftsphänomen avanciert ist.

Der Kalender trifft bei seinem Ersterscheinen 1964 sofort auf ein grosses Echo. Nur die Ölkrise der 70er Jahre, die extravagante Budgets für die Publikation ausschliesst, bringt einen Unterbruch; seit 1984 wird er aber jedes Jahr mit einer spektakulären Zeremonie unter Beteiligung des Jet-sets der Auto- und Unterhaltungsbranche präsentiert. Die limitierte Auflage macht ihn zu einem begehrten Sammlerobjekt. Ältere Ausgaben werden bei Auktionen hochgesteigert, und Models wie auch Photographen erachten die Teilnahme am « Pirelli » als einen Karrierehöhepunkt. Mitgewirkt haben beispielsweise Richard Avedon, Annie Leibowitz, Bruce Webber, Herb Ritz oder Mario Testino. Das ursprüngliche Objekt, der Pneu, ist völlig verdrängt worden und macht der Phantasie Platz.

⇧ Titelblatt des Pirelli-Kalenders 2002.

⬈ November 1973.

⇨ Januar 2004.

AMU-Center
Djursland
HONDA
H. Larsen
TEKNOS
STÆRK
accenture
STATOIL
DUCKHAMS
COROLLA
TOYOTA
Castrol
CITROËN

2001
2005

Rennsport

Die Formel-1-Rennstrecken teilen sich in zwei Kategorien: Die sogenannten historischen Circuits, in Ländern mit langer Motorsporttradition – generell in Europa, auch wenn Interlagos in Brasilien und Suzuka in Japan dazugezählt werden. Sie sind oft Austragungsort leidenschaftlicher Rennen, sei es auf dem alten Militärflughafen in Silverstone (Grosser Preis von Grossbritannien), in den Hügeln von Spa (Grosser Preis von Belgien) oder auf der geschichtsträchtigen Piste des Autodromo Nazionale di Monza. Auf der anderen Seite sind die modernen Rennstrecken, die speziell für die Formel 1 gebaut wurden. Sie finden oft finanzielle Unterstützung von den Regierungen oder den Herstellern, die sich durch den Rennsport wirtschaftliche Impulse und Prestige erhoffen. Jüngste Beispiele sind die Strecken von Bahrain und Schanghai 2004, beide vom deutschen Architekten Herman Tilke entworfen.

Alte und moderne Rennstrecken müssen sich einem strikten Reglement unterwerfen. Die Piste hat eine Mindestbreite von 12 Metern aufzuweisen, die Streckenlänge muss zwischen 3,5 und 7 Kilometern liegen. Fahrer, Konstrukteure und FIA bringen Änderungswünsche für Sicherheitsverbesserungen für Fahrer und Zuschauer ein, ohne dass freilich alle Gefahren ausgemerzt werden können.

Eine bemerkenswerte Ausnahme bildet der Grosse Preis von Monaco, der einzige echte Stadtkurs der Formel 1, mit 3,34 km der kürzeste, aber auch der bekannteste. Wollten sich die monegassischen Behörden heute um ein Rennen bewerben, würden sie wohl von der FIA ausgelacht. Aber dank seiner Geschichte und seines Prestiges bleibt Monaco ein Kronjuwel unter den Grands Prix; das Rennen auf den engen und kurvigen Strassen des Fürstentums ist eine Herausforderung, die von Fahrern schon mit «dem Versuch, im Wohnzimmer Helikopter zu fliegen» abgetan wurde.

Aber welche Strecke man auch nimmt, seit der Saison 2000 ist die Überlegenheit der Kombination Michael Schumacher-Ferrari nicht zu schlagen.

⇧ Die Teilnahme am Rennsport hat in der Firmenkultur von Honda Tradition. «Der Wettbewerb erlaubt den jungen Ingenieuren, Erfahrungen zu sammeln und eine kämpferische Einstellung zu entwickeln». Takefumi Hosaka, R&D-Direktor für das Projekt BAR-Honda.

⇧ Mit seinem siebten Weltmeistertitel, dem fünften in Folge, den er sich am Grand Prix von Belgien am 29. August 2004 sichert, ist Michael Schumacher die Versinnbildlichung der Formel 1.

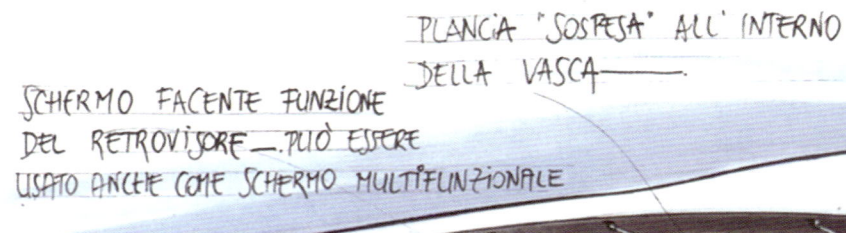

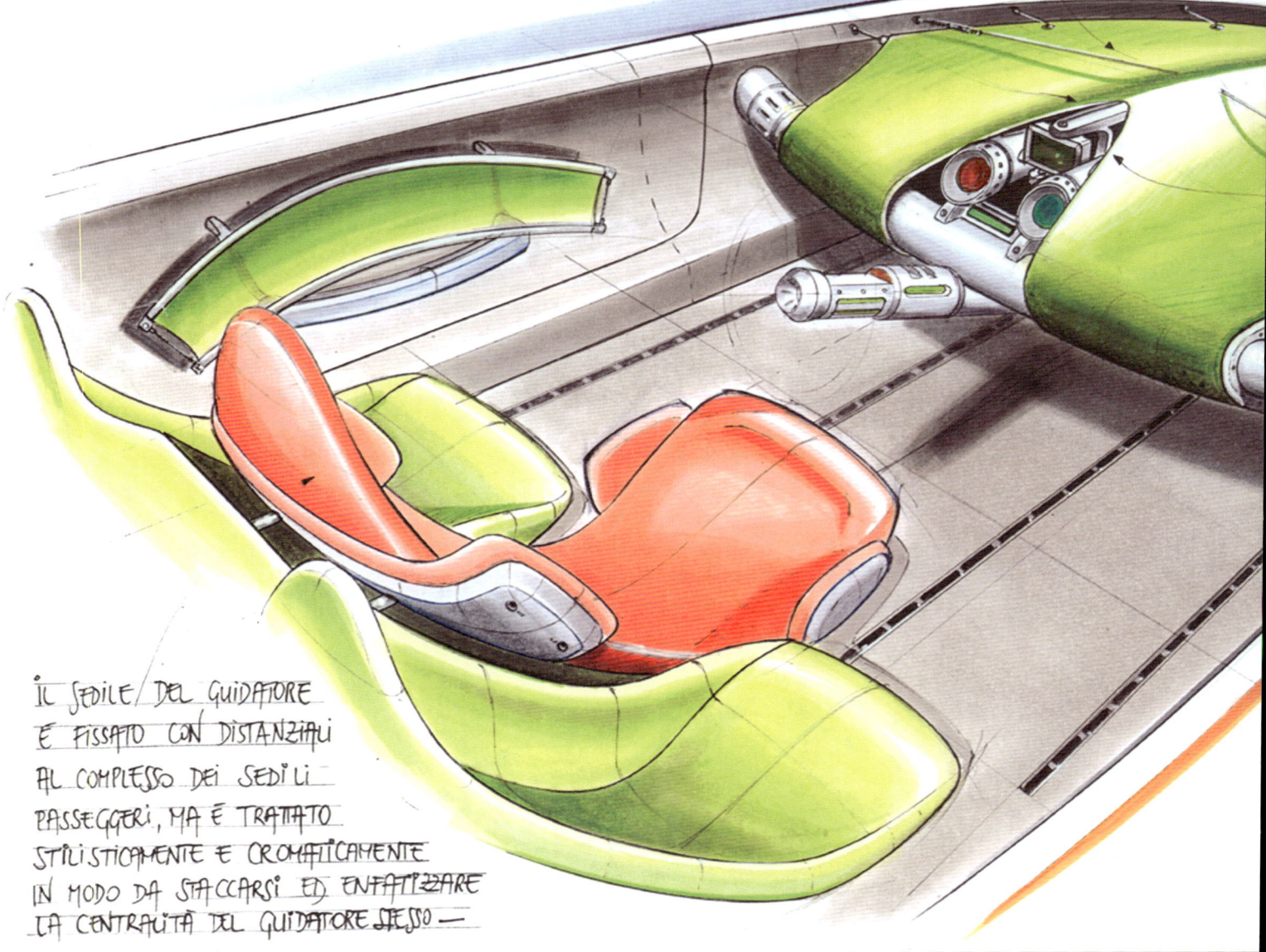

PLANCIA "SOSPESA" ALL'INTERNO DELLA VASCA.

SCHERMO FACENTE FUNZIONE DEL RETROVISORE. PUÒ ESSERE USATO ANCHE COME SCHERMO MULTIFUNZIONALE

IL SEDILE DEL GUIDATORE È FISSATO CON DISTANZIALI AL COMPLESSO DEI SEDILI PASSEGGERI, MA È TRATTATO STILISTICAMENTE E CROMATICAMENTE IN MODO DA STACCARSI ED ENFATIZZARE LA CENTRALITÀ DEL GUIDATORE STESSO.

2001 2005
Und die Zukunft?

STRUMENTI COME BINOCOLI

IN ASSENZA DEL PASSEGGERO LO SPAZIO PUÒ ESSERE SFRUTTATO PER EVENTUALI BAGAGLI CHE POSSONO ESSERE FISSATI AL SUOLO TRAMITE L'APPOSITA RETE

pininfarina

Manche Wirtschaftsfachleute glauben, dass die grosse Konzentrierung der Hersteller während der 90er Jahre weiter gehen wird, bis nur noch einige wenige Konzerne die Autobranche dominieren. Andere glauben umgekehrt an eine Entflechtung, weil der globale Gigantismus nicht effizient funktioniert. Beide Glaubensrichtungen finden sich auch in Bezug auf die Entwicklung der Zuliefer- und Zubehörsektoren.

Das Heranreifen der Märkte in Osteuropa, in Südostasien und in Südamerika eröffnet den Herstellern Absatzgelegenheiten für zuverlässige und robuste Einsteigerautos. In diesen Regionen sind auch neue Produktionswerke von ausländischen Herstellern zu erwarten, die von den niedrigeren Lohnkosten profitieren wollen.

Das Auto von morgen wird sicherer, komfortabler, leistungsstärker, sparsamer und umweltverträglicher sein. Die Hersteller entwickeln kleinere Motoren und arbeiten am verbesserten Wirkungsgrad, geringerem Verbrauch und an verminderten Abgasemissionen. Die Kompaktautos werden effizienter in den Stadtverkehr eingebunden und zur Mobilitätsverbesserung im Zusammenwirken mit den leistungsfähigeren öffentlichen Verkehrsmitteln kombiniert.

Bis 2015 ist eine Recyclingquote von mehr als 95 % vorgesehen. Die Elektronik wird unter der Motorhaube neue Funktionen übernehmen, beim Motor genauso wie bei den Hauptfunktionen des Fahrzeug, einschliesslich der Bremsen, die auf elektromagnetische Systeme umgestellt werden könnten.

Die Ventilbetätigung durch elektromagnetische oder pneumatische Systeme lässt bei den Verbrennungsmotoren eine Verbrauchssenkung von 15 % erwarten. Technologien, die sich erneuerbarer Energien bedienen, finden mehr Anwendung. Zur Gewichtseinsparung verwenden die Hersteller neue Materialien oder Kombinationen von Aluminium, Kunststoff, Kohlenfaser, Titan, organischem Schaumstoff, Keramikwerkstoff und Polycarbonaten).

Es gibt keine Revolutionen, sondern Weiterentwicklungen und Spezialisierungen, damit die Industrie trotz hoher Investitions- und Werkanlagenkosten die Umwelt- und Energieprobleme lösen kann.

Mit der Mobilität hat der Mensch seine Limiten herausgeschoben; Zeit und Raum sind für ihn relativiert. Er muss die Eroberungen sichern und seine Freiheit derart ausnützen, dass er sie nicht verliert.

Präsidenten des Salons

1923-1933
Robert Marchand

1934-1952
Charles Dechevrens

1953-1968
Roger Perrot

1969-1972
Raymond Deonna

1972-1986
François Peyrot

1986-2003
Jean-Marie Revaz

2003-2005
Claude F. Sage

1924 E. Grin	**1925** G. Darel	**1926** J. Courvoisier	**1927** G. Curval
1928 G. Curval	**1929** Maga	**1930** N. Fontanet	**1931**
1932 E. Elzingre	**1933** Fehr	**1934** Fehr	**1935** E. Grin

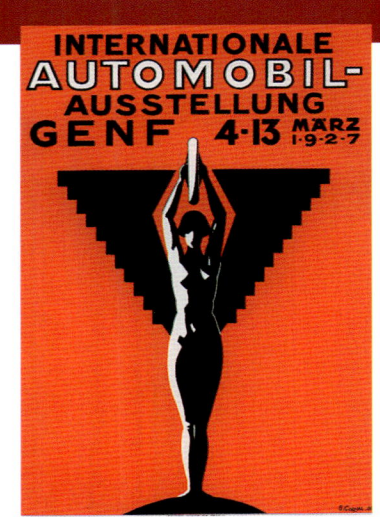

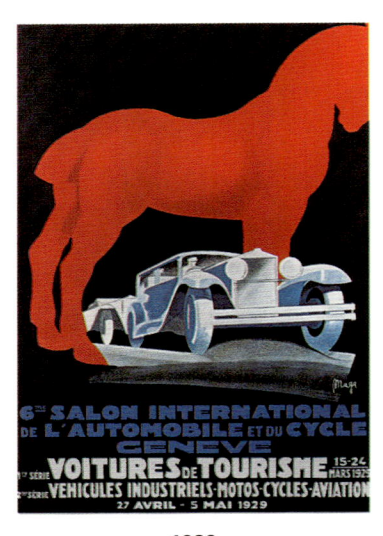

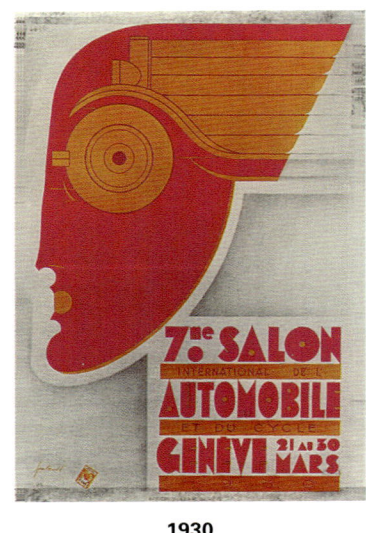

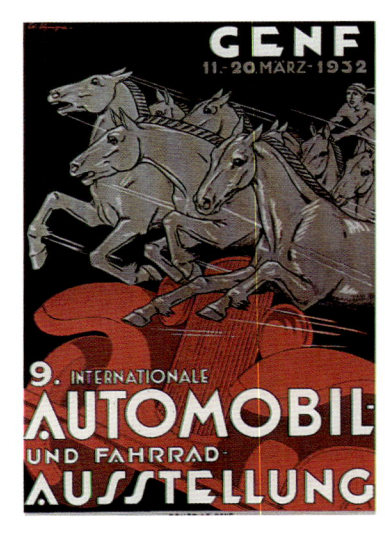

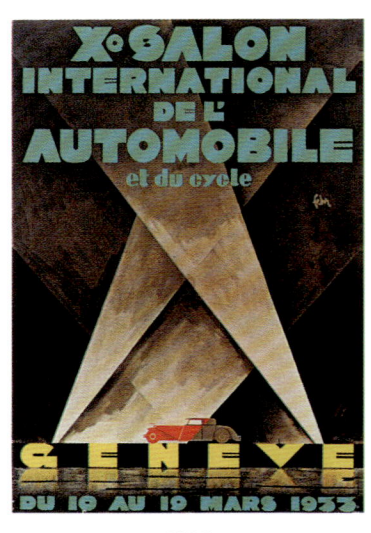

Plakate des SalonS

1905

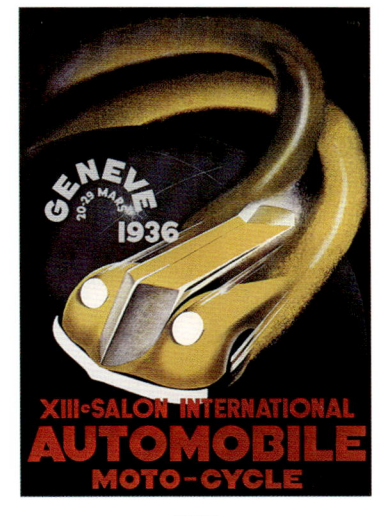

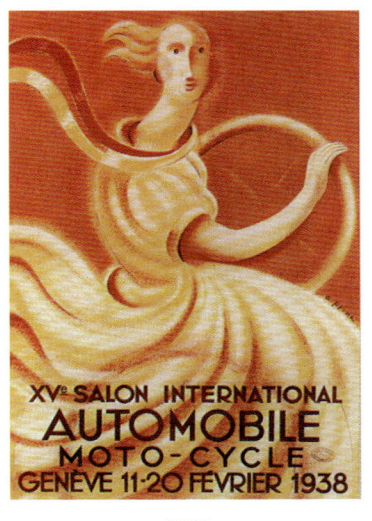

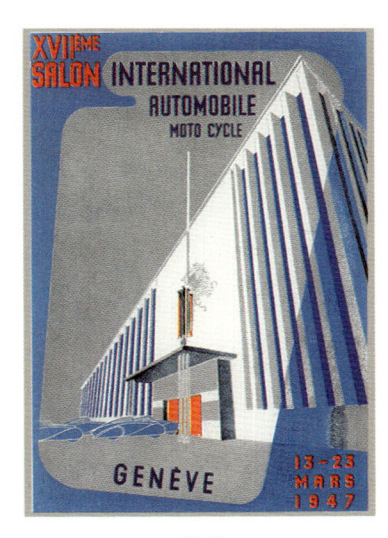

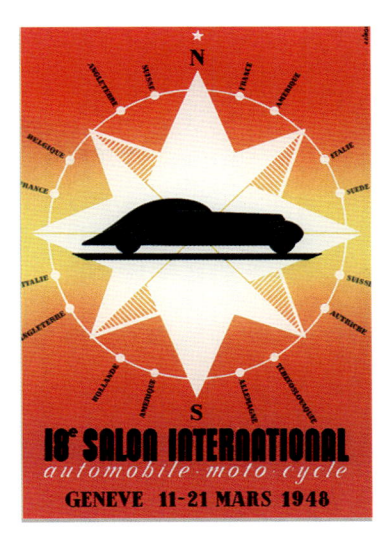

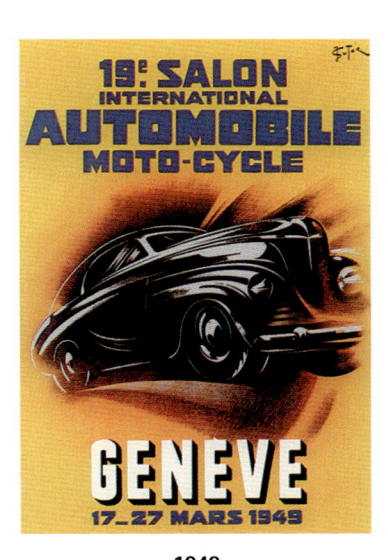

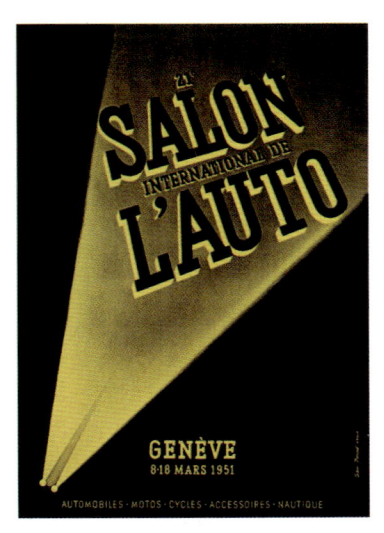

1936 Fehr	**1937** E. Grin	**1938** A. Prina	**1947** J. D. Gidez
1948 Simon	**1949** J. Suter	**1950** A. Clerin	**1951** S. Junod

Plakate des Salons | 297

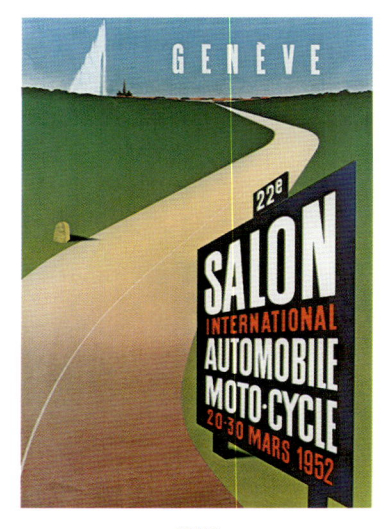

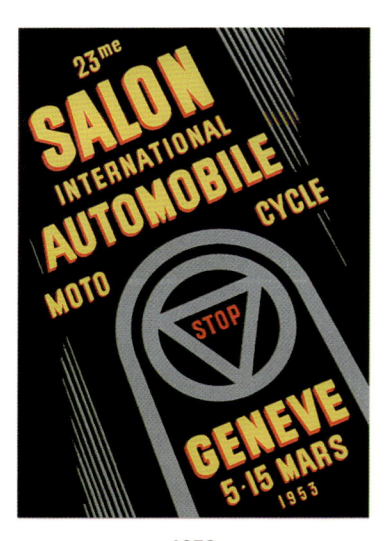

1952 A. Clerin	**1953** Veuillet	**1954** Leupin	**1955** E. Hauri
1956 E. Hauri	**1957** E. Hauri	**1958** D. Brun	**1959** E. Hauri
1960 G. Calame	**1961** E. Hauri	**1962** Leupin	**1963** D. Brun

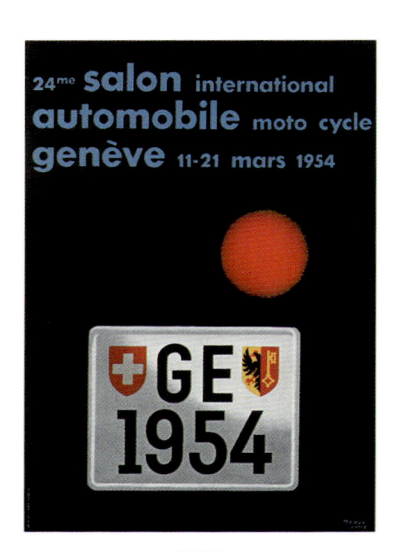

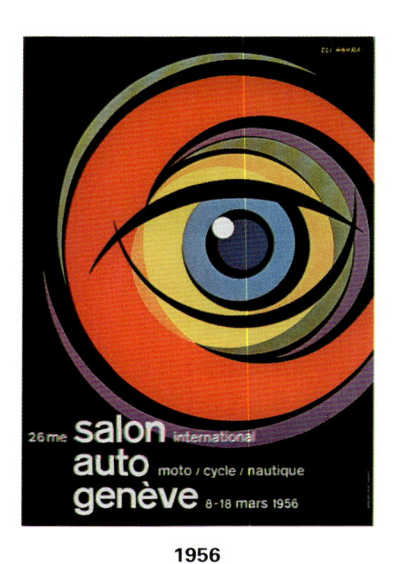

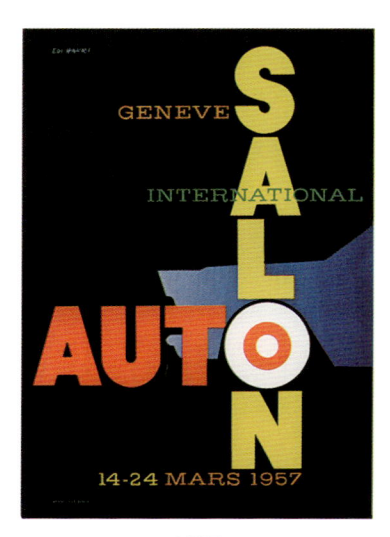

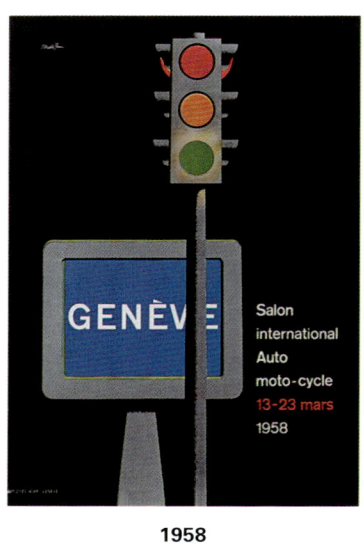

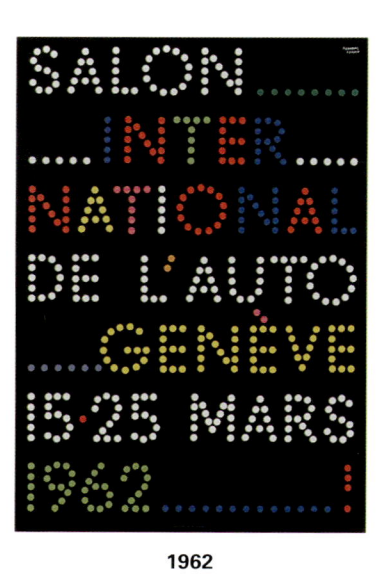

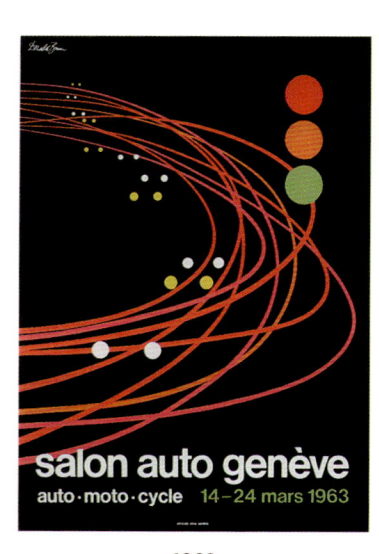

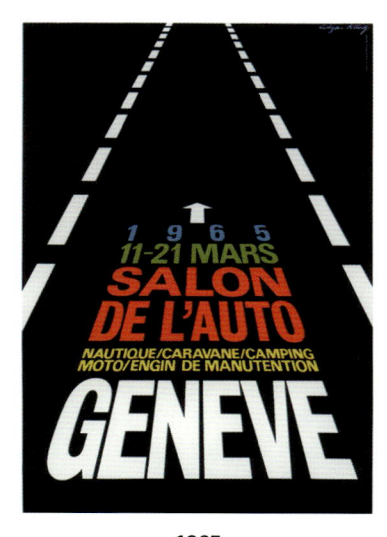

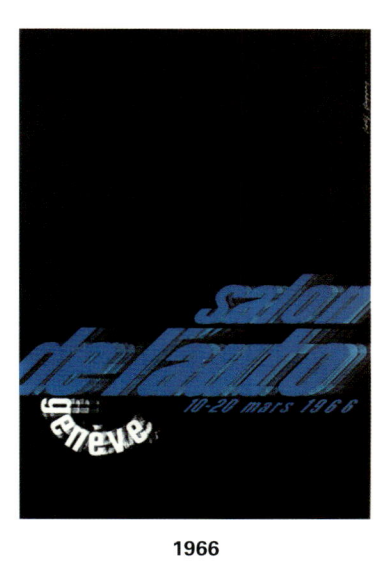

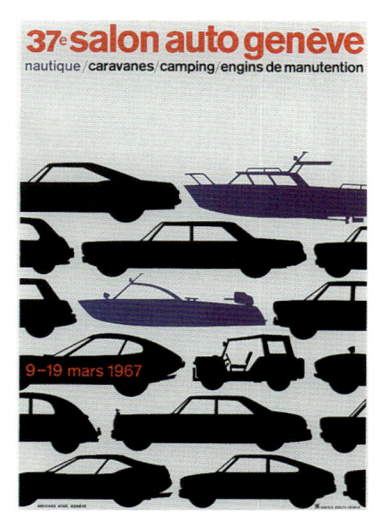

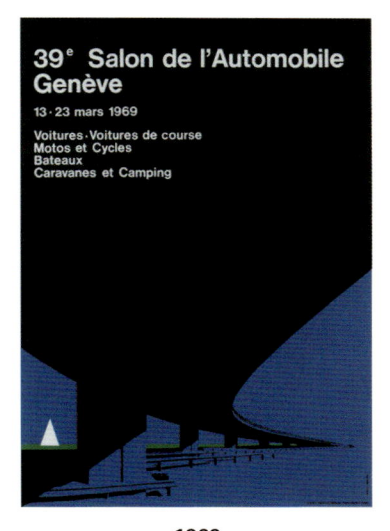

1964 M. Martina	**1965** E. Kueng	**1966** R. Rappaz	**1967** Edelta
1968 E. Hauri	**1969** Atelier Bertholet	**1970** E. Hauri	**1971** Leupin
1972 E. Kueng	**1973** E. Pfenniger	**1974** R. Waelti	**1975** E. Kueng

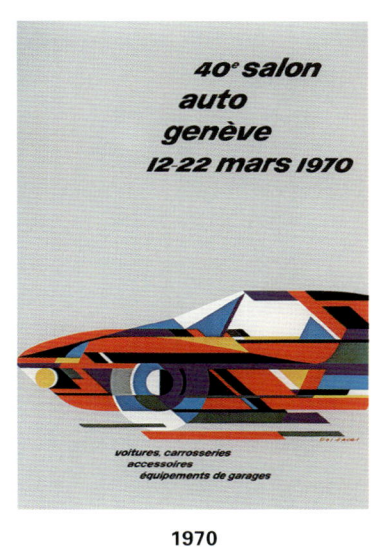

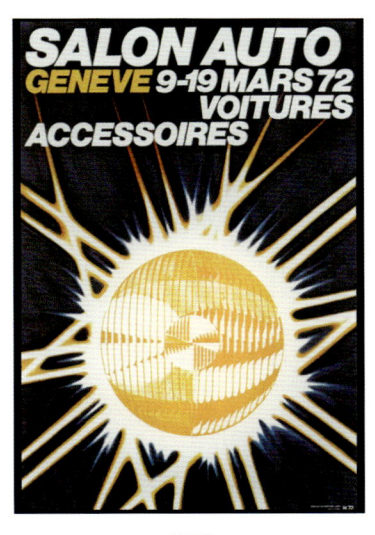

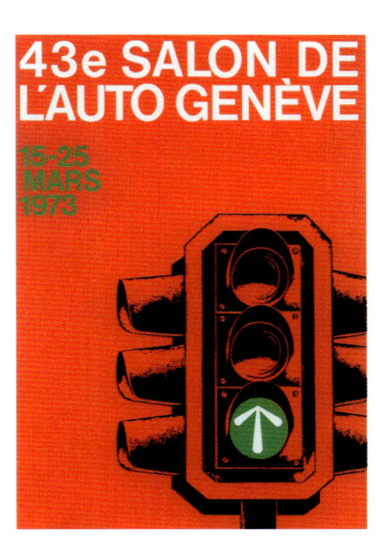

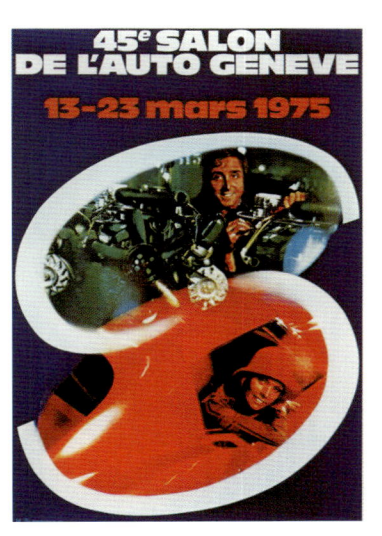

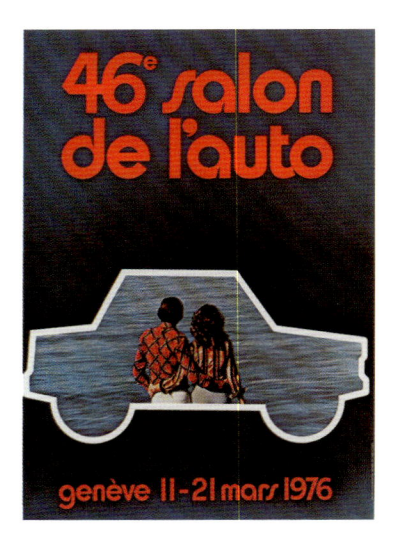

1976
Agence Publipartner SA

1977
J. Schoenenberger

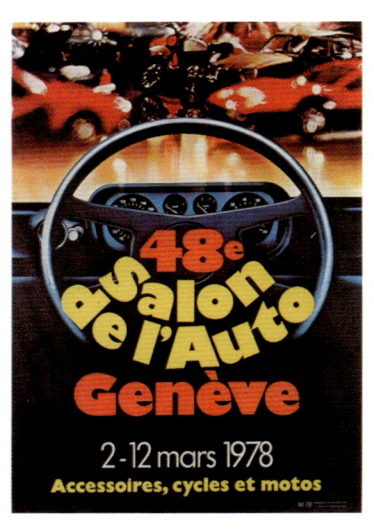

1978
E. Kueng

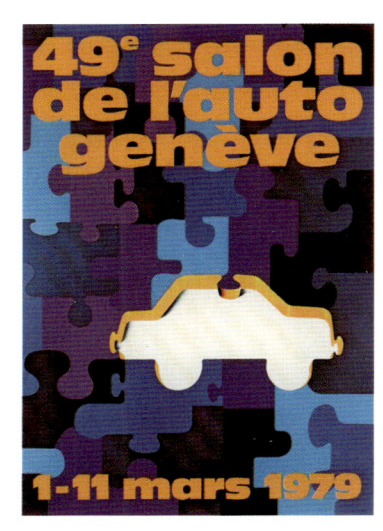

1979
Agence Publipartner SA

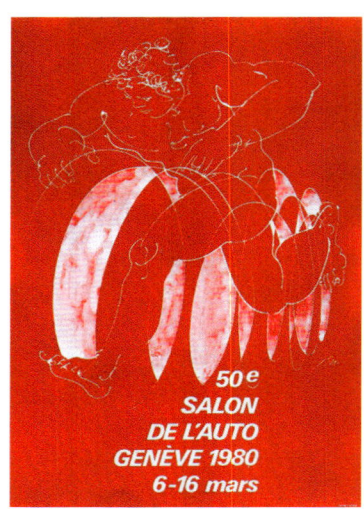

1980
H. Erni

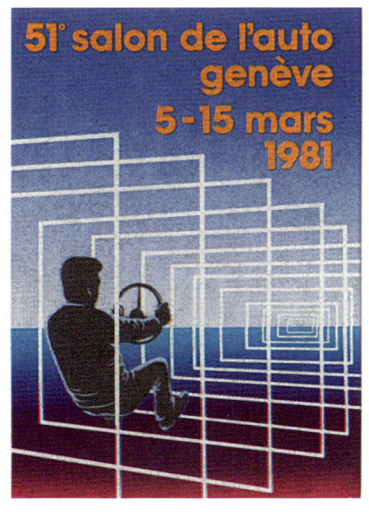

1981
Agence Publipartner SA

1982
Orgexpo - Atar

1983
E. Kueng

1984
N. Troxler

1985
E. Kueng

1986
Agence Publipartner SA

1987
Agence Publipartner SA

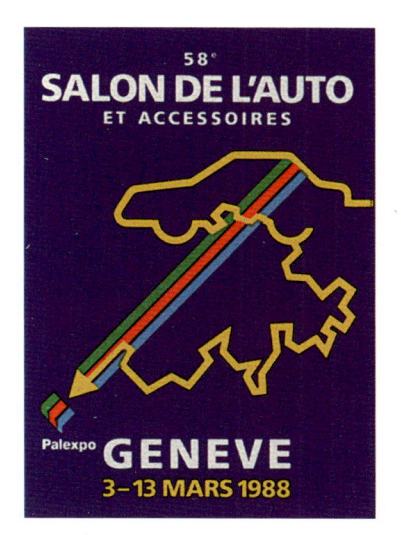

1988
E. Kueng

1989
A. Schalcher

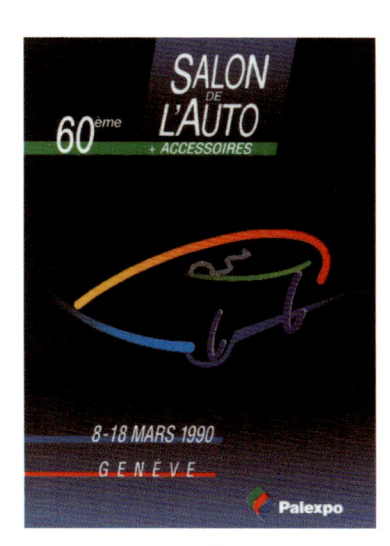

1990
L. Sarda

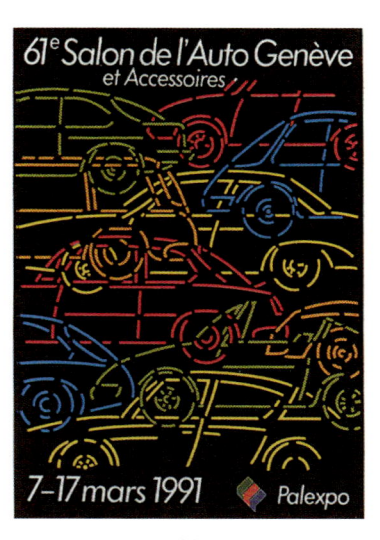

1991
N. Troxler

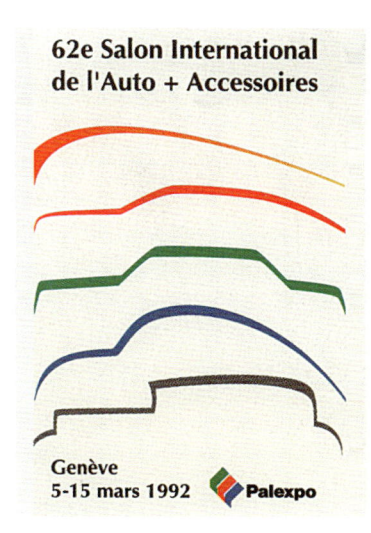

1992
J. Law

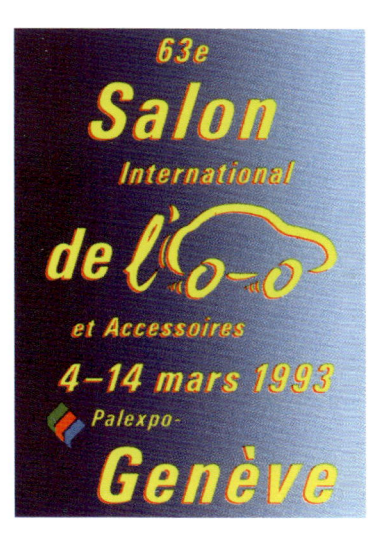

1993
E. Kueng

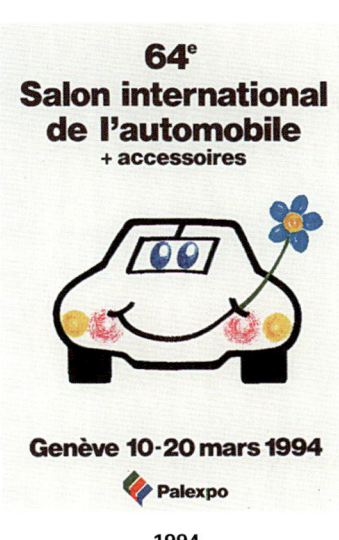

1994
J. F. Rossi - Trait d'Union

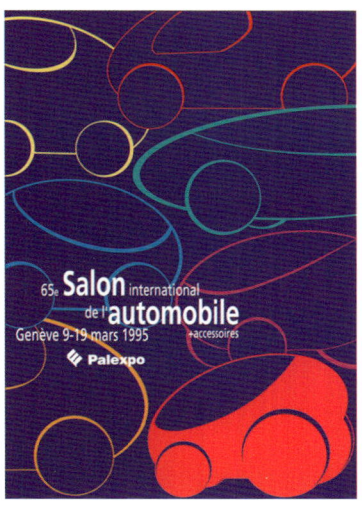

1995
I. Kugelmann

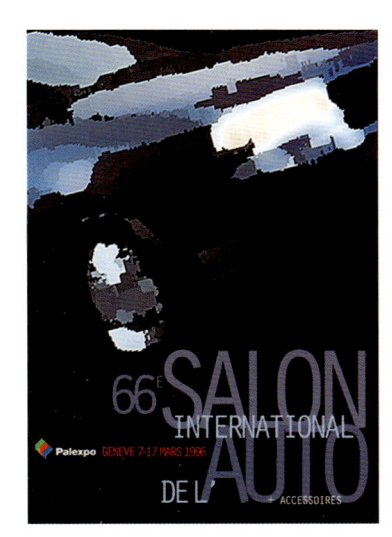

1996
Ph. Vallier

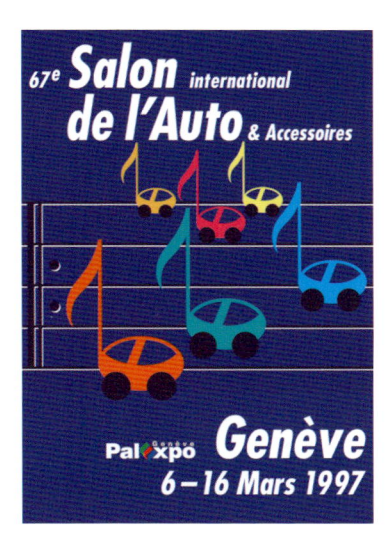

1997
E. Kueng

1998
S. Mndhenke / K. de Conti

1999
E. Kueng

Plakate des Salons | 301

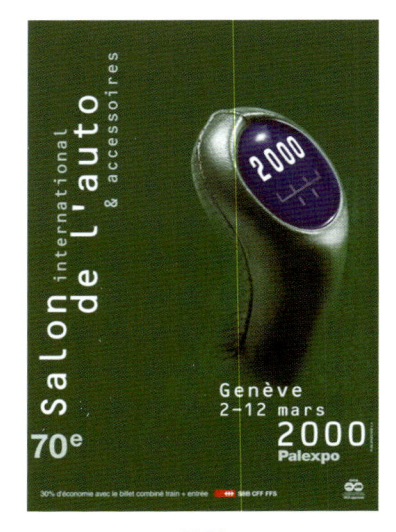

2000
Agence Publipartner SA

2001
I. Louy - Atelier Grand

2002
Agence Fischer + Ryser

2003
E. Rossich

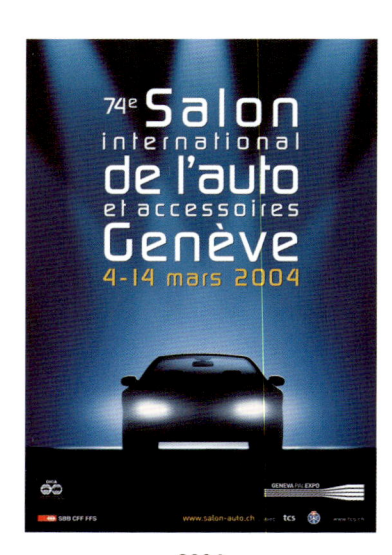

2004
Agence Label Communication

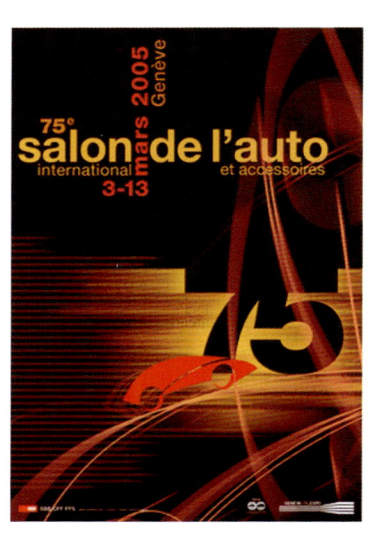

2005
Agence Publipartner SA

Statistiken des Salons

Jahr	Daten	Anz. Besucher	Ausstell-fläche (m²)	Anz. Marken	Weltpremieren	Bundesrat	Cabrio des Jahres
1905	25 April- 7 Mai	13 000	–	59		Ludwig Forrer	
1906	26 April-6 juin	–	–	–		Ruchet	
1907	15-26 Mai	–	–	–		Ludwig Forrer	
1923	16-25 März	–	–	–			
1924	14-23 März	68 000	6 153	200	Lancia Lambda Citroën 5 CV Fiat 502	Ernest Chuard	
1925	20-29 März	–	–	–	Mercedes Typ 630 Rolls-Royce Silver Ghost Opel 4/12 PS	Jean Musy	
1926	10-26 Juni	–	–	–	Lincoln Type L	Haeberlin	
1927	4-13 März	–	–	–	Cadillac Mod. 314 Fiat 509 A	Giuseppe Motta	
1928	16-25 März	–	–	–	Bugatti Typ 44 Ford A	Aucun CF présent	
1929	15-24 März	–	–	–	Alfa Romeo 6C1750 Mercedes-Benz SS Opel 8/40 PS Peugeot 190 S	Schulthess	
1930	21-30 März	–	–	–	Chrysler «70» Renault Monastella Bugatti Typen 40, 43, 46	Aucun CF présent	
1931	6-15 März	–	–	–	Maybach «Zeppelin» Rolls-Royce Phantom II Cadillac Series 452	Haeberlin	
1932	11-20 März	–	–	–	Renault Monaquatre Alfa Romeo 8C2300 Mercedes-Benz «Grosser»	Pilet-Golaz	
1933	9-19 März	–	–	–	Buick Series 50 Hotchkiss 620 Bianchi S8 Voisin C23 Mathis FOH Röhr Typ F	Schulthess	
1934	16-25 März	–	–	–	Mercedes-Benz Typ 130 Chrysler Imperial 8 Airflow Ford V8	Walter Stücki	

Jahr	Daten	Anz. Besucher	Ausstell-fläche (m²)	Anz. Marken	Weltpremieren	Bundesrat	Cabrio des Jahres
1935	15-24 März	–	–	–	Citroën 7CV «Traction» Opel Olympia Bugatti Typ 57 Lancia Astura MG Midget P	Baumann	
1936	20-29 März	–	–	–	Peugeot 402 BMW 326	Obrecht	
1937	12-21 März	–	–	–	Lancia Aprilia SS Jaguar SS 100 Chevrolet Master Fiat 500 Topolino	Giuseppe Motta	
1938	11-20 Februar	–	–	–	Fiat 1100 Balilla Mercedes-Benz 540 K Maybach SW 38	Minger	
1939	3-12 März	–	–	–	Opel Kapitän Lincoln Zephyr Bentley 4 1/2 Liter	Pilet-Golaz Willy Spühler	
1947	13-27 März	185 000	9 608	305	Austin 110 & 120 Motocar Rovin	Philippe Etter	
1948	11-21 März	210 000	13 760	374		Enrico Celio	
1949	17-27 März	210 000	15 530	411	Chrysler Desoto Plymouth Borgward Hansa 1500 Fiat 500C Ford Vedette	Ernst Nobs	
1950	16-26 März	215 000	14 530	385	Talbot Lago Baby Fiat 1400 Alvis 3 litres Borgward Goliath Siata Daina	Max Petitpierre	
1951	8-18 März	210 000	15 853	400	Jaguar XK 120 Coupé Allard M2 Cabriolet Alfa Romeo 1900 sport Opel Kapitän & Olympia Talbot Lago Baby Singer 9AD Siata Rallye Nash Rambler Coach	Edouard von Steiger	
1952	20-30 März	225 000	16 333	439	Nash 1952 Pininfarina Fiat 8V Skoda 1 200 Rover 75 Borgward Hansa 1800	Karl Kobelt	
1953	5-15 März	230 000	16 500	425	Fiat Nuova 1100 Standard 11 Triumph Sports TS20	Philippe Etter	
1954	11-21 März	250 000	19 035	517	Mercedes-Benz 220a Mercedes-Benz 300a Fiat 1100 Familiare BMW 502 V-8 Daimler Conquest Century & Empress IIA	Rodolphe Rubattel	
1955	10-20 März	260 000	20 258	638	«Fiat 600 Fiat 1100 TV Cabriolet	Max Petitpierre	

Jahr	Daten	Anz. Besucher	Ausstell- fläche (m²)	Anz. Marken	Weltpremieren	Bundesrat	Cabrio des Jahres
1956	8-18 März	280 000	22 290	792	Alfa Romeo 1900 Super Sprint 2a série Lancia Appia 2a série Lancia GT Renault Dauphine	Markus Feldmann	
1957	14-24 März	280 000	24 031	815	Mercedes-Benz 300 SL Roadster Aston Martin DB 2-4 Mark III Phoenix Frisky	Hans Streuli	
1958	14-24 März	297 000	29 627	992	Symetric 1958 Fiat 1 200 Moretti 750	Thomas Holenstein	
1959	12- 22 März	299 000	31 900	885	Fiat 1800/2100 Alvis TD 21 Lancia Appia 3a série	Paul Chaudet	
1960	12- 22 März	307 000	32 238	996	Triumph Herald Cabriolet Alfra Romeo Soint Special Gordon GT Lancia Flaminia GT Cabriolet Hillman Husky	Max Petitpierre	
1961	16-26 März	334 349	36 305	1 015	Jaguar Type E Facellia F-2 Lancia Appia Zagato Mercedes-Benz 220 SE Coupé Peugeot moteur 404 injection	Friedrich Wahlen	
1962	15-25 März	356 319	37 942	1 070	Alfa Romeo 2600 Renault Floride S & Caravelle Aston Martin DB 4 Vantage Mercedes-Benz 300 SE Coupé & Cabriolet Abarth-Simca 1300 Volvo Combi & Coach Simca 1000 Coupé Lancia Flavia Cabriolet & Zagato	Paul Chaudet	
1963	14-24 März	379 103	28 230	1 112	Simca 1300 & 1500 ATS 2500 Opel Caravan 1000 Ford Cortina Estate Ford Taunus 12M Kombi Alfa Romeo Giulia SS Sunbeam Alpine GT Mercedes-Benz 230 SL	Perréard	
1964	12- 22 März	411 677	39 381	1 164	Ferrari 500 Super Fast Austin & Morris: Cooper S 1000 & 1275 Austin Healey Sprite II & MG Midget II Fiat-Abarth 695D Condor Aguzzoli BMW 1600 Lancia Fulvia Opel Record	Ludwig von Moos	
1965	11-21 März	426 792	28 396	1 136	Renault 16 Fiat 850 Coupé & Spider Alfa Romeo Giulia Super & GTC Triumph Spitfire II & TR 4A Opel Diplomat Coupé Lancia Fulvia Coupé TVR Trident Sabra Carmel 12	Hans Peter Tschudi	

Jahr	Daten	Anz. Besucher	Ausstell- fläche (m²)	Anz. Marken	Weltpremieren	Bundesrat	Cabrio des Jahres
1966	10-20 März	474 854	41 092	1 178	Alfa Romeo Giulia 1300 TI Audi Variant Austin 1100 Countryman BMW 1600 Ferrari 330 GTC Jaguar E type 2+2 Lamborghini P400 Morris 1100 Traveller Rover 2000 TC Saab Sonett II	Hans Schaffner	
1967	9-19 März	502 176	29 061	1 159	Fiat Dino Coupé Matra M350 Mercedes-Benz 250 SL Opel Commodore 2.5 Wolseley 1800	Roger Bonvin	
1968	14-24 März	526 775	43 921	1 303	Audi 60 1.6 Autobianchi Primula Fiat 850 Sport Coupe & Spider Lamborghini 400 GT Mercedes-Benz 300 SEL 6.3	Willy Spühler	
1969	13-23 März	539 176	33 330	1 222	BMW 2800 Fiat 130 Opel Kapitän Admiral Diplomat Peugeot 504 Coupé & Cabriolet Porsche 917	Ludwig von Moos	
1970	12 au 22 März	469 587	29 840	946	Citroën SM Alfa Romeo Montreal Monteverdi hai Sunbeam 1250/1500 AMC Gremlin Lamborghini Jarama	Hans Peter Tschudi	
1971	11-21 März	517 540	33 200	1 060	Alpine A310 BMW 3.0 CS Ferrari 365 GTC 4 Fiat 130 Coupé Maserati Bora Monteverdi 375-4 Limousine Opel Ascona 1.9 + GT/J Rolls-Royce & Bentley Corniche	Nello Celio	
1972	9-19 März	465 896	32 300	974	Dino 246 GT Spider Ford Granada & Consul Jensen-Healey Lancia 2000 Injection Opel Commodore & GS Vauxhall Victor 1800+ Ventova 2300	Nello Celio	
1973	15-25 März	462 393	32 600	1 091	Lamborghini Countach Mercedes-Benz 450 se Sbarro SV Sunbeam 1250/1500 2 portes	Roger Bonvin	
1974	14-24 März	406 044	32 700	1 036	Fiat 132 2e série Ford Capri II Mercedes-Benz 280 & 350 SEL Sbarro	Ernst Brugger	

Jahr	Daten	Anz. Besucher	Ausstellfläche (m²)	Anz. Marken	Weltpremieren	Bundesrat	Cabrio des Jahres
1975	13-23 März	437 716	33 500	1 025	Dino 208 GT4 2000 Ford Escort RS 2000 & 1800 Lancia Beta Montecarlo Lancia Beta HPE Peugeot 604 Renault 30 TS Rolls-Royce Camargue Triumph TR 7 Vauxhall Chevette Volkswagen Polo	Pierre Graber	
1976	11-21 März	462 610	33 500	1 045	BMW 630 Felber FF Lancia Spider FF V Lancia Michelotti Fiat Abarth 131 Rallye Lancia Gamma Mercedes-Benz 200D, 220D, 240D, 300D, 200 230, 250, 280, 280E Monteverdi Safari Opel Aéro Kadett Saab 99 Combi Coupé Volvo 343	Gnägi	
1977	17-27 März	491 620	34 000	1 109	Felber FF Break/FF Excellence Fiat 132/2000 Hyundai Pony 1 200/1400 Matra Rancho Mercedes-Benz 230C/280C & 280 CE Monteverdi Sierra Pilcar Porsche 928 Rolls-Royce Silver Shadow II Toyota Cressida 2000 Hardtop Volvo 262 Coupé Lamborghini Cheetah Volkswagen Scirocco	Kurt Furgler	
1978	2-12 März	478 325	34 700	1 111	Albar Buggy Daihatsu Taft Cran Datsun Sunny Limousine/coupé Dome 0 Felber Excellence/Oasis Fiat Gamma 131 Function car 78 Monteverdi Sierra Opel Senator/Monza Pataro 250D/250DL Stimula Replica 55 Toyota Starlet	Willy Ritschard	
1979	1-11 März	505 219	34 700	1 158	«Carville Limousine Felber Rubis Fiat 131 Superpanorama 1600 TC Italya Land Rover 109»»V8 Monteverdi Military Peugeot 604 Turbo Diesel/305 D Puch & Mercedes-Benz G Renault 18 break Sbarro Royale H.S. Teilhol SA Rodeo Handicap Toyota Tercel 1300 VW Golf VW Iltis»	Hans Hürlimann	

Jahr	Daten	Anz. Besucher	Ausstell-fläche (m²)	Anz. Marken	Weltpremieren	Bundesrat	Cabrio des Jahres
1980	6-16 März	534 349	34 500	1 121	Audi Quattro Daihatsu/Taft Michelotti 4x4 Desande Felber Illustre Felber Pacha Ferrari Mondial 8 Fiat Ritmo diesel Fiat Panda Fiat 127 Lancia Beta Montecarlo Lotus Esprit Turbo Essez Mercedes-Benz 380 SL/500 SL Mercedes-Benz 380 SLC/500 SLC Range Rover Luxury 4-doors Monteverdi design Renault Fuego Reliant Scimitar GTC Saab Turbo Sbarro Wind Hawk Sbarro Testa Rossa Suncar Arpège	Georges-André Chevallaz	
1981	5-15 März	524 264	34 200	1 116	Fiat 131 Ford Capri Opel Commodore Voyage Portaro Celat 260 Turbo VW Scirocco	Kurt Furgler	
1982	4-14 März	585 332	38 240	1 124	Bentley Mulsanne Turbo Chevrolet Camaro Z28 E Felber Golf Felber Imperial Maserati Biturbo Mitsubishi Station turbo Monteverdi 3.8/ 5.0 Opel Manta Peugeot 505 Break Porsche 911 SC Sbarro Super Twelve Volvo 760 GLE	Fritz Honegger	
1983	10-20 März	550 271	37 927	1 161	Audi 100 Audi/MG Maestro BMW Cabriolet Daihatsu Charade Ford Escort Break Land Rover 110' Renault 11 RMA Amphi-Ranger Sbarro Mercedes 500 sec. Sbarro Porsche 928-Golf Volvo 760 Turbo intercooler Peugeot 305 break	Pierre Welhauser	
1984	1-11 März	540 750	36 880	1 156	Alfa 33 4x4 Ferrari GTO Maserati bi-turbo 425 Renault 25	Leon Schlumpf	
1985	7-17 März	552 121	37 836	1 573	Ford xR 4x4 Lancia Y10 Porsche 944 Turbo Volvo 780 Sbarro special five turbo Bitter 5C	Kurt Furgler	

Jahr	Daten	Anz. Besucher	Ausstell-fläche (m²)	Anz. Marken	Weltpremieren	Bundesrat	Cabrio des Jahres
1986	6-16 März	537 432	37 844	1 105	Alfa 75 break Jeep YJ Renault 21 Volvo 480 Toyota Supra 3.0i Peugeot 205 cabriolet Sbarro Challenge	Alfons Egli	
1987	5-15 März	568 850	49 200	1 238	Honda 4 IMC Piccolino Mercedes-Benz 230 LE/300 LE Sbarro Monster G	Pierre Aubert	
1988	3-13 März	609 709	50 166	1 202	VW Passat Renault Nevada 4x4 Saab 9000 CD Daihatsu Charade 4x4 Toyota Carina	Otto Stich	
1989	9-19 März	649 968	50 170	1 214	Mercedes-Benz 300SL & 500SL Ferrari Mondial 348 T Sbarro Dream Car	Jean-Pascal Delamuraz	
1990	8-18 März	639 534	50 450	1 236	Fiat Tempra Ford Sierra Coswort 4x4 Lamborghini Diablo Maserati Shamal Mercedes-Benz 190 Evolution II Volvo 480 Turbo cabriolet	Arnold Koller	
1991	7-17 März	681 140	50 422	1 044	VW Passat 6 cyl. Audi Cabriolet BMW série 3 Citroën ZX Opel Frontera Mazda MX3 Mercedes-Benz Classe S	Flavio Cotti	
1992	5-15 März	683 107	51 703	1 143	Alfa Romeo 155 Aston Martin Break Bugatti EB 110 Renault Safrane Rover 800 Coupé Toyota Carina E	René Felber	
1993	4-14 März	685 220	51 452	1 185	Citroën Xantia Ford Maverick Ford Mondeo Opel Corsa	Adolf Ogi	
1994	10-20 März	654 439	51 459	1 171	Audi A8 BMW Compact Citroën Horizon Fiat Ulysse Lancia Z Peugeot 805 Toyota RAV-4	Otto Stich	Peugeot 306 Cabriolet

Jahr	Daten	Anz. Besucher	Ausstellfläche (m²)	Anz. Marken	Weltpremieren	Bundesrat	Cabrio des Jahres
1995	9-19 März	675 761	58 262	1 146	Alfa Romeo Nuova 155 Alfa Romeo Spider Alfa Romeo GTV Bentley Azure Ferrari F50 Fiat Barchetta Ford Galaxy MG/F Porsche 911 Turbo Renault Sport Speedster VW Sharan	Kaspar Villiger	Fiat Barchetta
1996	7-17 März	657 781	62 704	1 041	Citroën Saxo Hyundai Coupé Isotta Fraschini V8 Jaguar XK8 Mercedes-Benz Break classe C & E Mercedes-Benz classe V Opel Sintra Rinspeed Vello Talbo Seat Alhambra	Jean-Pascal Delamuraz	BMW Roadster
1997	6-16 März	646 596	63 192	1 035	Audi A6 Ford Puma Hyundai A-1 Mercedes-Benz classe A Mercedes-Benz SLK Rinspeed Mono Seat Arosa Suzuki Monospace	Arnold Koller	
1998	5-15 März	680 356	64 095	1 020	BMW série 3 Ford Focus Mercedes-Benz CLK 230 & 320 Porsche 911 Carrera Cabrio Renault Clio Skoda FeliciaConvertible	Flavio Cotti	Chevrolet Camaro
1999	11-21 März	691 667	63 710	900	Audi 3 Audi TT Roadster BMW 3 Coupé De Tomaso Mangusta Ferrari 360 Modena Honda S 2000 Mazda Premacy Mercedes-Benz CL 500 & 600 Skoda Octavia 4x4	Ruth Dreyfuss	Honda S 200
2000	2-12 März	714 179	63 527	900	Alfa Romeo 156 Audi Allroad Quattro Ferrari 360 Modena Spider Imza 700 Opel Agila Opel Speedster	Adolf Ogi	Opel Speedster
2001	1-11 März	718 473	63 877	900	Aston Martin V12 Vanquish BMW Compact Fiat Stilo Jaguar X-Type Lancia Thesis MG X10 X20 X30 Peugeot 307 Renault Vel Satis	Moritz Leuenberger	Peugeot 206 CC

Jahr	Daten	Anz. Besucher	Ausstell-fläche (m²)	Anz. Marken	Weltpremieren	Bundesrat	Cabrio des Jahres
2002	7-17 März	723 143	63 500	900	Bentley Arnage Citroën C8 Ferrari 575 Maranello Fiat Ulysse Lancia Phedra Mercedes-Benz CLK 320 & 500 Opel Vectra Peugeot 807 Smart Crossblade Suzuki Alto VW Phaeton	Kaspar Villiger	MG TF
2003	6-16 März	703 900	76 650	900	Alfa Romeo Sprint Bentley Continental GT Fiat Gingo Fiat Minivan IDEA Ford Focus C-MAX Kia Opirus Lamborghini Gallardo Lancia Y Mercedes Cabrio CLK Opel Signum Peugeot 307 CC Porsche Carrera GT Porsche GT3 Renault Scenic II Renault Convertible Sbarro VW MMultivan VW Touran	Pascal Couchepin	Citroën C3 Pluriel
2004	4-14 März	729 629	76 650	900	Alfa Romeo Crosswagon SW 1.9 Audi A6 Audi A8 6.0 W12 Bentley Arnage Chevrolet Corvette Daewoo Nubira Station 1800 Fiat Multipla Ford Fiesta ST Jaguar Type S Jaguar XK Kia Cerato Hatchback Lamborghini Murcielago Barchetta LanciaBMPV Laraki Fulgura V* & V12 Lotus Exige Maserati Gransport MCC &MCS Mazda MX-Flexa Mercedes-Benz C230 C180 C55 C240 SLK200 SLK 55 CLS 500 Mitsubishi Colt Opel Tigra Peugeot 407 Seat Altea Seat Ibiza Cupra Skoda Octavia Tata Softroader Toyota Corolla Verso Volkswagen Caddy Life	Joseph Deiss	Opel Tigra TwinTop
2005	3-13 März						

Index

A

Abarth, Karl: 161
Abarth: 155
AC Schnitzer: 220
Adler: 80, 96
Ador, Gustave: 19, 59
Ador, Marcel: 62
Agnelli, Gianni: 146, 279, *279*
Agnelli, Giovanni: *33*, 37, *67*, *72*
Agnelli, Umberto: 279
Albar: 223
Alfa Romeo: *104*, 132, *132*, *139*, 142, 145, 146, 147, 161, *161*, 190, 197, *212*, 215, 217, 218, 251, 254, 273, 279
Alphonse XIII (König von Spanien): 49, *91*
Alvis: 165
AM General: 248
Amag: *125*, 134, 155, 213
Ambi-Budd: 96
Ambrosini, Georgio: 132
Ambrosini, Luigi: 43
American Bentam: 99
American Motors Gremlin: 190, 218
American Motors Pacer: 193, *193*
Amilcar: *61*, 111
Ansermier: 23
Arbenz: *28*, *28*
Arlaud: 20
Armstrong-Siddeley: 138
Arnaud, André: 272
Aro: 196
Ascari, Alberto: 146, 147
Aston Martin: 147, *170*, 171, 222, 253, 286, 287
Audi: *134*, 135, *152*, 194, 200, 213, 215, 225, *235*, 234, 253, *253*, 256, 277, 278, 281, 286
Austin: *71*, *117*, 129, 145, *159*, 164, 183, 197, 213, 227
Auto Avio Costruzioni: 146
Autobianchi: 165, 218
Automobile Club Suisse (ACS): 17, 19, 25, 26, 28, 44, 49, 53, 62, 80, 83, 89, 91, 111, 173, 273
Auto Recycling Suisse: 285
Auto-Union: 101, *152*, 165
Auto-Vox: 167
Avedon, Richard: 289
Ayoma, R.: *159*, 191

B

Bablot: *47*
Badel, Félix et Cie: 60
Baezner: 89
Bagnoud, François-Xavier: 235
Baker: *139*, *170*
Baker, Joséphine: *79*
Balavoine, Daniel: 235
Bally, O.: *97*
Bangle, Chris: 286
Barrow, Lorraine: 49
Barthes, Roland: 130
Barzini, Louis: 51
Baud, Ed.: *31*
Baudry de Saunier: 106
Becchia, Walter: 100
Beatles: *161*
Beck: 169
Béjard: *272*
Bel, Frédéric: *19*
Bel Geddes, Norman: 104
Bellu, Serge: *101*, 206
Bentley: *83*, 84, 142, 145, 162, 215, 222, 247, 250, 251, *269*, 273, 277
Benz: *17*, 197
Berchet, Henri-François: *173*
Bergougnan: 105
Berna: *33*, 64
Bernardet: *118*
Bertone: 138, 146, 160, 161, 162, 205, 218, 222, 278, *280*
Bertone, Nuccio et Lili: *250*, 254
Bichsel, Hans: 277
Birkigt, Marc et Eugénie: 33, *44*, 55
Blain, Gérard: *138*
Blanc et Paiche: 95
Blériot: *51*
BMC: 155, 162, 165, 167
BMW: *100*, 120, *132*, 133, 155, 171, 195, 194, 199, *199*, 200, 222, 246, 248, 250, 251, 254, 275, 277, *277*, 278, 285, 286
Bohlin, Nils: 139
Bollinger-Elmenhorst (coupe): *49*
Bonal: *145*
Bond, James 007: *170*
Bonnier, Joakim: *205*
Borghese, Scipion (prince): *51*, 51
Borgward, Carl: 117, 133
Borgward: 133

Bosch: *51*, 62, 64, *76*, 164, 167, 200, *201*, 229, 233, 257, 273
Boulanger, Pierre-Jules: 130
Bovin: *118*
Brabham: 155, 174, 233
Brachard: *186*
Bracq, Paul: 199
Brasseur, Claude: 206
Braunschweig, Robert: 180, 272, *272*
Brera, Georges: 179, *212*
Brevo: *75*
Bridgestone: 257
Bristol: *138*, 145
British Leyland Motor Corporation: 165
British Motor Holding: 165
BRM: 174
BRP: 174
Brugnard, Jean-Louis: *205*
Brunn: 71
Brunschwig-Graf, Martine: 241
Buchet, Paul: 19, *19*, 229
Bueb: 147
Bugatti: *61*, *104*, *111*, 112, 189, 215, 253, 277
Bugatti, Ettore: *33*
Bugatti, Jean: 104
Bugatti, Rembrandt: *33*
Buick: 94, 138, 194, 247

C

Cadillac: 37, 71, 103, *103*, 125, 142, 184, 193, 196, 215, 218, 219, 222, 243, 250, 276
Calame, Georges: *211*
Callaghan, James: *203*
Calvet, Jacques: *247*
Calvin, Jean: 17
Carné, Marcel: *138*
Caroline von Monaco: 206
Castrol: *76*, 215
Cayla: 65
Chapot: *62*
Charron: 31
Chenard-Walker: *83*, 84, *118*
Chevrolet: 72, *72*, 94, 99, 117, 128, 137, *137*, 159, 160, 161, 170, *170*, 193, 194, 197, 218, 220, 221, 276, 277
Chevrolet, Louis: 33, 72
Chiattone: 19, 33
Chinetti, Luigi: 146
Chiron: 112
Christie, Walter: 105

Chrysler: 94, 95, 99, 104, 106, 123, 134, 162, 156, 159, 165, 191, 194, 195, 196, 218, 219, *219*, 221, 247, 253, *260*, 273, 275, 277, 281, 285
C.I.E.M. (Compagnie de l'Industrie Electrique et Mécanique): 23, *23*
CIEM-Stella: 33
Citroën: 55, 62, 64, 72, 77, 85, 99, 105, 112, *113*, *118*, 120, 130, *131*, 132, 139, 141, 152, 154, 159, 161, 164, 165, 167, 184, 189, *189*, 190, 193, 197, *197*, 213, 223, 246, 247, *247*, 248, 249, 256, 273, 275, 279, *280*, 281, 284, 286
Citroën, André: 44, 55, 83, 112
Clark, Jim: 156, *157*, 173
Clément, Adolphe: *273*
Clément-Bayard: *31*, 33
Clément-Talbot: 33
Colani, Luigi: 250
Condamine, Charles-Marie de la: 38
Contal: 50
Continental: 62
Cooper: *169*, 174
Cooper, Gary: 99
Cooper, John: 278
Cooper, Michael: *265*
Coquille, Émile: 84
Cormier: 60
Cottin-Desgouttes: *31*
Crane, Frank: 79
Cuénod-Churchill, Ernest: 33
Cyclops: 215

D

DAF: *134*, 162, 191
Daihatsu: 165, 196, 218, *220*, 246, 253
Daimler: 33, 47, 117, *123*, 162, 165, 197, 247, 275, 281, 285
Dassault: *264*
DAT (Denk, Ayoma, R., Takeuchi, A.): *159*, *191*
Datsun: 101, 159, 165, 191, *191*
Dean, James: *146*, 147
Dechevrens, Charles: *91*, 97, 120
Decker: 33
De Dietrich: *48*
De Dion, Albert: *41*, 47
De Dion-Bouton: *41*, 47, 50
Delage: *47*, 83, *118*
Delahaye: *101*, 103, *118*, 138, 142, 145, 215
De Lorean, John Z.: 222
Delon, Alain: *138*
De Mille, Cecil B.: 72
Den, K.: *159*, *191*
Deonna, Raymond: 153, 179, 184
Derendiger: *246*
De Soto: 125, 128
Diesel, Rudolph: 200
Dietrich, Marlène: 99
DKW: *152*
Dodge: 125, 134, 139, 160, 191, 194, 197, 218, 221
DongFen Motors (DFM): *280*
Doren, Harold van: 104

Dorwin Teague, Walter: 104
Dragster Bike: *215*
Dreifuss, Ruth: *240*, 241
Dreyfuss, Henry: 104
Dubied: 33
Dubreuil Audoin: 113
Ducellier: 167
Duesenberg: 72, *214*, 215, 243
Dufaux: 33
Dufaux, Charles et Frédéric: 19, *20*, 23, *48*
Dufaux, Henri et Armand: 67
Dune Buggy: 164
Dunlop: 39, 105
Dunlop, John Boyd: 38
DuPont: 284
Durand, Georges: 84
Durant, William: 72

E

Egg: 33
Eggle, Arthur: 272
Eggly: *91*
Ellenberger: *212*
Emanuel: 109
Empeyta, Charles-Louis: 19, *19*, 23, *25*, 53, *53*, 62
Englebert: 105
Erni, Hans: 185
Ernst, Max von: 59
Etter, Philippe: 118

F

Faech, Robert: *35*
Fahd, prince: *203*
Falashi, Ovidio: *103*
Fangio, Juan Manuel: 147
Farina, Giuseppe: 147
Farina, Pinin ou Pininfarina: *91*, 120, *120*, 122, *131*, 138, *138*, 146, 160, 161, *161*, 174, 190, 218, 219, 220, 223, *242*, 249, 251, 254, 277, 278, *283*
Faroux, Charles: 84
Fast Lady: *215*
Felber: 195, 222
Ferrari, Enzo: 146, 161, *173*, 195, 278, *278*
Ferrari: 120, 138, 139, 146, *146*, 147, 161, *161*, 165, 173, 174, *174*, 175, *175*, 190, 197, 205, 206, 218, 223, 234, *242*, 251, 254, 265, 278, *278*, 279, 291
Fiat: 33, *33*, 62, 67, 72, 79, 99, 100, *106*, 123, 132, *132*, 145, 146, *151*, 154, 155, 160, 161, *161*, 164, 165, 167, 190, 191, 194, 195, 197, *212*, 213, 215, 217, 218, 220, 222, 227, 235, 247, 248, 251, 254, 256, 273, 279, 283, 284
Figoni, Giuseppe: *103*
Figoni-Falashi: 100, *101*
Filipinetti: *173*, *175*, 195
Filipinetti, Georges: 138, *173*
Firestone: 175
Fischer: 33
Fisher, Martin et Madame: *15*, 49
Fissore: 162
Fittipaldi, Emerson: 206

Fleetwood: 71, *103*
Fleury, A.: *75*
F.N. (marque belge): *84*
Fontanet, Noël: 64
Ford: 35, *35*, 70, 71, 72, *72*, 99, *128*, 133, 138, 139, *154*, 155, *157*, 159, 160, 161, 164, *170*, 172, 174, 185, 189, 192, *192*, 194, 197, 200, 215, 217, 218, 221, 222, 223, 227, 235, 246, *246*, 247, 248, 253, 273, 275, 276, 277, *277*, 280, 281, 283
Ford, Henry: 44, 55
Ford II, Henry: *174*
Forrer, Charles: 19
Forrer, Ludwig: 27
Fournier: 48
Fox, Michael L.: 23
François Ferdinand, archiduc d'Autriche: 54
Frey, Emil: 152, 156, *164*, 165, 213
Frey, Walter: *164*
Friedrich: *33*
Froidevaux: 120
Frua: 160
Fuji Heavy Industries: *217*
Furgler, Kurt: 225, 231

G

Gabelich, Gary: 205
Gachet, Bertrand: *265*
Galliéni: 54
Galopin, Paul: *19*
Gampert: 65
Gandini, Marcello: 205
Gangloff: 33, 67, 243
Garbo, Greta: *79*, 215
Gardner, Goldie: *128*, 145
GAZ-M. 20: 135
Geissberg: 19
Geissberger: 28, 33
General Motors: *70*, 72, 94, *95*, 99, *143*, 159, 192, 193, *193*, 194, 217, 218, 219, 220, *225*, 227, 245, 247, 256, 260, 275, 277, 279, 283, *284*, 285
Gerber, Jean-Jacques: 179, *212*
Gerstberger: 67
Ghia: 138, 146, 160, 164
Giacosa, Dante: 100
Gigax: 19
Giugiaro: *193*, 275
Gluck, von: 54
Godard, Charles: *51*
Godard, Jean-Luc: 171
Goertz, Albrecht: 164
Goffreteau, Yves: *113*
Goldenrod: 215
Goodrich: *76*
Goodyear: 38, 105, 221, 257
Gordini: 145
Gordon-Bennett: *20*
Goux: *48*
Goy: *59*
Graber, Hermann: *67*, 161, 138, *214*, 243
Graffenried, Toulo de: *139*, 146

Grant, Cary : 99
Grove, William : 284
Gübelin : 152
Guizzardi : *51*
Guillaume II : 53

H

Haardt, Georges-Marie : 113, *113*
Hablutzel : 62
Haefner, Walter : 134
Häkkinen, Mika : 265
Haller : *90*
Halliday, Johnny : 206
Hallwag A.G. : *90*, 203, 260
Hanomag : 105, *105*
Harlow, Jean : 99
Hartmann, G. : *26*, 27, *29*
Hartmann, Willy : *103*, 243
Hasler : 33
Hasselblad : *122*
Hawton, Mike : 147
Healey : 129
Heimburger : 33
Helvetia : 17
Henri de Prusse : 53
Henriod, C.E. : 33
Henriod frères : *17*
Henriod, Fritz : 17, *20*
Henry, Ernest : 33
Hepburn, Audrey : 156
Hess : 33
Hetrick, John : *255*
High Mobility multipurpose wheeled Vehicle (HMMWV) : 248, 249
Hill, Graham : 174
Hill, Phil : 173
Hillman : 129, 164
Hillman Avenger : 191
Hino : 154, 164
Hispano-Suiza : 33, *44*, 55, 215, 243
Hitler, Adolf : 100, *100*
Hofer : *59*, 101, 132
Honda, Soichiro : *234*
Honda : 154, 164, 173, 174, *175*, 191, 193, 195, 213, 217, *217*, 218, 220, 222, 227, 233, *234*, 245, *245*, 247, 248, 249, 250, 251, 254, 256, *257*, 263, 270, 275, 277, 280, 281, 284, *284*, 285, *291*
Hopper, Dennis : 171
Horch : *134*, 135, *152*
Hornet : 171
Hotchkiss : *118*
Howe, Lady : *146*
Huber : 33, *59*
Humber : *123*, 128
Hürlimann, colonel : 26
Huser, Rodolphe : 152, *152*, 153, 185, *205*, 212, 213, *233*, 240, 270, *271*
Hyundai : *194*, 195, 218, 222, 248

I

Ickx, Jacky : *205*
Innocenti : 218
Isetta : *132*
Isotta-Fraschini : 33, 132, *214*
Issigonis, Alec : 129, *169*
Isuzu : 164, 165, 217, 220, 227
Itala : 33, 51
Ital Design : *194*, 218, 220, 223

J

Jaccard : 23
Jacquier, Adèle : 39
Jaguar : *128*, 129, 142, 145, 147, 161, 162, 165, 197, 215, 217, 222, 223, 251, 260, *269*, 275
Jakob, Doris : 156
Jaques-Dalcroze, Gabriel : 152, *156*
Jarrott : *48*
Jawa : 135
Jeep Golden Eagle : 196
Jenatzy, Camille : *38*
Jones, Alan : 215, 233
Johnson, président : 170
Jordan : *265*

K

Kaiser, Henry : 128
Karmann : 277
Keller, J.H. : 155
Kennedy, John F. : 160
Kern : 27
Kia : *194*, 195, 276, *283*
Killy, Jean-Claude : *260*
Kroutchev, Nikita : 134
Kubelwagen : *100*, 101
Kummerly-Frey : *90*

L

Lafont, Bernadette : 138
Lagache : 84
Lago, Antony : 100
Lambelet, René : *265*
Lambert, Maurice : 23
Lamborghini : 161, 162, 164, 196, 197, 205, 218, 221, 251, 254, 277, 278, 286
Lancia : *33*, 37, 72, *79*, *91*, 106, 117, 145, 147, *157*, *159*, 161, 165, 194, 205, 217, 218, 220, 222, *234*, 235, 248, *250*, 254, 273, 279, *279*
Land Rover : 99, 275
Langenthal : 138
Laraki, Abdeslam : *279*
La Salle : 95
Latil : 105
Lauda, Niki : 206, 215, 233
Le Corbusier : 99, *99*, 100
Lefaucheux, Pierre : 131
Leman : *212*

Lemarié, Jean : 139
Léonard : 84
Le Quément, Patrick : 286
Levassor, Émile : 47
Levegh, Pierre : 147
Leyland Motors Corporation : 165
Licorne : *118*
Lidner, Walter : *255*
Lincoln : 72, *72*, 99, *145*, 160, 222, 223, 249
Lion-Peugeot : *31*, *47*, *48*
Lockheed : 128
Loewy, Raymond : 104, 160
Lola T/210 : *205*
Loti, Pierre : 42
Lotus : 155, 171, 173, 174, 175, 206, 215, 217, 233, *251*, 253, *277*
Lucas : 167
Lucia : *35*
Lurati, Bruno : 270
Lyons, William : 129

M

Mac Intosh : 38
McLaren : *206*, 215, 233, *234*, 263, 265
Maeklin, Lance : 147
Malche, Albert : 120
Maloja : 257
Mansell, Nigel : 263
Mantovani, Giorgetto et Aldo : 192
Marchal, Claude : *174*
Marchal, Pierre : 33, *139*, 167
Marchand, Robert : 59, *59*, 62, 118
Marcoux, Charles : 171
Martin, Ernest : 120
Martin, Frank : 60, 61, 62
Martini : 30, *31*, 33, 55, 70
Maserati : 132, 145, 147, 165, 189, *189*, 190, 218, *240*, 277, 278, *278*
Mathis, Émile : *33*
Mathon : *145*
Matra : *154*, 155, *220*, 221, 279
Matthey-Doret : *59*
Maximag : 33, 55, 67
Maybach : 55, 62, 277
Mayniel, Juliette : *138*
Mays, J. : *253*
Mazda : 165, 167, 191, *191*, 200, 213, 217, 227, 250, *251*, 253, *257*, 265, 277
McDonald's : 141, *141*
Mc Pherson : *192*
Mégevet, Jules : 19, *19*, 23, *25*, 33, 59, 62
Mercedes-Benz : *49*, 55, 101, *106*, 117, *123*, 139, 147, 161, 162, *162*, 195, 196, 197, 200, 213, 215, 219, *219*, 229, 246, 248, 249, 250, 253, *255*, 256, *259*, 263, 265, *265*, 272, 273, 275, 276, 277, 281, 284, 285
Mercier et Cie : 33
Mercure : *186*
Mermod : 155
Metzeler : *39*

Meyer, Bruce: 164
Meyer, Christian: 270
Meyer-Huber, Wilhelm: *100*
Meynet, John: *35*
MG: 99, 145, 251
Michelin: 19, *38*, 62, 64, 77, *77*, 105, 130, 257
Michelin, André: *39*
Michelin, Édouard: *39*
Michelotti: 154, 160
Miller: 95
Minger: *97*
Mitsubishi: 165, 191, 194, 217, 218, 221, 223, 248, *249*, 254
Mohoroshi, Kazuo: 286
Molina: 30
Montgomery, général: *123*
Monnier, Philippe: *25*
Monteverdi: 162, 190, 195, 196, *196*
Montezemolo, Luca di: *242*, 279
Moosman, Oscar: 272
Morris: 128, 161
Mors: 48, 55
Moskvitch: 135, 154, *155*
Totocar Rovin: 130
Motorphilex: *186*
Motosacoche: 30, *61*, 62, 64, 67
Muller, Herbert: 175

N

Nader, Ralph: 170, *170*
Nash: 128, *170*
Napier: *127*
Nazzaro, Felice: *33*
Nicolas de Roumanie (prince): 72
Nissan Motor Co.: *159*, 164, 165, 217, 220, 221, 222, 227, *239*, 248, 250, *257*, 272, 276, *276*, 281
Nixon: 49
Nova: *76*
NSU: 154, 165, 167
Nuvolari, Tazio: 101

O

Oel-Brack: *143*
O'Galop: *38*
Olds: 197
Oldsmobile: 95, 194, 247, 279
Olympus II: *215*
Omni: 194
Opel: 70, *84*, 95, 101, 128, *143*, 159, 164, 191, 194, 197, 200, 217, 218, *221*, 222, 223, *242*, *245*, 246, 248, 251, 260, 273, 275, 277, 283, 284, 285
Opel, Fritz von: *84*

P

Packard, James Ward: 37
Panchaud, François: *19*
Panhard: 47, 118, 122, 130, 161, 165
Panhard et Levassor: *17*, 33, 47, 159
Parisy, Andréa: *138*

Pellos: *65*
Perraud, Maurice: *113*
Perrenoud, Victor: 195
Perrot, Roger: 120, 151, 152
Perrot-Duval: 23, *39*
Petitpierre, Max: 169
Peugeot: *17*, 27, *27*, 33, 47, 62, 72, 97, *97*, 99, 103, 106, *106*, 117, *117*, 118, 122, 130, *131*, *137*, *145*, 161, 192, *192*, 193, 197, 199, 200, *206*, 217, 219, *219*, 220, 222, 223, 235, 247, *247*, 248, 253, 254, 256, *264*, *265*, 271, 273, 275, 277, 279, 280, *280*, 281, 284, 286
Peyrot, François: *179*, *186*, 211, 213, 214
Pfister, M.O.F.: *20*
Pfund, Roger: 273
Piccard-Pictet: *49*, 55
Pic-Pic: 30, *31*, 33, *34*, *53*, 67
Pininfarina: voir Farina
Pirelli: *37*, *54*, *167*, 171, 257, 289
Planta: 33
Ploué, Jean-Pierre: 286
Plymouth: *95*, 99, 134, 191, 194, 221
Poirier, Émile: *54*
Poncet: 60
Pontiac: 160, 193, 194, 195, 223, 247, 281
Popp: 33
Porsche, Ferdinand: *100*, 101, 105, *125*, 133
Porsche: 122, 125, 132, 133, 134, *146*, 147, 154, 155, *173*, 174, *175*, 197, 199, 215, *219*, 223, 251, 260, *275*, 276, 277
Potterat, Julien: 33
Pozzi: 67
Preti, Ermenegildo: *132*
Probst, Karl: 99, *134*
Prost, Alain: 233, *233*, 234, *234*, 263

R

Rainier, prince de Monaco: 243
Rambert, Paul: *19*
Ramseier: 138
Ratzenberger, Roland: *263*
Regazzoni, Clay: *265*
Renault: 49, 54, 55, *71*, 76, 83, 85, 95, *96*, 103, 106, 117, *118*, 130, 131, *131*, 154, *155*, 159, 161, 164, 167, *169*, 185, 190, *190*, 192, *192*, 193, 194, 197, 200, 206, *206*, 213, 215, 217, 218, 219, *220*, 221, 223, *227*, 233, 246, 247, 248, 249, *249*, 251, 253, 256, 260, 263, *272*, 273, 275, 277, 280, 281, 286
Renault, Marcel: 48, 49
Renold, Hans: 33
Revaz, Jean-Marie: 214, 225, *233*, 270, *271*, 279
Richard, Georges: 33
Rindt, Jochen: 205
Ritz, Herb: 289
Rivaz, Issac de: 33
Rochet-Schneider: *31*
Rodenstock R 3: 169
Rodez: 49
Roesch, Georges-Henri: 33
Rolls: 197

Rolls-Royce: 35, *49*, 55, 62, 99, *157*, 162, 192, *192*, 197, 217, 222, 246, 250, 273
Roosevelt, Franklin D.: 72
Rootes: 165
Rosengart: *118*
Roux, Louis: *19*
Rover, Land Rover, Range Rover: 161, 162, 165, 189, *189*, *196*, 213, 218, 221, 222, 246, 260, 276, 277
Royce: 197
Rudge-Whitworth: 84
Russi, Bernhard: *217*, *234*
Russo-Baltique: 33

S

SAAB (Svenska Aeroplan Aktiebolaget): *122*, 135, 159, 164, 193, *193*, 199, 217, 218, 254, *255*, 260, 275
Sabine, Thierry: 235
Sabra: 154, *154*
Sachli, M.: 197
Sacom: 287
SAFIA (Société Anonyme de Fournitures pour l'Industrie et l'Automobile: *76*, 229, 273
Safir: *27*, 27
Sage, Claude F.: *173*, *175*, 251, 270, 272
Salamano, Carlo: 72
Sarasin: 153, 214
Sartre. Jean-Paul: 169
Saurer: 27, *27*, 33, 55, 64, 94
Sauser et Jaggi: 33
Savignac: *131*
Sayer, Malcolm: 129
Sbarro, Franco: 194, 195, 196, *219*, 221, 223, *240*, 273
Schlesinger, John: 171
Schlotterbeck: *59*
Schmidt: *59*
Schmuck, Karl: *100*
Schumacher, Michael: 263, 265, *265*, 291, *291*
Schwimmwagen: *100*, 101
Schwyn, Edgar: 167, *229*
Scintilla: 33, 62
SEAT: 217, 248, 281, 286
Sécheron: 138
Seldson, Lord: 146
Senna, Ayrton: 233, 234, *234*, 263, *263*
Shell: 77
Showdown: 215
SIATA (Società Italiana Applicazione Transformazione Automibilistiche Torino): 132
Siffert, Jo: *173*
SIGMA (Société industrielle genevoise de mécanique et d'automobiles): 30, *31*, 33, *35*, *175*
Silva, Walter de: 286
Simca: *118*, *142*, 145, 154, *154*, 159, 165, 167, 190, 194, 197
Simenon, Georges et Denise: *157*
Simon, Michel: 156
Simonett, Christian: 234

Simtek: *263*
Singer: 145
Skoda: 135, 218, 226, 247, 281
Smart: 246, 277, 280, *280*, 281
Société de Banque Suisse: *186*
Spada, Ercole: *161*
Spyker: 50, *51*
Squibbs: 184
Standard Motor Company Ldt: 134, 165
Stanek, Hans: 155
Starbird, Darryl: 215
Steiger de Burgrieden: *70*
Steineman, Rico: 272
Stella: *23*, *31*, 33
Stewart, Jackie: 174, *183*, 206, *206*
Steyr-Daimler: 221
Stich, Otto: 225
Stoessel: 27
Storr, Guy: 189
Storrer: 30
Studebaker: 154, 160
Stykenski: *212*
Subaru: 193, 213, 217, *217*, 222, *234*, 248, 265
Sunbeam: 129, *157*, 171
Surtees, John: 173
Suter, Peter: 180
Suzuki: 154, 217, 248, 249, 269
Swatch: 246
Szisz: 49

T

Tachaïka: 154
Tajeuchi, A.: *159*, *191*
Talbot: 100, *118*, 131, 145, 222
Talbot-Darracq: 33
Tata: *276*
Tatra: *96*, 135
Terzieff, Laurent: *138*
Thaon, André: 164
Thiele, Arthur: *42*
Thomas, F.: *253*
Todt, Jean: 235
Tokyo Fugio: *191*
Toso-Badel: 60
Touring-Club Suisse (TCS): 17, 59, 64, 65, 70, 169, 170, 273
Tournier: *49*
Toyoda, Sakichi: *101*
Toyota: 101, *101*, *154*, *164*, *164*, 165, 171, 191, 193, 194, 196, 213, 217, 218, 221, *221*, 222, 223, 227, 245, 246, 248, 249, 250, 251, 253, 256, 265, 275, 277, 280, 281, 284, 286
Trabant: 120, *134*, 135
Trips, Wolfgang von: 173
Triumph: 134, *151*, 154, 161, 165, 167, 190, *215*
Tschudi, Jacques: 134
Turicum: *15*, *26*, 28, 33
Tyrell: 206

U

Uhlenhaut: 101
UPSA (Union Professionnelle Suisse de l'Automobile): 272
Urbanina: 164

V

Valérie, Jeanne: *138*
Vassali, Albert: 19, *19*
Vautier, Benjamin: *239*
Vauxhall: 95, 193, 194, 218, 275
VESSA (Véhicules Electriques Suisses): 195
Vickers: 217
Victoria: *17*
Vignale: 146
Villeneuve, Gilles: 233
Villeneuve, Jacques: 263
Vilver: 201
Vinzent, Theo: *164*
Viollier, Auguste: *21*
Voisin, Gabriel: 37, *79*
Volga: 154
Volkswagen (VW): *100*, 101, 122, *125*, 132, 133, 134, *134*, 154, 161, 164, 165, 167, 185, 191, 192, 193, *193*, 196, *196*, 200, 213, 215, 217, 220, 223, 225, 246, 247, 248, 253, *253*, 254, 256, 260, 275, *275*, 276, 277, 280, 281, 284, 287
Volvo: *101*, *134*, 139, 159, 160, 169, *170*, 185, *192*, 217, 218, 222, 223, *223*, 248, *249*, 254, 275, 284
Vuillemier: *62*
Vuitton, Louis: *283*

W

Wagner: *33*
Wagner, Otto Richard: 24, *90*
Walmsley, William: 129
Wanderer: *70*, *134*, 135, *152*
Wankel: 139, 165, 167, 200
Wantbird: 215
Weber: 33
Webber, Bruce: 289
Weidmann, J.: *34*
Welter, Gérard: 220, 286
Wenkel: *193*
Wichtrach, de: 138
Wieland, Philippe: 229
Williams: 215, 233, 263
Willis: 99, *134*
Willoughby: 71
Wisard: *19*
Wohlgensinger, Tony: 272
Worblaufen, de: 138
Wüthrich, Rolf: 147
Wyss, Hans Oskar: 14, *27*, *49*

Y

Yokohama: 257

Z

Zagato: 138, 160, *161*, 286, *287*
Zénith: 62
Zeppegno: *79*
Zil: *134*, 135, 154

Bibliographie

50 Salons de l'Automobile Genève 1924-1980, Tribune Editions, 1980.
Simon Arron und Mark Hughes: *The Complete Book of Formula One,* St. Paul, MBI, 2003.
Serge Bellu: *Histoire mondiale de l'Automobile*, Paris, Flammarion, 1998.
Serge Bellu: *Les Automobiles*, Paris, Larousse, 2002.
Jacques Billardière: *La grande Histoire de la petite 2 CV*, Paris, Hachette, 1993.
Jacques Borgé et Nicolas Viasnoff: *Archives de l'Automobile*, Éditions Michelle Trinckvel, 1995.
Eric Deschamps: *La cuisine des croisières Citroën*, Éditions L'Envol, 2002.
Nick Georgano: *L'Automobile américaine, un centenaire 1893-1993*, Paris, Rétroviseur, 1992.
Nick Georgano, Michael Sedgwick, Bengt Ason Holm: *Naissance de la voiture moderne,* Paris,
    Gründ, 2001.
Ferdinand Hediger, Hans-Heinrich von Fersen, Michael Sedgwick: *Klassische Wagen 1919-1939*,
    Hallwag AG, Bern, 1988.
Ed Heuvink: *Scuderia Filipinetti*, Chronosports Editions, 2002.
Chris Horton: *Encyclopedia of the Car,* Edison, Chartwell, 1998.
Olivier de Peyer: *Le Salon de l'Automobile à Genève, 1923-1939,* Lizenzarbeit, Universität Genf, 1993.
Schmid Ernest: *Les voiture suisses*, Lausanne, Edita, 1985
Brigitte Sion und Joëlle De Syon: *Circulez, Genevois, y'a tout à voir*, Genf, Slatkine, 2002.
Souvenirs… 1924-1990, Salon International de l'Automobile de Genève, 1990.
Penny Sparke: *Un siècle de design automobile*, Flammarion, 2003.
Joëlle De Syon: *Les premiers Fous du Volant*, Genf, Slatkine, 1987.

Frankfurter Allgemeine Zeitung
L'Illustration
L'Illustré suisse
Le Journal de Genève
Neue Zürcher Zeitung
Automobil Revue / Revue Automobile
Revue des Touring-Clubs der Schweiz
Revue des Automobil Clubs der Schweiz
Der Spiegel
La Suisse
La Suisse Sportive
La Tribune de Genève

Fotografen

l = *links*   m = *mitte*   r = *rechts*   o = *oben*   u = *unten*

ABENSUR, Rodney: 39mr, 39mu, 39ur
ACTUALITÉ SUISSE, Lausanne: 96ml, 123hl, 123ul, 123ur, 130mr, 131or, 132ol, 133u, 135ur, 136-137, 139or, 142o, 146o, 146ml, 150-151, 152ul, 154ml, 154um, 155ul, 155mr, 156ml, 156mr, 156ur, 157ul, 157um, 158-159, 159um, 160u, 163ol, 163or, 163mr, 166-167, 170ml, 180, 183o, 183mr, 185ol, 185or, 185ml, 186ol, 186or, 186ml, 186mm, 186ul, 190ol, 203ur, 204-205, 206, 207ul, 215, 217ur, 220ml, 227or, 227mr, 230-231, 233ur, 240, 247ul, 259ur, 260ul
ANRIG, Claude: 35ur
AUTOMOBILE CLUB SUISSE (ACS): 75ur, 89ur
BELLU, Serge: 101ol
BENTLEY (archives): 268-269
BERTONE: 250, 281
BMW: 100o
BOISSONNAS, Fred: 121, 122, 129u
BOSCH: 76or, 143or
BRAUNSCHWEIG, Edgar: 272or
BREITMEYER, Lionel: 31or
CAHIER, Bernard: 173ur, 175or
CARON, Gilles: 168-169
CASTROL (archives): 76ml
CENTRE D'ICONOGRAPHIE GENEVOISE (CIG): 16-17, 23ur, 56-57, 58-59, 60or, 60ml, 60-61, 63ol, 63or, 63u, 64o, 65o, 68-69, 70ur, 74-75, 76mr, 80-81, 84l, 84-85, 86-87, 88-89, 90or, 106-107o, 144-145, 150-151
CITROËN (archives): 131mr, 197o, 197ml, 197mm, 197mr, 277mr
COLLECTION LM, Lausanne: 80ur, 81ul, 81um, 81ur
COTS, Georges: 17ur
DEBRAINE, Yves: 148-149, 154ml, 154ul, 156or, 157o, 171o, 171mr, 176-177, 178-179, 213ul
DERENDINGER (archives): 246ur
DESCHAMPS, Eric: 112-113, 112ul, 113or
DE SYON, Guillaume: 39-40, 123or, 124-125
DE SYON, Joëlle: 12-13, 15, 20or, 20mr, 20ur, 26ul, 26mr, 29or, 29mm, 29mu, 34o, 35o, 41ur, 42ol, 42mo, 42or, 42m, 42mr, 44ol, 47ur, 48ml, 48mr, 49m, 53ur, 54ol, 54ul, 55ul, 55ur, 71or, 71ur, 103ur, 107ul, 124-125, 153mu, 181ol, 199r, 202-203
DROITS RÉSERVÉS: 51ol, 51m, 98-99, 99ur, 147, 163, 184, 189, 192ol, 192ml, 192ul, 193ol, 193or, 196ur, 207ur, 253ur, 263ur
EMPEYTA, Jean-François: 15or, 18-19, 19mu, 19ur, 20l, 21o, 21ml, 22ol, 23or, 25l, 28o, 30ol, 30ml, 30ul, 30ml, 36-37, 37ur, 38or, 38mr, 39ol, 39or, 44ml, 46-47, 48o, 52-53, 59ur, 77, 79
ETH, Zürich: 129or, 132ml, 132ur, 157ul, 157um, 157ur, 162o
FERRARI: 278or
FIAT (archives): 72ul, 79ur, 107ur, 279or, 279mr
FONGEALLAZ, Jean: 25or, 118om, 212ol, 231mu
FORD (archives): 73, 277ul
GALERIE UN DEUX TROIS, Genève: 22or, 26ol, 64ml, 111or
GASSMANN, Alain: 182o, 210-211, 211ur
GENERAL MOTORS (archives): 70ml, 137ur, 143mu, 221ol, 225ur, 245ur, 285mr
GETTY IMAGES: 258-259, 264o-265l
GILOT: 273ml
GRANGE, Antoine: 272ol
HADORN, Werner: 224-225
HALLWAG: 90ol, 90ml
HEURTEUX, Bernard: 44-45
HONDA (archives): 175mr, 234ml, 257ml, 285u, 290-291
HULTON (Archives): 66-67, 82-83, 100ml, 108-109, 134ul, 138ml, 141ur, 170ol
HUSER, Rodolphe: 271u
JAGUAR: 269ur
KIA (archives): 194ur, 283ur
LARAKI: 279ul
LIGHTMOTIF (Christophe et Viviane Blatt): 80-81u, 185ul, 219, 220o, 226, 232-233, 241o, 241u, 242ol, 242-243, 244-245, 246o, 247o, 252-253, 254-255ol, 260r-261, 262-263, 264ur, 270ol, 270om, 270or, 270mr, 270mm, 270mr, 270ul
LOTUS: 277mu
MARCHAL, Solange: 32-33, 50, 139mr, 174ol, 174ml
MARTIN, François: 116-117, 120ur, 126mo, 126mm, 126mu, 126or-127o, 126ur, 127ul, 127um, 128ul, 131ol, 151ur, 152-153o, 154ol, 161ul, 179ur, 184or, 191or, 192or, 196ol, 201o, 201ur, 205ur, 207o, 214, 222, 228, 236-237
MASERATI: 278ur
MAULET, Henri: 83ur
MAZDA: 251
MERCEDES-BENZ (archives): 249o, 280ur
MICHELIN: 287ur
MITSUBISHI (archives): 248
MUSÉE DE L'AUTOMOBILE, Genève: 188-189, 196ul
MUSÉE DE L'ÉLYSÉE, Lausanne: 43, 97o, 107ur, 135o, 145ur
MUSEUM FÜR GESTALTUNG, Zurich: 76ol, 130om, 130or, 130mm, 130mr
NISSAN (archives): 238-239, 256, 276ur
OEL-BRACK AG: 143l
PEUGEOT (archives): 97ur, 280or
PFUND, Roger: 273or
PININFARINA (archives): 91ur, 160m, 174or, 242ml, 249ml, 282-283, 292-293
PIRELLI (archives): 288-289, 289or, 289ur
PORSCHE: 125ur, 274-275
RENAULT: 85ur, 249mr
REVUE AUTOMOBILE: 24, 34u, 94o, 94ul, 169, 172-173, 175, 194or, 198-199, 200ul, 200um, 234ol. 255ul, 257o, 265ul, 266-267, 291ur
RINSPEED (archives): 284
RINGIER: 95ol, 95or, 95mr, 95ur
SAAB: 193mr, 255or
SACOM: 287or
SALON INTERNATIONAL DE L'AUTOMOBILE, Genève: 21ur, 25ur, 31lu, 62ol, 62ml, 62ul, 76mo, 91ol, 91ml, 91ul, 92ol, 92ml, 92ul, 92r, 93o, 93ml, 93m, 93mu, 93ur, 96o, 104ol, 104ml, 104ul, 104or, 105o, 111mu, 153ul, 180o, 181mo, 181mm, 181or, 181mr, 182ml, 182mm, 186-187, 208-209, 212-213, 213or, 239ur, 264ul, 271o
SBARRO, Franco (archives): 195or, 218, 273ul
SCHMID, Ernest: 61mu, 102-103
SCHWYN, Edgar: 229
SWISS CAR REGISTER: 67ur, 117ur, 118ol, 119
SEGA: 231ur
STRINATI, Pierre: 134o
SUBARU: 216-217l, 234-235
SWISSMINT: 273ur
TATA: 276o
TOURING CLUB SUISSE: 118or
TOYOTA (archives): 101ml, 154mm, 164mr, 164mu, 221or
VIOLLET, Roger, Paris: 78-79, 114-115, 138o, 140-141, 190u, 191u
VOLKSWAGEN (VW): 275ur, 287ol
VOLVO (archives): 101or, 223
WYSS, Pit: 14, 27or, 27ml, 27mr, 27ul, 28ur, 29ol, 29ul, 29mr, 49ol, 49or, 110-111
ZAGATO (archives): 286

Danksagung

Der Genfer Automobilsalon dankt den Firmen, die mit Informationen und Bildmaterial an der Realisierung dieses Werks mitgewirkt haben.

Die Autoren haben von vielen Seiten wertvolle Anregungen und einen warmen Empfang erhalten. Sie bedanken sich bei:
Rodney Abensur, Claude Anrig, Nadine Baroni, Christine Bärtsch, Rudolf von Bergen, Hans Bichsel, Christophe et Viviane Blatt, Lionel Breitmeyer, Mireille Buzzanga, Jean-Paul Chassot, Yves Debraine, Michel Dehanne, Éric Deschamps, Jacques Deschenaux, Édouard de Syon, Jean-François Empeyta, Jean-Claude Ferrier, Jean Fongeallaz, Alain Gassmann, Antoine Grange, Rudi Grob, Ferdinand Hediger, Bernard Heurteux, Monique Julien, Catherine Kuhn, Jasmine Lernpreiss, Odette Lometto, Solange Marchal, François Martin†, Martin Minich, Jean-Claude Nicole, Jean Regali, Monique Revaz, Marie-Jeanne Roulin, Nelly et Kurt Ruegg, Margaret Sarzano-Martin, Françoise et Franco Sbarro, Ernest Schmid, Pierre Strinati, Roland Tolmatchoff, Michel Vauclair, Pit und Nelly Wyss, Henri Zwicky.

Stéphanie Kohl und Caroline Favre haben bei den Recherchen der Dokumentationen mitgewirkt.

Graphische Gestalung dieses Werks durch Eric Vaucher, Gesamtleitung durch Gérald Bruderlin.

Ganz besonderer Dank gilt Georges Cots, René Lambelet, Max Nötzli, Claude Sage, Pierre Thaulaz, Urs Ramseier, die ihr Fachwissen und ihre Geduld beim Gegenlesen eingebracht haben und, posthum, Jean-Marie Revaz, der dieses Projekt initiiert hat.

Vorwort

Pr Bernd Gottschalk 7

Sergio Pininfarina 9

Claude F. Sage 11

1905 1922

⇧ Saurer, 1905.

Die Schweiz von 1905 15
Automobile Anfänge 17
Erste Ausstellungen 19
Automobilindustrie 33
Technische Forschritte 37
Automobil und Gesellschaft 41
Rennsport 47
Automobil und Armee 53

1923 1929

⇧ Peugeot, 1926.

Geschichte des Salons 59
Automobilindustrie 67
Technische Forschritte 75
Automobil und Gesellschaft 79
Rennsport 83

1930 1946

⇧ Citroën, 1931.

Geschichte des Salons 89
Automobilindustrie 99
Technische Forschritte 103
Automobil und Gesellschaft 109
Rennsport 111

1947 1959

⇧ DS 19 Citroën, 1959.

Geschichte des Salons 117
Automobilindustrie 125
Technische Forschritte 137
Automobil und Gesellschaft 141
Rennsport 145

1960 1969

⇧ Skoda, 1967.

Geschichte des Salons 151
Automobilindustrie 159
Technische Forschritte 167
Automobil und Gesellschaft 169
Rennsport 173

Inhaltsverzeichnis

1970–1980

Audi 80 GL, 1973.

Geschichte des Salons	179
Automobilindustrie	189
Technische Forschritte	199
Automobil und Gesellschaft	203
Rennsport	205

1981–1990

Geneva-Palexpo, 1982.

Geschichte des Salons	211
Automobilindustrie	217
Technische Forschritte	225
Automobil und Gesellschaft	231
Rennsport	233

1991–2000

Porsche 911 Turbo, 1996.

Geschichte des Salons	239
Automobilindustrie	245
Technische Forschritte	253
Automobil und Gesellschaft	259
Rennsport	263

2001–2005

BMW 645Ci Cabriolet, 2004.

Geschichte des Salons	269
Automobilindustrie	275
Technische Forschritte	283
Automobil und Gesellschaft	289
Rennsport	291
Und die Zukunft?	293

Präsidenten des Salons 295

Plakate des Salons 297

Statistikens des Salons 303

Index 313

Bibliographie 319

Fotografen 321

Danksagung 323

Dieses Werk wurde
mit AMRA-Tinte gedruckt.

Graphisches Konzept, Photographie und Druck
dieses Werks durch Druckerei Slatkine;
Genf (Schweiz), 2004.